1954
上海师范大学
人文学院
SCHOOL OF HUMANITIES

上　海　师　大　中　文　学　术　文　库

刘 畅 ／ 主 编

茅盾评传

邵伯周 —— 著
夏　天 —— 编

中西書局

著者简介

邵伯周(1924—2018),浙江江山人。1949年7月从上海师专国文系毕业后即参加革命工作,先后任教于上海市虹口中学等校。1954年8月起任教于上海师专、上海第一师范学院、上海师范学院、上海师范大学等校。曾任上海师范大学中文系现代文学教研室主任、教授及文学研究所研究员、研究生导师等,为上海师范大学中国现代文学学科主要创建人,为中文学科的发展尽心尽力。1993年9月离休。2018年12月18日因病在上海逝世。

代表著作有《鲁迅研究概述》《茅盾的文学道路》《鲁迅思想与杂文艺术》《〈呐喊〉〈彷徨〉艺术特色探索》《茅盾评传》《中国现代文学思潮研究》《〈阿Q正传〉研究纵横谈》《人道主义与中国现代文学》《蔚园集》等,另外发表论文80余篇等。其中,《〈呐喊〉〈彷徨〉艺术特色探索》1984年获上海市高校哲学社会科学研究优秀著作奖,《论鲁迅的中外文化观》1994年获上海市高校哲学社会科学优秀论文奖,《茅盾几部重要作品的评价问题》1998年获首届鲁迅文学奖优秀理论评论奖。

编者简介

夏天,中国人民大学文学博士,上海师范大学讲师。主持教育部人文社科青年项目1项。主要研究方向为中国当代文学史、20世纪50年代的社会历史与文化、翻译史与汉译文学等,在核心期刊发表论文数篇。

总　序

查清华

1954年,火红的8月,上海师范专科学校宣告成立。中文科作为全校8个学科中规模最大的学科,以15位青年、7位中年教师构成的师资队伍,轰轰烈烈地开启其历史征程。到1963年,上海师范学院中文系教师已达88人,2024年的上海师范大学中文学科已近120人。一代代学人绳绳相续,怀揣梦想,辛勤耕耘,著书立说,教书育人,共同铸就中文学科的神圣殿堂。

从事中国古代文学与文献学研究的胡云翼、马茂元、章荑荪、曹融南、商韬、孙逊、李时人,从事语言文字学研究的罗君惕、张斌、许威汉、何伟渔,从事比较文学与世界文学研究的朱雯、朱乃长、郑克鲁、孙景尧、黄铁池,从事中国现代文学研究的胡山源、魏金枝、任钧、邵伯周,从事文艺学研究的徐缉熙,从事语文教育研究的姚麟园、何以聪等,可谓群星荟萃、俊杰云集。他们在各自的研究领域卓有建树,也为我校中文学科的发展奠定了坚实基础。

中国古代文学学科的开创者之一马茂元先生是古典诗歌研究大家,他的《古诗十九首初探》《楚辞选》《唐诗选》《晚照楼论文集》等著作深受学界推重,《楚辞选》《唐诗选》还被教育部指定为大学文科教材,有学者评曰:"一二十年间,全国文科学生几无不读茂元之书者;读其书者,则莫不喜爱而服膺之。"另一位重要的开创者胡云翼先生是词学研究大家,早在20岁时便已出版被称为"第一部具有现代学术价值的词史专著"的《宋词研究》,1956年调入我校后完成的《唐宋词一百首》《宋词选》等著作广受赞誉,以发行超百万之数获评"中国优秀畅销书"。章荑荪先生的曲学研究,曹融南先生的汉魏六朝文学研究,商韬先生对元杂剧和中国古代小说理论的研究，李时人先生对中国小说史与明清文学的研究等，均在各自领域开辟新境，在学术界产生了深远的影响。要特别提及的是，孙逊先生不仅致力于中国古代小说研究，其《红楼梦脂评初探》《明清小说论稿》《中国古代小说与宗教论稿》等著作具有重要学术价值，而且在域外汉文小说及都市文化研究领域独辟蹊径，成就卓著。在担任人文学院院长、中文一级学科带头人的多年里，他运筹帷幄，精心谋划，为学科建设作出了不可磨灭的贡献。

罗君惕、张斌、许威汉等先生是上海师大语言学科的开创者。罗君惕先生专工古文字研究，著有《说文解字探原》《中国汉文字和汉文字学的源流》《秦刻十碣考释》等，其中《说文解字探原》是他历时四十年才最终完成的煌煌巨著，至今为学界尊崇。张斌先生在汉语语法研究方面成就斐然，其《汉语语法学》《现代汉语描写语法》等论著开新立派，曾荣获上海市哲学社会科学界的最高奖项——上海市哲学社会科学学术贡献奖。许威汉先生是词汇学和训诂学研究名家，他的《汉语词汇学引论》《训诂学导论》《训诂学教程》等著作获得学界高度评价，被誉为“博通宏肆，殊多新见”，“发前人所未发”。

上海师大比较文学与世界文学学科为国家重点学科，其奠基者朱雯、朱乃长等先生均为蜚声海内外的翻译家、外国文学研究专家，在外国文学作品及理论的译介和研究上成果丰硕，如朱雯先生对阿·托尔斯泰、雷马克等作家作品的译介，朱乃长先生对 E. M. 福斯特的《小说面面观》、麦克尤恩的《无辜者》等著作的译介，至今仍为学界所称道，也形成了这个学科研究与翻译并重的传统。此后，郑克鲁先生对法国文学、外国文学理论的翻译和研究及对外国文学史的研究，孙景尧先生对中国比较文学学科体系、理论体系的探索，黄铁池先生对欧美文学、中外文化诗学的研究，为比较文学与世界文学学科的发展作出了卓越贡献。

他们是名家，也是名师，在学术研究的同时，一直致力于教书育人，以科研为教学提质，以教学促科研增效。当我们翻开中文系档案，1954 年的“教师名册”记录着：“马茂元，36 岁，担任中国文学讲授，每周 6 小时。张斌，34 岁，担任现代汉语及实习，每周讲授 8 小时……”

据学生回忆，一生著书数十种的胡云翼先生，将教书育人视为神圣事业。他备课极为认真,每节课都投入大量时间和精力,准备数倍于课程内容的材料。他曾说:“讲课又不是开留声机,炒一遍现饭就行了。而是要因人而教,因时而教,因自我认识的长进而教,绝没有重复的课程,每次讲课都要有新意。”著名翻译家、作家、外国文学研究专家朱雯先生共发表作品 170 多万字,翻译作品 500 多万字,他讲外国文学作品和相关理论时旁征博引,逻辑清晰,能像磁石一样牢牢吸引住学生,以至历届学生都把听朱先生讲课当作一种艺术享受,称朱先生的讲义就是一篇篇严谨而又精美的研究论文。著名语言学家张斌先生也是教书育人的典范,直至 93 岁高龄,他仍坚持站着上课,且从不迟到,生动地诠释了“为之不厌,诲人不倦”的师道精神。著名翻译家和外国文学研究专家郑克鲁先生在外国文学史教学体系建设上居功甚伟,先后主编了教育部“十一五”规划教材《法国文学史教程》《二十世纪外国文学史》和高等教育出版社精品教材《外国文学作品选》等,他主编的教材《外国文学史》(高教版),20 多年来总发行量突破 160 万册。著名比较文学和外国文学研究专家孙景尧先生,30 余年不间断地为本科生开设比较文学课程,这门课获评我校第一门国家级精品课程;他还经常带着研究生长途跋涉,去贵州边远地区支教,许多年轻学子在他感召下选择了从教之路。

从学科成立至今,已然 70 个春秋。上述名师只是上海师大中文学科被缅怀的部分代表,还有许多为学科为专业作出重要贡献的老师,限于篇幅,无法一一提及。他们的学术成果泽被后世,师道精神代代相传,被载入本学科发展的史册。

正是在他们的引领下,中文学科形成深厚的学术底蕴和鲜明的研究特色,先后获批全国首批硕士学位授权点、首批全国高校古委会人才培养基地、首批国家级文科人才培养基地,较早获批一级学科博士后流动站、一级学科博士学位授权点、教育部人文社会科学重点研究基地、国家重点学科、教育部特色专业、国家语言文字推广基地、国家级专家服务基地,获首批上海市重点学科、上海市高峰学科等,并入选上海市高水平地方大学(学科)建设计划,在最近一轮教育部学科评估中,其成绩使本校获得历史性突破。

学科的优势和特色,需经过岁月的漫长淬炼才逐步成型。因此无论世间如何喧嚣,我们都应该向优秀前辈学习,敬畏天道,敬畏学术,敬畏讲台,守护好我们的人文传统;同时也要遵循“文律运周,日新其业”的通变法则,根据新时代的需要,在传统的地基上开疆拓土,寻找新的学术增长点。

当今天的我们在这里赓续前辈的文脉、分享他们的文化芬芳时,我们心怀感恩,由衷敬仰。基于此,在上海师范大学建校 70 周年之际,中文学科策划出版这套“学术文库”,先行选录本学科已故学者的部分代表性论著,此后再陆续推出其他,既为礼敬前辈学者的学术贡献,也为传播其历久弥新的学术思想或治学方法,更为传承他们的师道精神。我相信,这些著述在今天重新面世,不仅学术上能施惠学人,也将流布“明明德、亲民、止于至善”的“大学之道”,还能使读者从中感悟“化成天下”的人文理想。

是为序。

2024 年 7 月 8 日于上海市桂林路文苑楼

伟大的时代孕育出伟大民族的优秀儿女

历史早已证明,伟大的革命斗争会造就伟大人物,
使过去不可能发挥的天才发挥出来。

——列宁

亚洲东方的上空,群星璀璨,光辉夺目。

二十世纪初的中国,李大钊、毛泽东、周恩来等相继出现了;鲁迅、郭沫若、茅盾等,也相继出现了。他们,是中华民族优秀传统文化的结晶,是“五四”这个伟大时代所孕育出来的“巨人”。

“五四”这个产生“巨人”的伟大时代的到来,并不是偶然的,而是历史的必然。从根本上来说,是因为社会生产力的发展,引起了社会阶级关系的变化,出现了无产阶级和资产阶级。同时,教育、文化、文学艺术等意识形态也跟着发生了变化。在这一变化过程中,有两种互相联系的情况特别值得注意:一是教育制度的改革,培养了一支新型的知识分子队伍;二是向西方学习,形成了西方文化和中国传统文化的冲击和融合。

不妨回顾一下历史。

众所周知,戊戌变法维新是失败的。但教育制度的改革——废八股改试策论和开办新式学堂这两项“新政”,不仅没有停止,反而继续得到推行,甚至还有很大发展。在洋务运动中,清朝政府就开始注意介绍西方自然科学知识,模仿西方,开办了一些新式的军事学校和专门学校,鲁迅就是在一八九八年进入南京江南水师学堂,后又转入江南陆师学堂附设的矿路学堂的。一九〇一年,清廷命各省开办高

等学堂、府设中学堂、州县设小学堂。一九〇三年清廷公布了《奏定学堂章程》,规定了新式的学校教育制度,这是我国现代教育制度的滥觞。一九〇五年,清廷正式宣布停止科举考试,推广新式学堂。除政府办学外,私立学校也开始出现。这样,新式的各级各类学校便迅速地在全国各地开办起来。

洋务运动时,清朝政府就已向国外派遣留学生。一八七二年起,就连续四年派了一百二十名学生去美国留学(其中就有詹天佑),一八七七年派了三十名学生和艺徒去英国学海军和造船(其中就有严复)。维新运动失败以后,"新政"之一的向国外派遣留学生的工作也没有停止,人数反而年年增加。特别是去日本的,在"官派"留学生的影响下,还有许多人自费去留学。官派和自费留日学生,最多时达一万五千人。鲁迅就是一九〇二年官派去日本留学的。

清朝政府开办各级各类学校,派遣留学生出国学习,自然是为了清王朝自身的利益,并且也确实培养了一批为封建统治者、为帝国主义效劳的"人才",甚至是"奴才""洋奴",有些人则成为官僚政客和寄生虫。但更多的人则违背了办学者的愿望。他们学习了现代自然科学知识,接受资产阶级民主主义思想的影响,成为与封建士大夫完全不同,也与维新派完全不同的新型知识分子,这是中国社会中从来没有过的、一股新的力量。在他们身上有着新的特点:

他们和下层社会接触比较多,对人民的苦难就有比较多的了解,因而进行社会改革的要求就更为强烈。留学生身处异域,把资本主义国家的现状与中国封建社会的腐朽相对比,对民族危机就有更深的体会,因而也就有更为强烈的爱国思想。鲁迅一九〇三年在日本写的《自题小像》诗:"灵台无计逃神矢,风雨如磐闇故园。寄意寒星荃不察,我以我血荐轩辕。"表达了一个留日学生以身许国的坚强意志。他还在《中国地质略论》中写道:"中国者,中国人之中国。可容外族之研究,不容外族之探捡;可容外族之赞叹,不容外族之觊觎者也。"[①]表达了鲁迅的、也是当时大多数留学生反对帝国主义侵略,保卫祖国权益的爱国主义思想。

他们头脑中封建思想比较少,西方资产阶级的社会政治学说的影响比较多。留学生中的大多数人,本来就是怀着寻求救国救民的道路出国留学的。吴玉章的"东亚风云大陆沉,浮槎东渡起雄心;为求富国强兵策,强忍抛妻别子情",这一首

① 《鲁迅全集》第 8 卷第 4 页,人民文学出版社 1981 年版。

诗就表达了这一愿望。在资本主义国家,又有着宣传革命思想,进行革命活动的某种方便。比如在日本,二十世纪初的那几年间,宣传革命思想的刊物如《游学译编》《湖北学生界》《江苏》《浙江潮》等,就像雨后春笋般出现。进化论、天赋人权论和资产阶级共和国等思想武器和政治方案,这些十八、十九世纪资产阶级上升期的东西,对二十世纪的中国知识分子来说,却还是那样新鲜,成为他们热烈追求的理想。

他们大都感到历史赋予自己的责任之重大。鲁迅的“我以我血荐轩辕”诗正是这种责任感之表白。有的留学生公开发表文章宣称:“祖国之前途,其安危悉系于留学生”;“是留学界者,对乎外为全体国民之代表;对乎内是全体国民之师资,责任之重,无有过于是者”,“留学界中人负全体国民之委托,为全体国民所瞩望,……学成而后,尽出所能以过渡于全体国民,而共发达个人、国家、世界之三大主义,乃尽吾留学界之责任”。① 正是这种历史责任感,使许多留学生投身到民主革命运动中去。

十九世纪末、二十世纪初形成的、以孙中山为代表的民主革命派的领袖人物和骨干力量,基本上就是由这一批新型的知识分子组成的。

孙中山本人就是医科大学毕业的知识分子。一八九四年他在檀香山组织的革命团体兴中会,开始时会员中有一些资本家,但孙中山离开后就停止活动。以后在香港、广州、东京、横滨、河内等地成立的兴中会总部和分会,会员大多是知识分子。光复会的重要成员章炳麟、蔡元培、陶成章、徐锡麟、秋瑾,华兴会的黄兴、刘揆一、陈天华和轰动一时的《革命军》一书的作者邹容等,也都是知识分子。他们当中有的曾留学日本。一九〇四年到一九一一年间,在武汉先后出现的科学补习所、日知会、文学社、群学社、共进会等革命团体的领导人和成员也大都是知识分子。这些革命团体在新军中的工作比较深入,同时又与同盟会有联系。武昌起义一举推翻清王朝,和这些革命团体中的知识分子在新军中进行的大量工作是分不开的。

怎样判定这些知识分子的阶级属性?

马克思把资本主义社会中的脑力劳动者看作和体力劳动者一样,都是雇佣劳

---

① 云窝:《教育通讯》(江苏)第4期。

动者,他说:“这些人中的每一个人对资本的关系是雇佣劳动者的关系。”[①]他又说:在学校中,“教师对于学校老板,可以是纯粹的雇佣劳动者,……这些教师对学生来说,虽然不是生产工人,但对雇佣他们的老板来说却是生产工人”。在戏院、娱乐场所,“演员对观众来说,是艺术家,但是对自己的企业主来说,是生产工人”。[②]列宁曾经把俄国解放运动划分为三个时期:就是(1)贵族时期,(2)平民知识分子或资产阶级民主主义时期,(3)无产阶级时期。列宁认为:“所谓平民知识分子就是自由民主资产阶级中的受过教育的代表,他们不是贵族,而是官吏、小市民、商人、农民。”列宁指出,别林斯基是“代替贵族的平民知识分子的先驱”。[③] 他还指出,车尔尼雪夫斯基、杜勃罗留波夫等则是“新的一代平民知识分子革命家的代表”。[④] 可见列宁是把贵族以外的不同出身、不同职业、具有资产阶级民主主义思想的知识分子,都称为平民知识分子的。斯大林则说“知识分子从来不是一个阶级”,而是“由社会各阶级出身的人组成的一个阶层”。[⑤] 应该说,以孙中山为代表的革命民主派的领袖人物和骨干力量,都是平民知识分子。当然,就他们的政治思想来说,基本上是资产阶级的民主主义思想,他们所进行的革命的性质,是资产阶级的民主主义革命,这是毋庸争论的。

辛亥革命没有完成反帝反封建的历史任务。就这一点来说,这个革命是失败了。但历史的发展是不会停止的,一个真正伟大的新时代——五四时代终于到来了。

“历史早已证明,伟大的革命斗争会造就伟大人物,使过去不可能发挥的天才发挥出来。”[⑥]“五四”这个伟大的时代造就了一批伟大的人物。

《新青年》倡导新文化运动,迅速形成蓬蓬勃勃的气势,迎来了五四爱国运动,揭开了中国历史的新篇章,这也不是偶然的。

---

① 《剩余价值理论》,《马克思恩格斯全集》第26卷第443—444页。

② 同上。

③ 《俄国工人报刊的历史》,《列宁全集》第20卷第240页。

④ 《纪念赫尔岑》,《列宁全集》第18卷第9页。

⑤ 《关于苏联宪法草案》,《斯大林选集》下卷第411页。

⑥ 《悼念雅·米·斯维尔德洛夫》,《列宁全集》第19卷第71页。

在第一次世界大战时期,中国的资本主义有了进一步的发展,民族资产阶级的力量有所加强,特别是工业无产阶级力量迅速壮大。到“五四”前夕,产业工人已达二百万人,他们的斗争,已开始带有反帝反封建的政治斗争的性质,就像“地火在地下运行、奔突”一样,只要时机一到,熔岩就会喷出地面。但在民族资产阶级和无产阶级中,暂时也还没有出现杰出的领袖人物。

辛亥革命以后,全国各级各类学校继续有所发展。据不完全统计,一九一二年,全国有公、私立大学四所,学生近二千人(包括预科),专科学校一百十一所,学生近四万人,中等学校七百所,学生近十万人。一九一六年,全国有公、私立大学十所,学生近十万人,①辛亥革命前后进入各级各类学校的学生,有的升入高一级的学校,有的毕业进入社会工作,开始发挥他们的作用了。

辛亥革命以后,继续有大批留学生出国,留日学生因反对“二十一条”、反对袁世凯称帝等政治斗争的影响,有所减少。但一九一六年间,仍有五千多人,留学欧美各国的则有所增加。第一次世界大战期间,留法勤工俭学的就有一千七百多人。有不少人先后回国,在文化思想界发挥他们的作用。

这样,平民知识分子这一支队伍就壮大起来了。他们以“精神界的战士”的姿态,担负起历史所赋予的使命,站在时代的前列,顺应时代的要求而“呐喊”了。

“数风流人物,还看今朝。”

伟大的五四时代到来了。从新式学堂培养出来的和从国外留学回来的平民知识分子中,涌现出一批杰出人才。正是他们,把中国历史翻开了新的一页。

代表了中国人民的新觉醒,提倡民主与科学的新文化运动和提倡白话文、新文学的文学革命运动,就是在这样的历史条件下,以陈独秀创办的《新青年》为主要阵地,得到李大钊、胡适、鲁迅、钱玄同、刘半农等的积极支持发动起来的。

陈独秀早年曾留学日本,参加过辛亥革命,担任过安徽省教育厅长和安徽师范学堂校长,一九一三年因反对袁世凯被迫逃亡日本。一九一五年回到上海,创办《青年杂志》,半年后改名为《新青年》,发表了《敬告青年》《法兰西人与近代文明》《宪法与孔教》等论文,高举起科学与民主两面大旗。他以西方资产阶级的民主思想为武器,批判中国的封建文化和封建的伦理道德观念。一九一六年下半年,陈独

① 《中国教育年鉴》,教育部编,1934年版。

秀应聘去北京大学任教。《新青年》也迁北京。新文化运动迅速扩大了影响。李大钊于一九〇七年入天津法政专门学校读书,一九一三年去日本留学,曾参加反对袁世凯的斗争。一九一六年回国,任《晨钟报》主编、北京大学教授,并在《新青年》上发表文章,积极参加新文化运动。一九一八年间,与陈独秀一道创办《每周评论》,宣传新文化、宣传马克思主义。曾经参加光复会的蔡元培,一九〇七年到德国留学,一九一二年回国任临时政府教育总长,组织学生赴法国勤工俭学,一九一七年任北京大学校长,抱"兼容并包"主义,积极支持新文化运动,使北京大学成为新文化运动的主要基地。一九一六年在北京大学预科毕业后进入商务印书馆编译所工作的沈雁冰,在一九一七年到一九一八年间,先后发表了《学生与社会》《一九一八年的学生》等论文,宣传民主主义思想,积极参加新文化运动。一九一七年一月,还在美国留学的胡适,在《新青年》发表《文学改良刍议》,提出了文学改良的主张,接着陈独秀发表了《文学革命论》加以响应。一九一八年五月起,在北京政府教育部任职的鲁迅陆续发表《狂人日记》《孔乙己》等小说,《渡河与引路》等随感录,于是作为新文化运动的一个重要组成部分的文学革命运动也就蓬蓬勃勃地发展了起来。这个时期的陈独秀、李大钊、蔡元培、胡适、鲁迅、沈雁冰等新文化运动、文学革命运动的倡导者,他们的社会职业各不相同,他们的政治思想都还属于资产阶级民主主义思想的范畴,可是在当时,正是平民知识分子的最杰出的代表。

正当新文化运动蓬勃发展起来的时候,十月社会主义革命胜利的消息传来,平民知识分子中的一些先进分子,就热烈地加以宣传。马克思主义开始在中国传播了,中国知识界中出现了一批具有共产主义思想的知识分子。李大钊就是杰出的代表。一九一八年下半年到一九一九年上半年间,李大钊先后发表了《法俄革命之比较观》《庶民的胜利》《布尔什维主义的胜利》《我的马克思主义观》等文章,指出了十月革命后世界历史已进入社会主义革命的新时代,中国人民应该沿着十月革命照亮的道路前进;比较系统地介绍了马克思主义的一些基本观点。此时,李大钊在北京知识界中已有较高的威信,一些进步的学生团体都争取得到他的帮助和支持。如少年中国学会就是他于一九一八年六月间发起的。次年出版的《少年中国》,也由他担任主编。北京、南京、上海等地学生联合组成的学生救国会(一九一八年十月)及其出版的《国民》杂志(一九一九年一月创刊),也得到李大钊的帮助。一九一八年十二月创刊的《晨报》,也得到李大钊的帮助。

在这一年内,沈雁冰撰写了《托尔斯泰与今日之俄罗斯》等文学论文,编写了不少童话。郭沫若在日本开始用白话写作新诗,参加文学革命运动。

青年学生在反对“二十一条”、反对袁世凯恢复帝制的斗争中,已经表现了强烈的爱国主义精神。一九一九年春,“巴黎和会”关于中国问题的无理决定,激起了全国人民的怒火。五月四日,在北京爆发了反帝爱国运动,李大钊是这一爱国运动的组织者和领导者。这一运动,很快由北京波及全国。在天津,周恩来等领导的觉悟社起了很大的推动作用。周恩来,一九一三年到一九一七年,在南开学校读书,毕业后去日本留学。一九一九年四月回到天津,参加学生运动。在武汉,恽代英在学生运动中起了领导作用。在长沙,毛泽东的新民学会起了领导作用。毛泽东,一九一三年春到一九一八年春在长沙第一师范学校学习,毕业后曾为组织赴法勤工俭学之事去北京。一九一九年初回到长沙,任长沙第一师范学校小学部主事,并从事学生运动。刘少奇青年时期在长沙高等中学读书,一九一九年先后在北京、保定参加五四运动。瞿秋白,一九一〇年在常州府中学堂学习,一九一七年到北京入俄文专修馆学习,参加五四运动。由北京青年学生发动的五四爱国运动,很快波及全国,并吸引、推动了工人群众和工商业者参加,形成为全国范围的彻底的反对帝国主义和反对封建主义的革命运动。工人阶级在斗争中表现了反帝反封建的坚决性、彻底性和英勇无畏的精神,民族资产阶级也在斗争中表现了一定的积极性。

五四爱国运动爆发以后,平民知识分子中的一些人,有的消沉,有的退隐了,绝大多数是前进的,出现了以下几种情况:

一种是继续宣传马克思主义。“五四”以后,《新青年》大量发表介绍马克思主义、社会主义革命和中国工人状况的文章,上海共产主义小组成立后,《新青年》被改组成为它的机关刊物,又秘密出版《共产党》月刊。北京《晨报》副刊、上海的《民国日报》副刊《觉悟》分别在李大钊等共产主义知识分子的帮助下,成为宣传马克思主义的园地。毛泽东创办的《湘江评论》,是南方宣传新思想的重要刊物。早年留学日本,一九一九年回国参加新文化运动的陈望道,于一九二〇年翻译出版了《共产党宣言》。于是宣传民主主义思想的新文化运动转变成为宣传马克思主义的思想运动。陈独秀、李大钊的影响广泛,一时有“南陈北李”之称。

一种是从事创建中国共产党的组织工作和实际的工人运动。一九二〇年间,在北京(李大钊等)、上海(陈独秀、沈雁冰、陈望道等)、长沙(毛泽东等)、武汉(董必武等）、济南（王尽美等）等地相继成立了共产主义小组。一些共产主义小组的成员除在知识分子中宣传马克思主义外，还到工人群众中去进行宣传、组织工作，推进工人运动，并使马克思主义开始与中国工人运动结合起来。

一种是赴法勤工俭学。一九〇九年到一九二一年间，全国各地去法国勤工俭学的青年多达一千七百人。其中周恩来、王若飞、蔡和森、李富春、李维汉、李立三、蔡畅等，在旅欧中国学生和工人中宣传马克思主义。一九二一年，周恩来等发起组织中国少年共产党（后称社会主义青年团旅欧总支部）。他们回国后大都成为中国共产党的领袖人物和中坚力量。

一种是组织文艺团体，出版文艺刊物。沈雁冰于一九二〇年改革了原属于鸳鸯蝴蝶派的杂志《小说月报》，又和郑振铎、周作人等组织了文学研究会，彻底革新《小说月报》。郭沫若、郁达夫等留日学生，组织了创造社，出版《创造》季刊。一支新文学队伍出现了，新文学出现了欣欣向荣的局面。

伟大的五四时代涌现出来的这一批平民知识分子，在尔后的实际斗争中，许多人成为伟大的文学家、思想家、政治家、社会活动家，成为伟大的马克思主义者和革命领袖。在亚洲东方的上空，出现群星灿烂，光彩夺目的景象。

恩格斯认为欧洲文艺复兴时代："这是一次人类从来没有经历过的最伟大的、进步的变革，是一个需要巨人而且产生了巨人——在思维能力、热情和性格方面，在多才多艺和学识渊博方面的巨人的时代。"这些"巨人"的特征是"他们几乎都处在时代运动中，在实际斗争中生活着和活动着，站在这一方面或那一方面进行斗争，一些人用笔和舌，一些人用剑，一些人则两者并用"①。我国的五四时代，也正是这样一个"需要巨人而且产生了巨人"的时代。李大钊、毛泽东、瞿秋白、周恩来、刘少奇是这样的"巨人"，鲁迅、郭沫若、茅盾，也是"巨人"，他们都是在思维能力、热情和性格方面，在多才多艺和学识渊博方面的"巨人"。他们都站在时代的前列，有的用笔和舌，有的用剑，有的两者并用，进行英勇的斗争。但他们所进行的斗争，并不是像欧洲文艺复兴时代的"巨人"那样，"给现代资产阶级统治打下基础"，而是和无产阶级、和全国人民一道，使中国的新民主主义革命和社会主义革命取得光辉的胜利，使中国的新文化、新文学兴旺发达起来。

---

① 《自然辩证法·导言》，《马克思恩格斯选集》第8卷第445—446页。

列宁曾经指出：

> 历史必然性的思想也丝毫不损害个人在历史上的作用，因为全部历史正是由那些无疑是活动家的个人的行动构成的。在评价个人的社会活动时会发生的真正问题是：在什么条件下可以保证这种活动得到成功呢？有什么东西能担保这种活动不致成为孤立的行动而沉没于相反行动的汪洋大海中呢？①

列宁这里提出的“保证”“个人的社会活动”得到成功的条件是什么？能“担保这种活动不致成为孤立的行动而沉没于相反行动的汪洋大海中”的“东西”又是什么呢？

斯大林也曾说过：“凡是新的一代都要遇到在他们诞生的时候就已经具备的一定的现成条件。伟大人物只有善于正确认识这些条件，懂得怎样改变这些条件”，“他们才能创造历史”。②

我们认为，能够“保证个人活动”“得到成功”的条件，就是社会力量的配置情形，本质上就是阶级力量对比的情势。当杰出人物的个人才智与努力和新兴阶级的要求相一致，与广大人民群众的利益相一致，也就是与历史发展的必然趋势相一致的时候，他就能推动历史发展，也就是创造历史。当然，任何人都不可能主观主义地、随心所欲地行事，他必须能“正确认识”自己所面临的“现成条件”，“懂得”去利用、发展有利的方面，避免、克服不利的方面。而要做到这一点，就必须掌握马克思列宁主义这一思想武器，具备辩证唯物主义和历史唯物主义的世界观。否则，就会成为“孤立的行动而沉没于相反行动的汪洋大海中”。历史已经证明，即使是伟大的革命领袖，当他一旦脱离实际，犯了主观主义错误的时候，也难免使历史运动遭受挫折。

李大钊、毛泽东、周恩来这些伟大人物，除了他们的天才条件之外，还因为中国的无产阶级已经发展成为一支独立的政治力量，并登上历史舞台。而他们自己又掌握了马克思列宁主义这一强大理论武器，用来正确地观察、分析自己所面临的

① 《什么是“人民之友”以及他们如何攻击社会民主主义者？》，《列宁选集》第1卷第26页。

② 《和德国作家艾米尔·路德维希的谈话》，《斯大林全集》第13卷第94页。

"现成条件",并且"懂得"用马克思列宁主义来武装无产阶级和广大人民群众,去利用、发展有利方面,避免、克服不利方面,从而推动历史的发展,使中国革命取得伟大的胜利。

鲁迅、郭沫若、茅盾这些伟大人物,同样,除了他们的天才条件外,还在于他们能面对现实,使自己在文化、文学方面的活动,与无产阶级与广大人民群众的利益相一致,能够以批判的态度接受自己的民族传统;同时实行"拿来主义",以宏大的气魄吸取外国文化中对自己有用的东西,从而使西方文化与中国传统文化相融合。正如马克思和恩格斯所指出的:"过去那种地方的和民族的自给自足的闭关自守状态,被各民族的各方面的互相往来和各方面的互相依赖所代替了。物质的生产是如此。精神的生产也是如此。各民族的精神产品成了公共的财产。民族的片面性和局限性日益成为不可能,于是由许多种民族的和地方的文学形成了一种世界的文学。"①这里说的文学,是指整个文化。

平民知识分子队伍的形成和崛起,是我国现代史上的重大事件。

正是这一批平民知识分子中的"风流人物",举起民主与科学的旗帜,发动了新文化运动;正是这一批平民知识分子中的"风流人物",率先在中国介绍、宣传马克思主义、宣传十月革命的胜利,成为具有共产主义思想的知识分子;正是这一批平民知识分子中的"风流人物",发动了五四反帝爱国运动,吸引并推动无产阶级参加这一爱国运动,吸引并推动民族资产阶级参加这一爱国运动;正是这一批平民知识分子中涌现出来的"风流人物",把马克思主义传播到中国工人群众中去,创建了中国共产党,使马克思主义与工人运动相结合,从而揭开了中国历史的新纪元;正是这一批平民知识分子中的"风流人物",谱写了中国文化史、文学史的光辉的新篇章。

李大钊、毛泽东、周恩来等伟大的思想家、政治家和军事家,鲁迅、郭沫若、茅盾等伟大的革命文学家、无产阶级文化战士,之所以成为中国现代史上的"巨人",是因为他们是中华民族的优秀儿女,他们继承了中华民族的优良传统;也是因为"五四"这个伟大的时代赋予他们以伟大的力量,推动他们站到时代的前列,去担负起

---

① 《共产党宣言》,《马克思恩格斯选集》第 1 卷第 255 页。

改变民族的命运,创造新的历史的重大使命;同时也因为他们个人的聪明才智和开阔的胸襟,不仅善于从自己民族的优良传统中吸取营养,并且能够吸取和改造人类思想和文化遗产中的一切有价值的东西,特别是善于学习和运用人类最先进的思想成果——马克思列宁主义。这是他们的"共性"。当然,除了这些"共性"以外,他们有着各自不同的禀赋、不同的个性、不同的才华,在朝同一个方向前进的过程中,各人有着各自不同的经历。因而,在中国现代革命的发展过程中,他们在各自不同的岗位上,为中国社会的发展作出了各自不同的贡献。

茅盾,是"五四"这个伟大的时代孕育出来的中华民族的优秀儿女之一。他在中国革命的发展过程中,成长为卓越的无产阶级文化战士,为民族和人民的解放,为中国新文化、新文学的发展,作出了独特的、不可磨灭的贡献,这又是和他个人的禀赋、个性、才华、努力、独特的经历分不开的。

目　录

上编　从平民社会中来

（1896—1916）

第一章　故乡和家世

一　"唐代银杏宛在，昭明书室依稀"

打开长江三角洲的地图，把杭州、嘉兴、苏州、湖州四个城市用直线连接起来，正好是一个菱形。在这个菱形中心偏东一点，有一个古老的市镇——乌镇。这就是我国现代文学的巨匠、卓越的无产阶级文化战士茅盾的故乡。

据说早在春秋时代，乌镇就是吴、越两国的疆界。何以名"乌"？传说不一。一说是吴越王钱镠曾派将军乌赞戍兵于此以防越，故名乌戍。一说是越国诸子中的乌余氏分封于此，故称乌。茅盾认为后一说比较可靠。还有一说：唐朝安史之乱以后，朝廷削弱，地方官吏飞扬跋扈。当时浙江刺史李琦也背叛朝廷，妄图称霸。皇帝派乌赞将军率兵讨伐，不幸中计，战死于车溪河畔。他的坐骑青龙驹，也被乱箭射死。乌赞将军就被人们埋葬在河西。说来奇怪，第二天坟上就长出了一株银杏，并且很快变成参天大树。人们为了纪念这位将军，特地在这棵银杏树旁建造了一座庙宇，就叫乌将军庙。乌赞将军的那匹被射死的战马，则化成一条青龙，潜藏在车溪河底。因此，人们就把这个地方叫作乌镇和青镇。① 这当然仅仅是个传说，但很美，反映了人们对安邦定国的将士们的敬仰之情。如今，乌将军庙已不复存在，而这棵银杏却依然巍然矗立，古朴苍劲，枝繁叶茂，挺有精神。

乌镇背靠太湖，西到湖州一百里，北到苏州，南到杭州，都是一百二三十里，东到嘉兴四十五里，再朝东就是杭州湾了。所以地当水陆要冲。秦汉以来，历朝皆在此驻兵，以防盗匪。到唐朝咸通年间，这里已经比较繁盛，成为一个大镇了，始称乌

---

① 浙江省桐乡县文化馆编：《茅盾故乡的传说》，1983 年 2 月，第 5—6 页。

镇。明朝也在这里驻兵防倭。

宋朝诗人宋伯仁《夜过乌镇》诗写道：

望极模糊古树林，湾湾溪港似难寻。
荻芦花重霜初下，桑柘阴移月未沉。
恨别情怀虽恋酒，送衣时节怕闻砧；
夜行船上山歌意，说尽还家一片心。

还有宋朝著名画家赵子昂的诗句："泽国人烟一聚间，时看华屋出林端。"这些诗句，形象地描绘了乌镇的古代风貌。

一条清澈的河流——市河（车溪）穿镇而过，把市镇一分为二。河西就叫乌镇，河东为青镇。清朝顺治时，乌镇属湖州府乌程县，青镇属嘉兴府桐乡县。又由于小河道纵横交错，整个市镇又被划分成中市和东、南、西、北四个栅头。据茅盾所述，此地行政区划虽然曾分为两个镇，属两个县，但外地人仍统称为乌镇，青镇人亦自称为乌镇人，只在填写履历时用青镇。新中国成立后，两镇正式合并称乌镇。

乌镇地处江、浙两省交界。以北栅东长三港为界线。港南属浙江省，此地官府管不了港北；港北属江苏省，此地官府管不了港南。亡命之徒、盗贼利用这一条件，在港北作案后就逃到港南，在港南作案后就逃往港北，躲避追捕。清朝政府有鉴于此，特在乌镇设同知一员（同知即副知府，俗称二府），直接管辖二省交界处两个县的军政与民政。衙门的匾额上写"江浙二省总部府"。衙门前有东西辕门，大堂上的对联是"屏藩两浙，控制三吴"，大有两江总督衙门的气派。

乌镇从古以来就是文人荟萃之地。茅盾曾经指出：

据《镇志》，则宋朝时"汉奸"秦桧妻王氏是这镇的土著，镇中有某寺及梁昭明太子偶居读书的地点，镇东某处是清朝那位校刊《知不足斋丛书》的鲍廷博的故居。①

① 《茅盾文集》第9卷第127页。

关于秦桧妻王氏,这里不去说她了。说一说"昭明太子偶居读书的地点"。传说南北朝时期的南朝梁天监二年(公元503年),梁武帝萧衍的儿子萧统,世称昭明太子,曾拜尚书沈约为师。沈约是乌程县(今吴兴)人。每年清明节都要从京城建业(今南京)返回故乡扫墓,还要守墓几个月。武帝怕儿子荒废学业,就命他跟随沈约到乌镇来读书,为此,就在乌镇建有书馆一所。后来书馆倒毁。明朝万历年间,驻乌镇同知为纪念昭明太子,在书馆旧址建筑了一个刻有"六朝遗胜"的石坊,后人又题书"梁昭明太子同沈尚书读书处"。这个石坊至今仍保存完好。① 另有一说:萧统为了给他母亲祈福,曾在乌镇建两座宝塔——东塔和西塔。东塔叫寿圣寺塔,如今寺已不存,塔也被拆掉。西塔附近有密印寺,昭明太子就曾在寺中就读。塔也早已被毁。当朝尚书沈约每年清明时节回乌镇祭祖时,梁武帝就通知昭明太子"迎之远郊"。这些传说反映了人们对知识、对读书人的尊重。

鲍廷博(1737—1814),清朝乾隆、嘉庆时代安徽歙县人。随父经商,到乌镇东栅外杨树湾定居。他"力学好古","喜购秘籍",在乌镇定居后,藏书甚丰,并校勘辑录成《知不足斋丛书》二十六集。其子士恭、孙正言又先后辑成四集,共成三十集,二百零七种,均先后进献四库全书馆。

还有一个有意义的故事:宋代诗人陈与义曾出守湖州,后因病离开湖州,"一路繁花相送到青墩",到青镇住了下来,在密印寺以东,寿圣塔院东北的芙蓉浦上造了房子,名为"南轩",自号简斋居士。他在这里结识了密印寺高僧洪智,北栅书生叶懋(天经)。三人经常往来,谈文吟诗,情意甚深。陈与义曾一度到京城任参知政事。不久,就又回到青墩"南轩"居住,四十九岁时病逝在这里。他在《玉楼春》词中写道:"残年藜杖与纶巾,八尺庭中时弄影。呼儿汲水添茶鼎,甘胜吴山山下井。"表示他喜欢青墩胜过杭州,后人为了纪念陈与义和高僧洪智、叶懋的友谊,在"南轩"旁边建造了一座"三友亭",又有人修建陈与义旧居,题为"简斋读书处"。此处便成为乌镇的古迹之一。②

乾隆、嘉庆时期,乌青两镇极为繁荣。售同样物品的商店分别集中在一条街上,就形成了衣帽街、柴米街,等等。在当时,只有省会或大的府城才有此规模。太

① 《茅盾故乡的传说》,第8—9页。

② 同上,第63—64页。

平天国曾驻兵于此,清兵攻占时遭焚掠,乌镇大半被毁,青镇也受严重破坏。光绪年间,青镇逐渐得到恢复,乌镇仍很荒凉。但这里毕竟是江浙两省,湖州、嘉兴、苏州三府,乌程、归安、崇德、桐乡、秀水、吴江、震泽七县(当时建制)交界之处,交通方便,舟船云集。就整个乌镇、青镇来说,人口有五六万,商业和手工业繁荣仍然不下于一个普通县城。

乌镇和整个杭嘉湖地区一样,是鱼米蚕桑之乡。茅盾童年读过书的植材小学的围墙外面,就是一片桑林。从茅盾家到北栅外祖父家,不过两三里路,也要经过一片片桑林。镇外,稻田与桑地交错。特别是沿官河两岸,密密层层的桑树更是没有尽头。每年到了蚕桑季节,镇上"叶市"极为兴旺,桑叶上市,四乡来的船只把河港也封满了。茅盾的祖母每年养蚕季节,都要养一些蚕,茅盾母亲也喜欢养蚕。"蚕花"如何,关系到农民一年的生活。在养蚕季节里,农民的生活紧张而又热烈。保护"蚕神"的虔诚、"收蚕"的隆重仪式、"浪山头"和"望山头"的种种规矩,是蚕桑之乡独特的风俗习惯。

由于这里自然条件得天独厚,物产丰富,不遭兵燹、不遇水旱灾害的年头,镇上居民和农民的生活是比较安定而富裕的。每年清明过后,都要举办为时半个月的"香市":

> 赶"香市"的群众,主要是农民。"香市"的地点,在社庙。从前农村还是"桃源"的时候,这"香市"就是农村"狂欢节"。因为从"清明"到"谷雨"这二十天内,风暖日丽,正是"行乐"的时令,并且又是"蚕忙"的前夜。所以到"香市"来的农民一半是祈神赐福(蚕花廿四分),一半也是预酬蚕节的辛苦劳作。所谓"借佛游春"是也。
>
> 于是"香市"中主要的节目无非是"吃"和"玩"。临时的茶棚,戏法场,弄缸弄甏,走绳索,三上吊的武技班,老虎,矮子,提线戏,髦儿戏,西洋镜,——将社庙前五六十亩地的大广场挤得满满的。庙里的主人公是百草梨膏糖,花纸,各式各样泥的纸的金属的玩具,灿如繁星的"烛山",熏得眼睛流泪的檀香烟,木拜垫上成排的磕头者。庙里庙外,人声和锣鼓声,还有孩子们手里的小喇叭,哨子的声音,混成一片骚音,三里路外也听得见。
>
> 我幼时所见的"香市",就是这样热闹的。在这"香市"中,我不但赏鉴了

所谓“国技”,我还认识了老虎,豹,猴子,穿山甲。所以“香市”也是儿童们的狂欢节。①

这样的“香市”,无论是对大人,还是对儿童,都是饶有趣味的。

这是清末民初时的乌镇风貌。

到了三十年代,在国民党反动派统治下,苛捐杂税,地主和高利贷的剥削,再加上帝国主义的经济侵略,加速了农村经济的崩溃,乌镇这个鱼米蚕桑之乡,迅速衰落了。

镇上,“女郎的打扮很摹拟上海的‘新装’,可是在她们身上,人造丝织品已经驱逐了苏缎杭纺”。绸缎铺、百货店、钱庄接二连三地倒闭,特别是在年关的时候。“自从镇上有了洋纱、洋布、洋油——这一类洋货,而且河里更有了小火轮船以后”,农民们“田里生出来的东西就一天一天不值钱,而镇上的东西却一天一天贵起来”,“派到乡下人身上的捐税也更加多起来”。② 抽水机、肥田粉之类现代科学技术,不仅没有帮助农民增加收入,而是给他们带来更大的灾难,侥幸老天爷帮忙,“蚕花二十四分”,或是稻谷丰收,但农民所得到的却仍然是一身的债! 他们不得不走向当铺:

早晨七点钟,街上还是冷冷清清的时候,那当铺前早已挤满了乡下人,等候开门。这伙人中间,有许多是天还没有亮足,就等候在那里了。他们没有什么值钱的东西,身上刚剥下来的棉衣,或者预备秋天嫁女儿的几丈土布……③

到了九点钟光景,等候当了钱去买米吃的乡下人都拼命朝当铺门口挤。因为“当铺到十二点钟就要‘停当’,而且即使还没有到十二点,却已当满了一百二十块钱,那也就要‘停当’的。”然而,这也并不是当铺老板有意和那些在饥饿线上挣扎的人为难,而是当铺本身也面临着“关门”的命运!④

---

① 《茅盾文集》第 9 卷第 172 页。

② 《林家铺子》《春蚕》,《茅盾文集》第 7 卷。

③ 《茅盾文集》第 9 卷第 153 页。

④ 同上。

那曾经使大人、儿童都觉得有意义的“香市”，虽然还继续举行，“社庙前虽然比平日多了许多人，但那空气似乎很阴惨。可是那声音单调，庙前的乌龙潭一泓清水依然如昔，可是潭后那座戏台坍塌了，屋椽子像瘦人的肋骨似的暴露在‘光风化日’之下”。①

一幅多么衰落萧条的景象。

这是茅盾已经成为名作家时的乌镇风貌。

茅盾曾经把他所看到的这种衰落萧条的景象，反映在《春蚕》《林家铺子》《故乡杂记》《香市》《大旱》等小说和散文中。这些作品中也渗透了一个革命作家热爱乡土、期待彻底变革的深沉的乡思。

新中国成立以后，从城市到农村，都发生了天翻地覆的变化，建立了社会主义制度。粉碎了“四人帮”以后，经受了多年折腾的乌镇，终于重新焕发了青春，“新装改换旧陇阡”。“唐代银杏宛在，昭明书室依稀，往昔风流嗟式微，历史经验记取”，“双季稻香洋溢，五茧蚕忙喧阗”。这是一九七七年十二月，茅盾在听了桐乡来人介绍家乡情况以后，写下的两首《西江月》中的词句，热情洋溢，跃然纸上。一九八〇年二月二十七日，茅盾谈到家乡时深情地写道：“虽然我仅仅在那里渡过了青少年时代，却深深地怀念它！”“漫长的岁月和迢迢千里的远隔，从未遮断我的乡思。”他寄语故乡的亲人，要发扬光荣的革命传统，“踏着前辈的足迹，高举四个现代化的旗帜前进再前进”！②

二　小康人家·维新派

乌镇的沈家，祖上是开烟店的：用手工把烟叶加工成烟丝，俗称旱烟，卖给附近的农民和小商小贩。这是一种手工业和商业相结合的小本经营。

到了沈焕——茅盾曾祖父的时候，觉得家庭负担重，光靠一个小烟店的买卖，养活不了一家人，便到上海，当了一个山货行的伙计，其时是在一八六五年，太平天国失败后一年。几年后，沈焕又和别人合伙到汉口开办了一个山货行，担任了相当

① 《茅盾文集》第9卷第173页。

② 《可爱的故乡》，《人民日报》1980年5月25日。

于副经理的职务。沈焕的妻子——茅盾的曾祖母姓王。王家三代以“训蒙”为业，家里设私塾，子女也就在塾中读书。所以茅盾的曾祖母知书识字，她遵照丈夫的嘱咐，在乌镇督促长子与次子学举业，请她的曾考中秀才的哥哥为老师。沈焕是一个颇为能干的生意人，在汉口五年，不但熟悉了商界中一些人，也和汉口各衙门里的一些师爷有了交情，便打算在汉口落籍，把家眷也接去了。又过了几年，原来的合伙人因年老不愿再干下去，这家山货行便由沈焕独自经营。他凭自己的才干和多年经营山货的经验，大干了一番，所谋必成，获利甚厚。同时他也准备了退路：叫他的儿子回到家乡，买下了市河东岸（青镇）观前街上坐北朝南的四开间两进的楼房一所作为住宅（茅盾后来就诞生在这里），又买下了北巷两处民房，准备以后改建。

好景不常。有一次沈焕看错了行情，亏折过半，大伤元气，便把山货行出盘了。以后，沈焕接受一些师爷的建议，出钱捐了个广东的候补道，把家眷送回乌镇后去广州。在广州，他担任过几年的临时差使，弄到一个代理梧州税务监督的职务。任期届满后，手头也积下了几个钱，便告老回乡。一八九七年底，回到乌镇。

义和团运动的那一年，沈焕逝世了。他给自己的儿孙留下了一个堪称“小康”的家业：在汉口经商顺利时汇回的钱开办了一家纸店“泰昌兴”，在梧州税关任上汇回的钱开办了一家京广货店，购置了一些房屋。还有几千两银子。这样，他的儿孙虽然谈不上十分富裕，但也不愁衣食。

茅盾诞生的时候（一八九六年），曾祖父还在梧州任上。得到喜讯后立即打电报回家，给这个长房长曾孙取名德鸿，小名叫燕昌。因为这一年来到梧州税关上的燕子特别多，用迷信的说法这是吉祥的兆头。但这个小名从来没有用过。曾祖父告老回乡时，茅盾二岁，去世时是五岁。五岁前的茅盾，毕竟年龄还太小，不可能从这位能干的曾祖父身上直接受到什么影响。

沈焕有三子一女。长子恩培，字砚耕，是茅盾的祖父。他曾考中秀才，但以后屡应乡试，都没有中举。他负责“泰昌兴”纸店，却无心经商，把店务交给一个伙计。他曾在自己家塾中担任老师，也不大负责任。但为人正直，洁身自好，从不拜谒官府，也不过问地方上的事。写得一笔好字，笔法圆润工整。常常给人家写对联、匾额、招牌，聊以自娱。对儿孙们的事，素来抱“自然主义”。有时候，他带茅盾到街上去，或者走邻居，都让茅盾自由自在地玩，这是童年茅盾觉得最快活的时候。

茅盾的二叔祖沈恩俊，也是个秀才。也应过几次乡试，没有中，管理过京广货店，但经营无方，营业连年下降。后来担任过镇长、保卫团团总之类地方上的职务。茅盾的四叔祖沈恩增，写得一笔好字，曾随父去梧州任上，替其父拟拟信稿。其后，曾在上海、乌镇等地做家庭教师、“管账先生”。兄弟三人，虽然在事业上都没有什么成就，但因母亲管教颇严，所以都没有染上恶习。茅盾的祖姑母沈恩敏，由于沈焕择婿过严，高不成，低不就，到二十五岁时才做了本地老绅士卢小菊的儿子蓉裳的续弦夫人，蓉裳的前妻留下一子，叫卢学溥（字鉴泉），中了秀才以后，又中了举人。后来在银行界、金融界工作，很有声望。茅盾叫他表叔。他对茅盾的后来读书、就业和创作都很有影响。

沈焕去世前，观前街四间两进楼房的居住情况是：前面一排靠街房，楼上自东至西，第一间茅盾祖父母住，第二间茅盾父母亲住、茅盾和他的弟弟沈泽民就诞生在这间房子里，第三间、第四间分别是二叔祖父母、四叔祖父母住。楼下第一间是过道及家塾，三、四两间是大家庭的食堂。后排西头上下两间，是沈恩培兄弟把旧房子拆掉用父亲从梧州汇回来的钱重新修盖的，准备父亲回来养老居住。沈焕回来一看，不料竟是鸟笼式的四间，钱倒花得不少，很不满意。他看到后边还有一块空地，约四开间宽，一进深。但主人不肯出售，只愿出租。沈焕就租了这块空地，造了三间简单的平房，余下的空地种了一些竹子、桃、李、松、柏等树木。他夫妇俩以后就住在这平房内，直到去世。（三十年代初，茅盾自己设计，把这三间平房加以改造，让她母亲居住。当时外人进来，要穿过前面两进楼房才能到达，所以很安静。茅盾后来回故乡时，也就住在这里。）

一九八三年初，中央批准分别在北京和乌镇修建茅盾故居。这座房子已于一九八四年按原样修复，挂着陈云题写的“茅盾故居”匾额，列为浙江省文物保护单位。

沈焕去世后，“老三房”——茅盾祖父兄弟三人分家，茅盾的祖父沈恩培分到“泰昌兴”纸店和观前街的房子。还有一千两银子用在纸店里了。

茅盾的祖母虽然出身于地主家庭，但从小养成劳动习惯，能养蚕养猪。嫁到沈家后，对这些事仍很有兴趣。帮助祖母养蚕和看杀猪，是童年茅盾最感兴趣的事。

茅盾的外祖父陈我如，中了秀才以后也想进入仕途，但每次乡试，都失望而归，以后从事中医，名满湖、嘉、杭、苏四府。他为人耿直，自奉俭朴。晚年名声很大，重

乌镇及茅盾故居示意图

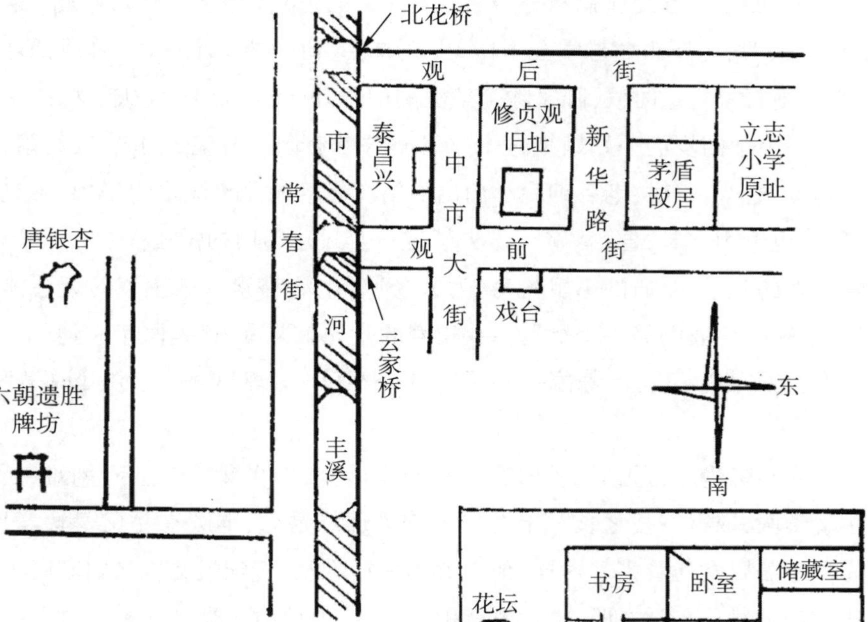

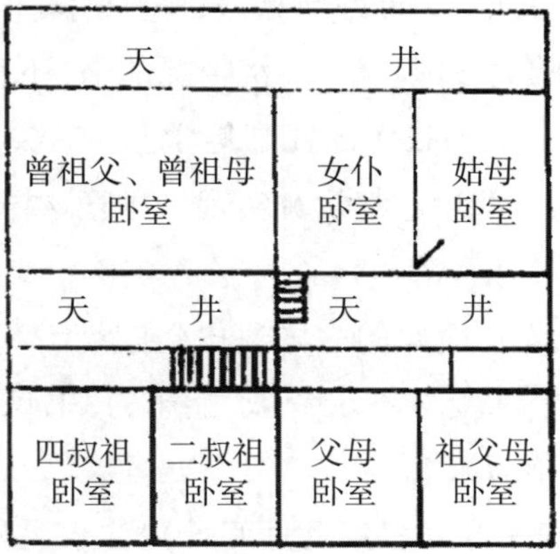

（楼上）

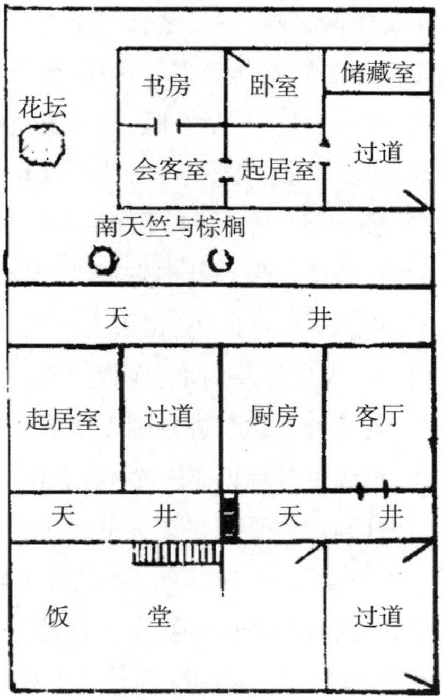

观前街19号（底层）

金求治病者甚多。他给人看病很认真,每天以五六人为限。收门生也很严格,最多时也不过四五人。女儿陈爱珠,长年住在姨父母家里,跟也是秀才的姨父学习,念了不少古书,如四书五经、《唐诗三百首》、《古文观止》、《幼学琼林》、《楚辞集注》、《列女传》,等等;她还跟姨母学会了做菜、裁衣、缝纫。到了十四岁,陈我如才把她接回去,叫她管家。这时候,陈家除了学医的门生外,还有船工、轿夫、女仆等,共十来个人。一个十四岁的小姑娘把这个家管得井井有条。陈老先生爱之甚笃,择婿甚严。到爱珠十六岁时,老乡绅卢小菊出面给沈恩培的儿子沈永锡说媒,陈老先生一口答应,也不用卜卦,合"八字",省去了这一套封建迷信的做法。

陈我如的儿子、茅盾的舅舅长寿,为人忠厚,生活朴素。三十岁时就患痨病去世,没有子嗣。茅盾的另一个舅舅——长寿的堂兄弟粟香,也是医生。他们一家和茅盾一家关系甚为密切。陈家——茅盾的外祖父、舅舅这一家,也可说是"小康人家"。

沈永锡与陈爱珠订婚后,考虑到将来的生活,依靠祖父遗产会有困难,所以决心跟岳父学医,取得一技之长。十九岁与陈爱珠结婚后,继续在岳父身边学医,而陈老先生还需要女儿管家。这样,他们就仍住在陈家,直到祖父告老回家时。

沈永锡虽然从小学八股,十六岁就中了秀才,但他由于受到洋务运动的一些影响,所以讨厌八股,喜欢科学,特别喜欢数学。结婚后知道妻子有八百块银元("垫箱钱"),便定了一个计划:除买书外,还打算陪妻子到上海、杭州、苏州等地游玩,见见世面,甚至还想到日本去留学,但没有得到祖父母的同意,只得自己买书来读。他买了声、光、化、电的书,也买了一些介绍欧美各国政治、经济情况的书,还有西医西学的书。戊戌维新时期,他很兴奋,准备到杭州投考浙江高等学堂,再考官费去日本留学;或者去北京进京师大学堂。但他这些理想都没有实现。尽管这样,在家庭中,沈永锡也可算得是一个"维新派"了。

结婚以后,陈爱珠在丈夫的帮助下,又读了简要的中国通史《史鉴节要》以及关于世界各国历史、地理的书《瀛环志略》。陈爱珠不仅贤淑、能干,知书识礼,并且对维新运动也很感兴趣,也可算是一个"维新派"。

光绪二十二年(丙申)五月二十五日(即一八九六年七月四日),沈永锡和陈爱珠有了第一个儿子——沈德鸿,即茅盾。光绪二十六年(庚子)五月二十七日,他们有了第二个儿子沈泽民。

戊戌政变后的第四年(一九〇二年)举行乡试,茅盾的父亲与表叔卢鉴泉到杭州应试。他的父亲下了头场,就患了疟疾,自然中试无望。回家时给妻子买了一批书,其中有《西游记》《封神榜》《三国演义》和当时上海出版的一些文言文译的世界名著。父亲回家后就生了病,遍请当地许多名医诊治、会诊都不见效。茅盾的祖母是迷信神道的,看见儿子日益消瘦,就到城隍庙去许愿,让茅盾在城隍会时扮一次"犯人",以示"赎罪"。八九岁的孩子,正是最爱玩的时候,十分高兴。这自然不能使他父亲的病得到好转。后来请了南浔镇西医院的日本医生来作了仔细检查,诊断是"骨痨"。沈永锡虽然知道自己得了不治之症,但在病床上,仍然不忘读书。还经常议论国家大事,以及日本由明治维新而成强国的经过,并勉励茅盾:"大丈夫要以天下为己任。"去世前,给儿子立下遗嘱,大意是:中国大势,除非有第二次的变法维新,便要被列强瓜分。而这两者都要振兴实业,需要理工人才。如果不愿做亡国奴,有了理工这个本领,国外到处可以谋生。遗嘱上还要茅盾兄弟不要误解自由、平等的意义。立遗嘱后的一天,沈永锡指着一本谭嗣同的《仁学》对茅盾说:"这是一大奇书,你现在看不懂,将来大概能看懂的。"

卧床三年,到一九〇六年秋,茅盾的父亲与世长辞了,终年三十四岁。这时候,茅盾虚岁十一岁,弟弟七岁。在父亲遗容的两侧,母亲恭楷写了一副挽联:

> 幼诵孔孟之言,长学声光化电,忧国忧家,斯人斯疾,奈何长才未展,死不瞑目;
>
> 良人亦即良师,十年互勉互励,雹碎春红,百身莫赎,从今誓守遗言,管教双雏。

茅盾父亲逝世后,母亲含辛茹苦,任劳任怨,遵照丈夫的遗嘱,把两个孩子抚养成人,支持他们走上革命的道路。

茅盾的曾祖父虽然做了几年税关监督的官,但并没有获得什么特权,没有使他的家庭进入官僚阶层,也没有购置大量田地,成为封建地主阶级;他只是开办了两家小商店(一家纸店,一家小百货店),他的两个儿子各管一家,又都不善经营,只是守成,没有创业。这样一个家庭,在思想上也就没有严格的封建礼教观念,因而也就容易接受当时的新思潮——维新思想的影响。茅盾就诞生在这样一个家庭中，并在这个家庭中度过了童年、少年时期。

和茅盾的祖父辈、父辈往来比较密切的亲友，大多数也属于同样的社会阶层，特别是茅盾的外祖父和舅舅家，也是市镇平民。

茅盾家虽然从曾祖父起就不务农，但和他家往来的亲友中却有农民，包括几代的“丫姑爷”。他们对茅盾都很亲切。茅盾说：“他们倒不把我当作外人，我能倾听他们坦白直率地诉说自身的痛苦，甚至还能听到他们对于我所抱的理想的质疑和反应，一句话，我能看到他们的心，并从他们口里知道了农村中一般农民的所思所感与所痛。”①这种和农民在生活上和精神上的联系，对茅盾后来从事创作，很有影响。

茅盾，来自平民社会。

茅盾，正是由于来自平民社会，所以，从小就和人民大众，特别是和农民有着生活上和精神上的联系。

把茅盾童年、少年时期的家庭状况与鲁迅、郭沫若童年、少年时期的家庭状况作一比较，是很有意义的。

按照传统的说法，鲁迅诞生于绍兴的一个没落的士大夫家庭。祖父周福青，是清朝进士，做过翰林院庶吉士，外放做过“县太爷”。鲁迅诞生时，他正奉调在京候补，几年后实授内阁中书。其时家里还有五六十亩水田。到鲁迅十三岁那一年，祖父因科场案下狱，家中不得不变卖田产应付这一事件。鲁迅的父亲周伯宜是个秀才，因父亲下狱而被斥革，闲居在家，又重病卧床多年，只得继续卖掉田产维持生计。鲁迅十六岁时，父亲去世。家庭经济状况终于“从小康而堕入困顿”。到鲁迅十八岁时，要继续读书，他母亲“已经连极少的学费也无法可想了”。所以鲁迅少年时代的家庭，实际上可说是平民家庭。鲁迅的外婆家在农村，因此在鲁迅童年、少年时期就与农村和农民有所接触。再加上家庭中落，更使他“看见世人的真面目”。这样，童年、少年时期的鲁迅，也就和人民群众有着生活上和精神上的联系。再说郭沫若，他的曾祖父是很富有的，到他的祖父时，家业已经中落。但他父亲精明干练，经营商业，不几年就把家业恢复起来，“买田、买地、买房廊、买盐井”，“成了一个中等地主”。郭沫若十岁时，家里还有“三四百石租的田地”，“可以进现钱

---

① 《我怎样写〈春蚕〉》，《青年知识》第1卷第3期，1945年10月。

的五六口盐井”,“还有好几家租出去的铺面和糟房”。[①] 童年、少年时期的郭沫若,就生活在这个富裕的“中等地主”兼商人的家庭里。但是这个家庭还没有获得封建特权,没有上升到官僚地主阶级,基本上还是接近于平民的。

茅盾和鲁迅、郭沫若的家庭情况,是不相同的,各有特点,但基本上都可说是属于或接近于平民阶层。他们都是从平民社会中来的,都和人民群众有着生活上的和精神上的联系,这是他们后来创作的重要源泉,创造事业的基石。

法国文艺史家丹纳说:“艺术家不是孤立的人。我们隔了几世纪只听到艺术家的声音;但在传到我们耳边来的响亮的声音之下,还能辨别出群众的复杂而无穷无尽的歌声,像一大片低沉的嗡嗡声一样,在艺术家的四周齐声合唱。只因为有了这一片和声,艺术家方成其为伟大。”[②]丹纳的文艺思想一向被认为是社会学的、机械论的。这一说法是否科学,这里暂且不论,但这句话我们认为是完全正确的。茅盾和鲁迅、郭沫若一样,正因为他们都来自平民社会,早年在生活上和精神上就和人民群众有着直接和间接的联系,所以在他们后来的创作中就能够直接或间接地传达出人民群众的声音,成为伟大的作家。

① 《少年时代》,《沫若文集》第 6 卷第 18 页。

② 丹纳:《艺术哲学》第 6 页,傅雷译,人民文学出版社 1963 年版。

第二章　在母亲的“训政”下

三　“第一个启蒙老师”

在乌镇沈家这个大家庭里，有一所办了多年的家塾。茅盾童年的时候，他的三个叔叔和二叔祖家的几个孩子就在这里上学。这所家塾里的功课，不外乎《三字经》《千家诗》之类。当时的老师也不太负责任，对学生常采取放任的态度。这个老师就是茅盾的祖父。“维新派”的父亲不赞成这样的儿童教育，所以就不让童年茅盾进这所家塾。他买了上海新式学校澄衷学堂的《字课图识》和从《正蒙必读》里抄下来的《天文歌略》《地理歌略》等“新学”，让茅盾的母亲自己来教，意图是想使茅盾获得一些天文、地理之类的自然科学知识。同时，她还根据《史鉴节要》用浅近的文言编成历史读本教茅盾，从三皇五帝开始，编一节教一节，这样，母亲就成了茅盾的“第一个启蒙老师”。

茅盾七岁那一年，病中的父亲一边行医，一边接替了祖父的工作，担任了家塾的老师。童年茅盾也就进了这所家塾。别的孩子仍旧学老课本，茅盾则继续学“新学”。父亲对他十分严格，每天都节录课本中的几句要茅盾读熟、背出。这些枯燥的天文、地理知识，对一个七八岁的孩子来说，不仅是极端乏味的，甚至感到“既害怕而又憎恶”了，学得很勉强，因而使他的父亲十分烦恼。

一九〇二年(光绪二十八年)，乌镇办起了第一所新式的国民初等男学堂。这所小学堂是原有的立志书院改办的，学校的大门两旁刻着一副大字对联：先立乎其大；有志者竟成。当中嵌着“立志”二字，所以也叫立志小学。一九〇二年秋，茅盾八周岁时，进入这个小学堂读书。校长是茅盾的表叔、在乌镇颇有名望的卢鉴泉(学溥)。开学那天，学生有五六十人，按年龄分为甲、乙两班，大的进甲班，小的进乙班,茅盾被编在乙班。不久,按学生的实际水平作了调整,茅盾被调到甲班。当时的课程有修身、国文、历史、地理、算学、音乐、图画、体操等。甲班的"修身"课本用的是《论语》,国文课本是新编的《文学初阶》《速通虚字法》《论说入门》。这时候,茅盾父亲已经卧床不起,要有人经常在身边侍候。茅盾不得不一边上学,一边照顾父亲。虽然学堂就在沈家左邻,很方便,但有时候也不得不请假。母亲担心茅盾功课落下太多,就自己来教,很快就把《论语》教完了,进度比学校里还快。《速通虚字法》讲文言文中的虚字使用法,附有插图,把本来比较抽象的文言虚字形象化了。例如解释"虎猛于马"这句中的"于"字的用法,插图是一只凶猛的老虎和一匹正在逃避的马。又如解释"更"字,用"此山高,彼山更高"一句,插图便是两座山头,一高一低,中间有两人在那里指手画脚,仰头赞叹。这样的课本帮助童年茅盾造句,更引起他"对于图画的兴味"。[①] 当时,有些课程如音乐、图画等还没有老师教,但国文、修身等课程却使童年茅盾产生了兴趣。他后来回忆说:小学里的课程"都比《天文歌略》容易记也有兴味,即使是《论语》罢,孔子与弟子们的谈话无论如何总比天上的星座多点人间味"。[②]

国文课老师还根据《论说入门》在理论上指导学生写文章,同时也很重视实践,每周要作文一次,题目经常是史论。如《秦始皇汉武帝合论》之类。老师出了题目,总要讲解几句,怎样立论,怎样从古事论到时事,等等。十岁左右的儿童写这样的史论自然困难是不少的,茅盾自己后来比方说,犹如"硬地上掘蟮"。但聪慧的童年茅盾,却在作文过程中"发明了一套三段论公式":

> 第一,将题目中的人或事叙述几句,第二,论断带感慨,第三,用一句套话来收梢,这句套话是:"后之为××者可不×乎?"这是一道万应灵符,因为只要在"为"字下边填上相应的名词,如"人主""人父""人友""将帅"等等,又在"不"字之下填上"慎""戒""欢""勉"一类动词就行了。每星期写一篇史论,把我练得有点"老气横秋"了,可是也使我的作文在学校中出了名。

① 《我的小学时代》,《风雨谈》第2期,1934年5月。
② 同上。

学校还月月有考试，并郑重其事地发榜，成绩优秀的可以得奖赏。当时的茅盾因总是名列前茅，经常受到老师的称赞和获得铅笔、写字簿、书籍等奖品。有一次，他获得《无猫国》《大拇指》两本童话。这时，他已能看《西游记》《三国演义》《七侠五义》等中国古典小说了，所以对这两本童话已经不感兴趣，便作为礼物送给弟弟沈泽民。

小说，在茅盾童年那个时代，还是被认为"闲书"的。童年茅盾读到的第一本"闲书"是《西游记》。[①] 有一次，茅盾偶然在一间堆放杂物的房间里发现了一板箱木版书，其中就有一本《西游记》。《西游记》中的一些故事，童年茅盾早就听母亲讲过了，现在有了书，就"偷看"起来。不久，这件事被父亲知道了。父亲不仅没有加以禁止，反而叫茅盾的母亲把一部石印的《后西游记》给他看。因为他认为看"闲书"也可把"文理看通"，"使得国文长进"，"小孩子想看'闲书'也在所不禁，……"[②]这样，童年茅盾就继续被允许看《水浒》《七侠五义》《三国演义》等中国古典小说了。

茅盾十一岁那年，父亲去世了，母亲陈爱珠就一个人挑起了家务和教育孩子的担子。她对两个孩子——茅盾和沈泽民的管教更严了。童年茅盾有过失时，母亲也常用裁衣的竹尺轻轻地打几下手心，作为教训。有一次，一个比茅盾大五六岁的同学因跌跤擦破了膝头和手腕的皮肤，却到茅盾母亲那里去告状。母亲很生气，把茅盾拉到楼上房间里，关上房门，要用硬木的大戒尺来打。童年茅盾怕极了，冲出了房门，下楼跑到街上去。还是小学里的国文老师沈听蕉把茅盾送回家，向茅盾母亲说明事情经过，并替茅盾说情："大嫂读书知礼，岂不闻孝子事亲，小杖则受，大杖则走乎？德鸿做得对。"茅盾母亲听了，默然片刻，说了声"谢谢沈先生"，就回房去了。事后，茅盾才从母亲那里懂得了沈老师那句话的意思。从此以后，茅盾就没有再挨母亲的打了。

一九〇七年初，茅盾在立志小学毕业后，升入新办的乌青镇高等小学堂（辛亥革命后改为植材完全小学）三年级。这所学校的课程有国文、英文、代数、几何、物理、化学、音乐、图画、体操等八九门。那时的国文由几个老师分别教《礼记》《易

---

① 《爱读的书》，《茅盾文集》第10卷第145页。

② 《我的小学时代》，《风雨谈》第2期，1934年5月。

经》《左传》《孟子》等古书。其中有的老师并不怎么高明。比如教《孟子》的那位老秀才，就把“弃甲曳兵而走”的“兵”，错误地解释成为兵丁。茅盾等提出疑问，老师却不肯认错，闹到校长那里。校长为了不让老师在学生面前丢脸，就说老师讲的可能是一种古本的解释。可见这时茅盾的国文，已有良好的基础，而他这个时期的作文，更具体地体现了茅盾小学最后一年的思想面貌和才华：《文不爱钱武不惜死论》就针砭时弊，抨击了当时政治的腐败；《西人有黄祸之说试论其然否》表明了力图自强，振兴中华的爱国主义思想；《青镇茶室因捐罢市平议》一文，表明茅盾从小就同情被剥削者。许多史论，表明童年茅盾不仅有丰富的历史知识，并且能够提出自己独到的见解。这些作文，每篇都得到老师的肯定评语。如《宋太祖杯酒释兵权论》，老师的批语是：“好笔力，好见地，读史有眼，立论有识，小子可造，其竭力用功，勉成大器。”①

戊戌维新以后，废科举，兴学校。社会上往往以“新学”的学历来套科举时代的“功名”，认为中学毕业算是秀才，高等学校毕业算是举人，京师大学堂毕业算是进士。高等小学堂学生自然就被看作童生了。茅盾进植材小学的第二年乌镇举行了“童生”会考。会考是茅盾表叔卢鉴泉主持的，作文题目是《试论富国强兵之道》，茅盾把从父母亲议论国家大事的那些话拿过来凑成一篇四百多字的文章，而以父亲生前经常说的“大丈夫当以天下为己任”一语作结。卢鉴泉很欣赏这篇文章，对结语加了密圈，批语是：“十二岁小儿，能作此语，莫谓祖国无人也。”还特地把这篇文章送给茅盾的祖父看，在祖父面前表扬他。最了解儿子的还是母亲。她对茅盾说：“你这篇论文是拾人牙慧的，卢表叔自然不知道，给你个好批语，还特地给祖父看。祖母和二姑妈常常说到你，该到我家的纸店当学徒了，我料想卢表叔也知道。他不便反对，所以用这方法。”原来陈爱珠为了让茅盾继续进学校念书，在家庭里受到很大压力。卢表叔把茅盾童生会考的成绩到处宣扬，正是为了减轻陈爱珠所受到的压力，让茅盾继续念书。卢鉴泉是一个“伯乐”，他第一个看出了童年茅盾是一个有培养前途的人才。

乌青镇高等小学堂的前身是中西学堂，是很重视英文课的。茅盾入学以后用的课本是《纳氏文法》第一册，内容是相当深的。教物理和化学的教师，是一位日

---

① 《茅盾少年时代作文》，光明日报出版社 1984 年版。

本留学生。上化学课时,他在教室里做实验,使学生大开眼界。

茅盾在小学念书时,还喜欢图画和音乐。他说过:“我在小学校的时候,最喜欢绘画。”①乌镇高等小学堂的图画老师是一位专门替人画“尊容”的画师,曾替茅盾的祖父画过《行乐图》,他的教学方法很简单,只是叫学生临摹《芥子园画谱》。他说:“临完了一部《芥子园画谱》,不论是梅兰竹菊、山水、翎鸟,都有了门径。”但他自己却不作示范,只叫学生临摹。学生的画稿,他认为不对的地方,就赏一红杠,大书“再临一次”。这样学绘画,“开头个把月倒还兴味不差,——先生只教我临摹某一幅,而我却把那画谱从头到底看了一遍,‘欣然若有所得’;后来一部画谱看厌了,先生还是指定那几幅叫我‘再临一次’,又一次,我就感到异常乏味了”。② 茅盾晚年写《回忆录》时曾说:“对于音乐,我是喜欢的。”还记得一首叫作《黄河》的歌词的第一节:

> 黄河,黄河,出自昆仑山,远从蒙古地,流入长城关,古来多少圣贤,生此河干。长城外,河套边,黄沙白草无人烟,安得十万兵,长驱西北边,饮马乌梁海,策马乌拉山。

茅盾喜欢这首歌,是因为曲调悲壮。当时老师只教唱,不解释歌词,所以不甚懂得歌词的意义,还是母亲给他作了详细的解释。

儿童时期的茅盾还“热心研究过”“袖箭”和“化学”。在他十一二岁时,因为读过《七侠五义》一类的书,“对于侠客们使用的‘袖箭’,了不得的佩服”。从《格致汇编》之类书中得到启发,断定制造“袖箭”得用“弹簧”,于是买了钢丝,找了小竹管等,便动手做起来,但是,“很费了一番心血,然而终于没有成功”。后来又因为读了一些侦探小说,知道犯人和侦探都要用密写药水之类的化学药品,于是便又热心于“化学”了。但这比做“袖箭”麻烦,只能纸上谈兵,不久也就丢开了。③

中西学堂校址原来在离乌镇有一二里的孔家花园,改为高等小学后就迁移到

---

① 《我曾经穿过怎样紧的鞋子》,《我与文学》,生活书店 1934 年版。
② 《我曾经穿过怎样紧的鞋子》,《我与文学》。
③ 《谈我的研究》,《印象 · 感想 · 回忆》,文化生活出版社 1936 年版。

镇内原来供奉太上老君的奉真道院，还新建了三排洋房。学校虽然就在镇内，但母亲还是不惜每月交四元的膳宿费，让茅盾住宿在学校内，目的是让儿子营养好一点。因为这时候，家里已吃得很节约，一个月中只有四天有一点点肉。

在高等小学堂时，茅盾患过一次梦游症。乡下人说是“活走尸”。母亲认为是睡眠不足之故，从此就不许他熬夜，规定睡觉时间不得超过晚上九点。

茅盾小学时期的学习成绩是很优异的。他当年的同学族叔沈志坚回忆说：

> 我们因为同是寄宿生，日间虽然不同课堂，夜间则同室温习睡觉，……当时他的国文成绩，已为全校冠军，教师张芝琴先生抚其背道：“你将来是个了不得的文学家呢！好好地用功吧！”他听了这种奖励的话，益加奋勉。以异日之文豪自期。……他喜欢踢毽子著象棋，……于书画外，兼能镌刻图章。总之，他处处是有其特异的天才。①

童年茅盾国文成绩就很突出，又那样多才多艺，这固然是由于他的禀赋，但更因为他勤奋好学，据说每年寒暑假他到外婆家去玩时，即使母亲不在身边，他也决不贪玩，“而是经常躲在一间小屋里，看书，写字，绘画，镌刻，专心致志，从不倦怠，有时住了五六天，邻近的小朋友还不知道”。② 他这种自觉的珍惜时间，刻苦学习的习惯，是和既是慈母、又是严师的母亲的教导分不开的。

一九七六年七月，茅盾八十高龄时写的一首“自述”，主要内容就是深沉地怀念母亲的教诲的。现抄录如下：

八十自述

忽然已八十，始愿所未及。
俯仰愧平生，虚名不副实。
昔我少也孤，慈母兼父职。
管教虽从严，母心常戚戚。

---

① 沈志坚：《怀茅盾》，见《文坛史料》。
② 戈铮、王国柱：《茅盾与“立志”、“植材”》，《杭州大学学报》，1982年1期。

儿幼偶游戏，何忍便扑责。
旁人冷言语，谓此乃姑息。
众口可铄金，母心亦稍惑。
沉思忽展颜，我自有准则。
大节贵不亏，小德许出入。
课儿攻诗史，岁终勤考绩。

一九七六年七月四日

四 “换过三个中学校”

茅盾的中学时期“换过三个中学校”，“都是在‘年份上并不吃亏’这条件之下得了母亲的同意的”。

一九〇九年夏，茅盾在乌镇高等小学毕业了。母亲准备让他进中学继续念书。那时中学只有府里有，离乌镇最近的三个府是嘉兴、杭州、湖州。因为本镇已有一个姓费的亲戚在湖州中学读书，母亲认为可以有个照顾，便让茅盾去考湖州府中学堂（辛亥革命后改为浙江省立第三中学）。本来是可以插入三年级的，因为算术考得不好，只能插入二年级。这时的茅盾十四岁。

茅盾在湖州府中学堂读书期间，最大的收获是丰富了中国古典文学的知识，增长了这方面的兴趣。

国文老师杨笏斋，教学生读古诗十九首、左太冲的咏史和白居易的《慈乌夜啼》《道州民》《有木》等诗篇，使茅盾感觉到这比他“在植材时所读的《易经》要有味得多，而且也容易懂”。杨老师还从《庄子》中选出若干篇来教，说庄子的文章如龙在云中，有时见首，有时忽见全身，夭矫变化，不可猜度。他认为《墨子》《荀子》《韩非子》等，就文而论都不及《庄子》。这使少年茅盾“第一次听说先秦时代有那样多的‘子’”。在植材时，他还只知有《孟子》。杨笏斋老师对《庄子》的教学，给茅盾很深的影响。有一次作文课，老师要学生自己命题，茅盾便模仿《庄子·寓言》，写了一篇《志在鸿鹄》，借鸿鹄自诉抱负得到“是将来能为文者”的批语。后来茅盾在商务印书馆编译所工作期间，还注释了《庄子》。茅盾班里的国文有一段时间由钱夏代课。他教史可法的《答清摄政王书》、黄遵宪的《台湾行》、梁启超的《横渡太平洋长歌》，还有《太平天国檄文》等具有强烈民族思想的诗文，使学生们都觉得很新鲜。杨笏斋老师再来上课时，学生们也要求他讲新鲜的和时事有关的文章。他接受了学生的意见，除教了文天祥的《正气歌》外，还选教复社首领张溥（天如）编选的《汉魏六朝百三家集》。杨笏斋认为明末江南有个复社，继东林之后抨击阉党和权贵。当时李莲英党羽，仍然嚣张，顽固大臣操持国政，形势与明末相近。张溥主张“兴复古学，务为有用”，他编选这部集子，每集都作题辞，即有此用意。杨笏斋选用这部集子作教材，用意也在此。杨先生在课堂上只讲《题辞》，各集本文要学生自己去钻研。通过杨先生的教学，茅盾知道屈原、宋玉、“建安七子”等诗人和《楚辞》《昭明文选》等诗文集。寒假回到家里，在杂乱的书堆中找到了《昭明文选》，便认真读了起来。好在有李善的注释，少年茅盾觉得“不难懂”。以后每逢寒暑假回家，就读这部书，从头到尾，恐怕还不止读了两遍。杨笏斋主张“书不读秦汉以下，文章以骈体为正宗”。《汉魏六朝百三家集》的《题辞》都是用骈体写的，所以杨先生又教学生作骈体文。有一次茅盾用骈体写的作文《记梦》，得到的批语大意是：构思新颖，文字不俗。

这时，茅盾还很喜欢看小说，这自然也影响到他的作文。有一位国文老师是孝廉公，又是茅盾的父执。他一方面称赞茅盾的文思开阔，一方面又不满意地说：“有点小说调子，应该力戒！”这位老师知道茅盾看小说是家里大人允许的，对他说：“你的老人家这个主张，我就不以为然。看看小说，原也使得，小说中原也有好文章，不过总得等到你的文章立定了格局，然后再看小说就没有流弊了。”他还教导茅盾说：“多读读庄子和韩文罢！”那时，茅盾很尊重这位国文老师，但对他的教导，却是持保留态度的。他说：

> 庄子之类，自然远不及小说之类有趣，但假使当时有人指定了某小说要我读，而且一定要读到我“立定了格局”，我想我对于小说也要厌恶了罢？再者，多看了小说，就不知不觉间会沾上“小说调子”，但假使指定了要我去临摹某一部小说的“调子”，恐怕看小说也将成为苦事了罢？①

---

① 《我曾经穿过怎样紧的鞋子》，见《我与文学》。

这意思是说,老师指定某一种文体要学生去学,并且学到“立定了格局”,就是把某一种文体作为《芥子园画谱》来临摹,也就是让学生穿“紧鞋子”,是束缚学生的思维活动,是一件“苦事”。可见在中学时,茅盾已认识到学习要有创造性了。

在湖州府中学堂的两年生活中,有一件事给茅盾留下了深刻的印象,就是到南京去参观“南洋劝业会”。要交费十元,茅盾准备用母亲给的还在身边的十元零用钱,征求母亲的同意。出于意外,母亲却给他寄了十元大洋,信中还说在南京看到喜欢的书,或其他东西,只要手头钱够,可以买下。这使茅盾高兴极了。“南洋劝业会”是为了吸收华侨的资本和管理工厂的经验和技术来发展工业,并向东南亚各地推销江南各省特产而举办的。茅盾在劝业会的浙江馆看见展出的绸缎、绍兴酒、金华火腿等特产时,倒也等闲视之。听说绍兴酒曾得银奖牌,大为惊喜。对四川、广东等省展出的土特产,都很赞叹。他这才知道我国地大物博,发展工业,前途无限,从而大大开阔了眼界。在南京有半天自由活动时间,茅盾和一些同学去雨花台,想买一枚较好的雨花石孝敬母亲,价钱却贵得惊人,只好花几毛钱买几枚最平凡的,奉献给母亲作个纪念。但在书坊里买了一部《世说新语》,倒花了一元几角。在回湖州的旅途中,茅盾把这部书反复看了两遍,这才知道历史上曾有这些隽永的小故事。湖州中学堂给茅盾留下深刻印象的还有体育课,虽然走天桥、翻铁杆、枪操等茅盾都没有学会。但枪操用的是从外国买回来的真枪,还有真的子弹,所以实在就是军事训练。每学期照例有一次的“远足”,也就是急行军的别名。后来茅盾才意识到,当时的校长沈谱琴这样安排是有深刻用意的。

原来沈谱琴虽是科举出身,却具有民主革命的思想。曾留学日本,是同盟会会员,辛亥前孙中山在海外为革命筹款,他以实际行动来响应。一九一一年辛亥起义后,各省积极响应。湖州就是浙江举义旗较早的府县之一,湖州府中学堂的学生军起了很大作用。光复后,沈谱琴被推为湖州军政分府长,对于安定地方起了积极作用。[①] 茅盾晚年回忆这位校长时,还称他为“不为人知的志士”。[②]

在湖州中学堂的二年级下学期,茅盾还学会篆刻和自己制造篆刻用的工具。

---

① 孙中田、张立国:《茅盾的中学时代》,《东北师大学报》1981 年第 1 期;王国柱、戈铮:《茅盾在浙江求学过的三所中学》,《杭州大学学报》1981 年 2 期。

② 《可爱的故乡》,《浙江日报》1980 年 5 月 25 日。

暑假里,母亲让茅盾自由支配父亲遗留下来的石章。茅盾不会写篆字,就查《康熙字典》,依样画葫芦。他把刻好的图章,加盖在小学时代的两本作文簿上。现在我们能够看到的有“德鸿”“沈德鸿”“沈德鸿印”“雁宾”等篆体的方章和圆章,还有“艸艸而已”“醒狮山民”等题词章和别号章。从篆刻刀法和字体来看,这些印章均出一人之手,并且造型多种多样。只有自己动手,才有可能。据沈志坚回忆,茅盾在小学时就已学会这种篆刻艺术了。①

茅盾在湖州府中学堂学习了两年。一九一一年秋,茅盾转学嘉兴府中学堂。茅盾当时之所以要转学,原因有二:一是听在嘉兴府中学堂读书的族叔凯松说,嘉兴府中学堂的英文教员是上海圣约翰大学毕业的,水平高,教员与学生平等,师生宛如朋友,而湖州府中学堂的舍监却很专横,便产生了转学的念头。二是湖州府中学堂有一个姓张的同学,说话声音像女人,年纪大一些的同学怀疑他的性别,想挑逗他,却被他痛打。可是这位同学却喜欢和年龄比他小的同学玩耍,茅盾也是其中之一,这就引起一些同学说一些不堪入耳的话,使茅盾很气恼,以致不能专心于功课。少年茅盾决心转学,得到了母亲的同意。

茅盾进入嘉兴府中学堂(后改称浙江省立第二中学),读的是四年级上学期。

在这一学期里,国文教师有四位:朱希祖、马裕藻、朱逢仙、朱仲璋。朱希祖教《周官考工记》《阮元车制考》,“专门到冷僻的程度”,马裕藻教《春秋左氏传》,朱逢仙教“修身”,自编讲义。原来湖州府中学堂的数学程度比嘉兴府中学堂低。茅盾在湖州府中学堂时,没有学过几何,在嘉兴府中学堂已教了一年多了。这就需要补课。茅盾后来回忆说,他当时对《周官考工记》之类“实在感到头痛”,对于《春秋左氏传》“也不太起劲”,“而且因为几何代数特别高,差不多全副精力都对付这两门功课去了”。至于英文课,虽然教员是圣约翰大学出来的,但中文很差,因而茅盾也感到失望。

就在这一学期里,茅盾迎接了中国近代史上的重大事件——辛亥革命。

当时嘉兴府中学堂的校长方青箱,是革命党人,教员大部分也是革命党,学生中剪去辫子的也很多。学生们对于国家大事,虽知道得很少,但是对于辫子的感情都不好。大家都知道这是“做奴隶的标帜”。校长虽然早已剪去辫子,但因为经常

① 沈志坚:《怀茅盾》,中华日报社,杨华编:《文坛史料》第164页,1944年1月。

要见官府，不得不装条假辫子。朱希祖、马裕藻、朱逢仙三位国文教员，都是革命党。茅盾后来才意识到，当时除朱逢仙的“修身”课自编讲义，爱用《颜氏家训》，“似寓深意”外，都是“真人不露相”的。他们不肯亮出自己的观点，没有对学生宣传革命思想。教国文的尚且如此，教数学、理化的教师自然更不用说了，只有一位体育教师例外；剃着光头，因他脑后有隆起的一块，喜欢说笑话的教师说那是“反骨”，他也以此自负，这是唯一的“真人露相”。在这样一个环境中，学生们对于国家大事，是知道得很少的。

但是，嘉兴地处沪杭铁路的中间，交通方便，新闻传播得快。武昌起义的消息很快就由一位同学从火车站带回的一份上海报纸传到学校，使学生们兴奋了一阵。茅盾后来回忆当时的情况说：

> 虽然我们那时糊涂得可笑，只知有“革命”二字。连中国革命运动的最起码的常识也没有。我们不知道在这以前，有过哪些革命的党派，有过几次壮烈的牺牲，甚至连三民主义这名词也不知道。然而武昌起义的消息使我们兴奋得不得了，我们无条件地拥护革命，毫无犹豫地相信革命一定会成功。
>
> 我们所以如此深信，乃是因为我们目击身受满清政府政治的腐败，民众生活的痛苦，使我们深信这样贪污腐化专横的政府一定不能抵抗顺应民众要求的革命军。①

然而，兴奋很快就过去了，现实生活并没有发生多大变化。大家议论得最多的还是辫子。有的同学对有辫子的同学说：“这几根辫子，今年不要再过年了”，或者说“假辫子用不着了”。茅盾当时年纪小，没有到火车站去买过报。一天上午，体育教员来叫他去火车站买报，但没有算好火车到站的时间。到了车站，火车已过去，上海报没有买到，这位教员很扫兴，把茅盾拉到酒店去喝酒，用台州腔说了不少话，少年茅盾却听得不甚了了。不久，空气却紧张起来了，因领不到经费，学校准备提前放假。而上海光复的消息，促成了提前放假的实现。茅盾回家的那一天早晨，听说杭州也光复了。他“居然以深通当前革命情势的姿态”，“做起革命党的义务

---

① 《回忆是辛酸的，然而只有激起我们的奋发之心》，《时间的记录》，大地书屋 1946 年版。

宣传来了”。

当时乌镇的驻防同知是一个旗人，被商会用钱送走了。有人拿一块白被单挂在植材小学的校门口，乌镇也就这样算是光复了。乌镇光复后引起的变化，主要也是反映在辫子上：“跟着，老百姓忙的，是剪辫子的‘仪式’，有人主张先剪一半，有人主张四边剪去，只留中间一把，依留打辫子，盘起来藏在帽子里，更有人主张等过了年看个好日子再剪；然而也有爽爽快快变成和尚头的。”[①]少年茅盾就这样在自己的家乡迎接了辛亥革命。

学校重新上课。茅盾回到学校时，才知道革命的三位国文教员和几何教员计仰先都已另有高就，校长方青箱也担任了嘉兴军政分司。只有那位有“反骨”的体育教员仍在。

革命给予青年学生一些什么呢？茅盾后来回忆说：“除了不必再拖辫子以及可以不必再在做作文的时候留心着‘仪’字应缺末笔，此外实在什么也没有，于是乎我之不免于觖望，又是当然的事。”其实，不只是失望，革命后，校长方青箱因当了军政分司，更忙了，校务由新来的学监陈风章负责，他很专横，自修时间不许学生往来和谈天，使学生们觉得“革命虽已成功”，但自己却失去曾经有过的自由，就和他捣乱。学监的回手是“记过”。茅盾也是被记过的学生之一。大考过后，被记过的学生在酒醉时质问学监“记过”的理由，还打碎了布告牌，这件事茅盾虽然没有参与，但因为在大考时曾把一只死老鼠送给那位学监，还在封套上题了几句《庄子》，使学监很恼火。因此和打碎布告牌的同学一道被“除名”了。母亲收到茅盾被学校“除名”的通知时，十分生气。等到听说不是做了坏事，而是因为反对学监的专制而被除名的，就不生气了。只关心茅盾继续读书的事，转学别的学校，要求“年份上不能吃亏”，“得考上四年级下学期的插班生”。

这样，茅盾就只一个学期便结束了在嘉兴府中学堂的学习生活。这个学期，正是辛亥革命时期。

一九一二年春，少年茅盾得到母亲的同意，到杭州投考私立安定中学，插入四年级下学期学习。

安定中学的校长想与省立杭州中学比赛，凡是杭州的好教员都千方百计聘请

---

① 《回忆辛亥》，《印象・感想・回忆》，文化生活出版社 1936 年版。

来,如当时被称为浙江才子的张相(献之)就兼教三校(安定中学、杭州中学和另一教会办的中学)的国文课,另一姓杨的教员,则兼教两校(安定中学和另一教会中学)的国文。张献之老师在国文课上,从教学生作对子开始,教学生作诗填词,他常用西湖的一些楼台亭阁所挂的对联作为教材,剖析其优劣;也用其他风景名胜地的名联,如昆明大观楼的一百八十字的长联作示范,叫学生就西湖风光作一对长联。指导学生作诗、词时,经常以前人或他自己所作的诗、词作示范,同时也让学生试作。张先生即以此代替其他学校通常的作文课。

姓杨的国文老师讲中国文学发展变迁的历史,诗经、楚辞、汉赋、六朝骈文、唐诗、宋词、元杂剧、明前后七子的复古运动、明传奇(昆曲),直到桐城派以及晚清的江西诗派。他的教学方法也很特别。讲课时黑板上只写人名、书名。讲解时,叫同学边听边记笔记。然后他看学生的笔记,错了给改正,记得不全的给补充。这种教学方法,一方面传授知识,一方面也就成为作文课了。茅盾对这种教学方法始而惊异,终于很感兴趣。最初边听讲边记笔记,觉得自己的笔无论如何跟不上杨先生的嘴,尽管他讲得很慢,于是便改变方法,只记下黑板上写的人名、书名,老师口讲的则靠强记,下课后再默写出来。这样果然能够把老师讲的记下十之八九。可见少年茅盾的确具有惊人的记忆力。

一九一三年夏,茅盾在安定中学毕业,虚岁十八。在安定中学的一年半时间里,茅盾最大的收获是掌握了比较系统的中国文学史的知识和懂得了作诗填词的方法。

那时,中学是五年制。茅盾考入湖州府中学堂时,是插入二年级的。以后又经过嘉兴府中学堂换到安定中学,都遵从母亲的要求,做到"在年份上不吃亏",所以,以四年时间完成了中学阶段的学习任务。

一九三六年间,茅盾在谈到自己的中学生生活时说:

> 我的中学生时代是灰色的平凡的,只把人煨成了恂恂小丈夫的气度。在我的中学生时代,没有发生过一件事情使我现在回想起来还感受着兴奋和震荡。……
>
> 我经历过三个中学校,……如果一定要我找出三个中学校曾经给予我些什么,现在心痛地回想起来是这些个:书不读秦汉以下,骈文是文章之正宗;

诗要学建安七子，写信拟六朝人小札；举止要风流潇洒，气度要清华流旷。……

我们的中学生时代却只有浑噩，至多不过时或牢骚，一种学来的牢骚；太息于前辈风流不可再见，叔季之世无由复闻“正始之音”那种无聊的非青年人所宜有的牢骚。①

这一段文字似乎是茅盾对自己中学生生活的评价，但是和我们前面引用过的说法，似乎不很一致。应该怎样理解这个问题呢？

我们认为可以从几个方面来分析。

首先，从学业上来看，四年的中学生生活，少年茅盾的成绩是优异的，表现得多才多艺，特别是在文学方面更有才华。这是和他的父母亲，特别是母亲的教诲分不开的，更和他自己的刻苦努力分不开的。但是为什么要这样学习？少年茅盾还不可能有一个明确的目的性；当时更不可能用马克思主义的观点来指导学习，也就不可能识别古代文学遗产中的某些消极因素；对于同学之间某些消极倾向，也不可能自觉地加以抵制。茅盾后来回顾这一段生活时，从更高的要求出发，有意识地强调当时学习生活中的某些消极因素和消极倾向，这就很容易理解了。

其次，从思想上来看，茅盾当时不是那样激昂慷慨。辛亥革命——这一中国近代史上的重大事件的到来，少年茅盾曾一度欢欣鼓舞，“无条件地拥护革命”，从朴素的、直觉的认识出发，“毫无犹豫地相信革命一定会马上成功”。但只是兴奋一阵就过去了，在他的头脑中只留下了某些具体事件，如辫子风波、“采用阳历比阴历便利”的演说的印象，等等。这是有着主客观原因的。就主观原因说，辛亥革命时，茅盾年纪还小，只是十六岁的少年，对于革命懂得很少。当然更不可能从历史发展的高度，从辛亥革命的本质意义上来看问题。就客观原因来说：辛亥革命这一资产阶级民主主义革命，在其发展过程中并没有认真地在人民群众中进行政治思想工作，没有认真地去教育群众，动员群众，依靠群众。照理说，青年学生是最容易接受革命思想的。但是在学校里，那些革命党人的老师，也是“真人不露相”，在自己学生面前也不流露自己的观点，不对学生进行民族、民主革命的思想教育。清王朝

① 《我的中学生时代及其后》，《印象·感想·回忆》，文化生活出版社1936年版。

垮台,民国成立后,新政权又没有认真进行社会改革,社会阶级关系和社会经济制度都没有发生本质性的变化。因此,茅盾后来回顾他的中学生时代时,就觉得是“灰色的平凡的,只把人煨成恂恂小丈夫的气度”,“没有发生过一件事情使我现在回想起来还感受着兴奋和震荡”,这也是可以理解的。

再次,就《我的中学生时代及其后》的全文来看,这篇文章是写给中学生看的。他没有丝毫夸耀自己中学生时代怎样有才华、学习成绩如何如何,思想上行动上怎样革命,等等,而是以极其谦逊的、实事求是的、严于自我解剖的精神来评价自己的过去。而对于青年学生,又是寄予极大希望。他用热情的口气强调说:“吞下整个世界,是中学生,一定得有这个气魄。”他认为在三十年代,“历史的车轮正在加速度旋转,全世界的人类正在唱着伟大的进行曲”;在这个“大变化的时代作中学生是幸福的”,“躬逢其盛地正好把年富力强的数十年光阴贡献给全社会全人类”!他更勉励那些“寒苦的中学生”“不要自惭形秽”,要努力“发展自己的才具”,去“创造自己将来的一切,社会将来的一切,人类将来的一切”,去完成历史赋予自己的“光荣的使命”。三十年代的茅盾已经是一个马克思列宁主义者了。他写作这篇文章的用意是在教导青年人要正确认识自己所处时代的特点,要意识到历史所赋予自己的“光荣使命”,从而自觉地刻苦学习,“发展自己的才具”,以便能更好地完成自己的使命。

生活本身是复杂的,人在生活中的感受又是多方面的。一个人、一个作家回忆他过去某一时期的生活感受时,常常受他回忆时心情的影响,有时还要考虑到不同的读者对象。因此,就往往有意无意的,有时强调某一种感受,有时又强调另一种感受,这就会令人产生不一致的感觉。其实只要稍加分析,就容易理解了。

第三章　背离了父亲的遗愿

五　北京大学预科三年

茅盾在安定中学毕业以后，自然就面临一个是否继续升学的问题。此时茅盾的家庭经济情况已经不很宽裕了，但他母亲早有计划：外祖母给他的一千两银子，存在本镇的钱庄上，此时本息共约有七千元之数，她让茅盾兄弟两人各得一半，估计茅盾还可以用这笔存款再读三年书。这时她正好从自己订阅的《申报》上看到北京大学在上海招考预科一年级新生的广告。考虑到卢鉴泉正在财政部工作，茅盾如去北京，可以得到表叔的照顾。因此，她就决定让茅盾到上海应考，希望他上北京读书。

到上海以后，茅盾才知道北京大学预科分第一类和第二类。第一类的，将来进本科的文、法、商三科；第二类的，将来进本科的理工科。报第一类的，只考国文与英文，茅盾知道自己数学不怎么好，就选择了第一类，顺利地考取了。去北京途中经过上海，与同时考取北京大学预科的谢砚谷同乘轮船到天津，再换乘火车去北京。在上海停留的几天间，茅盾跑遍了各个书坊，无意中买到了一部石印的《汉魏六朝百三家集》。在从上海到天津的三天三夜海程中，茅盾与谢砚谷相处极熟。谢砚谷看到茅盾经常翻阅那部“百三家集”而感到诧异，茅盾也因他朗诵吴梅村的《圆圆曲》和樊樊山的《前彩云曲》《后彩云曲》而同样感到诧异。此时的茅盾还是“书不读秦汉以下”的，所以很少读元、明以后的书，自然不知明末的吴梅村与晚清的樊樊山了，而谢砚谷则未尝读秦汉以上的书。这样在船上倒取得一个互相补课的机会。

路经天津时，茅盾曾在亲友的陪同下，上过一次戏院。台上演出武打戏，锣鼓喧天,茅盾却坐在凳子上睡着了,这是他生平第一次在北方戏院“听戏”。

一九一三年七八月间,茅盾到北京,进入北京大学预科第一类。此时虚岁十八岁。

当时北京大学的校长是理科院长胡仁源(湖州人,美国留学生)代理,预科主任是沈步洲(武进人,亦是留美的)。在预科,有几位很有学问的老师,如沈尹默、沈兼士、陈汉章等,教外文的多为洋人。

预科第一年的学习,茅盾收获很大。

沈尹默教国文。他教学生读庄子的《天下》篇,荀子的《非十二子》篇,韩非子的《显学》篇。他认为先秦诸子各家学说的概况及其互相攻讦之大要,读这三篇就够了。他要学生课外精读这些“子”书。他上课没有讲义,他说他只指导学生研究学术的门径,如何博览则在学生自己。文学方面,沈老师教茅盾等读曹丕的《典论·论文》、陆机的《文赋》、刘勰的《文心雕龙》以及章实斋的《文史通义》、刘知几的《史通》等。清朝末年,江西诗派盛行,沈尹默也给学生讲江西诗派创始人黄山谷的诗。沈尹默老师还从章太炎研究过佛家思想谈起,告诉学生说想懂得一点佛家思想,不妨看看《弘明集》《广弘明集》,然后再看《大乘起信论》。茅盾当时由于好奇心,也就读了这三本书,懂得了一点佛家思想。沈兼士(尹默之弟)教文字学,课本是许慎的《说文解字》。

陈汉章教本国历史。此人是晚清经学大师俞曲园的弟子,章太炎的同学,早就有点名望。京师大学堂(北大前身)时代就聘请他为教授。但他因为当时京师大学堂章程规定学生毕业后有钦赐翰林一条,所以他宁愿做学生,期望得个翰林。辛亥革命使他这个愿望不可能实现。改为北大后仍请他当教授。他自编讲义,从先秦诸子讲起,把外国的声、光、化、电之学,考证为在我国先秦诸子书中早已有之。茅盾认为这是牵强附会,在一次下课时念了一句“发思古之幽情,扬大汉之天声”。陈老师就把茅盾请到家里去谈话,说他这样做,意在打破当时遍及全国的崇拜西洋、妄自菲薄的颓风。教本国地理的老师也是自编讲义。他按照《大清一统志》,参考各省、府、县的地方志乃至《水经注》。茅盾认为老师“用力甚劬,然而不切实用”。

外国文学课读的是司各特的《艾凡赫》和狄福的《鲁宾逊飘流记》,两个外籍教师各教一本。教世界历史的是英国人,课本用迈尔的《世界通史》英文原版。第二学期,老师有一些调动,《艾凡赫》《鲁宾逊飘流记》改由中国老师教了。但最使茅盾感兴趣的是新来的美籍教师。他教莎士比亚的戏曲《麦克白》《威尼斯商人》和《哈姆莱特》。茅盾认为他的教法好。他不是按照一般的英文教法,写英文作文先得学叙述、描写等死板规定,而是要学生先写论文。他先出个题目,让学生自由发挥,第二天交卷。

第一年寒假遵从母亲来信的意见,没有回家。当时在财政部担任公债司长的卢学溥邀请茅盾到他家去住。茅盾婉辞了。因为江浙两省的同学大多数都不回家,宿舍里照常生火。他只是向卢表叔借去竹简斋本"二十四史"的《史记》。以后两个寒假,茅盾都借"二十四史"去读。寒假一个半月,三个寒假共四个半月。他精读了前四史《史记》《汉书》《后汉书》《三国志》,其余各史也浏览过一遍。他相信"二十四史""是中国的百科全书"的说法。

在北大预科,青年茅盾感到很不满意,他曾经说过:"我那时在北京大学尽看自己喜欢的书,不听讲,因为那时的教授实在也不高明。"①这样,他就把时间用在自学方面。茅盾在中学时代阅读就很广泛。比如中国的古典小说,大部分在十五六岁以前就已读过了。"有些难得的书如《金瓶梅》等,则是在大学读书时读到的。"②

预科三年很快就过去了。由于自觉地、刻苦地抓紧时间学习,他在中国古典文学、英语和外国文学方面打下了良好的基础。

六　"厌倦了学校生活"

茅盾父亲去世前曾立下遗嘱,要茅盾进学校学工艺,将来从事实业。要走这一条路,算术是重要科目。而茅盾从小学到中学,都不喜欢算术。进入北京大学预科第一类,肯定将来只能进文法商三科,不可能进理工科。这时,茅盾不能遵照父亲的遗嘱立身,他的母亲也是很明白的,但她也默认了。这是因为那时她也觉得学工艺未必就有饭吃,所以转而希望儿子在教育界做事;还有一层,茅盾父亲立遗嘱时

① 《我读过的外国文学作品》,《中国现代文学研究丛刊》1982 年第 1 期。

② 同上。

(一九〇四年)曾预言十年之内,中国将大乱,并为列强瓜分,不学“西艺”,恐无以糊口。可是在他去世以后不到十年,中国就起了革命,“不流血”地改成共和国,依然开学校,并且需要更多的教员,而“瓜分”一事似乎也不会出现,所以母亲也就不再拘泥于父亲的遗嘱了。这样,经过北大预科三年的学习,茅盾就完全背离了父亲的遗愿。

然而,父亲的遗嘱到底还是常在母亲的系念之中。当弟弟沈泽民中学毕业的时候,茅盾已经在商务印书馆编译所工作了一年。七月间茅盾回家与母亲商定让弟弟去考南京的河海工程专门学校。考取了以后,他们的母亲似乎也很高兴,总算有一个儿子遵照父亲的遗嘱去学理工科了。

茅盾在北大预科学习期间,中国社会正处在“大转变”时期:一方面是“二次革命”失败,北洋军阀头子袁世凯鼓吹尊孔读经,勾结日本帝国主义,狂热地进行恢复帝制的活动,因遭到全国人民的反对,旋即失败死去。另一方面是,中国社会阶级结构正在发生深刻的变化,无产阶级正在迅速成长起来,民族资产阶级的力量也有所发展,一批新型的知识分子——国内各类各级新式学校的毕业生和国外回来的留学生——已经形成一股重要的社会力量。以陈独秀创办的《新青年》(一九一五年九月创刊时名《青年杂志》,一九一六年九月出版的第二卷第二期起改名为《新青年》)为标志的、代表中国人民新觉醒的、反帝反封建的新文化、新启蒙运动开始兴起,中国历史即将进入一个新纪元。

但新文化、新思想并不是一开始就传入北京大学这个高等学府的。一九一七年以前,它还是一个“古气沉沉的老大学”,到一九一七年初蔡元培来担任校长,“才带进了清新的空气”。[①] 所以在北大预科的三年,青年茅盾并不感到很满意。他觉得“读完了三年预科,我还是我,除了多吃些北方的沙土,并没有新得些什么,于是我也就厌倦了学校生活了”。[②] 蔡元培担任北大校长后,积极支持新文化运动,陈独秀也担任了北大文科学长,一些进步教授纷纷给《新青年》写稿,北京大学成为新文化运动的基地时,茅盾已经离开北京大学,回到南方来了。但这时他在知识方面和治学能力方面,已经打下良好的基础。

---

① 杨振声:《回忆“五四”》,《人民文学》1954 年第 5 期。

② 《我的中学生时代及其后》,《印象 · 感想 · 回忆》,文化生活出版社 1936 年版。

把茅盾的学生生活的经历与鲁迅、郭沫若的学生生活的经历作一比较，是很有意义的。

在鲁迅十八岁（一八九八年）以前，在绍兴这样的府城里也还没有新式的中、小学校。少年儿童要读书，还只能上私塾，念四书五经。鲁迅的童年、少年时期，就是在私塾中度过的。他在私塾中，获得了较好的阅读中国古籍的能力。十八岁时到南京先后进入洋务运动后开办的水师学堂及陆师学堂附设的矿路学堂，才开始学到近代自然科学知识，二十二岁（一九〇二年）到日本留学以后，也学习了外国语（德语和日语）。茅盾和郭沫若一样，是比较幸运的，他们来到人间社会，比鲁迅迟十多年。在他们开始接受启蒙教育的时候，全国各地都已开办了新式的中、小学校。因此，他们虽然都读过几年私塾，但都上过正轨的小学和中学，较早地接受近代自然科学知识和外语教育。但当时毕竟还处在新旧教育的过渡时期，他们在小学、中学读书时的国文、修身、历史等课程还是以读中国古书为主，因此，都较好地获得了阅读古籍的能力。茅盾在中学毕业后读了三年北京大学预科第一类（文科），中外文学和外国语方面都打下了坚实的基础。而郭沫若则去日本留学，他虽然学的医学，但在文学和外语方面也获得了较高的造诣。可见茅盾、郭沫若和鲁迅的学生生活经历虽然很不一样，但他们进入社会以前，阅读古籍的能力，中国古典文学知识和外国语方面，都已打下了较坚实的基础。

再分析一下茅盾与鲁迅、郭沫若与时代的关系，也是同样有意义的。

鲁迅到南京读书的时候，正是戊戌维新的时候，接着又是义和团运动和八国联军的入侵。除戊戌维新给青年鲁迅一定影响外，义和团运动和八国联军入侵这样重大历史事件在青年鲁迅思想上似乎也没有引起多大反响。到日本留学以后，鲁迅才形成强烈的民主主义和爱国主义思想，并积极参加革命活动。辛亥革命时，鲁迅已经是中学教师，革命高潮到来时，他也曾欢欣鼓舞过，并用实际行动来迎接这次革命。但这时鲁迅已三十一岁，因年事稍长，社会阅历比较丰富，所以能够以冷静的态度来对待这次革命，看到这次革命失败的方面。革命后他到临时政府教育部去任职，对这次革命失败的方面，就看得更清楚了，因而陷入沉思默索之中达六七年之久。辛亥革命时，茅盾和郭沫若都还是中学生。当革命到来时，他们都曾经兴奋过。郭沫若因担任过同盟罢课的班代表而被开除，茅盾则因反对校长的专制而被“除名”，还热情地做过“革命党的义务宣传”。但当时他们毕竟年龄都还比较小(茅盾十六岁,郭沫若二十岁),还不能从本质上来理解这次革命的意义。但从客观上来说,这也反映了这次革命本身的弱点:既没有使鲁迅获得更有力的鼓舞,更没有使茅盾、郭沫若受到民主主义的思想教育,从而更多地关心社会改革问题。这说明了客观条件是否具备,对一个有才能的人能否发挥他的作用,也是有重要意义的。

只有在一个伟大的时代到来的时候,才能"使过去不可能发挥的天才发挥出来"。这个时代就是五四时代。

中编　为民族和人民的解放而奋斗（1916—1948）

第四章　在五四新文化运动中崭露头角

七　开始踏上人生的征途

茅盾在北京大学预科学习了三年以后，母亲给他准备的一笔钱就用得差不多了，再也没有能力让他继续读书。她商请茅盾祖父给当时任财政部公债司司长的茅盾的表叔卢学溥去信，请他给茅盾找个职业。要给茅盾在官场或银行界找一工作，还是不怎么难的，但母亲却不愿意茅盾进入乌烟瘴气的官场和银行界。所以她又直接给卢学溥写了一封极诚恳的信说明自己的想法。

一九一六年七月底，茅盾从北京回到乌镇家中。八月初，就拿了表叔卢学溥转来的商务印书馆北京分馆经理孙伯恒的信去会见上海商务印书馆总经理张元济。会见以后，被安排在商务编译所的英文部，具体任务是批改英文函授学校学生们寄来的课卷。每天机械式的改卷，茅盾并不觉得讨厌，反而很高兴。因为这里平时大家都说英语，茅盾觉得这里倒是他练习英语口语的好地方。

二十一岁的茅盾，就这样踏上了人生旅途。一般说来，这算是一帆风顺的了。

一天茅盾看到商务印书馆新编印出来、正在发行的《辞源》。这是一部开创性的工具书。他略加翻阅以后，觉得有些问题还可进一步研究，便提笔给张元济总经理写了一封信。茅盾晚年回忆这件事时说：

这封信开头赞扬商务印书馆的出版事业常开风气之先，《辞源》又是一例。次举《辞源》条目引出处有“认错娘家”的，而且引书只注书名，不注篇名，对于后学不方便。最后说，许慎《说文》才九千数百字，而《康熙字典》已有四万多字，可见文化日进，旧字不足应付。欧洲文艺复兴以来，文化突飞猛进，政治、经济、科学，三者日产新词。即如本馆，早已印行严译《天演论》等名著，故《辞源》虽已收进"物竞天择""进化"诸新词，但仍嫌太少。此书版权页上英译为《百科辞典》，甚盼能名实相符，将来能逐年修改，成为真正的百科辞典。①

茅盾写这封信只是一时冲动，不料却得到总经理的极大重视，当天就批交辞典部同事传阅后送编译所所长高梦旦核办。第二天高梦旦就约请茅盾谈话，说总经理已和他商量过，他的信写得很好。他在英文部做批改学生课卷的工作，是"用非其材"，要把他调到国文部去，和老先生孙毓修合作译书，征求茅盾的意见。

这么一封随便写下的、寥寥二百余字的信，使茅盾才华初试开始得到总经理的赏识。

到了国文部，孙毓修要茅盾翻译卡本脱的通俗读物《人如何得衣》。这本书他已用骈体色彩很显著的"意译"译了前三章。茅盾接受了这一任务，就用意译的方法，并模仿其风格，译出了一章。孙老先生看了很满意，要茅盾继续译下去。这个译本很快就出版了，书名题为《衣》，这是茅盾的第一个译本，但版权页上却署"孙毓修译"。

在以后的几个月中，茅盾继续翻译了卡本脱的《人如何得食》《人如何得住》，分别题为《食》《住》出版。

在中国新式的出版事业中，商务印书馆总经理张元济是一位开辟草莱的人。他不但是一位有远见卓识、有魄力的企业家，同时又是一位学贯中西、博古通今的学者。为了不断提高编辑人员的业务能力，他不惜重金购置古今中外大量图书，建立藏书极为丰富的图书馆——涵芬楼，允许编译所人员任意借阅。进入商务编译所以后，茅盾就充分利用这个涵芬楼。他一边工作，一边潜心读书。他平时白天上班，晚上几个人一间房，灯光又暗，不能看书，他就充分利用星期日——大家都出去玩了，他就一个人留在房间里读书。这样，在上海快一年了，除了商务编译所所在的宝山路附近，他从没到别处去过。

一九一七年上半年，孙毓修又要茅盾编一本开风气的书：中国寓言。茅盾觉得借此可以系统地阅读先秦诸子、两汉经史子部之书，穷本溯源地做点学问，就欣

① 茅盾：《我走过的道路》（上）第110页，人民文学出版社1981年版。

然同意了。此书定名《中国寓言初编》，辑录周秦两汉诸书中的材料，仿照治史学先作《长篇》之法。花了半年多时间，《初编》编出来了。一九一七年十月初版出书。这是中国最早的一本"寓言选"，出版后很受读者欢迎。

这一年暑假，茅盾弟弟沈泽民在浙江省立第三中学毕业后，考取了南京河海工程专门学校，实现了他们父亲的遗愿。茅盾在商务编译所，工作得很有成绩，还得到一个月不扣工资的假期。因此，母亲很高兴。茅盾便回乌镇，一面送弟弟去南京上学，一面陪母亲到南京去玩玩。在南京玩了几天，沈泽民上学后，茅盾陪母亲乘长江客轮回到上海。在长江客轮上，茅盾扶着母亲在甲板上散步，她遥望江天，很有感触地对茅盾说："你父亲一生只到过杭州，我今天见的世面比他多了。"又说："他的遗嘱我尽力做到了，你兄弟二人还算有出息，他死而有知，大概也是快活的。可惜一个人死了没有鬼，他再也不知道我们现在干什么，将来还要干什么。"到了上海，茅盾送母亲换乘小火轮回乌镇，自己就回商务编译所。

八　举起"革新·创造·奋斗"的旗帜

商务印书馆是我国最早的新式出版机构之一，它在出版西方科学著作、外语读物、中小学教科书等方面，都作出过贡献。它还出版多种杂志，如《东方杂志》《教育杂志》《妇女杂志》《小说月报》，等等，在普及文化，传播专业知识，适应不同阶层、不同职业的读者的需要方面，有过广泛影响。

新文化运动蓬勃开展起来以后，商务印书馆的出版物就显得有些保守、落后、跟不上形势了。商务的当权派为了适应潮流，不得不考虑做一些改革。这一改革首先从《学生杂志》开始。这一方面表明要向《新青年》学习，一方面也想通过改革来争取更多的读者。在商务编译所工作了一年的茅盾，已证明他学有根底，知识广博、工作勤奋，《学生杂志》的主编受命做一些改革，便指名调茅盾去做他的助编，先从写社论开始。

茅盾担任《学生杂志》的助编后写的第一篇文章是《学生与社会》，作为该杂志第四卷第十二号的社论刊出。文章论述了在"新旧思想交冲时代"，学生对社会所应担负的任务。茅盾认为"精研学术，修养品性"，是学生的"天职"，同时还应"常注眼光于社会"，了解社会的实际状况。这样，将来到社会上去工作，才能成竹在胸,“着手于社会事业之改革”。茅盾还强调指出,学生要反对奴隶道德,反对封建主义的治学思想,还要反对“趋时”和“唯利是视”。他强调指出,振兴祖国,革新社会之希望寄托在青年人身上。这篇文章,《学生杂志》主编看了以后很中意。要他再写一篇社论,这就是《一九一八年之学生》①。如果说前面一篇主要还是从学生与社会关系立论的话,那么,《一九一八年之学生》这篇论文则是从当时世界形势与中国的命运来讨论学生的任务的,视野开阔得多了。

茅盾指出:二十世纪之时代,是文明进化之时代,“全世界之民族,莫不随文明潮流而急转”。一个民族如“停留中路而不进”,必为“飞湍所排抉”;这个时代之国家,如仍陈旧腐败,“必不能立于世界”;这个时代之人民,如仍抱残守缺,不谋急进,就是“甘于劣败”。他认为要使中国避免埃及、印度、朝鲜的命运,“自拔而免于亡国之惨”,青年学生就要“翻然觉悟”,“投袂以起”!他还对学生提出了三点希望:一是“革新思想”。就是要排除头脑中的旧习惯、旧思想,吸收“个性之解放,人格之独立”等新思想。二是“创造文明”。他认为如果只是模仿别人,那么,“二十世纪之文明史上,将无吾人之一席,而国将不国”。希望青年学生们立下“自行创造之宏愿”,“促进文明”。三是奋斗主义。他说,“人生之天职,即为奋斗”,青年学生应“抱定人定胜天之旨”,振臂而起,“别创历史上之新纪元”。

上述两篇文章所提出的见解,和《新青年》所提倡的民主和科学精神是完全一致的。号召反对封建传统、反对因循守旧,主张革新思想、创造文明,努力奋斗,创造历史上的新纪元。这一见解的思想实质,则是爱国主义和民主主义的,是“五四”以前新思潮中的主导思想。

一九一八年间,茅盾还写了《履人传》《缝工传》②两篇长文,介绍欧美各国一些鞋匠或缝工出身,后来在事业上有成就的人,基本精神是在说明:“王侯将相无种,丈夫贵能自立”,一个人即使出身贫苦,只要虚心好学,刻苦磨砺,矢志不渝,总可以把自己造就成为有用的人才,为社会、为国家作出贡献。这两篇文章可以说正是《一九一八年之学生》所提倡的“革新思想”“创造文明”“奋斗主义”三点要求的具体例证。

---

① 《学生杂志》第5卷第1号,1918年1月。

② 分别发表于《学生杂志》第5卷第4—6号和第9—10号。

"革新·创造·奋斗"的旗帜闪耀着爱国主义与民主主义的思想光辉,开始使青年茅盾在新文化运动中崭露头角。

十月革命的胜利给中国送来了马克思主义。

一九一八年十月,《新青年》同时发表了李大钊的《庶民的胜利》《Bolshevism 的胜利》两篇文章,热情歌颂了十月革命的胜利,并预言"将来的环球,必是赤旗的世界"。一九一九年五月,《新青年》出版了"马克思研究专号",发表了李大钊的《我的马克思主义观》等论文,介绍了马克思主义的一些基本观点。在这一时期,中国知识分子中的先进分子都在热心探讨俄国革命的起因。茅盾也开始这一方面的探索。他于一九一九年四月写了长篇论文《托尔斯泰与今日之俄罗斯》①,介绍了列夫·托尔斯泰的生平,分析了托尔斯泰著作的成就及其在俄国文学史、西欧文学史上的地位,论述了"托尔斯泰主义"及其艺术观与当时俄国社会状况以及与托尔斯泰本人家庭出身的关系,肯定了托尔斯泰的广泛影响。虽然,文章对托尔斯泰的评论难免存在一些偏颇之处,但也包含许多独到的见解。文章还指出:"今俄之Bolshevism,已弥漫于东欧,且将及于西欧,世界潮流,澎湃动荡,还不知其伊何底也"。这一看法,和李大钊的"将来的环球,必是赤旗的世界"这一预言是完全一致的。表明这时候,茅盾对俄国布尔塞维主义的胜利,是抱肯定态度的。

一九一九年五月四日,北京学生发动了伟大的反帝爱国运动。全国各地学生和各阶层人民纷纷起来响应。五月中旬,上海学生实行同盟罢课,北京学生派代表到上海进行宣传和联系。六月初,上海许多工厂工人也相继实行罢工,商界实行罢市,支援学生的爱国运动。当时潜心读书,"素来不喜欢走动"的茅盾,也曾去参加集会,听北京来的学生代表的讲演。

在五四爱国运动的影响下,茅盾更注意于翻译和介绍外国文学。一九一九年八月,他用白话翻译了契诃夫的短篇小说《在家里》。这是茅盾的第一篇白话翻译小说。以后几个月里,他又翻译了契诃夫、高尔基、莫泊桑等的作品,撰写了《萧伯纳》《近代戏剧家传略》《萧伯纳的〈华伦夫人之职业〉》等评论文章。

一九一八年到一九一九年间,茅盾还编写了童话二十七篇。这些童话大多数系根据中国古代历史故事、传说和外国童话改编的,有几篇是创作的小故事。

---

① 《学生杂志》第6卷第4—6号,1919年4—7月。

此外,茅盾还翻译了《两月中之建筑谈》《二十世纪之南极》等介绍自然科学知识的文章(前者与沈泽民合译)。这和《新青年》的提倡科学精神也是相一致的。

一九一九年下半年,商务印书馆筹备出版《四部丛刊》,孙毓修指名茅盾参与这一工作。这是一项长期任务,看来茅盾似乎要与这一工作周旋到底了。不料到十一月初,茅盾又被委派去革新《小说月报》。正是这一新的任务,使茅盾走上了对他一生有着重要意义的文学道路。

一九一八年春节后,茅盾回到乌镇与孔德沚结婚。这一婚事,是茅盾五岁时由祖父定下来的。茅盾进商务编译所的那一年春节,母亲因未来的媳妇不识字,征求茅盾对这门亲事的意见。当时茅盾正全神贯注在事业上,对妻子是否识字觉得无所谓,就决定第二年春节后举行婚礼。婚后茅盾给她取名德沚,先是在家由母亲充当家庭教师,教她识字,后又让她到石门湾振华女校、湖州的湖郡女塾去读了几年书。

在新旧过渡时代,“祖父之命,媒妁之言”,童年定下的婚姻,很可能造成男方或女方的不幸。但由于茅盾的母亲和茅盾自己把关系处理得很好,所以茅盾婚后的家庭生活是幸福的。

一九一九年间,茅盾自费装修了一间房子,宿舍的同事戏称之为“新房”“洞房”。其实茅盾当时只是为了安排一个安静的环境,以便读书和写作。一直到一九二一年二三月间,他才另外租了房子,把妻子和母亲从乌镇接到上海来同住在一起。

九　继续追求真理

“五四”以后,社会改造的呼声日益高涨。除马克思主义外,其他各种思潮、主义,如无政府主义、托尔斯泰的泛劳动主义和无抵抗主义、工团主义、新村主义,等等,都被介绍了进来,在文化思想界各有一些影响。到底哪一种“主义”可以用来改造中国社会,茅盾认真进行思考,继续追求真理。

一九二〇年一月,茅盾在《广义派政府下的教育》①这篇译文前所加的说明中,

① 《解放与改造》第2卷第1号。

对苏俄政府彻底改革旧的教育制度，使教学与生产相结合，特别重视学生的校外生活等情况，以肯定的语气加以介绍。这表明他对社会主义革命是抱肯定态度的。

一九二〇年间，茅盾先后译出了《巴枯宁的无强权主义》、《罗塞尔〈到自由的几条拟径〉》（按：罗塞尔通译罗素）、《游俄感想》等文章，表明对巴枯宁的无政府主义，他实际上是持反对态度的。罗素所鼓吹的“基尔特社会主义”，茅盾认为是几种社会主义思潮中的“折中派”，至于是否适用于中国，他表示“谁也不敢说”。在《组织劳动运动团体之我见》一文中，关于开展工人运动他主张利用各行业原有的行会组织，然后加以改造，不同意采用“大规模的产业组合主义”，这里就有着“基尔特社会主义”的影响。可见当时茅盾对“基尔特社会主义”的实质还缺乏足够的认识。

这个时期，茅盾对十月社会主义革命是加以肯定的、拥护的。但在理论上，对马克思主义、对科学社会主义，他还没有取得很正确的认识。

一九二〇年初，陈独秀由北京回到上海，邀请陈望道等商谈《新青年》重新迁沪出版事宜，茅盾也应邀参加，这是茅盾第一次和陈独秀见面。陈独秀、陈望道、李汉俊等发起的中国第一个共产党早期组织，于这一年七月成立。

十月，茅盾由李汉俊介绍，加入上海的共产党早期组织。在此期间，北京、武汉、济南、广州、长沙等地党的早期组织也相继成立。九月间，上海党的早期组织已经把在新文化运动中产生了很大影响的《新青年》改组为它的机关刊物，着重宣传马克思列宁主义理论，介绍俄国革命和建设的情况。又于十一月间创办了《共产党》月刊，主要介绍共产党的理论和实践，以及第三国际和各国工人运动的材料。给这个刊物写稿的都是共产党小组的成员。李达担任主编。

茅盾参加共产党的早期组织后，李达就约他写文章。他在该刊的第二号（一九二〇年十二月七日出版）上发表了四篇译文：《共产主义是什么意思》（副题为《美国中央委员会宣布》）、《美国共产党党纲》、《共产党国际联盟对美国 I. W. W.（世界工业劳动者同盟的简称）的恳请》、《美国共产党宣言》。通过这些翻译活动，茅盾对马克思列宁主义的认识有了很大的提高，他晚年回忆说：

> 我算是初步懂得了共产主义是什么，共产党的党纲和内部组织是怎样的；尤其《美国共产党宣言》是一篇马克思主义理论及其应用于无产阶级革命实

践的论文，它论述了资本主义的破裂，帝国主义，战争与革命，阶级斗争，选举竞争，群众工作，无产阶级专政，共产主义社会的改造，等等。[①]

由于学得了这些共产主义的初步知识，他在探索真理的道路上跨出了重要的一步。

毛泽东同志曾经指出："十月革命帮助了全世界的也帮助了中国的先进分子，用无产阶级的宇宙观作为观察国家命运的工具，重新考虑自己的问题。走俄国人的路——这就是结论。"[②]应该肯定，茅盾是最早找到中国革命应该"走俄国人的路"这个"结论"的"中国的先进分子"之一。

十九世纪德国唯心主义哲学家尼采的思想对我国"五四"前后的思想界是有一定影响的。从一九〇七年到五四时期，鲁迅就曾汲取尼采思想的某些因素作为反封建的思想武器。五四时期陈独秀的著作中也有明显的尼采思想的影响。郭沫若也译出过尼采的《查拉图司屈拉钞》。茅盾除了译出这本书中的两章《新偶像》《市场之蝇》外，还写了长篇论文《尼采的学说》，对尼采的学说作了全面的介绍。[③]青年茅盾认为：任何一种学说，只是一种"帮助我们改良生活，求得真理"的"工具"，不可把它看作"神圣不可动摇的"，应该"挑了些合用的来用，把不合用的丢了"。茅盾正是抱这样的态度介绍尼采思想的。他具体指出尼采思想中的错误，认为尼采否定传统的价值观念，主张"人总是要跨过前人"的思想还是有可取之处的。茅盾是我国现代文化史上系统地、但是有批判地介绍尼采思想的第一人。

此外，茅盾还写了不少文章，从民主主义观点出发，探讨了妇女解放问题。

一九二〇年间，茅盾通过对社会政治问题、哲学问题的探索，继续追求真理，确立了对马克思主义的信仰。

"五四"以后，新文化、新文学就以更加汹涌澎湃的气势向前发展。"鸳鸯蝴蝶派"的《小说月报》已经不受读者欢迎，林琴南用文言文翻译的外国小说销量也不断下跌。面对这一形势，商务印书馆的出版方针不得不作一些改变。在《学生杂志》进行了一些改革以后，商务出版的其他杂志也相继进行革新。

---

① 《我走过的道路》(上)，第 176 页。

② 《论人民民主专政》，《毛泽东选集》一卷本第 1476 页。

③ 《学生杂志》第 7 卷第 1—4 号，1920 年 1—4 月。

一九一九年底，商务印书馆决定对《小说月报》进行部分改革，增辟“小说新潮”栏，茅盾应邀担任这一栏目的编务。《小说月报》原来为封建思想与买办意识的混血儿“鸳鸯蝴蝶派”所把持，是反对新文化、新文学的顽固堡垒，在小市民阶层中有相当影响。茅盾被挑选来打破这个顽固堡垒的缺口，这不仅是因为他学有根底，知识渊博，并且实践已证明他是一个富有革新精神的人。

在一九二〇年这一年中，部分革新《小说月报》的“小说新潮”栏，主要成绩是登载了一些翻译的外国文学作品，其中有易卜生的剧本《社会柱石》、莫泊桑、契诃夫等人的短篇小说，给新文学提供了一些有益的借鉴。

一九二〇年这一年，茅盾除了编辑《小说月报》的“小说新潮”栏外，主要贡献是在对建设新文学的道路，作了一些有意义的探索。

五四文学革命提倡的新文学到底是一种什么样的文学？当时的倡导者们的认识是不那么明确的。陈独秀的“文学革命”论，提出了“写实文学”“国民文学”“社会文学”这“三大主义”，体现了一种激进的民主主义精神，但并没有从理论上作出具体的解释。胡适的“八不主义”，虽然不能说完全没有接触内容问题，但着眼点却是语言形式和技巧问题，胡适自己把它概括为“国语的文学，文学的国语”就说明了这一点。鲁迅强调了新文学用白话写作的重要意义，更强调了“灌输正当的学术文艺，改良思想”的重要性，但他当时主要是以创作来体现“文学革命”精神的。周作人的《人的文学》《平民文学》《思想革命》是五四文学革命在理论建设方面的几篇重要论文，指出新文学应该是人道主义的文学、平民文学，强调说思想革命比语言文字的改革更重要。这就反封建意义来说是很有意义的。李大钊要求新文学要以“宏深的思想、学理、坚信的主义”做“根基”，无疑这是很先进的观点，但他也没有具体阐述。

“五四”以后，新文学在群众中发生了广泛影响。“新文学”到底是一种什么样的文学？怎样来发展这种文学？形势要求进一步从理论上来回答这个问题，承担了这一历史任务的主要是茅盾。

在一九二〇年这一年间，他写了《现在文学家的责任是什么？》《小说新潮栏宣言》《新旧文学平议之评议》《我们现在可以提倡表象主义文学吗？》《文学上的古典主义、浪漫主义和写实主义》《为新文学研究者进一解》等文章。

《现在文学家的责任是什么?》①是茅盾的第一篇文学论文。在这篇文章中,他对新文学创作提出了一些具体要求。他认为,作家进行创作,必须从整体上来观察、研究生活,落笔却只能具体描写“一二人、一二家”。这就接触到通过个别反映一般的原则了。他认为只有“请出几个人来作为代表”,也就是作为“典型”,把他们写活了,这才有可能把社会生活真实地反映出来。显然,茅盾所阐述的原则,正是现实主义的创作原则。

但是在《文学上的古典主义、浪漫主义和写实主义》②等几篇文章中,茅盾却强调提倡新浪漫主义。

茅盾当时提倡新浪漫主义,一方面是由于误解:他当时认为欧洲文学已经由古典主义、浪漫主义、写实主义发展到新浪漫主义了。中国新文学的发展也应该走这一条路。另一方面,他不是原封不动地照搬,而是按照自己的理解来提倡新浪漫主义的:他认为新浪漫主义能够帮助宣传新思想,给读者一种理想,并引导读者建立正确的人生观,所以他要提倡新浪漫主义。茅盾晚年的时候还说,这一理解,曾强烈地影响了他后来的文学活动。

茅盾在继续追求真理的道路上,一九二〇年间,政治上找到了马克思主义,文学上找到了新浪漫主义。

茅盾就这样在五四新文化运动中崭露头角,并成为新文化运动的积极支持者、实践者和领导者之一。

---

① 《东方杂志》第 17 卷第 1 号,1920 年 10 月。

② 《学生杂志》第 7 卷第 9 号,1920 年 9 月。

第五章　投入革命的洪流

十　中国共产党的第一批党员之一

一九二一年四五月间，茅盾又在《共产党》第三号、第四号上发表译文《共产党的出发点》和列宁的《国家与革命》的第一章（因故没有继续翻译下去），宣传马克思列宁主义。他还撰写了《自治运动与社会革命》，这是他初步懂得了马克思主义的一些基本知识，并用来观察分析中国社会问题的第一篇论文。他坚决反对湖南军阀所鼓吹的"联省自治"，认为要解决中国的社会问题，就应该"举行无产阶级革命"，"把一切生产工具都归生产劳工所有，一切权力都归劳工们执掌，直到灭尽一分一毫的掠夺制度，资本主义决不能复活为止"。他表示相信，"最后胜利一定在劳工者"。[①] 这篇文章，对"自治运动"的批判是比较深刻的。

一九二一年七月，在上海召开了中国共产党第一次全国代表大会，宣告中国共产党正式成立。从此，中国革命的面目就焕然一新了。

中国共产党第一次全国代表大会代表全国第一批五十多名党员。茅盾就是中国共产党的第一批党员之一。

茅盾，是我国新文学队伍中最早"信奉马克思主义"、最早成为中国共产党党员的文学家。

党成立以后，茅盾就在环龙路渔阳里二号陈独秀家里参加支部会议，当时和茅盾一个支部的还有杨明斋、邵力子、陈望道、张国焘、俞秀松等人。环龙路离茅盾的住地很远，支部会有时结束得很迟，茅盾回到家里已是深夜了。为了避免母亲和妻

---

① 《共产党》第3号，1921年4月。

子的误会,茅盾告诉了她们事实,得到她们的谅解和支持。

这年冬天,渔阳里二号被法捕房查抄,陈独秀被捕房拘押后取保释放。经过这一次风波,支部会议就经常转换地点,有时就在茅盾家里开。此时,沈泽民得到母亲的同意,在河海工程专门学校毕业前半年退学,和张闻天一道去日本,目的是为了更好地学习社会主义。不久回国,茅盾介绍他加入中国共产党。他入党的支部会议就是在茅盾家里开的。后来,一些省的党组织也次第建立,中央与各省党组织的联系日渐频繁。党中央考虑到茅盾当时在商务印书馆工作,是一个很好的掩护,就派他为直属中央的联络员。外地有人来上海找党中央,都经由茅盾安排,外地给中央的信件,也由茅盾汇总送到中央。这样,茅盾就必须每天都去商务编译所办公了。

茅盾入党后的另一项任务是协助中央派来的徐梅坤组织上海印刷工人工会。组织印刷工人工会,商务印书馆印刷所自然是重点。茅盾当时由于工作关系常到印刷所去,和排字工人很熟悉。他把文化程度相当高的技术工人糜文溶、柳普青介绍给徐梅坤,并吸收他们两人入党。

党成立后,为了培养一批妇运工作者,办了一所平民女校,由中央宣传主任李达兼任校长。一九二一年底,茅盾去教英文。茅盾教的六个学生中有蒋冰之(丁玲)。这六个学生英文都有一点基础,茅盾就用英文的短篇小说作为教材。茅盾在这个学校大约教了半年,每星期去三个晚上,是尽义务的。

党办的第二所学校是上海大学。一九二三年春,邓中夏到上海大学担任总务长(管理全校行政事务),瞿秋白担任教务长兼社会学系主任。茅盾在中国文学系教小说研究,在英国文学系讲希腊神话。这一年,丁玲转学到"上大"学习,又做了茅盾的学生。茅盾逝世后,丁玲在悼念文章中深情地说:"我有幸曾是茅盾同志的学生,一九二二年在上海平民女校,一九二三年在上海大学,都是听他讲授文学课的",他"在谆谆课读之中培养了我对文学的兴趣"。① 丁玲,是在茅盾的直接影响下走上文学道路,并取得巨大成就的作家。

在上海大学,茅盾会见了早已神交的瞿秋白。原来瞿秋白在旅俄期间写的《赤都心史》和《饿乡纪程》两部书稿已于一九二二年间作为"文学研究会丛书"由

---

① 《悼念茅盾同志》,《人民文学》1981 年第 5 期。

商务印书馆出版了。

“一大”以后,上海地区的党组织叫上海地方执行委员会。第一任委员长(相当于市委书记)是陈望道,然而不久即辞职。继陈望道担任上海地方执行委员会委员长的是沈雁冰,时间是一九二二年到一九二三年之间,大概有一年。再后是邓中夏。①

在一九二三年七月以前茅盾在党内的工作,大都是在晚上进行的。这个时期,茅盾已担任《小说月报》的主编(到一九二二年底),还要从事译作,任务繁重。所以他自己说他这个时期工作的特点是“白天搞文学,晚上搞政治”。这种文学和政治的交错,确实是很紧张的。茅盾是以一个共产党员的高度责任感和无比充沛的精力来从事这些工作的。

一九二三年七月间,中共上海地方执行委员会,改组为中共上海地方兼区执行委员会,扩大职权,兼管江苏、浙江两省党的工作。茅盾和徐梅坤、邓中夏等五人当选为执行委员。邓中夏为委员长,茅盾为国民运动委员兼任国民运动委员会委员长,委员为林伯渠、张太雷、张国焘、杨贤江等八人。这个委员会的任务是与国民党员合作,发动社会上各阶层的进步力量参加革命工作,也就是进行统一战线工作。这样,茅盾就更忙了,连白天都要搞政治了。

这一年八月五日,上海地方兼区执行委员会召开会议,中央委员毛泽东代表中央出席指导。这是茅盾第一次见到毛泽东。九月底,改组了国民运动委员会,统一领导工人、农民、商人、学生、妇女各方面的运动。恽代英和杨贤江负责学生工作,这是茅盾第一次会见恽代英。向警予和茅盾负责妇女运动。向警予当时担任中央妇女部的领导工作,而茅盾则是经常在《民国日报》的副刊《妇女评论》上写有关妇女解放问题的文章。

一九二三年十一月,国民党在中国共产党的推动下发表了改组宣言,孙中山决心依靠共产党来改组国民党,实行联俄、联共、扶助农工的三大政策。中国共产党中央决定共产党员以个人身份参加国民党,以便把革命向前推进。一九二四年春,共产党参加的国民党上海执行部成立。中共上海地方兼区执行委员会也进行了改组,茅盾和沈泽民、施存统等五人当选为执行委员,茅盾还担任秘书兼会计。这届

① 艾扬:《茅盾生平事迹小记》,《中国现代文学研究丛刊》1982年3期。

执行委员会除党的日常工作外,还开展了一些配合时事的政治活动。这一年三月,茅盾应邵力子的邀请去编辑《民国日报》的副刊《社会写真》(后改名《杭育》),加之其他事情繁忙,就辞去了上海地方兼区执委会的秘书兼会计职务,但仍担任商务印书馆的党支部书记。①

茅盾在编辑《社会写真》(五月十二日起改名为《杭育》),从三月二十八日起到八月三十一日止,用"冰"的笔名发表短评、随感录一百三十多篇。这些少则二三百字,多则五六百字的短文,内容五花八门,都是抨击劣政、针砭时弊的,形式短小精悍,明白晓畅,手法也多种多样。这些短文当时如果结集出版,就是一本可以与鲁迅的《热风》相媲美而又有自己的特色的杂文集。

茅盾,这个从平民社会中来的青年知识分子,在五四新文化运动中就站在时代的前列。在十月社会主义革命的影响下,参加共产党小组并积极从事活动,开始信奉马克思主义,在成为中国共产党的第一批党员后,就投身革命的洪流,更积极地从事党的工作,献身于民族的和人民的解放事业。

十一　夺取文学革命的战略性胜利

——革新《小说月报》

由于新文学运动的影响日益扩大,部分革新的《小说月报》也不能满足读者的要求。这种部分革新,事实上是"冶新旧于一炉","势必两面不讨好"——既得罪"鸳鸯蝴蝶"派,又不能满足思想觉悟高的青年。一九二〇年十一月,商务印书馆决定加以彻底革新,邀请茅盾担任主编。茅盾提出了一些条件,领导都答应了,他就接受了这一任务。

茅盾接受主编《小说月报》的任务后,就立即开始组稿。这时候,在北京有一批新文学的爱好者王统照、郑振铎等正在酝酿组织一个文学团体:文学研究会。王统照曾向部分革新的《小说月报》投过稿,茅盾便主动和他联系。

这样,在上海的茅盾就成为正在北京筹备的"文学研究会"的发起人之一,而文学研究会的发起人也即将成为《小说月报》的撰稿的基本队伍。于是,一九二〇

---

① 《回忆秋白烈士》,《红旗》1980 年 6 期。

年十二月出版的那一期《小说月报》上就登出了五则"特别启事"。其中一则说：

> 近年以来，新思想东渐，新文化已过其建设的第一幕，而方谋充量发展，本月刊鉴于时机已至，亦愿本介绍西洋文学之素志，勉为新文学前途尽一分之天职。自明年第十二卷第一期起，本月刊将尽其能力，介绍西洋之新文学，并输进新文学应有之常识。面目既已一新，精神亦当不同。

另一则启事列出担任撰稿的"文学研究会诸先生"名单，有周作人、叶绍钧、许地山、郭绍虞、冰心、郑振铎、庐隐、孙伏园、王统照、沈雁冰等十五人。

显然，这几则启事，可以说就是文学革命运动即将发起一次重大战略决战的檄文。而这一张撰稿人名单，就是这一战略决战的先头部队。文学革命的主战场也将由《新青年》转移到《小说月报》。毫无疑问，这一战略决战的组织者和指挥者就是二十五岁的沈雁冰（茅盾）。

一九二一年一月十日，第十二卷第一号《小说月报》以崭新面目与读者见面。茅盾执笔的《改革宣言》中说：改革后的《小说月报》开辟六个栏目，在材料的分配上将把重点放在译丛（翻译西洋名家作品）和创作两个方面。《宣言》认为"不论如何相反之主义，咸有介绍之必要。故对于为艺术的艺术与为人生的艺术，两无所袒。必将忠实介绍，以为研究之材料"。但是，"就国内文学界的情形言之，则写实主义之真精神与写实主义之真杰作，未尝有其一二"，所以"在今日尚有切实介绍之必要"。《宣言》还认为移译西欧名著极为重要，但中国旧文学"不仅在过去有相当之地位"，对将来亦还有意义，所以准备发展研究成果，并展开讨论。《宣言》提出既要"尊重自由的创造精神"，也要提倡文学批评，使创作与批评"互相激励而至于至善"。这个《宣言》事实上也就是全部革新后的《小说月报》的编辑方针，它的最主要特点就是在新文学界高高地举起写实主义的旗帜。

这第一号的内容，有周作人、沈雁冰的论文和评论三篇，冰心、叶绍钧、许地山等人的创作六篇，耿济之、周作人、孙伏园、王统照等人的译文八篇，以及郑振铎的"书报评介"和沈雁冰的"海外文坛消息"。此外还附载了《文学研究会宣言》和《文学研究会章程》。内容是相当充实而又新颖的。

全部革新的《小说月报》第一号出版后，就得到文艺界的好评。《时事新报》副刊《学灯》主编李石岑就发表公开信热情地加以赞扬,并提出了一些希望。[①] 茅盾写了一封回信,除了对李石岑的赞誉表示感谢外,表示"中国的新文艺还在萌芽时代。我们以现在的精神继续做去,眼光注在将来,不做小买卖,或者七年八年之后有点影响出来"。茅盾还表白说:"我敢代表国内有志文学的人宣言:我们的最终目的是要在世界文学中争个地位,并作出我们民族对于将来文明的贡献。"茅盾在信中最后表示今后要增加对英美文学的翻译,并欢迎对它的批评,希望《小说月报》由此"得到改善之机","同时也可提高社会上一般人的眼光"。[②] 这封信,表达了茅盾本人、也表达了文学研究会的伟大抱负:使中国新文学走向世界。

《小说月报》的销量到第十一卷第十号时已下降到两千册。全部革新后的《小说月报》却大受读者欢迎。第一号印了五千册,很快售完,商务印书馆各地分馆纷纷来电要求下期多发。于是第二号就印了七千册。到这一卷末期,已印一万册。比最低印数增加了四倍,这表明茅盾所进行的革新,是完全成功的。

茅盾主编《小说月报》不到一年,因商务印书馆领导干涉他的编辑方针,曾提出辞职,后经挽留,茅盾答应"再来试一年",这样一直干到一九二二年十二月,整整两年。在这两年中,他是实践了《改革宣言》中所提出的主张的,使一批青年作家脱颖而出。在创作方面,发表小说最多的有冰心(十篇)、叶绍钧(九篇)、庐隐(九篇)、王统照(八篇)、许地山(六篇),发表新诗最多的有叶绍钧、朱自清、朱湘、汪静之、梁宗岱、徐尉南、王统照等。在翻译方面,译载了不少托尔斯泰、屠格涅夫、契诃夫、高尔基、莫泊桑等著名作家的作品,特别是当时北欧、东欧、南欧的一些弱小国家和"小民族"的作品,编出了"被损害民族文学"号(第十二卷第十号)。评论方面,发表了不少文学理论、作家作品的评论,研究文章,还编出了"俄国文学研究"专号(第十二卷第十二号号外)。

在主编《小说月报》期间,茅盾自己发表了不少译作和理论批评文章。

茅盾主编《小说月报》,还得到鲁迅的积极支持。他先后以创作《端午节》《社戏》和翻译《工人绥惠略夫》等给《小说月报》发表。这期间,茅盾开始与鲁迅通信。一南一北,两人尚未见过面,但已建立了很深的友谊。

---

① 《时事新报·学灯》,1921 年 1 月 31 日。

② 《致李石岑》,《时事新报·学灯》,1921 年 2 月 3 日。

一九二二年七月，茅盾在《自然主义与中国现代小说》一文中点名批评了“礼拜六派”。“礼拜六派”扬言要控告《小说月报》。商务印书馆领导中的保守派王云五就以此为借口，对茅盾施加压力，要《小说月报》改变编辑方针，被茅盾抵制了。他们又要弄种种手腕，茅盾发觉此事后非常愤慨，提出辞职。商务印书馆领导怕茅盾辞职后去另办一个刊物与商务对抗，所以只同意茅盾辞去《小说月报》主编的职务，又坚决挽留他仍在商务编译所工作，条件是做什么事由茅盾自己决定。茅盾那时仍任中央联络员。负责党中央工作的陈独秀认为茅盾如离开商务，中央联络员就要另外找人，暂时又无合适的人选。这样，茅盾就仍继续留在商务。

从第十四卷第一号起的《小说月报》的主编职务，由郑振铎接任。郑振铎是文学研究会的发起人，他接编后，《小说月报》的具体栏目虽有了变化，但基本方针没改变，一直出版到一九三二年“一·二八”上海事变，商务印书馆被日本侵略者的炮火烧毁后才停刊。《小说月报》由此成为“五四”以后出版时间最长、影响最大的文学刊物。

茅盾不再担任《小说月报》的主编后，仍继续为《小说月报》写稿。

综观一九二一、一九二二年的《小说月报》，在创作方面，艺术风格是多样性的，其主导倾向则是现实主义的；在译载的作品方面，也是多样性的，其主导倾向也是现实主义的；在外国文艺思潮、流派的介绍方面，是多方面的，其主导倾向同样是现实主义的；在评论方面，观点虽不一致，其主导倾向是强调“为人生”的文艺，强调现实主义。茅盾的那些文章就是最好的代表。

这样，文学研究会、茅盾主编的《小说月报》和鲁迅一道，就形成“五四”以来我国新文学的一个最重要的流派——现实主义流派。

《小说月报》的彻底革新，意味着旧文学的一个顽固堡垒终于为新文学阵营所完全夺取，而文学研究会则通过革新后的《小说月报》发展并扩大了文学革命的胜利成果。叶圣陶曾经说：“自从《小说月报》革新以后，我国才有正式的文学杂志。而《小说月报》的革新，则是雁冰兄的功绩。”①这一评价，是完全正确的。如果说，鲁迅的《狂人日记》《孔乙己》《药》等小说的出现，“算是显示了文学革命的实绩”，那么，文学研究会的成立和《小说月报》的全部革新，就可说是文学革命的一次重

① 《略谈雁冰兄的文学工作》，《新文学史料》1982年3期。

大的战略性的胜利。由于这一胜利,新文学运动开始有一支有组织的作家队伍,建立了巩固的基地,从而以更加不可阻挡的气势向前发展。茅盾,作为这一战略性胜利的组织者和指挥者的功绩,在中国现代文学史上是应该大书而特书的。

文学研究会还于一九二一年五月出版《文学旬刊》,作为《时事新报》副刊之一,后改为《文学周报》独立出版。茅盾在这上面发表了许多文学评论文章。

十二　为了新文学的现实主义

一九二一年到一九二四年间,茅盾还积极从事理论建设工作,在《小说月报》《文学旬刊》《文学周报》《学生杂志》《民国日报·觉悟》等报刊上发表了许多评论文章,对新文学的发展作出了杰出贡献。

一九二一年一月,茅盾在第十二卷第一号《小说月报》的《改革宣言》中就指出:"写实主义之真精神与写实主义之真杰作",在中国"尚有切实介绍之必要",正式举起写实主义(即现实主义)的旗帜,基本上不再提新浪漫主义了。在以后写的许多理论文章中,茅盾又进一步阐述了他的见解。

文学与社会生活的关系问题,是文学理论中的一个重要问题。茅盾这一时期对这个问题的理解,很明显地受法国文艺理论家丹纳的影响。

丹纳认为文学艺术的产生、发展,它的特点都是为种族、环境和时代三个要素所决定的。他用地质学上的地层作比喻来说明种族、民族、时代思潮、社会风习等对文学艺术的影响。他说,浮在表面上的社会风习(如巴黎的时装)在人的一切特征中是最肤浅、最不稳固的,最容易发生变化;第二层"略为坚固一些的特征","是整整一代人的思想感情";第三层是"可以存在一个完全的历史时期"的思想体系和生活习惯,如中世纪、文艺复兴时代的思潮,但无论如何稳固,仍然会发生变化;再下一层是原始地层——民族的特性,是"和血统一同传下来的",很难改变的;更下一层是"暧昧不明的地层",即种族的特征;最后一层是"一切创造文明的高等种族所固有的特性,即人类的某种共同本性"。丹纳认为,"组成人类心灵的感情、思想、才具、本能",就是从社会风习到人类的共同本性这些因素所决定的。这些因素,一层一层叠起来,越往下,越稳定。丹纳说的环境包括自然环境和社会环境;他所说的时代,就是指发展变化着的社会环境——时代精神、社会风习,等等。

丹纳认为一个民族的文学艺术的特征，和这个民族所赖以生存的自然环境分不开，和他所属的种族和民族的特性分不开，和时代精神、社会风习也有密切关系。他还认为，艺术不是孤立的现象，艺术家也不是孤立的人，他是包括在社会的"总体之内"的，"因为风俗习惯和时代精神对于群众和对于艺术家是相同的"，"我们隔了几世纪只听到艺术家的声音；但在传到我们耳边来的、响亮的声音之下，还能辨别出群众的复杂而无穷无尽的歌声，像一大片低沉的嗡嗡声一样，在艺术家四周齐声合唱。只因为有了这一片和声，艺术家才成其为伟大"。因此，他强调指出："要了解一件艺术品，一个艺术家，一群艺术家，必须正确的设想他们所属的时代的精神和风俗概况。这是艺术品最后的解释，也是决定一切的基本原因。"①

过去，研究者们总是把丹纳的文艺观说成是社会学的，是不完全正确的。从上面介绍的基本观点来看，可以说基本上是属于唯物主义范畴的，特别是把艺术家看作是产生于群众，是群众的代言人，和马克思主义的观点是相符合的。但丹纳的局限是在于：他没有能够从经济基础与意识形态的关系，在阶级社会里，人们的阶级地位、阶级利益对文学艺术的影响来说明文学艺术的本质特征，对文学艺术对社会生活的积极作用也没有足够的认识。所以他的唯物主义是不够充分、不够彻底的。

在《文学与人生》一文中，茅盾从人种、环境、时代和作家的人格四个方面来解说文学和人生的关系，他认为文学与人种、与民族的特质都很有关系，由于人种和民族性的不同，文学的情调也就不同；一个时代有一个时代的环境，"就有那个时代环境下的文学"；一个时代有一个时代的时代精神，"各时代的作家所以各有不同的面目"；"作家的人格，也很重要"，大文学家的作品，"总有他的人格融化在里头"，所以，"革命的人，一定做革命的文学"。② 这些见解，显然和丹纳的理论有密切关系，但又不完全相同，可以说是接受丹纳的某些观点而又加以发展了。

但更为重要的是，茅盾结合当时中国社会和文艺界的状况，提出了许多自己的见解。

他批判中国传统的和当时流行的文艺观点，如封建帝王视文学者为"粉饰太平的奢侈品"，文学者自己又总是抱"文以载道"或是"当作消遣品"的观点，他认为，

---

① 丹纳：《艺术哲学》，傅雷译，人民文学出版社 1963 年版，第 6、61—67、147、345—357 页。

② 《中国新文学大系·文学论争集》。

“文学的目的是综合地表现人生”，“文学者表现的人生应该是全人类的生活”，文学作品中所表现的思想和情感，是属于民众的，属于全人类的，而不是作者个人的。因此，文学家的任务，是“为全人类服务”；文学家所担负的使命，对本国而言，是发展国民文学、民族文学，对世界而言，“便是要联合促进世界的文学”。[①] “全人类”的说法，虽然不免笼统一些，但据茅盾后来解释，实质上还是指人民群众。

茅盾还从历史发展的趋势指出，文学每发展一步，和人生的关系也就更密切一步，到了当代，“更能表现当代全体人类的生活，更能宣泄当代全体人类的情感，更能声诉当代全体人类的苦痛与期望，更能代替全体人类向不可知的运命作奋抗与呼吁”。[②]

这些见解表明，茅盾不仅明确地肯定文学是人类社会生活的反映，并且对人类的社会生活有着积极的作用。一九二三年间，恽代英提出新文学要能起到“激发国民的精神，使他们从事于民族独立与民主革命的运动”；茅盾表示他完全同意这一看法，[③]还进一步指出：“文学是有激励人心的积极性的”，“希望文学能够担当唤醒民众而给他们力量的重大责任”；他还希望文艺青年要有正视现实的勇气，促使“国内文坛的大转变时期”的来临。[④] 这些见解又表明，茅盾当时是从无产阶级领导的民族民主革命的要求出发来看待文学的社会作用的。

对文学和社会生活的关系的理解，茅盾虽然接受了丹纳的影响，但明显地超越了丹纳的观点，而和辩证唯物主义的观点相一致了。

关于文学的创作方法问题，这一时期的茅盾曾受到左拉自然主义的影响。

《小说月报》第十二卷第十二期登载了《文学上的自然主义》（日本岛村抱月著，晓风译），比较系统地介绍了自然主义文学。有读者对此表示怀疑，于是在第十三卷的《小说月报》便展开了关于自然主义文学的讨论。茅盾陆续用通信的形式表达了他对自然主义的态度，还发表了题为《自然主义与中国现代小说》的长篇论文，[⑤]论述了自然主义文学的特点，肯定了提倡自然主义文学的必要性。

---

① 《文学和人的关系及中国古来对于文学者身分的误认》，《小说月报》第 12 卷 1 期，1922 年 1 月。

② 《新文学研究者的责任与努力》，《小说月报》第 12 卷 2 期，1922 年 2 月。

③ 《杂感——读代英君的〈八股〉》，《文学周报》第 101 期，1923 年 12 月 17 日。

④ 《“大转变时期”何时来呢?》，《文学周报》第 103 期，1923 年 12 月 31 日。

⑤ 《小说月报》第 13 卷第 7 号，1922 年 7 月。

茅盾既提倡写实主义,又提倡自然主义,应该怎样来理解这个问题呢?也就是怎样看待茅盾受自然主义影响的问题。

我们认为必须首先指出的是:茅盾当时提倡自然主义,是为了现实斗争的需要,为了批判“鸳鸯蝴蝶派”(“礼拜六派”)。原来“鸳鸯蝴蝶派”的主要阵地《小说月报》被茅盾接编并加以彻底革新以后,他们便对新文学运动的发展感到不安,于是对茅盾和《小说月报》进行谩骂和攻击。《自然主义与中国现代小说》就是茅盾对他们的回敬。茅盾指出:当时小说最大的共同错误有三:技术上的错误是:“一、他们连小说重在描写都不知道,却以‘记账式’的叙述来做小说”,以致“味同嚼蜡”;“二,他们不知道客观的观察,只知道主观的向壁虚造”,因而“满纸是虚伪做作的气味”;思想上最大错误是“游戏的消遣的金钱主义的文学观念”。他认为要排除这三层错误观念,就得“提倡文学上的自然主义”,因为自然主义是“经过近代科学洗礼的”,它的特点,就取材言,是强调“实地观察”,就描写方法而言,是抱“客观态度”,因而是补救当时小说弊病的“对症良药”。

其次要指出的是,对自然主义概念,当时人们的理解和我们现在的理解不一样。当时大都把自然主义和写实主义(现实主义)看作是没有什么区别的。比如谢六逸在《西洋小说发达史》中就说:“写实主义与自然主义在实质上并没有区别。写实主义其范围比自然主义狭窄些,我以为在自然主义里面,已包括写实主义。”①愈之则把左拉视为“写实主义的巨魁”。② 茅盾则把现实主义大师巴尔扎克看作自然主义的“先驱”,又把左拉看作和莫泊桑一样是“写实主义的重镇”;③他认为“文学上的自然主义与写实主义实为一物”;④他还说,可以把法国的福楼拜、左拉,俄国的契诃夫等人“拉在一起,请他们住在‘自然主义’——或者称它是写实主义也可以,但只能有一,不能同时有二——的大厅里”的。⑤ 由此可见,把自然主义和写实主义当作同义词来使用,在当时是很普遍的。不加区别地把自然主义看作是反现实主义的甚至是反动的,那是后来的事。

---

① 《小说月报》第13卷第5、6号,1922年5月、6月。

② 《近代文学上的写实主义》,商务印书馆,《东方文库——现实主义和浪漫主义》,1923年。

③ 《文学上的古典主义浪漫主义和写实主义》,《学生杂志》第7卷第9期,1920年9月。

④ 《“曹拉主义”的危险性》,《时事新报·文学旬刊》第50期,1922年9月21日。

⑤ 《通信——答吕芾南》,《小说月报》第13卷第6、7号,1922年6月、7月。

再次要指出的是,左拉的自然主义理论和他的创作也是有矛盾的,而茅盾对左拉的自然主义理论也是抱批判态度的。左拉受孔德的实证哲学和当时的自然科学(进化论、遗传学、实证医学等)的影响,提出了"把实验方法应用于小说和戏剧"的自然主义创作理论,①主张客观地描写社会现象,用生理学、遗传学的观点来解释人物的心理和行为。但他的创作并没有完全贯彻他的理论,比如他的代表作《卢贡·马卡尔家族》,原来的意图是写一个家族的两个分支在遗传法则支配下的兴衰史的。作品描写主人翁的行为和命运时,虽然作家力图用遗传学观点来加以解释,但实际上社会的因素比起生物学的因素来更重要。这部小说实际上暴露了资本主义社会中人类兽性化的倾向,所以与批判现实主义是很接近的。茅盾虽然推崇左拉,提倡自然主义,但对左拉的"实验方法"理论是不同意的。他指出,"人生不仅是物质的,也是精神的,而且科学实验方法未见得能直接适用于人生";两种元素化合成水,可以由科学的实验证明,而"人生是不能放在试验管里化验的","人的境遇、决不能常生同一的现象或结果"。他也不同意左拉那种"专在人间看出兽性"的偏见,②他认为,在充满罪恶的黑暗社会中也潜藏着真善美。他说:"在榨床里榨过留下来的人性方是真正可宝贵的人性",被损害民族中的"被损害而仍旧向上的灵魂更感动我们,因为由此我们更确信人性的砂砾里有精金,更确信前途的黑暗背后就是光明"!③ 可见在人生观方面,茅盾和左拉是完全不同的。有人反对自然主义,说自然主义迷信物质的机械的命运论,对此,茅盾认为应该作具体分析,他指出:"物质的机械的命运论仅仅是自然派作品里所含的一种思想,决不能代表全体,尤不能认为即是自然主义。自然主义是一事,自然派作品里所包含的思想又是一事,不能相混。"④这样,茅盾又否定了把遗传性看作是人物命运的决定性因素这一左拉自然主义理论的核心部分。他强调指出,提倡自然主义,主要只是吸取它的"两件法宝——客观描写与实地观察"。

从上面的分析中可以看到,茅盾对左拉的自然主义并不是全部照搬,而是抱批判态度的,扬弃其不合理的错误的部分,吸取其合理的部分。

---

① 左拉:《实验小说》,《西方文论选(下)》第249页,上海译文出版社1979年版。

② 《"曹拉主义"的危险性》,《时事新报·文学旬刊》第50期。

③ 《被损害民族文学号引言》,《小说月报》第12卷第10号,1921年10月。

④ 《自然主义与中国现代小说》,《小说月报》第13卷第7号。

关于文学创作问题,茅盾还从中国社会的实际出发提出了许多精辟的见解。就题材、内容来说,他认为新文学必须反映时代、重视社会背景。“怨以怒的文学,是乱世文学的正宗”,当时的中国正处在“乱世”,军阀混战,兵荒屡见,新文学就要反映这样的社会现实,作家还应该像高尔基那样去体验“第四阶级的生活”。[①] 他认为“新旧思想的冲突”“青年的烦闷”,都是当时社会生活中的重大问题,也应该在新文学作品中表现出来;他还强调指出:不应“把忠厚善良的老百姓,都描写成愚呆可笑的蠢物”,而应该揭示他们美好的方面,揭示出他们身上“真正可贵的人性”,同时还要“指出未来的希望,把新理想新信仰灌输到人心中”。[②] 他还认为新文学不仅要有作家的个性,还要体现国民性,即“一国国民中所共有的美的特性”。他认为已有几千年历史的中华民族,“他的民族性里一定藏着善美的特点”,新文学的创作也应该把这一特点反映出来。[③] 这些论点表明,茅盾是站在人民群众的立场上来探讨新文学的题材、内容问题的,他指出要把真实地反映现实生活和革命的倾向性结合起来,和民族特征结合起来。

就新文学的创作方法来说,茅盾认为应该把真、善、美结合起来。真实地再现现实生活,是现实主义的最根本的一条原则。茅盾要求新文学创作必须“实地观察”“客观描写”,即使描写一个动作,也要做到“细腻、严密、没有丝毫不合情理之处”,也就是要做到“真”。要真实,就要做到典型化。茅盾指出,“不真的就不会美,不算善”。文学的作用,“一方要表现全体人生的真的普遍性,一方也要表现各个人生的真的特殊性”;这就是说在描写客观事物时,就必须把普遍性和特殊性结合起来,把共性和个性结合起来。这就是现实主义的典型化原则之一。茅盾还指出,“小说家选取一段人生来描写,其目的不在此段人生本身,而在另一内在的根本问题”;“短篇小说的宗旨在截取一段人生来描写,而人生的全体因以见”。这就是说文艺创作要求通过对现象的描写来揭示生活的本质,通过个别来反映一般。这也正是现实主义的又一典型化原则。茅盾还进一步指出:“小说重在描写”;“真艺术家的本领即在能够从许多动作中拣出一个紧要的来描写一下,以表现那人的内

---

① 《社会背景与创作》,《小说月报》第 12 卷第 7 号,1921 年 7 月。

② 《创作的前途》,《小说月报》第 12 卷第 7 号,1921 年 7 月。

③ 《新文学研究者的责任与努力》,《小说月报》第 12 卷第 2 期,1921 年 2 月 10 日。

心活动。这样写在纸上的一段人生,才有艺术价值,才算是艺术品”。① 这就是说,作家对自己所选择的典型事例,还必须通过艺术描写才具备美的因素,才会有艺术价值。茅盾反对陈词滥调,因袭模仿,强调要创新,他说文艺创作以“不落常套为是”,“用词与表现形式以新鲜活泼为贵”,作家要“自出心裁地创作”。② 他又说,作品的美不美,重要条件是,“排斥因袭而自有创造”,“如果一篇作品的体裁、描写和意境,都是创造的”,便是“极美的一篇东西”。③ 可见茅盾很重视作品的艺术性,即美的因素。前面已经指出,茅盾很重视作品的思想性,他要求文艺作品要有健康的进步的思想内容,要符合人民的利益,在群众中能起积极作用,其实,这就是“善”。

总之,关于文学创作的一些原则问题的论述,茅盾吸取了左拉自然主义的一些合理的部分,但更主要的是,他从中国社会的现状出发,提出了自己的精辟见解,要求把真、善、美结合起来。这就不同于左拉的自然主义,也不同于高尔基所批判的那种“从技巧上指出事实——给事实‘定影’的那种自然主义”。④ 契诃夫认为,现实主义应该“按生活的本来面目描写生活,它的任务是无条件的直率的真实”;⑤高尔基则认为,现实主义就是“客观地描写现实”,⑥他又说:“对于人和人的生活环境作真实的、不加分析的描写,谓之现实主义。”⑦显然,茅盾的上述见解与契诃夫、高尔基等现实主义的解释是不谋而合的,和恩格斯提出的要求“对现实关系的真实描写”⑧也是完全一致的。应该肯定,茅盾这个时期所阐述的现实主义理论,基本上是属于革命现实主义范畴的。

如何正确地开展文学批评,是新文学发展过程中提出的一个新问题。

关于文学批评,茅盾说他“最信仰丹纳的纯客观的批评法”。⑨ 丹纳的纯客观

---

① 《自然主义与中国现代小说》,《小说月报》第 13 卷第 7 期,1922 年 7 月 10 日。

② 《创作与因袭》,《时事新报·学灯》,1922 年 1 月 4 日。

③ 《杂感——美不美》,《文学周报》第 105 期,1922 年 1 月 14 日。

④ 《给华·谢·格罗斯曼》(1932.10.17),《文学书简(下)》,人民文学出版社 1965 年版。

⑤ 《写给玛·符·基塞列娃》,汝龙译《契诃夫论文学》,人民文学出版社 1979 年版。

⑥ 果戈理:《俄国文学史》第五章,上海译文出版社 1979 年版。

⑦ 《论文学·谈谈我怎样写作》,人民文学出版社 1979 年版。

⑧ 《致敏·考茨基》(1885.11.26),《马克思恩格斯全集》第 36 卷 385 页。

⑨ 《通信——答王晋鑫》,《小说月报》第 13 卷第 4 号,1922 年 4 月。

的批评法，就是实证主义的方法。茅盾在他的批评实践中也曾加以运用。比如从人种、自然环境和社会环境、因被损害而产生的特性等方面来介绍“被损害民族的文学”。① 但在更多的情况下，他并没有运用这一方法，而是用现实主义的原则。

那么，鉴赏、评论作品，有没有标准？什么样的作品才算是好作品呢？他提出了三条“原则”：“（一）文字的组织愈精密愈好。（二）描写的方法愈“独创”愈好。（三）人物的个性和背景的空气愈显明愈好”。他认为凡是好的作品，艺术上一定符合上面三个条件。② 怎样看待批评和批评家呢？茅盾认为不应把批评看作是“司法官的判决书”，批评家也不是“大主考”，应该提倡“自由批评”，也就是允许“不同见解互相辩诘”。只有这样，“文学批评才会发达进步”。③ 他还指出在文艺批评中应该摆脱感情的因素，运用科学的观点。“批评和艺术的进步，相激励相攻错而成。苟其完全脱离感情作用而用文学批评的眼光来批评的，虽其评失当，我们亦应认其评有价值。”④当时，创作还不是很多，批评文章就更少了。在很少的批评文章中又有门户之见，感情用事。在这种情况下茅盾发表这些见解，是难能可贵的，就是在今天亦还是不容易做到的。

《春季创作坛漫评》《评四五六月的创作》《〈创造〉给我的印象》《读〈呐喊〉》等文章，⑤是茅盾上述批评观点的具体体现。他认为那些把小说当作“私人的礼物”和“留声机”的作品以及专门模仿西洋的小说，根本就不算创作；他对那些急造粗制的、概念化的、“新式名士风流派头”、格调不高的作品，给予严肃的批评；对那些比较真实地反映了社会生活的某些方面描写比较形象的，就热情加以肯定，具体分析了它们的特色或缺点；他还从作品的倾向中分析当时社会状况和作家状况。必须着重指出的是：茅盾是鲁迅小说的最早的评论家，他对鲁迅五四时期的小说提出了许多独到的、精辟的见解。

总之，青年茅盾对文学批评的认识和实践，都体现了现实主义的精神。

这一时期，茅盾介绍翻译外国文学的认识和实践，也都同样体现了现实主义精

---

① 《“被损害民族文学”背景的缩图》，《小说月报》第 12 卷第 10 号。

② 《杂谈》，《时事新报 · 文学旬刊》第 65 期，1923 年 3 月 21 日。

③ 《“文学批评”管见（一）》，《小说月报》第 13 卷第 8 号，1922 年 8 月。

④ 《通信——致郑振铎》，《小说月报》第 12 卷第 2 号，1921 年 2 月。

⑤ 分别见《小说月报》第 12 卷第 4 期，第 8 期，《时事新报 · 文学旬刊》第 37—39 期。

神。和鲁迅当年译介外国文学的精神是一致的，给作家、读者们开阔了视野、丰富了知识，并且和新文化运动及中国革命的发展方向也是相一致的。

五四时期的新文学家中，茅盾是最早的美学研究者之一。不仅他的文学评论中有独特的美学观点，并且他还写过几篇专门谈美学的文章。

《美学概念》〔（一）（二）〕从理论上对美学的几个基本问题谈了他的看法。关于"美"的价值，茅盾认为，"古往今来，人们都相信真善美为三个最大的理想或最高的价值"，"万人尽得低头的东西，便是理想，便是价值。理想价值底所在，确有这样无上的权威，同时也有无限的勇气。古今来，为善而赴汤蹈火的几何人？为真而吃苦尝辛的又是几何人？语云，'精诚所至，金石为开'。如不穿着价值底鞋，哪克至此呢"？"美"也是这样，具有"超越的优异的价值性"。这就是说，在茅盾看来，"美"和"真""善"一样，具有最高的价值。关于"美"的本质是社会学的呢还是心理学的？茅盾认为，美的研究，"一面须着重社会的观察和调查，一面也须留意心理的内省和实验。因为艺术的制作和赏鉴，固然是心理底表现和感受，同时也不能说与社会情状无关，天地间无亘古如斯之知，也无永劫不变之情，这制作赏鉴的知情因时代而变的枢纽，自然也不能专在心理上寻求。又，此间以为美的，别处或以为丑；这美丑因处所而异的理由，也决不能不在社会方面研究"。[①] 这几个论点，茅盾在他的文章中虽然没有具体发挥，但就基本观点来看，基本上是符合辩证唯物主义的。

文学是真善美的结晶。有人认为最重要的是"美"字，因为"美"是诱起读者兴味的前提，如果不美，无论"真""善"到什么地步，都是白费。茅盾不同意这一说法。他认为"要兼顾才好"，"不真的就不会美，就不算善"，[②]也就是说要把真、善、美统一起来看。

那么，在文艺创作中，什么样的作品才"美"呢？他认为美的最重要的条件就是创造性，"是创造的，所以就美"。他说：

文章的美不美，在乎他所含的创造的原素多不多，创造的原素愈多，便越

---

① 《民国日报·觉悟》，1922 年 7 月 7 日，9 日。

② 《通信——答陈静观》，《小说月报》第 13 卷第 1 期，1922 年 1 月。

> 美。如果一篇作品的体裁、描写法和意境，都是创造的，那么这篇文章不用半个所谓美的词头儿，还是一篇极美的东西。[①]

他希望爱美的人们，要爱“真美”，不要去爱那些“假美”，要“从创造中得美”。[②]

把艺术上的创造看作“美”，把“美”和“真”“善”看作是“最高价值”。这是很有意义的见解，对于新文学的现实主义的理论建设和创作，都有积极作用。

诚然，茅盾这一时期文学评论中的论点，也不可能百分之百的正确，也存在着一些偏激之处，乃至一些错误，这是可以理解的。比如他说过，西洋文学中“已演过的主义”，“我们也有演一过的必要”，[③]这样类比的看法，就是不正确的。但这一类论点，只是个别的、次要的，在茅盾这一时期的文艺思想中并不占主导地位。

综上分析，可见茅盾远在这个时期，就已成为给中国新文学现实主义流派的理论建设奠下初步基础的文学家之一。田仲济在谈到茅盾早期对新文学的贡献时说：

> 茅盾同志在这一阶段，对新文学建设的理论建设功绩是巨大的。现在，中国现代文学史的论述中一致认为现实主义是中国现代文学的主流。我们应该承认，在中国提倡现实主义，茅盾同志是很早的一人，也是提倡最力的一人。[④]

这个论断是完全正确的。

十三　鲁迅小说的第一个“知音”

由于主编《小说月报》的关系，茅盾和新文学运动的伟大旗手鲁迅取得密切联系。《小说月报》也得到鲁迅的有力支持。

《文学研究会宣言》是周作人起草并经鲁迅看过的，可见文学研究会发起，鲁

① 《杂感——美不美》，《文学周报》第 105 期，1924 年 1 月 14 日。
② 同上。
③ 《通信——文学作品中有主义无主义的讨论》，《小说月报》第 13 卷第 2 期，1922 年 2 月。
④ 《巨星的殒落》，《山东文学》1981 年第 5 期。

迅是知道的,但他没有做发起人,后来也不算是文学研究会会员。这是因为当时北洋政府的文官法规定,政府官员不得参加各种社团。鲁迅那时还是教育部佥事,不能加入文学研究会。但鲁迅对《小说月报》还是积极支持的。他以两篇创作《端午节》《社戏》给《小说月报》发表(分别发表于第十三卷第九号和第十二号),以后在第十五卷第五号上,还发表《在酒楼上》。鲁迅翻译的阿尔志跋绥夫的小说《工人绥惠略夫》在《小说月报》上发表前,茅盾在第十二卷第六号的《最后一页》中就慎重地向读者预告。但这个长篇在第七、八、九、十一、十二五期连载完后,在读者中没有像预料的那样引起重大反响。茅盾在第十三卷第七号的《最后一页》中又说:

> 我们去年登过《工人绥惠略夫》的译本,我们初以为这本书里所提出的“爱与憎的纠纷”的问题,将引起中国青年莫大的讨论,然而竟寂然!一般青年只在“月光”“玫瑰”“酒”上打圈子,我们真失望极了。难道中国青年真已疲倦了,莫有余力注意更严重的问题?抑竟是“视而不见”呢?

《小说月报》第十三卷第十二号的《通讯》栏里,发表了陈哲君的一封长信,畅谈了读了这个长篇的感受。可见茅盾对鲁迅的译文是极为重视的。

鲁迅还在《小说月报》第十二卷第十号上发表《疯姑娘》(芬兰,明那·亢德作)、《战争中的威尔珂》(保加利亚,跋佐夫作)、《近代捷克文学概况》(捷克,凯拉绥克作)、《小俄罗斯文学略说》(德国,凯尔沛来斯作)等四篇译文,每一篇都有《译后附记》。这是鲁迅对茅盾编辑“被损害民族文学号”的有力支持。他还译了一篇阿尔志跋绥夫的《医生》,写了一篇《阿尔志跋绥夫》发表在《小说月报》的《俄国文学研究》上,译了爱罗先珂的《世界的火灾》发表在第十三卷第一号。

据《鲁迅日记》记载,从一九二一年四月十一日起,茅盾开始与鲁迅通信,到这一年年底止,短短几个月内,来往函件四十八次(遗憾的是鲁迅日记一九二二年部分已遗失)。其中鲁迅寄信给茅盾二十五次,收到茅盾来信二十三次。

鲁迅的小说创作,曾得到茅盾的热情评论。而在茅盾早期的文学评论工作中,对鲁迅小说的评论具有特别重要的意义。

一九二一年五月,茅盾在谈到当时的小说创作情况时说:“没有‘写实’的精神”是小说界的一“大毛病”,但鲁迅发表在《新青年》上的几篇小说(按:指《狂人日记》《孔乙己》《药》等）却“是‘真气’扑鼻”的，对鲁迅小说的高度真实性表示赞赏。①

在《评四五六月的创作》里，茅盾全面分析了一九二一年四、五、六三个月创作界的情况，强调指出像《风波》那样，“把农民生活的全体做创作背景，把他们的思想强烈地表现出来”的作品，在那三个月里，再也“寻不出来了”；又说在过去三个月中的创作，他“最佩服的是鲁迅的《故乡》”：

> 我觉得这篇《故乡》的中心思想是悲哀那人与人中间的不了解、隔膜。造成这不了解的原因是历史遗传的阶级观念。《故乡》中的“豆腐西施”对于“迅哥儿”的态度，似乎与“闰土”一定要称“老爷”的态度，相差很远；而实则同有那一样的阶级观念在脑子里。不过因为两人的生活状况不同，所以口吻和举动也大异了。但著者的本意却是在表现出“人生来是一气的，后来却隔离了”这一个根本观念。

茅盾还认为小说虽然表现了“作者对于‘现在’的失望”，但是，“作者对于将来却不曾绝望”，并且还引用作品中的话，表达评论家自己的信念。他说：“我很盼望这‘新生活’的理想也因为‘走的人多了，也便成了路’。”②

在这里，我们不仅看到作为评论家的茅盾对《故乡》的思想意义有着深刻的理解，并且还清楚地看到评论家和作家在思想感情上的真切的“共鸣”。这是站在同一条战线上的战友，也是“知音”在思想感情上的“共鸣”。

鲁迅的《阿Q正传》在《晨报副刊》上以“巴人”的笔名发表了开头几章，在社会上就引起广泛的反响。也有读者在给《小说月报》编辑的信中从艺术的角度提出批评，认为《阿Q正传》的“作者一枝笔真是锋芒得很，但是，又似是太锋芒了，稍伤真实。讽刺过分，易流入矫揉造作，令人起不真实之感……”③这一批评，显然是极不正确的。茅盾在回信中批评了这一错误的看法。茅盾说：《阿Q正传》“虽只

---

① 《换巢鸾凤·篇末感言》，《小说月报》第12卷第5号，1921年5月。

② 《小说月报》第12卷第8号，1921年8月。

③ 《谭国棠给编者信》，《小说月报》第13卷第2号，1922年2月。

登到第四章,但以我看来,实是一部杰作”。他还指出:

> 阿Q这人,要在现社会中去实指出来是办不到的,但是我读这篇小说的时候,总觉得阿Q这人很是面熟。是呵,他是中国人品性的结晶呀!我读了这四章,忍不住想起俄国龚伽洛夫的Oblomov了(按:现通译冈察洛夫、奥勃洛莫夫)![1]

这段评论虽简单,但却是从现实主义艺术的典型论出发,回答了读者的问题,事实上也就批评了当时某些小政客、小官僚把《阿Q正传》看作是骂人的作品,还自己去“对号入座”的可笑做法;并且充分肯定了阿Q这个人物的典型性,把他与俄罗斯文学中的著名典型奥勃莫洛夫并列,充分体现了作为文学批评家的茅盾的真知灼见!

五四文学革命的最重要的成果、鲁迅的第一个短篇小说集《呐喊》于一九二三年八月出版,两个月后,茅盾就在《时事新报·学灯》(十月八日)和《文学周报》(第91期)上同时发表《读〈呐喊〉》一文,对鲁迅的这一部杰作作了中肯的评论。

茅盾首先着重谈了他读到《狂人日记》时的感受是:

> 只觉得受着一种痛快的刺戟,犹如久处黑暗的人们骤然看见了绚丽的阳光。这奇文中的冷隽的句子,挺峭的文调,对照着那含蓄半吐的意义,和淡淡的象征主义的色彩,便构成了异样的风格,使人一见就觉着不可言喻的悲哀和愉快。这种快感正像爱吃辣子的人所感到“愈辣愈爽快”的感觉。

这篇小说为什么能给人这种独特而又深刻的感受呢?茅盾指出:

> 因为这篇文章,除了古怪而不足为训的体式外,还颇有些“离经叛道”的思想。传统的旧礼教,在这里受着最刻薄的攻击,蒙上了“吃人”罪名了。
>
> ……

---

① 《通信——答谭国棠》,《小说月报》第13卷第2号,1922年2月。

> 至于在青年方面,《狂人日记》的最大影响却在体裁上;因为这分明给青年们一个暗示,使他们抛弃了“旧酒瓶”,努力用新形式来表现自己的思想。

在这里,极简单的几段话,就把《狂人日记》的内容、形式和艺术风格等各方面的特点及其在读者中的影响,很中肯地揭示出来了。

茅盾还着重评论了《阿Q正传》。他指出:

> 现在差不多没有一个爱好文艺的青年口里不曾说过“阿Q”这两个字。……我们不断地在社会的各方面遇见“阿Q相”的人物:我们有时自己反省,常常疑惑自己身中也免不了带着一些“阿Q相”的分子。但或者是由于“嘛减饰非”的心理。我又觉得“阿Q相”未必全然是中国民族所特具,似乎这也是人类普通弱点的一种。至少,在“色厉内荏”这一点上,作者写出人性的普遍弱点来了。

茅盾还进一步指出:

> 作者的主意,似乎只在刻画出隐伏在中华民族骨髓里的不长进的性质——“阿Q相”,我以为这就是《阿Q正传》之所以可贵、恐怕也就是《阿Q正传》流传极广的主要原因。

“人类普通弱点的一种”“人性的普通弱点”等提法,在极“左”思潮、教条主义泛滥的时代,曾被认为是超阶级的“人性论”观点,但在批判了极“左”思潮、教条主义以后,人们注意到,早在二十年代初,茅盾对阿Q的典型性的看法就是非常值得钦佩的。

茅盾还揭示出《阿Q正传》的思想意义的另一面:

> 中国历史上的一件大事,辛亥革命,反映在《阿Q正传》里的,是怎样的叫人短气呀!乐观的读者,或不免要非难作者的形容过甚,近乎轻薄“神圣的革命”,但是谁曾在“县里”遇到这大事的,一定觉得《阿Q正传》里的描写是写实

> 的。我们现在看了这里的七八两章，大概会仿佛醒悟似的知道十二年来政乱的根因罢！

茅盾认为《阿Q正传》之所以揭示出辛亥革命失败的那一方面以及辛亥革命后“政乱的根因”，并不是因为鲁迅是个悲观主义者，而是由于“这正是一幅极忠实的写照，极准确地依着当时的印象写出来的”。也就是说，这是现实主义的胜利。

此外，茅盾还确切地指出《孔乙己》是“笑中含泪”的讽刺，《药》《明天》《风波》，等等，“都是旧中国的灰色人生的写照”。这几篇作品再加上《阿Q正传》，也表现了鲁迅小说艺术上的一个特色，爱用“鲁镇和咸亨酒店”做“背景”。

茅盾热情地肯定了《呐喊》在艺术形式方面的创新，他说：

> 在中国新文坛上，鲁迅君常常是创造“新形式”的先锋，《呐喊》里的十多篇小说几乎一篇有一篇新形式，而这些新形式又莫不给青年作者以极大的影响，欣然有多数人跟上去试验。

茅盾就这样运用现实主义的批评原则，把作品的内容和形式结合起来，既充分揭示出《呐喊》的深刻的思想意义，又充分肯定了它在艺术形式方面的创新所取得的成就，同时还肯定了小说在我国现代文学史上的意义。茅盾当时所提出的论点，充分表现了一个青年评论家的艺术鉴赏力。就是在六十年后（编者按，至二十世纪八十年代）的今天来看，也仍然是很中肯的，有深刻意义的，并没有因时间的流逝而有所褪色。

茅盾，是鲁迅小说的第一个“知音”。

十四　与创造社的论争

文学研究会与成立稍晚的、在中国现代文学史上也产生过巨大影响的创造社之间，曾发生过一场持续了三年之久的论争。在文学研究会方面，参与这场论争的主要是茅盾。论争集中在三个问题上。

第一个问题是文艺创作和文艺批评问题。

一九二二年二月，茅盾在《小说月报》的"通信"栏里答复一个读者的来信中曾说过"主观的描写常要流于夸诞，不如客观的描写来得妥当"，"历来成功的文学家并非都是大天才"。[①] 在另一则"通信"里，谈到郁达夫的《沉沦》，指出了它的特色，也批评了它的缺点。[②]

一九二二年五月一日，《创造》季刊出版，其中有郁达夫的《艺文私见》和郭沫若的《海外归鸿》。《艺文私见》中说："文艺是天才的创造物，不可以规矩来测量的"，"因为天才的作品"，"以常人的眼光来看，终究是不能理解的"。还谈到什么"木斗""假批评家"，等等。《海外归鸿》中说我国有些批评家，"他们爱以死板的主义规范活体的人心，甚么自然主义啦，甚么人道主义啦，要拿一种主义来整齐天下的作家，简直可以说是狂妄了"。文章中还有"党同伐异的劣等精神""卑劣的政客者流"之类的话。

郁达夫、郭沫若的文章，虽然没有点名，但显然是针对茅盾的上述通信中的论点而发的。茅盾当时认为他们努力提倡新文学，介绍外国进步文艺，开展文艺批评，反对"鸳鸯蝴蝶派"，却受到这样的批评和指责，自然不能心服。特别是这种批评和指责竟来自曾力争与之合作的创造社，更觉得不能接受。就写了一篇《〈创造〉给我的印象》来回答，并对发表在《创造》季刊创刊号上的作品逐篇进行评论。既肯定了其中一些作品的优点，也批评了一些作品的缺点，态度是实事求是的，对缺点的批评，语气可能重了一点。文章中还说："我极表同情于创造社诸君，所以更望他们努力！更望把天才两字写在纸上，不要挂在嘴上。"[③]

茅盾的这篇文章，郭沫若认为是"一次酷评"，由此"所谓文学研究会是人生派，创造社是艺术派、颓废派，便一时甚嚣尘上起来"，他们被"逼到了不能忍受的地步"，便进行反击。[④] 首先出马的是郁达夫，写了一篇题为《血泪》的小说。郭沫若说这篇小说"嘲弄雁冰和振铎诸人在当时所鼓吹的'血泪文学'"。[⑤]

---

① 《通信——答子芬》，《小说月报》第 13 卷第 2 号。

② 《通信——答谭国棠》，《小说月报》第 13 卷第 2 号。

③ 《文学旬刊》第 37、38、39 期；《时事新报》1922 年 5 月 11 日、21 日，6 月 1 日。

④ 《时事新报·学灯》，1922 年 8 月 4 日。后收入《文艺论集》，收入《沫若文集》第 10 卷，有较大修改。

⑤ 同上。

接着郭沫若又写了《论国内的评坛及我对创作上的态度》①一文,对茅盾的批评正面提出反批评,并阐述了他的文艺观。他认为“真正的艺术品当然是由于纯粹的主观产出”。他说他“对于艺术上的功利主义的动机说,是不承认它有成立的可能性的”。他又说:“假使创作家纯以功利主义为前提从事创作,上之借文艺为宣传的利器,下之想借文艺为糊口的饭碗,这个我敢断定一句,都是文艺的堕落,隔离文艺的精神太远了。这种作家惯会迎合时势,他在社会上或者容易收获一时的成功,但他的艺术(?)绝不会有永远的生命。”郭沫若这样反对艺术上的功利主义,显然,这也是针对文学研究会的“为人生”的文艺观的,有着明显地“为艺术”的倾向。虽然同时他又宣称他是不承认艺术中有人生派、艺术派的区别的。不久,郭沫若、成仿吾又都强调了文艺的社会作用。争论就没有继续下去了。

一九三二年郭沫若回顾这次论争时说:“我们当时的主张,在现在看起来自然是错误,但在当时的雁冰和振铎也不见得有正确的认识。文学研究会和创造社并没有什么根本不同,所谓人生派与艺术派只是斗争上使用的幌子。雁冰在当时虽有些比较进步的思想,他的思想便不见得和振铎相同。……所以在我们现在看来,那时候的无聊的对立只是在封建社会中培养成的旧式的文人相轻,更具体地说,便是行帮意识的表现而已。”②(着重点是原有的——引者)茅盾晚年回忆这次争论时说,当时他“血气方刚,受不得委屈”,“贬词看来用得多了一些”,“冒犯了创造社主要人物的自尊心”。③

的确,这场论争,带有浓厚的意气之争的成分。但“所谓人生派与艺术派”并不仅仅是“斗争上使用的幌子”。诚然,文学研究会与创造社在政治方向上是基本一致的,但在文艺思想上分歧也是毋庸讳言的。虽然不能说茅盾当时文章中的每一句话都正确,但他主张“为人生”的文艺,主张现实主义,的确表明他“有些进步的思想”。郭沫若、成仿吾等虽然不能说是纯粹的“为艺术而艺术”派,但他们的确也强调过“艺术本身无所谓目的”,④反对艺术上的功利主义。可是他们的文艺观本身也存在显著的矛盾,不仅“以今日之我反对前日之我”,甚至在同一篇文章中,

---

① 《沫若文集》第7卷第126页。

② 《创造十年》,《沫若文集》第7卷第127页。

③ 《我走过的道路》(上)第206页。

④ 《新文学之使命》,《创造周报》第1卷第2号,1923年5月。

后半篇的观点和前半篇也不相同。所以应该说这场论争本质上是一场文艺思想论争。

论争的第二个问题是关于介绍外国文学问题。

在《小说月报》第十三卷第七号的“通信”栏里，茅盾在回答万良濬的信中说：“翻译《浮士德》等书，在我看来，也不是现在切要的事；因为个人研究固能惟真理是求，而介绍给群众，则应审度事势，分个缓急。”这个观点，实际上在《小说月报》上已实行多时了。比如着重介绍十九世纪各国批判现实主义作家的作品，特别是俄国文学和被压迫民族文学，而对于其他外国古代名著，只作一般介绍。

郭沫若写了《论文学的研究与介绍》[①]，对茅盾的上述论点，提出了异议。他认为：如果翻译家在他的译文里“寓有创作的精神”，在译述时有一种“迫不得已的冲动”，那他的译品，“当然能产生莫大的效果，当然会引起读者的兴味”，“当然能尽他指导读者的义务，能使读者有所观感，更进而激起其研究文学的激切的要求”。他认为这样的译品，“无论在甚么时代都是切要的，无论对于何项读者都是经济的”。据此，他认为如果在作品译出之前，就要判断哪些作品是“切要的”“经济的”，哪些是“不切要”“不经济”的，就是“阻遏人的自由意志”，“是专擅君主的态度”，“这种批评超过批评家的本分太觉辽远了”。显然，他不仅反对茅盾的观点，并且认为茅盾的态度是“专擅君主的态度”。

对郭沫若的意见，茅盾立即写了《介绍外国文学作品的目的》[②]一文来答复。

茅盾的文章首先肯定了郭沫若的论点：“人尽可随一己的自由意志，去研究古今中外的一切文学作品。”后又指出：

> “研究”既则然矣，介绍何独不然？人尽可随一己的自由意志，去介绍古今中外的一切文学作品；并且，人尽可随一己的自由意志，随个人所感得是切要的，对第三者说述，或竟宣传他个人的“介绍外国文学作品”的“目的论”。

接着，茅盾就申述了他的“目的论”。他指出郭沫若解释“翻译动机”的“主观一

---

① 《时事新报·学灯》1922年7月27日。

② 《文学旬刊》第45期，《时事新报》1922年8月1日。

面”,“诚为详尽”,但“是否还有客观的一面”?他说:

> 我们翻译一件作品除主观的强烈的爱好心外,是否还有一个“适合一般人需要”,“足救时弊”等观念做动机?有人专为个人强烈的爱好心而翻译,自是他个人的自由;有人专为“足救时弊”而翻译,也是他个人的自由。但翻译动机之不单限于主观的爱好心,岂不显然呢?况且一个人翻译一篇外国文学作品,于主观的爱好心而外,再加上一个“足救时弊”的观念,亦未始竟是不可能不合理的事。

茅盾在反驳了郭沫若的论点之后,正面申述了自己的见解。他说:

> 我是倾向人生派的。我觉得文学作品除能给人欣赏而外,至少还须含有永存的人性,和对于理想世界的憧憬。我觉得一时代的文学是一时代缺陷与腐败的抗议或纠正。我觉得创作者若非是全然和他的社会隔离的,若果也有社会的同情的,他的创作自然而然不能不对于社会的腐败抗议。我觉得翻译家若果深恶自身所居的社会的腐败,人心的死寂,而想借外国文学作品来抗议,来刺激将死的人心,也是极应该而有益的事。我觉得,翻译者若果本此见解而发表他自己的意见,反对与己不同的主张,也是正当而且合于“自由”的事。

他又说:

> 但如果大部分的其余的人,对于扰攘的人事得失感着切身的痛苦,要求文学来做诅咒反抗的工具,我想谁也没有勇气去非笑他们。处中国现在这政局之下,这社会环境之内,我们有血的,但凡不曾闭了眼,聋了耳,怎能压住我们的血不沸腾?从自己热烈地憎恶现实的心境发出呼声,要求“血与泪”的文学,总该是正当而且合于“自由”的事。各人的性情容或有点不同:我是十二分的憎恶“猪一般的互相吞噬,而又怯弱昏迷,把自己千千万万的聪明人赶入桌子底下去”的人类,所以我最喜欢诅咒那些人类的作品,所以我极力主张译

现代的写实主义作品。

茅盾上述对翻译介绍外国文学的“目的论”，和他肯定文学的社会性、社会作用的文艺观是一致的。在这一场论争中，正确的是茅盾。这毕竟是他较早地接触到马克思主义的缘故。

论争的第三个问题是关于如何对待翻译外国文学作品中的错译、误译问题。

一九二二年九月，郭沫若在《批判〈意门湖〉译本及其他》一文中对《意门湖》（德国史托姆著、唐性天译）译本中译错的地方提出了尖锐的批评，同时也批评了茅盾，并且语多挖苦。接着茅盾发表了《“半斤”VS“八两”》（署名“损”），①对郭沫若的文章进行反批评，针锋相对，用词也尖刻。于是郭沫若又发表了《反响之反响》，②其中第二部分《答〈文学旬刊〉》，以书信形式分别答复了郑振铎及茅盾的批评。这篇文章一九五九年收入《沫若文集》第七卷，作为史料保存下来，这里就不引用了。

当时论争的双方态度都未免偏激了一些，话也说过了头，已经离开了论争的中心。

一九二三年二月，成仿吾发表了一篇题为《创造社与文学研究会》③的长文，叙述了两个文艺社团论争的经过，又尖锐地批评了茅盾。不久他又先后在《创造》季刊、《创造周报》上发表《雅典主义》《郑译〈新月集〉正误》《文学界的现形》等文章，批评茅盾、郑振铎等译品中的一些误译，而且备加嘲笑。对此，茅盾认为读者自会衡量轻重，明辨是非，不会因为错译了一个字就否定整篇文章的，所以没有申辩。

一九二四年，《文学周报》发表了梁俊青批评郭沫若《少年维特之烦恼》译文的错误。为此，郭沫若又给《文学周报》编辑部写了一封长信，指责他们是“借刀杀人”，等等。茅盾和郑振铎以编者的名义作了答复，批评了当时学术界“只寻别人错头，忘记自己过失”的现象，并表示：

---

① 《文学旬刊》第48期，1922年9月1日。

② 《创造》季刊第1卷第3期，1922年12月。

③ 《创造》季刊第1卷第4期，1923年2月。

本刊同人与笔墨周旋,素限于学理范围以内,凡涉事实方面,同人皆不愿置辩,待第三者自取正于事实。今后,郭君及成君等如以学理相质,我们自当执笔周旋,但若仍旧羌无佐证谩骂快意,我们敬谢不敏,不再回答。①

文学研究会与创造社之间持续了三年的论战,由于文学研究会一方也挂出了“免战牌”,并且真正实行停战,论争也就结束了。茅盾晚年回顾这一场论战时写道:

中国用白话文翻译介绍外国文学作品,始于一九一九年五四运动前后,到论战发生的一九二二年才只三年。翻译家们的幼稚,水平不高,经验不足,自不待言,因而译品中有错译、误译、死译等也不足为奇,善意地交换意见,互相帮助,探讨、批评,是完全应该的,而且是提高翻译质量的重要方法。可是,关于翻译问题的论战却夹进了太多的意气和成见,以至成了一场护自己之短,揭他人之痂,讽刺,挖苦乃至骂人的混战,徒伤了感情。②

茅盾还指出关于翻译中的错误问题的论争,是文学研究会与创造社的整个论争中最无积极意义的一部分,但在客观上也起了一点作用,就是促使一些人去学习外文,努力提高译品的质量。茅盾当时和商务编译所的几个同事,就发愤自学日、德、法三种外文,并请好教师,每周学习三个晚上。学日文,是想读德、日文对照,注释完备的《茵梦湖》一类的书。学德文、法文,是想以后译书能够从原本译,不依靠转译。

茅盾晚年关于翻译问题的论争的评述,是对当年这一论争的最好的总结。

十五　与“鸳鸯蝴蝶派”“学衡派”的斗争

一九二一年初茅盾接编《小说月报》,从“鸳鸯蝴蝶派”手里为新文学夺取了一

① 《文学周报》第131期,1924年7月21日。

② 《我走过的道路》(上)第215页。

个重要阵地。“鸳鸯蝴蝶派”（“礼拜六派”）对茅盾恨之入骨，谩骂、攻击达半年之久。在《自然主义与中国现代小说》一文中，茅盾尖锐地批判了中国旧派小说思想和艺术方面的缺点，并且以《礼拜六》一百零八期上的《留声机片》为例作了具体分析。这就直接刺痛了“鸳鸯蝴蝶派”。他们扬言要控告《小说月报》。此时的商务编译所所长王云五，是商务当局中保守派很中意的人，借此对茅盾施加压力，要茅盾写篇文章，对“鸳鸯蝴蝶派”道歉，茅盾断然拒绝了。不久，茅盾终于被迫辞职。在辞职前，他还是在《小说月报》第十三卷第十一号上发表了几篇文章，对“鸳鸯蝴蝶派”进行有力的抨击。

《真有代表旧文化旧文艺的作品么?》一文严肃地指出“礼拜六”这一类所谓“通俗”刊物在思想上对读者的毒害，强调说：“要挽救民族的可怕的命运，就有反抗‘礼拜六’派运动之必要。”他还认为尽管“鸳鸯蝴蝶派”“不能够损害新文学发达的分毫”，但“他们在文学上的恶影响，似乎也不能忽视，至少也要使在历史上有相当价值的中国旧文艺蒙受意外的奇辱！我希望宝爱真正中国旧文学的人们起来辩正”。显然，茅盾当时是把中国古代文化、文学中的“有相当价值”的部分和那些貌似旧文化、旧文学，其实是有害的、腐朽的东西，譬如“鸳鸯蝴蝶派”区别开来的。

同期社评栏内还有一篇《反动?》，指出“污毁一切的纵欲的人生观”，“是潜伏在中国国民性里的病菌”。五四新文化运动曾抨击了这个病根，但“未曾把这个病毒连根拔去”。到了外界条件变化了的时候，这病毒就又要“向外发泄”了。所以，我们要治标也要治本，既要揭露“鸳鸯蝴蝶派”的“谬误思想与浅薄技能”，也要“引青年走上人生的正路”。同一期《小说月报》的“社评”栏还有两篇，都正面抨击了“鸳鸯蝴蝶派”。这是茅盾离职前送给王云五以及商务当权者中的顽固派的一份“最后的礼物”。

当茅盾正在与“鸳鸯蝴蝶派”作斗争时，王云五却从他的市侩哲学出发，投“鸳鸯蝴蝶派”之所好，暗中筹办一种新的杂志《小说世界》，却又玩弄“说真方，卖假药”的伎俩，欺骗茅盾。他对茅盾、郑振铎说，《小说月报》有许多学术性文章，一般读者看不懂，需要办一个通俗性刊物。一方面可以争取爱读《礼拜六》一类刊物的读者，一方面也是给《小说月报》做个梯子，使一般想看而又看不懂《小说月报》的读者可以逐步提高水平。他还请茅盾等为这个刊物写稿。一般读者读《小说月报》有困难，茅盾他们也早已意识到了。他曾在一封给周作人的信中说：“曾有数友谓如今《月报》虽不能说高深,然已不是对西洋文学一无研究(或可说是嗜好耳)者所能看懂。”“文艺迁就社会,万不能办到。先生之论,鄙意正合。仲甫先生谓普通一点,即指程度不妨放低之意,如论文、史传、创作登载标准,不妨用初步的,浅显的,以期初学者可以入门;此意弟以为很是。”①茅盾听了王云五的意见,就没有加以反对,觉得不妨让商务一试。不久,茅盾就交给他们两篇译稿和王统照的作品《夜谈》。一九二三年一月,《小说世界》出版,其中除茅盾的两篇译文和王统照的《夜谈》外,茅盾接手主编《小说月报》封存的“鸳鸯蝴蝶派”的稿件都被用上了。原来这是和《礼拜六》性质一样的东西。茅盾这才知道上了当。

为了揭露王云五等的卑劣伎俩,茅盾就把王统照的《答疑古君》和给他的信及他给王统照的复信,以及原登在北京《晨报》副刊上的疑古的《〈小说世界〉与新文学者》(小题为《“出人意表之外”之事》),全部刊登在一九二三年一月十五日的《时事新报》副刊《学灯》上。疑古的这篇文章,不但把在《小说世界》第一期中出现的那些牛鬼蛇神骂了个狗血喷头,还把商务印书馆的领导层冷嘲热讽了一番,说他们刚做了几件像人做的事就不舒服了,“天下竟有不敢一心向善,非同时兼做一些恶事不可的人!”茅盾认为,这一手,大概是王云五他们所想不到的,但事已如此,也无可奈何。

五四文学革命提倡白话文、新文学的正面敌人是死捧住文言文不放的复古主义者。继林纾之后出现的是“学衡派”,主要成员是南京东南大学的教授吴宓、梅光迪、胡先骕等。他们说什么言文不能合一,文言胜于白话,白话不能代替文言;说什么文学脱胎于模仿;文言文是白话文的根柢,要写白话文,必须先学好文言文;提倡复古,反对新文化、新文学运动。

对“学衡派”的斗争,进行了两个回合。

首先站出来反击这一复古思潮的是鲁迅。他在《估〈学衡〉》一文中用“以子之矛,攻子之盾”的手法,从《学衡》第一期上的六篇文章中举出许多具体例证,指出他们自己的文言文就写得词句不通,逻辑混乱,闹了许多笑话,粉碎了他们“学贯中西”“博古通今”的招牌。这一伙复古派妄想“衡”倒新文化,却不料被鲁迅一“估”就“估”出了自己的斤两。

---

① 《沈雁冰致周作人》,1921年10月22日。见《鲁迅研究资料》第11辑。

“鸳鸯蝴蝶派”和“学衡派”是臭味相投的。“学衡派”鼓吹复古时，“鸳鸯蝴蝶派”也积极与之配合，有些人居然以“国学家”自命，向新文化运动猖狂反扑。鲁迅继续写了《“一是之学说”》《所谓“国学”》《以震其艰深》《不懂的音译》《儿歌的“反动”》①等杂文进行反击。

“学衡派”有一个特点，就是标榜自己“学贯中西”“博古通今”，喜欢卖弄洋“典故”。梅光迪的《评提倡新文化者》就是打着英国文学评论家韩立士的幌子的。茅盾与鲁迅配合作战，写了《评梅光迪之所评》，着重揭露他们对西欧文学的无知和妄说，指出梅光迪之“所评”，是“颠倒系统”，把历史事实都搞错了，还企图“以一人之嗜好，抹煞普天下之真理”，但这种伎俩只能骗骗“幼稚的中小学生”。

尽管鲁迅的几篇文章就使“学衡派”丑态毕露，茅盾配合得也很有力。但作为一股复古思潮，不是几篇文章就能把它打退的。

对“学衡派”斗争的第二个回合发生于一九二四年。当时的复古思潮更为泛滥，茅盾在《四面八方的反对白话声》②一文中曾对那时的复古思潮作了部分的记录。

复古思潮虽然十分泛滥，可茅盾认为它是不会长久的。但是我们也不能“做个旁观者”，等它们自己消失，“我们要站在凶恶的反动潮流前面，尽力抵抗”。在这方面茅盾曾先后写过七八篇文章，如《杂感（一）》《文学界的反动运动》《进一步退两步》③等，对这股复古思潮作了有力的批判。

茅盾指出，复古派中有一批人虽然“自己也研究西洋文学”，但是，“他们忘记自己所钦仰的英美文学大家原来都是用白话做文章的”。茅盾强调说：“‘现代人作文需用现代语’这句话，也和民主主义一样，是不可抗的了。”

复古派中另一种人，标榜“六经以外无文”。他们于主张文言文之外，再退后一步，要到中国古书——尤其是“经”里面去寻求文学的意义。这种论调的猖獗，茅盾认为是和胡适鼓吹“整理国故”有关的。他指出：在“整理国故”论的影响下，一些做白话文的朋友跟了几个专家的脚跟，埋头故纸堆中，“结果是上比专家则不

① 均见《热风》，《鲁迅全集》第1卷，人民文学出版社1981年版。

② 《文学周报》第107期，1924年6月。

③ 分别见《时事新报·文学旬刊》第70期，1923年4月12日；第121期，1924年5月12日；第122期，1924年5月19日。

足,国故并未能因多数人趋时的'整理'而得了头绪,社会上却引起了'乱翻古书'的流行病,攘夺了专家的所事,放弃了自己眼前能做而且必须做的事情"。茅盾还指出,这一复古思潮,"虽然不能阻碍新文学的发展,却能阻碍一般群众的正规的文艺欣赏力之养成;在这一点上,他们所做的罪恶,实在不小"。

怎样对付以"学衡派"为代表的这一股复古思潮呢?茅盾认为:

> 第一,新文学界须成立一个扑灭反动势力的联合战线;第二,新文学界不可忘了自己的历史的使命——白话运动的普遍的宣传与根基的巩固。

毫无疑问,茅盾的这一见解是完全正确的。

"学衡派"的吴宓,在反对白话文时,还反对新文学的写实主义。他在《写实小说之流弊》一文中,把欧洲的写实派小说和中国的《广陵潮》《留东外史》等黑幕小说以及"鸳鸯蝴蝶派"的小说相提并论,并且说俄国写实派小说的弊病是"以不健全的人生观示众"。茅盾写了《"写实小说之流弊"?——请教吴宓君黑幕派与礼拜六派是什么东西!》加以驳斥。关于前者,茅盾认为吴宓的论调正好证明他自己对西洋写实派文学的无知。关于后者,茅盾指出:俄国写实派大家最有名的是果戈理、屠格涅夫、托尔斯泰、陀思妥耶夫斯基等四人,"他们的作品都含有广大的爱,高洁的自己牺牲的精神,安得谓为'不健全的人生观'"?吴宓还说什么写实派"劣下之作,惟以抄袭实境为能事"。茅盾驳斥说:"写实派作家所谓'实地视察'本来就不是定取实事做小说材料的意思,中国提倡写实主义的人,似亦未曾主张过。"吴宓的说法,完全是无的放矢。①

茅盾还指出,吴宓"批评'小杂志'上的小说是'好色而无情,纵欲而忘德',原极不错",但不能把"小杂志"即那些黑幕派、"鸳鸯蝴蝶派"的东西与写实派的小说混同起来。

这样,茅盾既批驳了吴宓的谬论,又借用吴宓的话批判了黑幕派、"鸳鸯蝴蝶派"。

在这场反对复古思潮的斗争中,还接触到"整理国故"问题。

---

① 《时事新报·文学旬刊》第54期,1922年11月1日。

关于“整理国故”，茅盾认为“也是新文学运动题内应有之事”，可见他并不一般地加以反对。但他认为那是“专家”的事；而且新文学运动的第一步，应是白话运动。在白话运动未实现时，“我们必需十分顽固，发誓不看古书”，这和鲁迅一九二五年间回答“青年必读书”时说的“我以为要少——或者竟不——看中国书，多看外国书”，[①]是完全一致的。茅盾之所以强调“不看古书”，是要人们相信“白话是万能的，无论表现什么思想，什么情绪，白话决不至于技穷，决不要文言来帮助”。鲁迅劝告青年人不要读中国书，是希望他们不要钻故纸堆，要参加现实斗争。

显然，茅盾和鲁迅一样，对“整理国故”的观点，是符合辩证法的，也是从当时的实际情况出发的。

参加对“学衡派”的批判的，还有沈泽民、郑振铎等人。沈泽民写了《文言白话之争的根本问题及其美丑》，郑振铎写了《新与旧》《杂谈》等，一致对吴宓等复古派的谬论加以驳斥。

对“整理国故”幌子下的复古思潮，创造社的成员也参加了批判，成仿吾写了《国学运动之我见》，郭沫若写了《整理国故的评价》，申述了他们对“整理国故”的看法，批判了复古思想。

综上所述，可见对“学衡派”以及“整理国故”论的斗争，实际上正和茅盾所号召的那样，是一次联合战线的行动。共产党人茅盾、沈泽民和鲁迅、郑振铎以及创造社的成仿吾、郭沫若等一道，给复古思潮以有力的批判，从而维护并推动了新文学运动的发展。

一九二四年间文化界还有一件重大事件：印度著名诗人泰戈尔应邀来中国访问，在文化界引起很大的反响，不同立场、不同思想倾向的人，怀抱各种不同的态度和希望来欢迎他。玄学家和“东方文化”论者认为“他一定会替我们指出迷途；中华民族有了出路了”。爱好文学又正在烦闷的青年则认为他“建筑了一座宏丽而静谧的诗的乐园”，他能使人们得到“安慰”，“重新燃起希望的火炬来”，还能给人们“指示出一条信仰的大路”。显然，这都是错误的、不切实际的想法。中国共产党中央认为需要在报刊上发表文章，表明自己的看法。茅盾就根据党中央的精神，写了两篇文章。

---

① 《青年必读书》，《鲁迅全集》第3卷第12页，人民文学出版社1981年版。

第一篇题为《对于太戈尔的希望》。文章在分析了人们对泰戈尔的几种不同的态度和希望以后说：

> 我们也是敬重太戈尔的：我们敬重他是一个人格洁白的诗人；我们敬重他是一个怜悯弱者，同情于被压迫人们的诗人；我们更敬重他是一个实行帮助农民的诗人；我们尤其敬重他是一个鼓励爱国精神，激起印度青年反抗英帝国主义的诗人。
>
> 所以我们也相对地欢迎太戈尔。但是我们决不欢迎高唱东方文化的太戈尔；也不欢迎创造了诗的灵的乐园，让我们底青年到里面去陶醉去瞑想去慰安的太戈尔；我们所欢迎的，是实行农民运动（虽然他底农民运动的方法是我们所反对的），高唱“跟随着光明”的太戈尔！

文章认为：处在“国外的帝国主义和国内的军阀专政”两重压迫下的中国，“唯一的出路是中华民族的国民革命”，方法是“人家用机关枪打过来，我们也赶铸了机关枪打回去”，“高谈东方文化实等于诵五经退贼兵”！文章又认为我国青年本就太蹈空、太脆弱，因此，“不应把青年思想引到‘空灵’一方面，再玩起什么‘无所为而为’的把戏”。这便是我们不欢迎“高唱东方文化”“专造灵的乐园”的泰戈尔的理由。

文章最后普告全国青年，“应该欢迎的太戈尔是实行农民运动的太戈尔，鼓励爱国精神激起印度青年反抗英国帝国主义的诗人太戈尔”！①

泰戈尔来到中国后，在上海、杭州、南京、济南、北京等地作了多次演讲，反复鼓吹所谓的“东方文明”和虚无缥缈的“人类第三期世界”。茅盾的第二篇文章《太戈尔与东方文化》，就是针对泰戈尔在上海和北京的两次演讲而发的。文章指出泰戈尔在上海的演讲，“反复警告中国人不该舍弃了自己宝贵的文化去接受那无价值的丑恶的西方文化”。但是他既没有说明中国自己的宝贵文化即东方文化是什么，也没有说明西方文化是什么。但语气之间，泰戈尔所说的“东方文化”实质上是指中国的封建文化和封建社会的，甚至是原始社会的那一套生活方式，他所说的“西方

---

① 《民国日报·觉悟》1924年4月24日。

文化”,则是指西方资本主义国家的科学技术和生活方式。诚然,中国传统的民族文化中是存在大量的民主性的精华的,不应加以舍弃,西方资本主义文化自然也不应该无区别地全般接受,但西方民主主义思想和科学技术知识,对中国人民来说还是需要的。但泰戈尔却要中国人全般继承古代的甚至是原始性的东西,而对西方文化则完全加以排斥。对此,茅盾质问道:“太戈尔极力反对西方的组织、方法、能率、速等等,难道这些东西真是毒蛇猛兽吗?难道原始人的粗陋、简单、弛缓的生活真是人生的极则么?”显然,茅盾是主张对东方文明、对自己民族传统的东西要批判地加以继承的,对西方的东西,不把它们一概都看作毒蛇猛兽,而应该有选择地加以吸收。泰戈尔在北京讲的题目是《人类第三期之世界》。茅盾的文章指出:历史上曾有许多思想家描写这“人类第三期的世界”,描写得最动人的,是鼎鼎大名的克鲁泡特金,“他所创造的是纸上的‘第三期世界’,总之是美丽到极点了,诱惑人到极点了,只可惜这个世界少了一个大门,我们现在没法子进去”。而泰戈尔的“第三期的世界”,是在“烟雾里的”,更“空灵”的。如果说克鲁泡特金的理想世界忘了大门,那么,“太戈尔简直不要大门,因为他并不希望肉体的人类到他的第三期世界里去,只希望灵魂的人类去,所以无所用其大门”。茅盾还进一步指出:

> 太戈尔所冥想的人类第三世界,是要我们经过最忍耐的服从,——奴隶式的生活,损失了我们肉体,而后可以达到,所以这第三期的世界,是灵魂的世界,说得“不诗意”些,就是鬼的世界,……与在尚未做鬼的我们,是毫不相干的。

茅盾在文章中还批评了泰戈尔的东方人的体力与智力不及西方人的荒谬说法。①

茅盾的这两篇文章,体现了中国共产党对这一位印度著名诗人、思想家的基本态度:肯定了他思想中的进步的方面,批评其消极的错误的方面。这是历史唯物主义的态度。

当时,有不少人发表文章欢迎作为诗人的泰戈尔,但也反对他的“东方文明”论。郭沫若写了《太戈儿来华的我见》。他说“‘梵’的现实,‘我’的尊严,‘爱’的

---

① 均见《民国日报·觉悟》1924 年 5 月 16 日。

福音,这可以说是太戈儿思想的全部”。他认为:

> 西洋的动乱,病在制度的不良。我们东洋的死灭,也病在私产制度的束缚。病症虽不同,而病因却是一样。唯物史观的见解,我相信是解决世局的唯一的道路。世界不到经济制度改革之后,一切甚么梵的现实,我的尊严,爱的福音,只可以作为有产有闲阶级的吗啡、椰子酒;无产阶级的人只好永流一生的血汗。无原则的非暴力的宣传是现时代的最大的毒物。那只是有产阶级的护符,无产阶级的铁锁①。

郭沫若这时候已初步学习了马克思主义。他对泰戈尔思想的分析,基本上也是正确的。

茅盾等中国共产党人和郭沫若等对泰戈尔的评价,对于澄清文化界、特别是青年人对泰戈尔的错误理解是有积极作用的,也是对别有动机而邀请泰戈尔来中国“讲学”的学者、名流之反击。

对泰戈尔来华讲学的不同态度和由此引起的争论,是当时文化思想斗争的一个组成部分。茅盾当时是以一个中国共产党党员的身份发挥作用的。

十六　研究外国文学的最初成果

一九二三年间,茅盾在商务编译所的工作,用他自己的话来说,是“打杂”。除继续给《小说月报》写稿外,他自己定了二个选题:一是标点林琴南译的《萨克逊劫后英雄略》(现通译《艾凡赫》)和伍光建译的《侠隐记》(现通译《三个火枪手》)、《续侠隐记》,并分别给各书的原作者写详细评传。二是给《国学小丛书》编选《淮南子》《庄子》和《楚辞》,标点加注,每书各写一篇绪言,总结前人对这些书的研究成果。这个计划得到商务编译所领导的同意。

司各特是十九世纪初英国的著名作家。他以写诗起家(写了二十四部各种体裁的长诗),又写了二十二部长篇历史小说。《艾凡赫》是他的代表作。茅盾认为

---

① 《创造周报》第23期,1923年10月14日。《郭沫若文集》第10卷第145页。

司各特的作品,“文笔纵横驰骋,绚丽多姿,这是他博得广大读者神魂颠倒,五体投地的原因”。茅盾要给林琴南翻译的《萨克逊劫后英雄略》标点加注,是因为他觉得“林译小说中,这是比较好的一本,同原文出入不大,而文笔之跌宕多姿,也得原书风格之二三”,这是第一;第二是他在北京大学预科时,《艾凡赫》是英文课的读本之一,而且是洋教员直接用英文讲解的。所以标点加注的工作,进展很顺利,很快就完成了。

茅盾为写一篇在中国还没有人写过的十分详细的《司各特评传》,狠下了一番功夫:阅读了司各特的全部作品,和司格特的女婿洛克哈特写的三大卷《司各特传》,还阅读了法国洛利安的《比较文学史》、英国珊次培尔的《十九世纪文学史》、丹麦布兰克斯的《十九世纪文学主潮》、法国泰纳的《英国文学史》、意大利柯洛支的《司各特论》等著作。上述各家,对司各特的评价颇不一致,或极端赞扬,或极端贬责。茅盾在《司各特评传》中分别加以引用,“意在使读者对司各特有个全面的了解”。这本著作中还有三个附录:《司各特重要著作解题》《司各特著作编年录》《司各特著作的版本》。这样全面研究一个外国作家的工作,在我国还是属于开创性的工作。这一工作,茅盾只花了半年时间。于此可见他的学力和工作效率,都是惊人的。

《司各特评传》的写作,充分体现了茅盾的“穷本溯源”的治学精神。

完成了《司各特评传》以后,茅盾就着手标点伍光建译的《侠隐记》《续侠隐记》,撰写《大仲马评传》。

大仲马是十九世纪法国的著名作家。他的《三个火枪手》(伍光建译作《侠隐记》)一发表,就使他的名声越过海洋。《二十年后》(即《续侠隐记》)也是名著。茅盾选择伍光建的这两个译本作为他标点加注的第二个外国名著译本,是因为他认为伍光建的译本虽然是据英译本转译的,而且有删节,但“删节很有分寸,务求不损伤原著的精采”,因此,四个主要人物的“不同个性在译本中非常鲜明”,“甚至说话的腔调也有个性”;译文既不同于中国的旧小说的文字,也不同于五四时期新文学的白话文,“别具一格,朴素而又风趣”。

茅盾的《大仲马评传》主要是根据大仲马自己的《回忆录》、丹麦勃兰兑斯的《十九世纪文学主潮》、法国文学史家法格的《法国文学史》写成。文学批评家对大仲马的批评也颇不一致。茅盾认为:

大仲马的小说不仅以冒险而引起读者的兴趣，而更以人物描写引人入胜。斯蒂文生称大仲马的作品“快意与微酸的悲哀兼而有之，常常是勇敢迈往的，决不怅惘失神”，可称是确当公允的批评。

撰写《大仲马评传》时，茅盾的政治活动也很忙。大致上也花了半年的时间，并以此结束了他一九二三年的文学工作。

茅盾继续为《小说月报》译写《海外文坛消息》到一九二四年六月。在这一年半时间里共译写了五十四则，连前两年的，共二百零六则。这些文坛消息给中国读者广泛介绍欧美各国文艺界的动态，使文艺工作者开阔了眼界。

一九二三、一九二四两年间，茅盾还撰写、翻译了不少介绍外国文学史和作家作品的评论。

一九二三年十月创办的《中国青年》，是中国社会主义青年团的机关刊物，内容广泛，无所不谈，也关心文学问题，发表过茅盾翻译的《巨敌》(高尔基作)，恽代英的《八股》、《文学与革命》(通讯)，邓中夏的《贡献于新诗人之前》《新诗人的棒喝》等，对当时文学运动中的问题，提出了他们的看法。茅盾先后写了《读代英的〈八股〉》《“大转变时期”何时来呢?》表示对他们的观点的支持。

一九二四年间，茅盾开始研究希腊神话。从这一年九月至一九二五年间，他编译了十篇希腊童话：《普洛米修士偷火的故事》《何以这世界上有烦恼》《迷达斯的长耳朵》《洪水》《春的复归》《番松和太阳神的车子》《卡特牟司和毒龙》《勃莱洛封和他的神马》《骄傲的阿拉克纳怎样被罚》《耶松与金羊毛》。

从上面的评述中可以看到，在一九二三、一九二四年间，茅盾除忙于政治活动外，在文学领域，主要是致力于外国文学的研究、介绍和翻译，同时仍非常重视文学评论工作，还开拓了新的研究领域——希腊神话。这些工作，正是文学革命战略性胜利的继续和发展。显然，茅盾说他这两年间的工作是“打杂”，完全是自谦之辞。

叶圣陶在谈到茅盾当时的工作情况时说：

雁冰兄是自学成功的人。他在商务印书馆任事。编译工作不仅是他的职业，也是他磨炼自己的课程。在主办《小说月报》以前，已经有好些著译问世了……雁冰兄却专心阅读外国的文艺书报,注意思潮与流派,又运用他的精审识力,选择内容与风格都有特点的那些小说翻出来,后来编成的集子如《雪人》《桃园》等(分别于一九二八年和一九三五年出版——引者),大家认为是最好的选集。他把许多书堆在床头,纸笔也常备,半夜醒来,想起些什么,就捻亮了电灯阅读,阅读有所得,惟恐其遗忘,赶紧写在纸片上。①

茅盾在“五四”以后几年间,在文学战线上所取得的巨大成就,正是和他这种埋头苦干的精神分不开的。

十七　组织桐乡青年社、民众戏剧社

一九一九年下半年,茅盾就曾和他的弟弟沈泽民支持故乡知识青年组织桐乡青年社,出版不定期油印刊物《新乡人》,宣传新思想。一九二二年间,桐乡青年社扩大,新加入的有金仲华、王会悟、孔另境等,会员共有五十人左右,出版铅印刊物《新桐乡》,茅盾曾在这个刊物上发表了好几篇文章。一九二三年暑假,桐乡青年社在桐乡县城内举办小学教师暑期讲习会,茅盾、沈泽民都到会讲演。一九二四年江浙战争时停止活动,无形解散。②

桐乡青年社是茅盾发起,团结了一批家乡青年知识分子的社团,在桐乡地区宣传新思想、新文化起了一定作用。

一九二一年五月,茅盾又支持汪仲贤和陈大悲、徐丰梅、熊佛西、欧阳予倩等组织民众戏剧社,出版《戏剧》杂志。《戏剧》第一期发表的《宣言》是茅盾授意沈泽民执笔写成的。第四期上发表了茅盾的《中国旧戏改良我见》,指出社会生活已经发起了巨大变化,中国旧戏也非改革不可。怎样改革,他认为可以借鉴西洋戏剧,但更重要的是在思想内容方面进行革新。

民众戏剧社的贡献,主要是通过《戏剧》杂志,介绍了一些西方的戏剧理论和

---

① 叶圣陶:《略谈雁冰兄的文学工作》,《新文学史料》1982年第2期。

② 据史明:《茅盾与桐乡青年社》,《上海师范大学学报》1980年第1期;艾扬:《茅盾生平事迹小记》,《中国现代文学研究丛刊》1982年第3期。

演出的知识,对我国新的戏剧在理论上作了一些探索。茅盾在其中也起了一定的作用。一九二四年间,茅盾还应邀到洪深主办的电影演员训练班去讲课。

茅盾不是专业搞戏剧的,但他还是以一个共产党员的自觉性,热情支持我国早期的戏剧运动和电影事业,作出了自己的一份贡献。

一九二三年间,茅盾夫妇有了一个女儿,取名霞,小名亚男。一九二四年间,茅盾夫妇又有了一个男孩子,取名霜,小名阿桑。

第六章　在革命高潮中

十八　参加“五卅”运动

一九二四年冬，瞿秋白与杨之华结婚，住在闸北顺泰里十二号，做了茅盾的邻居（茅盾住十一号），他们的关系就更密切了。

此时，中国共产党在上海工人中的工作已取得初步成效，成立了沪西工人俱乐部，开办了工人学校，并在工人中发展了党员。邓中夏就常到俱乐部给工人上课，上海大学的许多女学生也参加工厂女工工作。杨之华当时还是上海大学学生。茅盾夫人孔德沚在小学时的同学张琴秋也在“上大”学习，也和杨之华一道参加了女工工作。通过孔德沚和杨之华的关系，沈泽民认识了张琴秋，不久他们就结婚了。杨之华和张琴秋动员孔德沚和叶圣陶的夫人胡墨林一起去做女工工作，帮助办女工夜校和识字班，就在这时候，孔德沚由杨之华介绍，加入了中国共产党。这样茅盾家庭中的主要成员：他夫妇二人、弟弟沈泽民夫妇二人都成为中国共产党党员了。

由于革命统一战线的建立，革命形势迅速发展，工人的罢工斗争也进一步高涨。五月十五日，日本人在上海开办的“内外棉”七厂工人与厂方发生冲突，工会活动分子顾正红被杀害。全市人民群情激愤，罢工浪潮迅速扩大。五月二十四日，上海工人在潭子湾举行顾正红烈士追悼大会。这是上海工人对帝国主义的一次总示威。此后，斗争就进一步深入。

五月三十日，上海工人、学生二千余人分头在公共租界散发传单，进行讲演，高呼“打倒帝国主义”的口号，形成了一股汹涌澎湃的反帝斗争的洪流。茅盾也自觉地投入这一伟大的洪流中。这一天，茅盾和孔德沚、杨之华等与上海大学的学生宣传队一起,在南京路上进行宣传活动。巡捕向群众开枪射击,当场死伤数十人,造成空前的大惨案。此时,茅盾、孔德沚、杨之华等正走到先施公司门前,听到前面响起连续不断的枪声,人群像潮水般地退下来,前进不得,停留不住,只好走进先施公司,被关在里面。得到杨之华认识的一个小职员的帮助,才得以离开。

第二天(三十一日)上午,茅盾、孔德沚等接到组织通知:"十二点出发,齐集南京路。"此时,住在茅盾隔壁的杨之华也来了。他们三人做好挨帝国主义巡捕用自来水喷射的思想准备,前往南京路。

到了南京路,天正下着雨。人行道上已经攒聚着一堆一堆的青年学生和工人,有的在各店铺内讲演、宣传,孔德沚和杨之华也立刻加入演讲队。信号传来,分散在各横街、小巷里的学生、工人,很快汇集到南京路上,纷纷在各大商店玻璃橱窗上张贴标语。巡捕果然动用自来水龙头等对付群众,还用马队冲向群众队伍,正在先施公司门前的茅盾、孔德沚、杨之华三人被冲散了。此时又传来"包围总商会"的命令。茅盾事先知道这主要是妇女的任务,就一个人先回家了。到傍晚,孔德沚才回到家里,兴高采烈地叙述他们的"战绩":迫使总商会同意罢市。六月一日,声势浩大的"三罢"——罢工、罢课、罢市实现了,上海各阶层人民的反帝斗争达到新的高潮。英帝国主义的巡捕面对赤手空拳的群众,连开排枪,死伤二十余人,造成更严重的惨案。以后几天,罢工斗争继续深入。

上海的广大教职员工队伍也被五卅运动的怒潮卷进去了。六月二日下午,上海大学等三十五校代表一百余人集会,筹备成立上海各学校教职员联合会,但这个联合会刚成立,就被右派势力夺取了领导权。党中央对教育界的这一形势作了分析,制定了对策:指定茅盾和侯绍裘、杨贤江等三十余人出面,发起组织上海教职员救国同志会,并发表宣言,宣告上海各学校教职员今后要和学生、和各界一起来救国,不但要争取当前的事件得到彻底解决,以后还要永远做救国运动。

六月六日,茅盾、杨贤江、侯绍裘发表谈话,说明组织教职员救国同志会的宗旨和章程,并委婉地批评了上海各学校教职员联合会。

教职员救国同志会当时还组织了讲演团,除应邀赴各学校、团体讲演外,还借中华职业学校举行讲演会,举行了八讲,茅盾承担的是第四讲:五卅事件的外交背景。

五卅事件发生后,租界工部局不仅不准上海各报据实报导,还出版《诚言报》,

专门制造谣言，挑拨工商界的团结。中国共产党中央针对这一现实，决定加强宣传工作，创办《热血日报》，由瞿秋白主编。上海学术团体对外联合会主编、出版了《公理日报》。这个日报名义上是十一个学术团体联合主办，实际的编辑工作却落在商务编译所中的文学研究会会员身上，编辑部就设在宝山路宝兴西里九号郑振铎家里，茅盾在其中起了重要作用。但由于资金不足，到六月二十四日就宣告停刊。虽然它只存在三个星期，但在宣传反对帝国主义，教育人民群众方面，是起了积极作用的。

在五卅运动期间，商务印书馆也成立了工会，并发动了罢工斗争。

六月二十一日上午，商务印书馆工会借虬江路广舞台召开了成立大会，会上选出执行委员二十三人。这个工会包括商务印书馆的总管理处和发行、印刷、编译三所。

当时商务印书馆的党组织是茅盾和杨贤江负责的。发行、印刷、编译三所都有共产党员，而以编译所为最多。为了开展罢工斗争，成立了罢工委员会，党中央派徐梅坤在罢工委员会内组织临时党团，实际领导罢工斗争，茅盾也参加了临时党团。

八月间，商务印书馆当局有裁减职员之议而为职工所知，职工则针锋相对，提出加薪要求，商务虹口分店的廖陈云、章郁庵等并密谋罢工。茅盾和郑振铎、丁晓先等十二人被推为职工代表与资方进行谈判，又组织了罢工中央执行委员会，以统一事权。茅盾和郑振铎、丁晓先代表编译所参加中央执行委员会。茅盾被委派负责撰稿和发布消息。

经过多次谈判，商务印书馆的劳资双方都作了让步，签订了复工的协议，条件是增加工资，承认工会有代表工人之权，改善待遇，优待女工，等等。毫无疑问，职工虽然作了让步，但这些条件还是有利于职工的。这是商务职工在党的领导下进行罢工斗争所取得的一次重大胜利。

伟大的五卅反帝爱国运动，不仅震动全国，在国际上也产生了极大的影响。茅盾这个弄潮儿，自觉地、勇敢地涌入这一反帝斗争的浪涛。他不仅直接参加南京路上的示威游行、宣传演讲、揭露帝国主义暴行的斗争，并且直接参与领导了商务印书馆内部的斗争、上海教育界的反帝和抵制国民党右翼活动的斗争，起到了一个共产党员应起的作用，也得到一次实际斗争的锻炼。五四新文学家直接参加“五卅”

这一伟大反帝爱国运动,并在某些方面起了领导作用的,茅盾则是唯一的一人。这些斗争经历,为茅盾以后从事创作提供丰富的生活素材。

十九 《论无产阶级艺术》及其他

一九二三、一九二四年间,瞿秋白、邓中夏、恽代英等提出了革命文学的口号之后,茅盾就考虑要写一篇以苏联文学为借鉴的论述无产阶级革命文学的文章,目的是:"一则想对无产阶级艺术的各个方面试作一番探讨,二则也有清理一番自己过去的文学艺术观点的意思,以便用'为无产阶级的艺术'来充实和修正'为人生的艺术'。"当时他翻阅了大量书刊,对十月革命后苏联文学艺术的发展情况作了一番详细的调查研究。

一九二五年五月二日,艺术师范学院请茅盾去讲演,他就讲了这个问题,《论无产阶级艺术》[①]就是在艺术师范学院讲演的讲稿基础上写成的。他根据当时苏联文学在创作方面已取得的成绩,运用马克思主义的历史唯物主义观点和美学观点,探索了无产阶级文学艺术的一些根本问题。

首先,茅盾指出像左拉的《劳动者》那样写无产阶级生活的作品并不就等于无产阶级的艺术,罗曼·罗兰所提倡的"民众艺术"也只是一种乌托邦思想,因为在阶级社会里是不存在不分阶级的"全民众"的。他认为只有像高尔基的小说那样,"把无产阶级所受的痛苦真切地写出来","把无产阶级灵魂的伟大无伪饰无夸张地表现出来","把无产阶级所负的巨大的使命明白地指出来给全世界人看!"才能算是无产阶级的艺术。他认为杰米扬·别德内依的诗、绥拉菲摩维支的《铁流》、富曼诺夫的《恰巴耶夫》、李别进斯基的《一周间》等也是属于高尔基这一派的无产阶级艺术。但由于苏联的无产阶级社会主义革命胜利才几年,无产阶级作家的力量还不能尽量发挥,所以无产阶级艺术还处在萌芽时期。

其次,他论述了无产阶级艺术产生的条件,指出无产阶级艺术"是一种完全新的艺术",他给无产阶级艺术产生的条件列了一个方程式:新而活的意象+自己批评(即个人的选择)+社会的选择=艺术。"新而活的意象",就是指为"合理观念与

---

① 发表于《文学周报》第172、173、175、196、各期,1925年5月10日、17日、31日和10月24日。

审美观念”所制约的形象;后来他又解释说:“个人的选择就是指人生观问题”,“社会的选择”“即艺术必须忠实的反映现实,适应时代的要求”。这个方程式的意思是说无产阶级的艺术是美的形象、作家的人生观和生活真实相结合的产物。

再次,他论述了无产阶级艺术的范畴,也就是性质问题。他指出农民的艺术并不是无产阶级的艺术,仅仅表现无产阶级反抗、破坏的艺术,也“未必准是无产阶级的艺术”,那种表同情于社会主义的所谓的“社会主义文学”,实质上以个人主义思想为核心,比如把领袖描写成为“一个特出的超人,他是牧者,而群众是羊”,这样的作品也不是无产阶级艺术。他认为无产阶级艺术“应以无产阶级精神为中心而创造一种适应于新世界(就是无产阶级统居于统治者地位的世界)的艺术”,“无产阶级的精神是集体主义的、反家族主义的、非宗教的”。

第四,他论述了无产阶级艺术的内容问题。他认为艺术的内容不是以题材来区分的。把无产阶级艺术的题材只限于劳动者的生活,是极错误的。他认为同样的题材,由于作者的立场观点不同,处理解决的方法不同,“就能一则成为无产阶级艺术,一则成为旧艺术”。他认为“无产阶级的理想不是破坏而是建设,建设全新的人类生活”,“无产阶级的艺术也应当向此方向努力,以助成无产阶级达到终极的理想”。而题材是无限广阔的,包括“全社会及全自然界的现象”。

第五,他论述了无产阶级艺术形式的问题,提出了两个重要的论点:一是形式与内容相统一的观点,他说:“形式与内容是一件东西的两面,不可分离的。无产阶级艺术的完成,有待于内容的充实,亦有待于形式的创造。”二是要创造新形式,也要勇于继承人类的艺术遗产。他说:“形式是技巧堆垒的结果,是过去无数大天才心血的结晶”;“无产阶级应该努力发挥他的艺术创作天才,但最好是从前人已走到的一级再往前进”。这种把创新和继承遗产相结合的观点,是完全正确的。

就这篇论文本身来看,茅盾当时似乎还没有直接接受马克思、恩格斯、列宁关于文艺问题的论著中的观点,但也没有受到当时苏联的波格丹诺夫等人的教条主义、唯心主义文艺思想的影响,而是运用马克思列宁主义观点,分析苏联当时那些优秀的无产阶级文学创作所总结出来的一些看法。虽然有些个别论点和提法还有些模糊、还不够确切,但就其基本精神来看,是正确的,是我国早期探索无产阶级文学问题的理论文章中最有系统的一篇,并且它还表明茅盾当时“已意识到无产阶级艺术的基本原理将会指引中国的文艺创作走上崭新的道路”。

《告有志研究文学者》《文学者的新使命》两文,可看作是茅盾结合实际情况对《论无产阶级艺术》所作的一些补充。他指出：

> 文学者目前的使命就是要抓住了被压迫民族与阶级的革命运动的精神,用深刻伟大的文学表现出来,使这种精神普遍到民间,深印入被压迫者的脑筋,因以保持他们的自求解放运动的高潮,并且感召起更伟大更热烈的革命运动来!

文学者怎样来完成这个“新使命”呢？茅盾强调指出：

> 文学者决不能离开了现实的人生,专去讴歌去描写将来的理想世界,我们心中不可不有一个将来社会的理想,而我们的题材却离不了现实人生,我们不能抛开现代人的痛苦与需要,不为呼号,而只夸缥缈的空中楼阁,成了空想的浪漫主义者。

上述论点,茅盾又把它概括成为一句话：

> 文学的职务乃在以指示人生向更美善的将来这个目的寓于现实人生的如实表现中。

这真是一语中的,概括而确切地指出了无产阶级文学的最根本的原则：无产阶级的思想、理想必须与真实地再现现实生活有机地结合起来。

上述这几篇论文,反映出茅盾这一阶段文艺思想的特点是：第一,他不但已克服了泰纳和左拉的影响,而且有了质的转变,达到了一个新的思想高度;第二,他不是从理论出发,而是从苏联文学的实际出发,用马克思主义的观点来阐明无产阶级文学的一些基本问题,而且又结合中国的实际,提出具体要求,因而没有教条主义的色彩;第三,他始终把握住文学艺术的基本特征,指出无产阶级的文学艺术要把无产阶级的思想、理想渗透在对现实生活的真实描写中,渗透在艺术形象中。因而在这些论文中,虽然没有提到创作方法问题,没有用现实主义的词眼,但它们所阐明的正是革命现实主义,或者说无产阶级现实主义的一些基本原则。

一九二五年间,茅盾还另外撰写了几篇关于文学理论和作家作品的评论文章,如《人物的研究》《波兰的伟大农民小说家莱芒忒》等。

值得特别指出的是,茅盾还把他自己五月三十日、三十一日两次参加南京路示威游行的“所见、所闻与所感”写成《五月三十日的下午》《暴风雨》《街角的一幕》《复活的土拨鼠》《疲倦》等散文。他说,“五卅”之前,他只写评论文章和翻译,没有写过散文,但五卅惨案使他突破了“自设的禁忌”,因为他觉得“政论文已不足宣泄自己的情感和义愤”,这才提笔写散文的。

这几篇散文生动地描绘了惨案过后的现场景象,揭露了帝国主义的凶残,批判了“高等华人”的卑怯无耻和小市民安于现状的精神状态,歌颂了“为自由而战”的战士们的英勇精神,预言更大的暴风雨即将来临,指出只有无产阶级和革命知识分子成为新社会的主人时,老大的中华民族才会重新焕发出青春的光辉。就这几篇散文的思想内容来看,茅盾当时对中国社会状况的分析和革命前景的估计,是完全正确的。他的思想水平已达到马克思主义的高度。这几篇散文,有的是叙事的形式,有的是活报剧形式,有的是寓言体。可见茅盾对于散文的写作,能够灵活地运用各种体裁,并且手法也多种多样,充分显示了他的艺术才华。所以,茅盾晚年时曾谦逊地说,“这次‘试笔’”,和他后来“终于走上创作的道路不无关系”。

二十　选注古籍,研究神话

一九二五年间,商务印书馆计划出版一套《学生国学丛书》,茅盾承担了选注《淮南子》《庄子》和《楚辞》的任务。

我国古代丰富的文化典籍,由于种种条件的限制,在编集、传抄、翻刻的过程中,难免出现真伪、异文、错乱等情况。至于各家注释,不仅歧异很多,以讹传讹的情况就更难免了。因此,用科学的观点和方法,加以系统的整理、校勘、注释和研究,使之成为今天的读者可读的、并且可信的版本,就是非常必要的了。茅盾的《淮南子》《庄子》《楚辞》三个选注本,虽然看来只是“选注”,其实是一项学术研究工作。每一个选本,他都收集各种版本和大量的第一手材料,用历史唯物主义的观点和方法,加以对照、校勘、研究、剖析,并加上必要的注释,以区别其真伪、分析其歧异，肯定其精华，去除其糟粕，肯定其历史价值。茅盾的研究用力甚劬，提出了许多个人独到的见解，使这些民族文化遗产成为哺育民族新文化的养料，是有极为重要的意义的。茅盾所取得的这些成就，不仅可以看出他对中国古代学术文化有深湛的修养，并且也可以看出他谨严的、一丝不苟的、踏踏实实的治学态度。而且这些成就又是在“五卅”前后政治活动极为紧张的情况下取得的，就更加难能可贵了。

在这一时期，茅盾还开始研究、介绍了中外古代的神话。

一九二四年九月到一九二五年一月，茅盾就在《儿童世界》上发表编译的《普洛米修士偷火的故事》等十篇希腊神话。前已述及。一九二五年二月到四月，茅盾又编译《喜芙的金黄头发》等北欧神话六篇。

他还论述了神话的起源及其美学价值。

茅盾认为，在古代人类的祖先还过着原始生活的时候，因为没有科学知识，对于下雨打雷等可喜或可怖的自然现象，觉得诧异，竭力求得一个解释，便编造出一个个故事来。“这种故事，说得极美丽巧妙，原始人民都喜欢，便一直流传下来。到人类知识大进，已有了历史的时候，还是流行在民间，有许多人说着，于是就有文学家用来做诗歌戏曲的材料，一直传到今日。这种解释自然现象的故事，我们现在叫作‘神话’。”茅盾指出，古代的希腊神话是有高度的美学意义的。他说：

> 希腊神话极丰富优美，是希腊古代文学里最可宝贵的一部材料。我们现在读着，不但可借此知道古代希腊人（有史以前的希腊）的社会状况，并且可以感发我们优美的情绪和高贵的思想。我们借此可以知道古代希腊人的起居服用，虽然还不及我们文明，然而他们那伟大高贵的品性，恐怕我们还不及他们呢？①

茅盾还论述了北欧神话和南欧神话的不同特点。同时，茅盾还着手研究中国神话，撰写了一篇题为《中国神话研究》②的长篇论文。

论文首先探索了神话是怎样发生的。他认为神话是原始人民的信仰和生活经

---

① 茅盾编译《普洛米修士偷火的故事》正文前编译者的说明。

② 《小说月报》第16卷1月号，1925年1月。

验的反映。“各民族在原始时期的思想信仰大致相同,所以他们的神话都有相同处。但又因各民族环境不同,而有其各自不同的生活经验,所以他们的神话又复同中有异。对于一民族所处的环境以及他们有过的生活经验,我们可以猜到他们的神话的主要面目。”但是,“我们现在所见各民族的神话都已经过修改”。因为神话最初只在口头上流传,后来文学家用文字加以记载或在自己的作品中引用时加以修改,一民族后起的思潮或是外来思潮的影响,也常使原来的神话发生变化。

茅盾指出,排除后代修改和外来影响,“表现中华民族的原始信仰与生活状况”的神话,可以归纳以下几类:

一、天地开辟的神话——如盘古氏开天辟地、女娲氏炼石补天。

二、日月风雨及其他自然现象的神话——如羲和驭日、羿妻奔月。

三、万物来源的神话——这一类很少,只有关于蚕的神话比较完全。

四、记述神或民族英雄的武功的神话——如黄帝征蚩尤、颛顼伐共工等。

五、幽冥世界的神话——古书中很少见,后代书中的记载已道教化或佛教化。

六、人物变形的神话——此类独多,且后代有新作增加。

茅盾着重论述了中国神话与古史的关系。对古籍中的有关记载,如盘古开天辟地、女娲补天、羲和驭日、姮娥奔月、蚕的由来等,作了整理和解释。

论文最后批评了腾尼斯的《中国民族学》和威纳的《中国神话与传说》两本英文的关于中国神话的书,指出了它们的不当或错误之处。

马克思曾经指出:“任何神话都是用想象和借助想象以征服自然力,支配自然力,把自然力加以形象化。”神话是“人民的幻想用一种不自觉的方式加工过的自然和社会形式本身”。[①] 毛泽东也指出,神话中的千变万化的故事,“因为它们想象出人们征服自然力,等等,而能够吸引人们的喜欢,并且最好的神话具有‘永久的魅力’(马克思)”。[②] 茅盾对希腊神话、北欧神话和中国神话的产生、特点及其美学意义所作的解释,是完全符合马克思主义观点的。

对希腊神话、北欧神话的研究与介绍,以及撰写《中国神话研究》是茅盾研究古代神话的开端,在对中国古代文学研究领域内,也具有开创性的意义。

---

① 马克思:《政治经济学批判·导言》,《马克思恩格斯全集》第46卷(上)第47—50页。

② 毛泽东:《矛盾论》。

二十一　广州之行前后

一九二五年底，国民党内的右派集团召开西山会议后，又在上海成立了伪中央党部，宣布开除加入国民党的共产党员，被开除的就有茅盾、恽代英等。中国共产党中央为了反击国民党右派的进攻，指令恽代英、茅盾等筹建两党合作的国民党上海特别市党部执行委员会，恽代英任主任委员兼组织部长，茅盾为宣传部长。

一九二六年初，茅盾、恽代英等五人当选为国民党第二次全国代表大会的代表，去广州开会。这次大会，由于代表中中国共产党党员和国民党左派占了很大优势，有力地回击了西山会议派的破坏活动。大会闭幕后，中共广东区委书记陈延年通知茅盾和恽代英留在广州工作。恽代英到黄埔军官学校任政治教官，茅盾则被分派到国民党中央宣传部工作。

当时国民党中央宣传部部长是汪精卫，但没有到职，由毛泽东任代理部长。茅盾报到后，被任命为秘书，萧楚女做他的助手。茅盾和萧楚女一道，制定了工作制度，添置了设备，预定了报刊，使宣传工作逐步走上正轨。茅盾还根据毛泽东的指示，起草了一个宣传大纲，经国民党中常委通过后，用中央名义公布。

茅盾在宣传部的主要任务是编辑毛泽东已经编了四期的《政治周报》。这时，中国共产党正在与以曾琦、左舜生等为代表的国家主义派就中国革命问题作原则性的争论。茅盾在他编辑的《政治周报》第五期上发表了《国家主义者的“左排”与“右排”》《国家主义——帝国主义最新式的工具》《国家主义与假革命不革命》等三篇文章，有力地驳斥了国家主义派诬蔑中国共产党的种种谬论，同时也批评了西山会议派，宣传了中国共产党的反帝反封建的政治主张。当时中国共产党对国家主义派的斗争，极有成效，作为共产党员的茅盾，在这一斗争中起了重要作用。

二月间，毛泽东因秘密去韶关视察那里的农民运动情况请病假两星期，由茅盾代理宣传部的部务。

在这期间，茅盾还应邀到何香凝主办的妇女运动讲习所讲课，对广州市的中学生作报告，还会见文学研究会广州分会的负责人刘思慕、梁宗岱等人。刘思慕写了一篇《访问沈雁冰记》，发表在文学研究会广州分会办的《广州文学》上。

三月十八日，蒋介石阴谋策划制造了反共的“中山舰事件”，毛泽东决定不再担任代理宣传部长，这时上海方面正好来电要茅盾返回上海，陈延年、毛泽东都同意了，毛泽东还要他回上海后创办一份党报。因等待去上海的轮船，茅盾得到几天的休息时间，这才有工夫游览了广州的名胜古迹。

三月底，茅盾回到上海。这次广州之行，连在船上的来回时间，正好三个月。

茅盾在广州的时候，香港报纸就宣传茅盾是“赤化分子”，在上海引起北洋军阀孙传芳的注意，派人到商务编译所查询几次。商务老板怕引起麻烦，有意让茅盾辞职。茅盾从广州回到上海的第二天，郑振铎去访问他，告诉他这些情况。茅盾当即表示：他本来也不想在编译所工作了，就立即辞职。

茅盾于一九一六年八月进商务编译所，到一九二六年四月离开，将近十年。在这近十年的时间里，茅盾充分发挥了他的才能，为商务本身业务的发展作出了重要贡献。他还利用商务编译所的有利条件，为发展新文化、新文学作出了重要贡献，为党、为中国革命作出了重要贡献。

茅盾离开商务编译所以后，就忙于政治活动。他代理国民党上海特别市党部主任委员的职务，召开了国民党上海特别市代表大会，传达了国民党“二大”精神；同时又代理国民党中宣部在上海的秘密机关——交通局局长，负责翻印、转寄《政治周报》及其他宣传文件。

在广州时，毛泽东就嘱咐茅盾在上海筹办一个国民党中执委领导下的党报。茅盾回到上海后就着手进行，准备盘下将要停刊的《中华新报》，改名为《国民日报》，制订了计划，配备了编辑班子，得到仍代国民党支撑宣传部局面的毛泽东的同意，但因为没有得到法租界当局的批准，只得告吹。

茅盾还根据毛泽东任代理宣传部长时的计划，编辑一套《国民运动丛书》。这套丛书有几十本小册子，内容包括马克思列宁主义的基本知识、中国国民党党史和中国革命史、苏联的和现代世界各国的革命运动的基本知识等各方面。这一套内容广泛的丛书，在当时无论是对国民党人和共产党人来说，都是有重大教育意义的。毛泽东把这一任务委托茅盾去完成，也表明茅盾当时是很得毛泽东的器重和信任的。但由于革命形势的变化，这套丛书的编辑、出版没有按计划完成。

从广州回到上海以后的那几个月，茅盾实际上还是继续从事宣传部的工作，只是换了一个地方而已。

在这几个月间，茅盾白天忙于政治活动，但晚上仍挤出时间来读书写作和翻译外国文学作品,所以孔德沚笑他白天和晚上是两个人。茅盾后来回忆说,他当时身体比较好,“往往奔波竟日之后,还不觉得疲倦,还想做一点自己兴味所在的事”。于是他就研究神话,这和他白天之所忙“好像有天渊之隔”,但是他认为“这也是调换心力之一法”。[①]

在这期间,孔德沚的社会活动也很多,结交了不少女朋友。这些人,有的茅盾本来就认识,也有的是孔德沚介绍的,她们常到茅盾家中闲谈。这些“新女性”的思想意识、生活作风、声音笑貌,各有特点,茅盾觉得是写小说的极好材料,于是便产生了创作小说的强烈愿望。但由于革命形势的发展,他又有了新的工作任务,写小说的设想只好暂时搁了起来。

二十二　革命紧急关头在武汉

一九二七年上半年,中国革命处在从胜利到失败的转折关头,茅盾就在革命的旋涡中心——武汉工作。

一九二六年七月间,广东革命政府出师北伐,进展顺利,九十月间就打败吴佩孚,占领武汉,北伐军乘胜东下。党中央估计浙江省省长夏超到时必将反对孙传芳,计划请沈钧儒到杭州组织省政府,内定由茅盾担任省府秘书长。但事情发展出乎意料,夏超突然被孙传芳赶出了杭州,沈钧儒去组织省政府已不可能。这时已是一九二六年十二月了,武汉来电上海要人,党中央于是改变计划,派茅盾到中央军事政治学校武汉分校工作。

十二月中旬,武汉方面又来电要茅盾在上海为中央军事政治学校武汉分校招收一批学生,并聘请一些政治教官。茅盾花了两个星期完成这一任务,招考了二百多名学生。又请了商务编译所的陶希圣、吴文祺、樊仲云三人(都是共产党员)去担任政治教官。其时茅盾的母亲身体健康,能照管两个孩子,茅盾把他们都留在上海,自己和孔德沚乘轮船去武汉(新招学生和三位教官已先走了)。到了武汉,武汉分校办事人员已替他们在武昌学校附近找好了房子。这时已是一九二七年一月初了。

---

① 《创作的经验·几句旧话》。

这时候武汉军分校主持日常工作的是恽代英。他是军校的校务委员，又是总教官。茅盾到校后任政治教官。他讲课的题目有：什么叫帝国主义，什么叫封建主义，国民革命军的政治目的是什么，妇女解放运动，等等。最后一题目是专门给女生队讲的。

茅盾对自己所教课程都是熟悉的，不用费力准备，也就想再弄弄文学。和《中央日报》编副刊的孙伏园商量，找几个人、组织个文学团体，出版一个文学刊物。孙伏园同意了，就联络了十个人，除茅盾、孙伏园外，有陈石孚、吴文祺、樊仲云、郭绍虞、傅东华、梅思平、顾仲起、陶希圣。十人中有五人是中央军事政治学校的政治教官，有些人原来是文学研究会会员。茅盾说，他们都是从长江下游（上海）来的，现在到了上游，就叫“上游社”吧。出版的周刊也就叫《上游》，附在孙伏园编的《中央副刊》上，每逢星期日出版，又叫《中央副刊星期日特别号》。创刊号出版于三月二十七日。茅盾先后在这个刊物上发表了三篇文章：为顾仲起的诗集《红光》写的序，《苏联的工业和农业》和《楚辞选释序》。但上游社成立不久，茅盾就被调去编汉口《民国日报》了，《上游》周刊就完全由孙伏园负责。它一共出了十六期，最后一期出版于七月十七日。

北伐军挥戈东向，革命形势迅猛发展。一二月间先后收回汉口、九江的英租界。群众情绪高涨，到处热腾腾乱哄哄。蒋介石在攻下南昌后，积极进行反革命的阴谋活动，虽遭到共产党和国民党左派的有力反击，但并没有收敛。其他各种反动势力也蠢蠢欲动。所以形势十分复杂。

四月初，中央决定让茅盾去担任汉口《民国日报》的总主笔。此时，武汉的报纸很多，但大型报只有两家：一是《中央日报》，是国民党中央宣传部的机关报，国民党右派的喉舌；另一家是汉口《民国日报》，名义上是国民党湖北省党部的机关报，但报纸的实权却掌握在共产党手中：社长是董必武，总经理是毛泽民，总主笔是茅盾，编辑大都是共产党员。报纸的编辑方针、宣传内容也是由中共中央宣传部确定的。总主笔茅盾在工作中遇到问题，也是向中共中央宣传部请示的。所以，当时的汉口《民国日报》也可以说是共产党办的一张大型日报。

那时中共中央宣传部部长是彭述之，他人在上海。武汉宣传工作是由瞿秋白分管的。作为汉口《民国日报》总主笔的茅盾向中央宣传部请示，实际上就是找瞿秋白。瞿秋白正确地分析当时的形势，指出报纸宣传应该注意的问题。

汉口《民国日报》每天出十版，报社编辑部只有十几个人，没有记者。消息来源主要靠党政机关及工、农、青、妇等群众团体供给，而且材料很丰富，编辑部只要派两个人到有关单位去走走就行了。此外，还有共产党领导的通讯社——血光社以及其他两家通讯社也常给报纸提供消息。作为总主笔的茅盾的工作就是把编辑们编好的稿件加以选择、审定、加上标题，确定版面，然后再写一篇社论。“紧要新闻”版的消息常常要等待，几乎每天都要等到夜间一两点钟才能把稿子发完。报社印刷所工人不多，排字工人技术又很差，茅盾差不多每晚都要到排字房去指导工人排版，所以就经常整夜不能睡觉。此时茅盾的家已从武昌搬到了汉口，就住在歆生路安德里一号报社编辑部的楼上。孔德沚这时也到农政部去工作了。

茅盾编辑汉口《民国日报》没有几天，就传来蒋介石背叛革命的消息。南京、广州也先后发生了血腥的大屠杀。茅盾的一些同志和朋友就在这次大屠杀中献出了宝贵的生命，其中就有在南京的侯绍裘和在广州的萧楚女。

四一二反革命政变以后，武汉这个大熔炉卷起了一个个更大的旋涡，形势十分尖锐复杂。担任武汉国民政府主席的汪精卫还打着国民党左派的旗号，真面目尚未暴露。汉口《民国日报》虽然实际上是共产党人在主持工作，但名义上是国民党的报纸，因此，它的编辑工作当然要受到国民党的制约，同时又要受到党内陈独秀右倾机会主义的压力，所以要正确报导当时的政治形势，宣传党的正确方针，是相当困难的。

从四月三十日到七月九日，作为汉口《民国日报》总主笔的茅盾，撰写了三十多篇社论，在政治宣传战线上进行了有效的工作，中心内容就是：支持农民运动，声讨土豪劣绅、封建势力的暴行；揭露蒋介石和帝国主义的反动面目；宣传加强工农大众与工商业者的同盟，建立巩固的民主政权；号召革命者要树立共产主义的理想和解放全人类的崇高目标，发扬坚毅精神，把革命进行到底。

茅盾当时所写的那些社论，不可能每一个论点都是正确的。由于历史条件的限制，存在某些片面性或不妥当的论点，倒是符合客观规律的。但大体说来，他在对敌斗争和党内两条战线斗争中的基本观点是正确的，表明他当时政治思想方面所达到的高度。

在武汉期间，茅盾还曾一度兼任武昌中山大学文学院的教授。他的教学工作，“极得学生的佩服，敬爱”。当时武昌中山大学的一些教授，为了促进中苏两国文化上的联系，曾着手筹备“中苏文化协会”，茅盾也是发起人之一，成为“沟通中苏文化艰巨工作上始终有力的一个分子”。① 但由于时局突变，“协会”没有正式成立。

二十三　人生征途上的重大转折

七月十五日，汪精卫宣布和共产党决裂，公开背叛革命，在武汉地区进行血腥大屠杀，中国革命发生了重大转折。茅盾也受到了通缉，幸而他根据党组织的安排，已经先期隐蔽起来了。孔德沚因为快要分娩，已于六月底返回上海。

茅盾在一家栈房里隐蔽了半个月，大约七月二十三日，接到党组织的通知，要他到九江去，然后再转往南昌。茅盾设法买到一张日本轮船“襄阳丸”的船票。同行的还有汉口《民国日报》编辑部的宋云彬等人。第二天清早船就到了九江。茅盾便按约定的地点去找接头人，遇见的却是董必武和谭平山。董必武告诉茅盾，去南昌的火车可能已经不通，先去火车站买票试一试，万一南昌去不成，就回上海。果然去南昌的客车已不卖票，但传说从牯岭再翻山下去可到南昌，第二天一早，茅盾就和宋云彬等动身上庐山，在牯岭大街上无意中遇见夏曦。夏曦告诉茅盾，翻山下去的路也已不通，要他回九江再说。

就在这天夜里，茅盾突然患了腹泻，来势凶猛，又请不到医生，只好吃八卦丹，在床上躺了三四天，听说南昌出事了。此时宋云彬等已下山经九江回上海去了。茅盾只得一人走出旅馆去打听消息，在牯岭大街上碰见原来在汉口市党部海外部任职的范志超。范志超告诉茅盾：八月一日南昌发生了暴动。叶挺、贺龙的部队已占领南昌，把国民党右派朱培德的兵缴了械。范志超还告诉茅盾，汪精卫等要上庐山开会，认识他的人很多，千万不要出门走动。当时茅盾是以教员身份住旅馆的，说是利用暑假来玩玩，不巧病了，只得多住几天，没有引起别人的怀疑。住在旅馆里无事消遣，正好身边带有一本西班牙作家柴玛萨斯的中篇小说《他们的儿子》英文本，就把它翻译了出来。

八月中旬的一天，茅盾在范志超的帮助下买到去上海的船票。第二天下午，船

---

① 张西曼：《我们在武汉时代的共同努力》，《新华日报》1945年6月25日。

到镇江。茅盾考虑到在上海下船,码头上容易碰到认识的人,不如在镇江下船,再换乘火车。茅盾在镇江上火车时,看到车厢内有已经投靠蒋介石的吴开先等人,他就不进车厢,车抵无锡就下车,在无锡旅馆过了一夜。茅盾回到上海家里时,只见母亲在家,德沚却住在医院里(因为在家里摔了一跤,小产了)。

这也许是命运的安排罢！一场病,使茅盾错过了参加"南昌起义"的机会。在人生征途上发生了重大转折,回到上海时,身上背着国民党反动政府的"通缉令",失去了行动自由。

第七章 “停下来思索”

二十四 蛰居上海，开始创作生涯

一九二七年八月底，茅盾从牯岭潜回上海。此时的上海（华界）已经是在蒋介石集团统治下，与他半年多以前离开时的情况相比，可以说是两个完全不同的世界。

由于受到蒋介石政府的“通缉”，所以在茅盾回到上海前，他的夫人孔德沚已经放出“沈雁冰已去日本”的风声。茅盾回到上海时，他的家已搬到闸北东横浜路景云里十九号半，他的夫人则因小产住在医院里。他们商量以后，决定仍然用“已经去日本”的说法，暂时隐居下来再说。这样，茅盾就蛰居在自己寓所的三楼上，足不出户，也不见人。因为景云里的住户大多数是商务编译所的职员，他们都认识茅盾。假使一露面，就难保消息不传到蒋介石的特务那里去。

大革命失败以后，中国革命暂时处于低潮时期。茅盾的生活道路也发生了重大转折——和中国共产党失去了组织联系，从政治斗争的第一线撤退下来。他的思想情绪也同样处于低潮时期。

一九二八年间，他回顾当时的思想情绪时说：

> 我是真实地去生活，经验了动乱中国的最复杂的人生的一幕，终于感得了幻灭的悲哀，人生的矛盾，在消沉的心情下，孤寂的生活中，而尚受生活执著的支配，想要以生命力的余烬从别方面在这样迷乱灰色的人生内发一星微光，于是我就开始创作了。①

① 《从牯岭到东京》，《小说月报》第19卷第10期，1928年10月。

这一段话,真实地反映了他当时的心情:大革命失败的冲击,一度使他感到消沉、悲观。但他对革命并没有幻灭、动摇,还是想有所作为的。

茅盾晚年在他的《回忆录》中对他这个时期的思想情绪,再一次作了分析。他写道:

> 那时,我对大革命失败后的形势感到迷茫,我需要时间思考、观察和分析。自从离开家庭进入社会以来,我逐渐养成了这样一种习惯,遇事好寻根究底,好独立思考,不愿意随声附和。……但是这个习惯在我身上也有副作用,就是当形势突变时,我往往停下来思考,而不像有些人那样紧紧跟上。一九二七年大革命的失败,使我痛心,也使我悲观,它使我停下来思索:革命究竟往何处去?共产主义的理论我深信不移,苏联的榜样也无可非议,但是中国革命的道路该怎样走?在以前我自己以为已经清楚了,然而在一九二七年夏季,我发现自己并没有弄清楚!在大革命中我看到敌人的种种表演——从伪装极左面貌到对革命人民的血腥屠杀;也看到自己阵营内的形形色色——右的从动摇、妥协到逃跑,左的从幼稚、狂热到盲动。在革命的核心我看到和听到的是无休止的争论,以及国际代表的权威——我既钦佩他们对马列主义理论的熟悉,一开口就滔滔不绝,也怀疑他们对中国这样复杂的社会真能了如指掌。我震惊于声势浩大的两湖农民运动竟如此轻易地被白色恐怖所摧毁,也为南昌暴动的迅速失败而失望。在经历了如此激荡的生活之后,我需要停下来独自思考一番。①

这一段文字,把上面引用到的一九二八年的那一段话具体化了,实事求是地说明了他当时的思想情绪:大革命失败的冲击使他痛心、消沉、悲观,但他对社会主义、共产主义的信仰并没有动摇;党中央在纠正了右倾机会主义的错误以后又发生了"左"倾盲动的错误,"中国革命的道路应该怎样走",这个以前以为已经清楚的问题,事实上并没有完全弄清楚,需要重新思考。"停下来思索"——这就是处在低潮时期的茅盾的思想情绪的实质。

---

① 《创作生涯的开始——回忆录(十)》,《新文学史料》1981 年第 1 期。

茅盾在上海隐居下来后，面临的实际问题是怎样维持生活。他本来在上海已经有很高的声望，在广州和武汉时期又都是政治宣传方面的重要人物。再加上当时身上背着蒋介石政府的“通缉令”，因此要找公开的职业是不可能的，便只有拿起笔来，走卖文为生的这一条路了。

八月下旬开始写作。他选择自己所熟悉的青年知识分子作题材，写他们在大革命洪流中的浮沉，打算从一个侧面反映这个大时代。这是他第一次写小说，觉得写长篇没有把握，就决定写三个连续性的中篇。第一个就是《幻灭》，用了不到两个星期就写完了前半部，从此开始了他的创作生涯。此时《小说月报》的主编郑振铎因躲避白色恐怖出国去了，正由叶圣陶代编。茅盾把《幻灭》的前半部稿子交给他。茅盾隐居下来，虽然是保密的，不见人，但与住在隔壁的叶圣陶以及住在叶圣陶隔壁的周建人却是有联系的。

茅盾把《幻灭》的前半部交给叶圣陶时，顺手写上“矛盾”两字作为笔名。他为什么要用“矛盾”作为笔名呢？后来他加以解释说：

> “五四”以后，我接触的人和事一天一天多而且复杂，同时也逐渐理解到那时渐成为流行语的“矛盾”一词的实际；一九二七年上半年我在武汉又经历了较前更深更广的生活，不但看到更多的革命与反革命的矛盾，也看到了革命阵营内部的矛盾，尤其清楚地认识到小资产阶级知识分子在这大变动时代的矛盾，而且，自然也不会不看到我自己生活上、思想中也有很大的矛盾。但是，那时候，我又看到有不少人们思想上实在有矛盾，甚至言行也有矛盾，却又总以为自己没有矛盾，常常侃侃而谈，教训别人，——我对这样的人就不大能够理解，也有点觉得这也是“掩耳盗铃”之一种表现。大概是带点讽刺别人也嘲笑自己的文人积习罢，于是我取了“矛盾”二字作为笔名。①

叶圣陶看了原稿，第二天就去找他，对他说，稿子写得很好，《小说月报》正缺这样的作品，就准备登在九月号上，当天就发稿。还没有写好的那部分准备登在十月号。至于“矛盾”这个笔名，叶圣陶认为一看就知道是一个假名，如果国民

① 《写在新版〈蚀〉的后面》，《茅盾文集》第1卷。

党方面查问起来,依然会惹麻烦。假使在“矛”字加上一个“草”头,成为“茅”字,《百家姓》中有此一姓,可以蒙混过去。他同意了。于是“茅盾”这个笔名,以后也就成为沈雁冰用得最多的一个笔名,并且成为一个全世界知名的伟大文学家的笔名。

九月中旬,茅盾写完《幻灭》,正准备构思第二部《动摇》的时候,叶圣陶又来找他,要他写一篇《鲁迅论》,说《小说月报》缺这方面的稿件,而他正是“此中老手”。茅盾觉得全面评论一个作家,这对他来说,也是第一次。特别是对鲁迅这样有名望的作家,而且评论界还有截然相反的意见,更必须深思熟虑,使自己的论点站得住。相对来说,他觉得写评论王鲁彦的文章,比较容易一点。这样,他就先写了《王鲁彦论》,第二篇才写《鲁迅论》。但叶圣陶从编辑的角度考虑,《小说月报》计划连续发几篇作家论文章,还是用鲁迅来打头炮比较好;并且知道鲁迅即将来上海,也表示欢迎的意思。这样一九二七年十一月号的《小说月报》上首先刊登出来的还是《鲁迅论》,王鲁彦论则到一九二八年一月号的《小说月报》才发表。

《鲁迅论》深刻地阐述了鲁迅小说的现实主义特色和鲁迅杂文的意义,并且把鲁迅小说和杂文结合起来进行研究。这样做,在鲁迅研究史上,茅盾是第一人。《王鲁彦论》具体分析了王鲁彦小说创作的成就与不足,给作家指出了努力方向。茅盾认为文学批评有两种职能:“一为抉出艺术的真相而加以疏解,使人知道怎样去鉴赏;一为指出艺术的趋向与范畴,使作家从无意的创造进至有意的创造。”[①]《鲁迅论》和《王鲁彦论》是发挥文艺批评的这两种职能的典范,在我国现代文学批评史上有着开创性的意义。

十月初,鲁迅从广州到上海,先寓共和旅馆,不久即搬入景云里二弄23号(一九二八年九月,鲁迅和周建人都搬入18号,不久,鲁迅又搬入17号,仍从18号出入)。23号的前门正对着茅盾家后门(附示意图)[②]。过了两天,鲁迅就在周建人陪同下看望茅盾。这是茅盾与鲁迅第二次会面。第一次是一九二六年八月,鲁迅从北京去厦门大学路过上海的时候,郑振铎于八月三十日在消闲别墅宴请鲁迅,茅盾曾应邀作陪。这次见面,茅盾首先向鲁迅表示歉意:因“通缉令”在身,虽然知道

① 《论无产阶级艺术》。

② 许广平:《景云深处是吾家》,《文汇报》1962年11月21日。

鲁迅已来上海,并且同住在景云里,却未能去拜会。鲁迅笑着说,所以我和三弟到府上来,免得走漏风声。鲁迅在广州目击了“四一五”血腥屠杀,茅盾则在武汉经历了“七一五”反革命政变,两人谈了各自的见闻,感慨很多,都觉得革命是处于低潮了,对于当时流行的革命仍在不断高涨的论调表示不理解。他们还交谈了今后的打算。

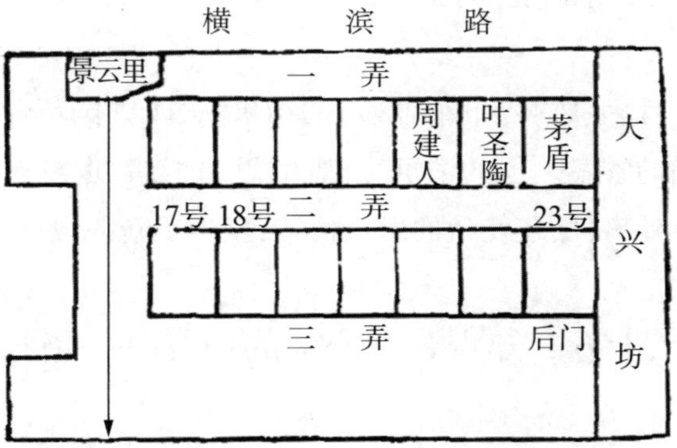

十一月初到十二月间,茅盾用了约一个半月的时间,完成了第二个中篇《动摇》。

一九二七年底,蒋光慈、钱杏邨等组织了太阳社,出版了《太阳月刊》。茅盾当时不认识钱杏邨,但和蒋光慈曾在上海大学同事过,是相当熟悉的。对于《太阳月刊》的出版,茅盾写了一篇《欢迎太阳》表示欢迎,对其中一些理论批评文章中的观点,提出了不同的看法。

一九二八年初,茅盾开始写作短篇小说,第一篇是《创造》。又用象征手法写了一篇散文《严霜下的梦》。同时继续研究神话,写作评论文章。

从四月开始,茅盾继续写他的第三个中篇《追求》,到六月间脱稿。《动摇》和《追求》都陆续发表于《小说月报》。

茅盾当时躲在家里小楼上写小说,基本上是足不出户的。除了偶尔接见几位来访的亲友外,没有任何社会活动。但景云里的环境并不很安静;天热时,里内住户,晚饭后都在门外乘凉,男女老少,哭声笑声,闹成一片。一墙之隔的大兴坊的住户,晚饭后则经常在户外打牌。嘈杂之声,两面夹攻,要到深夜才停止。生活在这样的环境里,茅盾心情却很沉闷,所以有时候就下楼来看母亲和德沚烧饭烧菜,间或也好奇地执铲执勺,这样就学会了烧菜。

写完《追求》以后,有一天陈望道来看望茅盾,他发现茅盾久困斗室,足不出户,身体精神都不好。夏天闷居小楼,还可能弄出病来,劝他到日本去走走,换换环境,呼吸点新鲜空气。陈望道还告诉茅盾,他的女友吴庶五已在东京半年,茅盾如果去了。生活上可以得到她的照顾。那时中国人去日本,日本人来中国,都不用护照,来去自由。茅盾觉得陈望道说得有理,就接受他的建议,七月间离沪去日本。

上海蛰居十个月,茅盾"停下来思索"的结果,关于中国革命的出路问题,他暂时还没有找到正确的答案。他的消沉、悲观的思想情绪,也没有完全得到克服;革命过程中的一些意外事件,还使他的思想情绪,发生了新的波动。

二十五　知识分子心灵的历程——《蚀》

《幻灭》《动摇》《追求》三个中篇,一九二七、一九二八年间,陆续发表于《小说月报》,先后印了单行本。一九三〇年五月合并在一起出版,题名为《蚀》,人们通常称之为"三部曲"。茅盾晚年解释题名为《蚀》的寓意说:"这表明书中写的人和事,正像月蚀日蚀一样,是暂时的,而光明则是长久的,革命也是这样,挫折是暂时的,最后胜利是必然的。"①

茅盾曾经引用英国一位批评家的话说,左拉是因为要做小说,才去经验人生的;托尔斯泰则是经验了人生以后才来做小说的。他又说他并不是狂妄到自拟于托尔斯泰,但他确实是经验了人生以后才来做小说的。的确,《幻灭》中所描写的生活,是作家经历过的生活,《动摇》中描写的生活,虽然没有直接经历过,但由于当时他主编《汉口民国日报》的关系,也可说是很熟悉的。《追求》在很大程度上可说是作家自己心情的写照。所以《蚀》三部曲可说是有真实的生活经历、真切思想感情做基础的,并且正是他自己过去所熟悉的人和事,促使他产生了强烈的创作冲动。

开始创作时,茅盾已经想到《动摇》和《追求》的大意。曾经有种设想:一是写

---

① 《我走过的道路》(中)第11页。

成一部二十多万字的长篇,二是写成七万字左右的三个中篇,其中的人物基本相同。由于这是第一次从事小说创作,觉得写长篇没有把握,决定还是分作三篇来写。但在完成了《幻灭》,开始构思《动摇》的时候,就觉得这个设想不能实现,因为《动摇》的全部时间正是《幻灭》的后半部时间,主要人物不得不重新构思。结果,《幻灭》中的人物只有个别的在《动摇》中出现,也只有个别的在《追求》中出现。这样就成为有着一定的联系,但又是各自独立的“三部曲”了。

《蚀》三部曲的创作意图,茅盾说:

> 我那时早已决定要写现代青年在革命壮潮中所经过的三个时期:(1)革命前夕的亢昂兴奋和革命既到面前时的幻灭;(2)革命斗争剧烈时的动摇;(3)幻灭动摇后不甘寂寞尚思作最后之追求。①

可以说,作家要写的就是“现代青年”在“革命壮潮”中心灵的历程。茅盾又说,他是喜欢拈住题目做文章的,《幻灭》写的就是“幻灭”,《动摇》和《追求》写的也就是“动摇”和“追求”。这一想法是否得到艺术上的体现,当然应当由作品本身来检验。

《幻灭》中写的静女士,心地单纯,感情脆弱,耽于幻想,要求进步,但政治上缺乏自觉。她顽强地追求人生的真谛,但现实生活却与她罗曼蒂克的幻想很不一致,不可能不一次又一次的失望,最后她怀着一种渺茫的希望准备回到家乡去等待上前线的爱人。她虽然没有锻炼成真正的革命者,但也没有幻灭。静女士,是一个青年女性知识分子中的追求者的典型形象。这个形象本身提出了“什么是人生的真谛?又怎样去找到它”这样一个带哲理性的,又是现实性的问题。这是“五四”以后开始觉醒的青年一代知识分子所面临的一个普遍性的问题。

《动摇》中的方罗兰,不仅在爱情上动摇,在政治上也是动摇的。方罗兰政治上的动摇,就其主观原因来说,是由于他脱离实际,对形势缺乏正确的分析:既不懂得群众革命行动的意义,也不了解反动势力的本质。就客观原因说是整个县党部的动摇,武汉国民政府的动摇,因而给投机分子造成可乘之机,使革命遭受重大

① 《从牯岭到东京》。

损失。方罗兰,正是一个动摇者的形象。

革命高潮到来的时候,大批要求进步的青年知识分子投身革命队伍,他们中的许多人在革命的熔炉中经受考验,成为真正的革命者。也有一些人在革命遭受挫折的时候便从革命队伍中游离出来,在白色恐怖统治下,苦闷、彷徨,但仍不甘消沉,还要继续追求,希图对社会有所贡献。但又因为他们的追求没有正确思想的指引,所以他们的追求就带有很大的盲目性,不可能不到处碰壁,成为人生道路上的迷路者,等待他们的必然是可悲的命运:或者是消沉厌世,或者是盲目乱闯,或者是任性放荡,或者是自甘堕落,演出一幕又一幕"幻灭"的悲剧。《追求》中的张曼青、王仲昭、曹志方、章秋柳就是这样一批迷路者的形象。

三部曲中对投机分子胡国光这个形象的描绘也是很成功的。此外还描绘了革命者的形象,如李克,不过这一类形象不够鲜明丰满。

《蚀》三部曲的主要成就就是塑造了追求者、动摇者、迷路者的形象。这一系列形象所体现的思想倾向显然不是幻灭—动摇—追求,而是追求—动摇—幻灭。这是大革命时期一部分青年知识分子的心灵的历程,同时也反映了当时社会生活的某些侧面。当然,这些在当时的社会生活中并不是主导方面,但却是非常真实的,带有本质意义的,并且是洋溢着作家最真切的感情的。生动的人物形象,反映了生活的某些本质方面和强烈的感情色彩,这就是《蚀》三部曲的认识价值和美学价值之所在。

当然,作品的情调比较低沉,特别是《追求》更是这样,因而缺乏积极的鼓舞人心的力量,是这部作品的不足之处。至于批评作品没有描绘出正面的英雄人物形象,没有反映出生活的主流,这只能说是一种苛求。因为有没有塑造出英雄人物形象,有没有反映出生活的主流,是不应作为评价作品的标准的。

在小说创作方面体现现代文学史第一个十年间创作成就的是以鲁迅的《呐喊》《彷徨》为代表的短篇,至于中长篇,虽然也已经有二三十部,但称得上优秀作品的并不多,即使是其中的佼佼者,也往往形象不够鲜明,对生活的反映比较肤浅,内容比较单薄,艺术比较粗糙。而《蚀》三部曲无论在那一方面,都大大地超过了那些作品。虽然《蚀》三部曲是茅盾的第一部小说,但它的出现却标志着新文学的中、长篇作品,已经发展到一个新的历史时期,因而在中国现代文学史上有着重要意义。

二十六 亡命日本,潜心著作

一九二八年七月初,在陈望道的帮助下,茅盾上了开往日本的轮船,顺利到达神户,用了“方保宗”这个化名,开始他在日本的亡命生活。

茅盾在从神户去东京的火车上,就被日本警视厅特高科的便衣跟上了。茅盾到了东京,陈望道的女友吴庶五带了几位女友来接,被安排住在一家中等旅馆里。那个便衣又和茅盾攀谈。住在同一旅馆的还有武汉时期《中央日报》总编辑陈启修。陈启修到日本已有半年,情况比较熟悉了。他告诉茅盾,如果来日本只是避难,不从事政治活动,日本警视厅还是比较客气的。

在陈启修的帮助下,茅盾学会了日常生活中常用日语。

陈启修,原来也是共产党员,后来投降国民党。但在国民党方面,仍然把他看作共产党。他觉得说不定哪一天蒋介石就会对他下毒手,在半年多以前就辞掉《中央日报》总编辑的职务,到日本来做亡命客。

从陈启修的思想变化,茅盾想到五四时期觉醒的青年们以后所走的人生道路,各自不同。像娴娴(《创造》中的人物)那样刚强的女性,只是少数,性格软弱的还是多数。他觉得“写这些‘平凡’者的悲剧或暗淡的结局,使大家猛省,也不是无意义的”。于是又陆续写了都以女性为主角的两个短篇小说《自杀》《一个女性》。

《幻灭》等三部小说发表后,曾受到创造社、太阳社的不公正的批评。茅盾认为创造社、太阳社关于“革命文学”的理论和实践都是有问题的,于是便写了一篇长文《从牯岭到东京》,申述了自己创作《幻灭》等三部小说时的思想状况和创作意图,对某些批判作了答辩,并对当时文学理论和创作实践中的问题,提出了自己的看法。这样,茅盾也就在实际上参与了“革命文学”问题的论争。

茅盾在东京住了五个月,知道杨贤江夫妇也在日本,住在京都,便和他们联系。杨贤江劝茅盾也住到京都去,因为京都生活费用比东京便宜,他们住的高原町远离尘嚣,且尚有余屋可租。茅盾便于一九二八年十二月初离开东京去京都。

东京的那个便衣也跟茅盾到了京都,把茅盾“移交”给京都的另一个便衣。这个京都的便衣后来常到茅盾寓所“拜访”,而且杨贤江夫妇也是这个便衣常去“拜访”的对象。

茅盾的寓所离杨贤江的寓所有一箭之遥。四间平房，面临一个小池，池边有一排樱花树，如在春季，坐在屋中便可欣赏有名的樱花。从屋子的后窗，看得见远处的山峰。这里，环境确实很安静，而且富有诗意，对写作十分有利。当时这里是京都的郊区，只有称为田中高原町的一条街，房屋不多，周围全是农田。现在这里已成为住宅区了。①

在京都，茅盾继续从事创作，写下了《雾》等十多篇散文，《诗与散文》等三个短篇小说和长篇小说《虹》。

在东京和京都，茅盾继续从事学术研究，编集撰写了十部文学论著（后面将具体介绍）。

此外，茅盾还撰写了一些长篇论文，如《读〈倪焕之〉》和《关于高尔基》，前者细致地评论了叶绍钧的长篇小说《倪焕之》，后者系统地论述了高尔基创作的思想和艺术成就，是他在日本时写的最后一篇论文。这两篇论文虽然研究的内容不同，但作者都借题发挥，再次申述了他对"革命文学"问题的看法。

在京都时，茅盾曾去游览岚山。岚山是名胜地，岚山观花，是日本有名的游览节目。早在一九一九年，青年周恩来也曾游过春天的岚山，并且写下了《雨后岚山》《雨中岚山——日本京都》两首诗。茅盾在一九二九年的樱花初放时节游览了岚山，也写下了一篇散文《樱花》，纪念此游。

一九三〇年三月，茅盾应钱青的邀请，去游览奈良。钱青是孔德沚在石湾振华女校读书时的同学，当时在奈良女子高等师范读书，她从杨贤江夫人处得知茅盾在京都。以后钱青又和一些同学去京都看望茅盾。茅盾当时生活简朴，每日写作很忙，但饮食起居，有时也自己料理。钱青等去看望他时，还自己烧菜，请他们吃饭。在闲谈中，茅盾总是勉励他们这些在日本留学的青年，要热爱祖国，勤奋攻读，为祖国争气。②

茅盾在日本的一年九个月里，和在上海蛰居一样，没有参加什么社会活动（事实上他是在日本警视厅特高科的监视之下），只是潜心从事创作和学术研究。但是尽管如此，他还是在深刻地思考中国革命的出路问题，并努力改变自己

① 松井博光：《黎明的文学——中国现实主义作家茅盾》，高鹏译，浙江人民出版社 1982 年版。

② 钱青：《茅盾在日本京都》，《桐乡文艺》第 15 期，1983 年 3 月。

的情绪的。在到日本不久写的《从牯岭到东京》一文中，他就表示：“《追求》中间的悲观苦闷是被海风吹得干干净净了。现在是北欧的勇敢的命运女神”做他“精神上的前导”，他决心要“坚定的勇敢的看定了现实，大踏步往前走”。一九二九年五月，他在《写在〈野蔷薇〉的前面》中再次表达这一心情，并且强调说要从事“真的有效的工作，使人们透过现实的丑恶而自己去认识人类伟大的将来”。而《虹》的创作更表明他对中国革命的出路和知识分子的道路，已经获得更为明确的认识了。

在日本时，茅盾曾与同时流亡日本的秦德君同居。秦德君热情地照顾茅盾的生活，并帮他抄写稿子。一九三〇年四月茅盾回国后，他们才告分手。

茅盾到日本不久，思想情绪很快就发生变化，是有主客观原因的：就客观原因来说，在经历了陈独秀的右倾机会主义和瞿秋白的“左”倾盲动错误以后，工农红军的武装斗争正在发展，星星之火到处出现，中国革命重新向前发展了。就茅盾的主观原因来说，他毕竟早就学习了马克思主义，又经历了多年革命斗争的实际锻炼，所以在“停下来思考一番”后，能够很快地坚定信心向前走。

茅盾在日本期间，孔德沚找到了工作——在一所与地下党有关的“弄堂”女子中学担任教导主任，同时兼做地下工作（办工人夜校等）。家里没有请女佣人，管理家务和照料孩子的担子，都由他母亲担负了。两个孩子已长大，都在商务印书馆的附属小学——尚公小学读书。

二十七 《野蔷薇》及其他

茅盾蛰居上海景云里时写的《创造》是他的第一个短篇小说，在日本时又写了《自杀》《一个女性》《色盲》《昙》《泥泞》《诗与散文》《陀螺》等七篇。一九二九年七月出版了第一个短篇小说集《野蔷薇》，收入《创造》《自杀》《一个女性》《诗与散文》《昙》等五篇。另外三个短篇（《色盲》《泥泞》《陀螺》）后来收入《宿莽》。这八个短篇就其思想倾向来看，可以分作四种类型。

《创造》是一种类型。描写一个原来带有名士气的妇女，在进步思想的影响下，离家出走。茅盾说他写这篇小说，是要暗示这样的思想：“革命既已发动，就会一发而不可收，它要一往直前，尽管中间要经过许多挫折，但它的前进是任何力量阻拦不住的。被压迫者的觉醒也是如此。”①尽管作品的情绪是积极的,没有悲观消沉的色彩,但是作者的意图并没有得到形象的体现。这篇小说在技巧上用欧洲古典主义“三一律”来写,故事发生于早晨一小时内,地点始终在卧室,人物只有两个。作品对环境和人物内心世界描写得极为细腻,具有独特的风格。

《自杀》《一个女性》《昙》《诗与散文》《陀螺》等五篇是一种类型。

这一类作品中的人物,都是女性,她们或者在某种程度上接受新思潮的影响,或者直接参加过革命斗争,但都没有找到正确的人生道路。在那个黑暗沉闷的社会里,她们各人的际遇虽然不同,但都逃脱不了悲剧的命运。这些作品的情调都是低沉的,但描写这些妇女的悲剧命运,也是对旧杜会的罪恶的揭露和控诉。

《色盲》是又一种类型,是对某些以“革命者”自居的人的一种讽刺:他所看到的“赤色”,并不是象征革命的红色,只不过是一个色盲眼光中的错觉罢了。

《泥泞》是另一种类型,是茅盾听说国内农村中共产党部队与反动军队还有小规模战斗的消息后写的。这是茅盾第一次写农村。他打算反映游击队和农民的斗争生活,用意是积极的。但由于没有直接的生活经验,人物形象模糊,心理描写不够真实。与那些描写知识分子的作品比较起来,就显得粗糙、肤浅,应该说这是一篇失败的作品。

茅盾的这些短篇小说(除《创造》《泥泞》外),情绪都比较低沉,人物大抵都是人生道路上的迷路者(即使是“出走”的娴娴,也不能说她已找到正确的人生道路),他(她)们虽然接受了新思潮的影响,有的还在革命浪涛中翻滚过,然而在那个急遽变化的时代,他们没有能够紧紧跟上时代的潮流,而是被时代的潮流所排抉,都扮演着悲剧的角色。这些小说所反映的生活,可以说是《追求》的补充;作家渗透在这些小说中的思想情绪,与渗透在《追求》中的思想情绪基本上是一致的。茅盾在编集好《野蔷薇》之后写道:

> 自然,这混浊的社会里也有些大勇者,真正的革命者,但更多的是这些不很勇敢,不很彻悟的人物;在我看来,写一个无可疵议的人物给大家做榜样,自然很好,但如果写一些“平凡者”的悲剧或阐澹的结局,使大家猛省,也不是无

① 《我走过的道路》(中)第11页。

意义的。[1]

这一说法是正确的。鲁迅笔下的知识分子,大都是“五四”前后人生道路上的迷路者。他(她)们的悲剧命运,就都寓有深刻的社会意义。茅盾笔下的这些知识分子,处在一个新的历史时期。革命虽然遭受了挫折,但历史毕竟已前进了一步。他们的经历和心理状态与鲁迅笔下的知识分子自然也有所不同,明显地有着时代的烙印。然而他们仍然避免不了悲剧的命运。这一方面是因为知识分子本身的弱点,另一方面也是因为社会仍然是那样的黑暗,魔鬼横行。清醒地看到并揭示知识分子的弱点,揭露并控诉旧社会的黑暗,这就具有促使人们“猛省”的作用。

在这一时期,茅盾还写了十多篇散文。茅盾在五卅时期写的那几篇散文,已表明他是善于运用多种形式和手法写作散文的高手。这个时期的十多篇散文中,抒情散文取得突出成就。

《严霜下的梦》是在上海时完成了《动摇》后所写,主要由几个片断的梦境组成。通过象征手法表达了这样几层意思:革命胜利发展时的热烈气氛;大革命失败时的恐怖景象;大革命失败后盲动主义带来新的灾难。文章最后写道:“什么时候天才亮呀?什么时候,Aurora(按:英语“曙光女神”)的可爱的手指来赶走凶残的噩梦的统治呀?”表达了希望白色恐怖统治的黑暗时代早些过去,革命重新走上正确轨道的迫切心情。

《叩门》《雾》《卖豆腐的哨子》《虹》这些散文,所包含的思想感情是极为复杂的,既有怅惘、苦闷、失望、悲观的方面,也有期待暴风雨和太阳的方面,表明作家正在努力克服悲观、失望情绪而尚未获得胜利的内心斗争。这正是作家自己当时“心灵的历程”的真实的记录,同时也是那个特定时代的部分知识分子精神面貌的写照。就以苦闷情绪来说,也是有鲜明的时代烙印的。阿英曾经指出:“茅盾的《叩门》《雾》一类的小品,当然是还不够那么精湛伟大,但这些小品,正象征了一个时代的苦闷。”[2]这是说得很中肯的。

茅盾的这些散文,篇幅短小,手法多样,语言冷峻,叙事、状物、抒情,融成一体,

① 《写在〈野蔷薇〉的前面》,《野蔷薇》,大江书铺 1929 年版。

② 阿英:《现代十六家小品 · 茅盾小序》。

诗意盎然。虽然情调比较低沉,但在艺术上是成熟的,可以与鲁迅的《野草》媲美。

二十八　参与"革命文学"论争

一九二八年至一九二九年间,中国革命文艺界内部发生了一场以创造社(后期)、太阳社为一方,以鲁迅、茅盾为另一方的关于"革命文学"问题的论战。

一九二八年开始,创造社、太阳社倡导"革命文学"(即"无产阶级文学")。在理论上,他们强调文学的阶级性、文学在阶级斗争中的武器作用,认为作家应该把握无产阶级的世界观——战斗的唯物论、唯物的辩证法,主张用"新写实主义"的方法进行创作。在创作实践方面,他们都有意识地以工农大众的斗争生活为题材,宣传阶级斗争观念,歌颂革命,在当时客观上是起了一定的积极影响的。但在理论上他们却明显地存在着教条主义和主观主义的倾向,特别是在文学评论中更为突出,错误地把鲁迅作为"革命文学"的对立面;在创作上他们一般又缺乏真实感,有概念化的毛病。

鲁迅对创造社、太阳社的批评,进行了严肃的反批评;对革命文学问题,提出了许多精辟的见解。他肯定革命可以利用文艺作为"一种"宣传的工具,但反对片面地夸大文艺的作用;肯定先进的世界观对创作的重要性,同时又强调文艺创作必须注意文艺的特征;他还嘲讽了那些空嚷理论和脱离中国实际情况的做法和拙劣的"革命文学"作品。历史已经证明,鲁迅是正确的。

一九二八年一月,《太阳月刊》创刊号出版,茅盾就写了一篇题为《欢迎〈太阳〉》①的文章。祝愿"《太阳》时时上升,四射它的辉光",同时对蒋光慈在《现代中国文学与社会生活》一文中的某些论点提出不同看法。这可以说是茅盾参与"革命文学"论争的序幕。

《幻灭》《动摇》等陆续发表后,引起很强烈的反响,有各种各样的评论。茅盾写了一篇《从牯岭到东京》作为答辩,申述了自己创作这三部作品时的处境、心情和创作意图,对当时正在发展的"革命文学"运动(无产阶级文学运动)正面表明了自己的见解。

---

① 《文学周报》第5卷第23期,1928年1月。

他认为太阳社、创造社提倡“革命文学”，“主张是无可非议的”，但对那些打着“革命文学”旗号的“标语口号文学”作了严肃的批评。他认为：“有革命热情而忽略于文艺的本质，或把文艺也视为宣传工具——狭义的——或虽无此忽略与成见而缺乏文艺素养的人们”，是会不知不觉地走上“标语口号文学的绝路”的。

茅盾指出太阳社、创造社提倡“革命文学”，是以“被压迫的劳苦群众”为读者对象的，但事实上劳苦群众并不能读。“六七年来的‘新文艺’运动虽然产生了若干作品，却只有‘不劳苦’的小资产阶级知识分子来阅读。”“现在的‘革命文艺’则地盘更小，只成为一部分青年学生的读物，离群众更远。”茅盾认为：“所以然的缘故，即在新文艺忘记了它的天然的读者对象。”他强调指出，为“革命文艺”的前途计，“第一要务在使它从青年学生中间出来走入小资产阶级群众，在这小资产阶级群众中植立了脚跟。而要达到此点，应该先把题材转移到小商人、中小农等等的生活”。

茅盾还认为当时正在提倡的“新写实主义”，是“文艺技巧上的一种新型”，但有待试验。“要使新文艺走到小资产阶级市民的队伍中去”，在艺术技巧上当时就能做到的是：“不要太欧化，不要多用新术语，不要太多了象征色彩，不要从正面说教似的宣传新思想”；“只要质朴有力的抓住了小资产阶级生活的核心的描写”。

此外，茅盾在承认自己当时的情绪是悲观、失望的同时，还申明说：“说这是我的思想落伍了罢，我就不懂为什么像苍蝇那样向玻璃片盲撞便算是不落伍？说我只是消极，不给人家一条出路么，我也承认的；我就不能自信做了留声机吆喝着：‘这是出路，往这边来！’是有什么价值并在良心上自安的。我不能使我的小说中人有一条出路，就因为我既不愿意昧着良心说自己不以为然的话，而又不是大天才能够发现一条自信得过的出路来指引给大家。……我想来我倒并没有动摇过，我实在是自始就不赞成一年来许多人所呼号呐喊的‘出路’。这‘出路’之差不多成为‘绝路’，现在不是已经证明得很明白？”这一段话所包含的意义，就不仅仅是“革命文艺”问题，而牵涉到对中国革命出路问题的理解了。

茅盾的这些论点，有正确的一面，但也不无偏颇之处。至于“出路”“绝路”的说法，既是对创造社的一些人说话和行动不一致的讽刺，又是对当时正在滋长起来的“左”倾情绪和“左”倾盲动错误的愤慨心情的发泄；同时又是茅盾自己在大革命失败后“停下来思索”中国革命的出路问题尚未得到正确答案的一种苦闷情绪的流露。

《从牯岭到东京》发表后，招来了创造社、太阳社更尖锐的批评。他们甚至认为茅盾是在提倡“小资产阶级革命文学”来反对无产阶级革命文学，所以是无产阶级的“直接的斗争对象”。

一九二九年五月，茅盾又发表了《读〈倪焕之〉》。文章除热情肯定《倪焕之》以外，还对《从牯岭到东京》发表后所受到的批评作一总的答辩。文章着重谈了文艺的时代性，他认为“在表现时代空气而外，还应该有两个要义：一是时代给与人们以怎样的影响，二是人们集团的活力又怎样地将时代推进了新方向，……换一句话说，即是怎样地由于人们的集团的活动而及早实现了历史的必然。在这样的意义下，方是现代的新写实派文学所要表现的时代性”。在这里，茅盾对“新写实派”，即“新现实主义”作出了新的解释。茅盾认为太阳社、创造社的作家自从提倡无产阶级文学以来，并未能创作出一篇表现“时代性”的作品来，相反，写出了这样的作品的，正是他们斥之为“厌世家”的叶圣陶。而且，《倪焕之》写的，偏偏又是小资产阶级，这就支持了他的论点：以小资产阶级生活为描写对象的作品，也能成为表现“时代性”的巨著，这样的作品对千千万万“尚能跟上时代的小资产阶级群众”是有积极作用的。至于要使新文学取得“灿烂的成绩”，茅盾认为：

> 必然地须先求内容与外形——即思想与技巧、两方面之均衡的发展与成熟。作家们应该觉悟到一点点耳食来的社会科学常识是不够的，也应该觉悟到仅仅用群众大会时煽动的热情的口吻来做小说是不行的。准备献身于新文艺的人须先准备好一个有组织力，判断力，能够观察分析的头脑，而不是仅仅准备好一个被动的传声的喇叭；他须先的确能够自己去分析群众的噪音，静聆地下泉的滴响，然后组织成小说中人物的意识；他应该刻苦地磨练他的技术，应该拣自己最熟悉的事来描写。

在这里，茅盾强调了进步世界观的作用，并且要求在创作时把进步的世界观、历史发展的必然趋势融进小说里的人物意识中去。这是一个很重要的新的论点。同时，茅盾还对“写小资产阶级”的论点作了新的解释。他说，《从牯岭到东京》写得太随便，有许多话都没有说完全，以致很能引起人们的误解。“写小资产阶级”这句话是和“应该拣自己最熟悉的事来描写”是同样的意义，所以他劝告那些有志者与其写那种“既不能表现无产阶级的意识，也不能让无产阶级看得懂，只是‘卖膏药式’的十八句江湖口诀那样的标语口号式或广告式的无产文艺”，“还不如拣他们自己最熟习的环境而又合于广大的读者对象之小资产阶级来描写”。他认为即使“只描写了些‘落伍’的小资产阶级”，“也有它反面的积极性”。因为“这一类的黑暗描写”，“在感人”这一点上“要比那些超过真实的空想的乐观的描写”“深刻得多”。

在《读〈倪焕之〉》中，茅盾对太阳社、创造社的批评所作的答辩，是有说服力的，他所作的反批评是中肯的。同时对他自己《从牯岭到东京》一文中的某些论点也作了一些修改和补充。这些修改和补充，使他对“革命文学”的见解与《论无产阶级艺术》等文章中的论点一致起来了。这些理论见解上的变化，反映了从一九二八年七月到一九二九年五月这一年不到的时间里，茅盾的思想情绪已发生了很大的变化。

创造社、太阳社与鲁迅、茅盾之间的这一场论争，最后是在党中央的干预下停止的。夏衍回忆说，一直到一九二九年夏秋之交，党中央作出决定，要党员作家和党外革命作家停止论争，共同对敌，并由当时中宣部负责文化、出版、文艺界联络统战工作的潘汉年出面，写了一篇缓和这场论争的文章。这就是一九二九年十月发表在《现代小说》三卷一期上的《文艺通讯》。其中说：

> 与其把我们没有经验的生活来做普罗文学的题材，何如凭各自所身受与熟悉的一切事物来做题材呢？至于是不是普罗文学，不应当狭隘地只认定是否以普罗生活为题材而决定，应当就各种材料的作品所表示的观念形态是否属于无产阶级来决定。

这一段文字除了强调无产阶级的意识形态外，在题材问题上，完全同意茅盾的意见。同年十月，潘汉年又代表中宣部召开了一个包括创造社、太阳社、冯雪峰、夏衍和党外的郑伯奇等在内的座谈会，传达了中央对这场论争的意见，“认为主要的错误是教条主义和宗派主义，要求立即停止对鲁迅和茅盾的批评（茅盾当时还在日本），但创造社、太阳社对他的《从牯岭到东京》也批评得很厉害了……”①

论争这才停止了下来，大家开始筹备组织“左翼作家联盟”。

二十九　“思索”已得到初步答案的标志——《虹》

长篇小说《虹》写于一九二九年四月到七月，连载于《小说月报》第二十卷第六号至第八号，一九三〇年三月开明书店出单行本。

茅盾“思索”后决心重新“大踏步往前走”了。他“思索”所得到的“答案”以及当时的情绪就形象地体现在《虹》这部作品中。

茅盾说他创作《虹》的意图是：“欲为中国近十年之壮剧，留一印痕”②，即反映从“五四”以后十年间中国现代革命史的某些伟大历史场景。但只从“五四”写到“五卅”，没有按计划写完。尽管这样，这部小说仍然有独立存在的价值。

作家运用他所擅长的描写知识分子，特别是女性知识分子的复杂心理状态的笔法，在《虹》中塑造了一个在“五四”新思潮影响下，经过曲折的道路成长起来的知识分子梅行素的生动形象；通过这个形象，揭示了现代知识分子的必由之路。小说题名为《虹》，取了“希腊神话中墨耳库里驾虹桥从冥国索回春之女神的意义”③。所以小说的思想意义是积极的。“肯定了知识分子在革命斗争中自我改造的可能性及其积极意义，肯定了已经成为现实中一种巨大力量的革命势力对于这种自我改造的重大保证作用。梅女士的形象体现出来的是茅盾对于知识分子正确道路的认识和肯定。这表示他的思想是向前发展了。”④这是《虹》的主要成就。

围绕着梅行素的经历，小说真实地反映了从“五四”到“五卅”这一时期中国现代历史“壮剧”的一些侧面和一些场景，革命的倾向性就潜藏在“对现实关系的真实描写”中，因而作品就具有较高的认识价值。这是《虹》的又一成就。

上述两个方面的成就是融合在一起的，既反映了“时代给与人们以怎样的影响”，又反映了“人们的集团的活力又怎样地将时代推进了新方向”。所以，就创作

---

① 《纪念潘汉年同志》，《人民日报》1982 年 11 月 23 日。

② 《虹·跋》，《茅盾全集》第 2 卷第 271 页。

③ 《我走过的道路》（中）第 36 页。

④ 樊骏：《茅盾的〈蚀〉和〈虹〉》，《文学研究集刊》第 4 册。

方法来看,这是一部革命现实主义小说。

《虹》取得显著的成就,但也存在明显的缺陷。前半部对人物的性格特征、心理状态的描写,是深刻而细腻的,后半部好像是粗线条式的勾勒,给人一种跳跃式的感觉,形象也就没有前半部饱满和生动。作品写的是四川的生活,“四川味”似乎不够一些。这只要和《家》比较一下就可以明显地看出来。显然,这是和作家当时还没有四川生活的直接经验有关的。

至于作家之所以没有按计划完成这部小说,原因也是多方面的。作家最初说当时“因移居搁笔,尔后人事倥偬,遂不能复续”。[①] 这当然是可信的。后来他又说是因“病后”,“神经衰弱,常常失眠”,因而“无力续成”;同时又因为再写下去就要写到一九二七年前后的、已经在《幻灭》《动摇》《追求》中描写过的那种“旧题材”了。他自己认为那时候他“对于那些‘旧题材’的从新估定价值还没有把握”,“写出来时大概仍是‘老调’,还不如不写”。[②] 这一说法我们认为更为重要。

总之,写《虹》的时候,茅盾的思想情绪已有了显著的变化,“停下来思索”中国革命的出路问题,已取得初步的但也是明确的答案,也就是重新确立了马克思主义的世界观,摆脱了悲观、消沉的思想情绪。但是要成熟地、充分地掌握马克思主义世界观,并在创作中“组织成人物的意识”,自然还要有一个过程。茅盾晚年说:《虹》“在题材上,在思想上都是‘三部曲’以后将转移到新方向的过渡;所谓新方向,便是那疑思甚久而终于不敢贸然下笔的《霞》”[③]。

《霞》是茅盾当时计划写的《虹》的姐妹篇。计划中的《霞》将写一些什么呢?茅盾说:

> 在《霞》中,梅女士还要经过各种考验,例如在白色恐怖下在南方从事党的地下工作,被捕之日,某权势人物见其貌美,即以为妾或坐牢任梅女士二者择一,梅女士宁愿坐牢。在牢中受尽磨折,后来为党设法救出,转移到西北某省仍做地下工作。霞有朝霞,继朝霞而来的将是阳光灿烂,亦即梅女士通过了

---

① 《虹·跋》。

② 《我的回顾》,见《茅盾自选集》。

③ 《我走过的道路》(中)第36页。

上述各种考验。有晚霞，继晚霞而来的，将是黄昏的黑夜，此在梅女士则为通不过那些考验，也即是她的思想改造似是而非，仍是“幻美”而已。

关于《霞》我们只知道这么一个梗概。

三十　学术研究的丰硕成果

茅盾在日本不到两年时间，除了创作外，还从事学术研究，编写、出版了十部文学译著。这十部译著可分为四类。

一种是过去发表的著译编集而成的：

《近代文学面面观》，一九二九年五月世界书局出版。本书主要介绍丹麦、挪威、南斯拉夫、希伯莱等欧洲弱小国家、弱小民族的文学，也介绍了第一次世界大战战败后的德、奥文学。《序》中说：“介绍弱小民族文学是个人的癖性。此册内所述，除德、奥外，皆为小民族。但德、奥在大战后亦不复能厕身于威焰逼人的列强之列，则亦几已可视为小民族了。”

《六个欧洲文学家》，一九二九年六月世界书局出版。本书论述了匈牙利的裴多菲、俄国的陀斯妥耶夫斯基、瑞典的赫滕斯顿、挪威的包以尔、德国的霍普德曼、西班牙的巴洛哈等作家的思想和创作。

《欧洲大战与文学》，曾发表于《小说月报》第十五卷第八期（一九二四年），一九二八年十一月开明书店出版单行本。书中论述了第一次世界大战时欧洲各国作家对于战争的不同态度以及战争对各国文学的影响。作家在《自序》中说：“原为纪念欧战十周年而作的”，“现在又过了四年，几乎灭绝人类的大战已成为渐就模糊的旧梦，现在这老欧洲正在庆幸伤痍的平复，光荣的欧洲踏过了血泊回到原来的地方了，巴尔干依旧是世界的火药库，地中海沿岸的外交风涛依旧那样险恶。虽然地图上小小的换了些色彩，但是如同没有那次大战一样，老调子又在唱，历史又复演了”。因此，作家“有点觉得这篇论文的再印也不是无意义的了”。

一种是在国内时已写好稿子，到日本后才交书局出版的：

《小说研究 A. B. C》，一九二八年八月世界书局出版。作者编著本书的目的有二：“一是研究近代小说发达的经过，二是研究一篇小说内所应包含的技术上的要素。”前者属于历史考察,包括古埃及的故事、古希腊的爱情故事、中世纪的传奇、欧洲近代小说之先驱等内容。后者属于理论探讨,作者不同意近代批评家以结构、人物、环境、动机、情绪、作风等六者为要素的主张,而赞成以人物、结构、环境三者为要素的说法。

《中国神话研究A.B.C》,一九二八年十月写了《序》,一九二九年一月世界书局出版。

本书评论了中国和西方学者对神话的见解,并提出了自己的看法;考证了《山海经》《楚辞》《五藏山经》《淮南子》《神异经》等,保存了中国古代神话的典籍的作者及成书年代;论述了神话的产生、演化和散佚的原因,神话中的原始思想与后代方士派神仙之谈的区分;具体分析了各民族开辟的神话(盘古氏、女娲补天和造人的神话等),关于自然现象的神话(羲和、姮娥奔月、吴刚伐桂、河伯与洛妃、湘君湘夫人、精卫、刑天、山鬼、四方神、医药之神等),巨人族及幽冥世界的神话(夸父、蚩尤、大人国、后土冥王等),古代历史的神话(伏羲、黄帝、帝俊、舜、羿、禹等)。把分散在古籍中的中国古代神话材料作了系统的整理研究,提出了许多独创性的意见,从而使中国古代神话呈现出比较清楚的面目。在中国,还没有这样的著作,在国外,有过一本英文的《中国神话及传说》,但材料不全,错误很多,荒谬得很。所以茅盾的这本著作,在我国学术界具有开创的意义。

一种是已有部分旧稿(或已发表过)再加上在日本时新写的一部分汇编而成。

《神话杂论》,一九二九年六月世界书局出版。本书对各民族的开辟的神话、自然界的神话、中国神话、希腊神话与北欧神话作了概括的论述。

《现代文学杂论》,一九二九年五月世界书局出版。书中汇集旧稿五篇,新作九篇(茅盾《回忆录》误作七篇),及《序》一篇。这本书主要是评述欧洲大战后十年间欧美各国文学发展情况的。作者在《序》中说,在这十年间的文艺界,“新主义像狂飙似的起来,然后又没落。没有一个民族的文学不受着欧战的影响。战争已经在人类的思想情绪之表现上,划了一道鸿沟。世界的文学决不能再跨过大战的血泊,回到老路上去了”。

还有一种,即到了日本后撰写的,有三本:

《骑士文学A.B.C》,一九二九年四月出版。本书包括两个方面的内容:一为骑士文学之史的叙述,论述了骑士文学的发展及流派;一为骑士文学之大概面目,介绍了骑士文学的重要作品的内容。

《西洋文学通论》,一九三〇年八月世界书局出版,封面题作《西洋文学》。这是一本研究欧洲文艺思潮史的专著。茅盾认为文艺思潮的变革,不是文学家个人想要怎样改变就能改变的,而是“推动人类生活向前进展的那个‘生产方法’的大磐石使得文学家不得不这样跑”。他说这是研究文艺史者应有的“一个基本观念”。从这个“基本观念”出发,他具体论述了欧洲文艺思潮的发展过程,批判了文学上的“超然”说和“自我表现”说。

茅盾指出:“社会的意识形态,时时刻刻在影响一个文学家,不过他自己或者不觉得罢了。”他认为十九世纪末以来欧洲文坛上那些可以列入“超”字排行的象征主义、神秘主义、想象主义、新古典主义,等等,“实在就是表现了社会不安中文学家的躲避和彷徨”。

关于“自我表现”说,茅盾指出,“文学家的作品都是通过了‘自我’而出现,即使是客观的描写也是通过了‘自我’的产物”。但是,他还强调指出:这个“自我”不是独立的、游离的,而是“那个构成社会的‘大我’中间的一分子,是分有了‘大我’的情绪与意识的”。那些标榜“自我表现”的作家,只是“错误地不肯相信自己实在是从属于社会中的某一个阶级”。

茅盾认为文学史的研究者应该“拔去”“超然”说和“自我表现”说,“从深底里去探索无数的作家们无数倾向之不得不然的规律”。

在《又是写实主义》这一章中,茅盾分析了十月革命前后的俄国文学思潮,对高尔基之出现于俄国文坛,更给予高度重视,认为“其意义不下于革命”。他指出高尔基“把被人攻击到体无完肤的写实主义在新的基础上加以复活了”。在《结论》这一章的最后,作者指出:“将来的世界文坛多半是要由这个受难过的新面目的写实主义来发皇光大”的。

茅盾对欧洲文学史上各种思潮的演变及其发展趋向的分析,完全符合历史唯物主义的观点,对“超然说”和“自我表现”说的批评,在今天看来,仍然还有现实意义。

《北欧神话 A. B. C》,一九三〇年十月世界书局出版。本书专门论述了北欧神话产生的环境、演化及其对后世欧洲文学的影响,还把它与中国神话作了比较研究。

这些文学译著都是十分宝贵的文学财富。

第八章　与鲁迅并肩战斗〔上〕

三十一　参加“左联”，连战皆捷

一九三〇年四月五日，茅盾回到上海。

茅盾回到上海后，暂住法租界杨贤江家中以避人耳目。当天他就到景云里家中去看母亲、妻子和孩子们，同时会见了冯雪峰。这是他们第一次见面，此时冯雪峰正借住在他家中。从冯雪峰口中，茅盾知道鲁迅已经和创造社、太阳社联合了，不久前，成立了中国左翼作家联盟。这天晚上，茅盾和夫人孔德沚到隔壁去看望了叶圣陶，感谢他两年来对自己亲人的悉心照顾。叶圣陶又陪茅盾到后弄堂去拜访了鲁迅。

回到上海的茅盾，行动仍是不自由的，不可能找公开的职业，只好蛰居租界。因此，必须把家搬出景云里，换一个不为人知的地方。母亲表示，上海开销大，为了减少住房面积，她可以回乌镇去。两个孩子德沚可以自己带了。后来在愚园路口的树德里找到房子，仍用方保宗这个假名租了下来。

住在杨贤江家中的时候，有一天，担任“左联”党团书记的冯乃超访问了茅盾，向他介绍了“左联”成立的经过和情况，征求他参加“左联”的意见。于是，茅盾就成为“左联”的成员。

“左联”是在中国共产党的领导下成立并进行活动的。它在继承五四文学革命的光荣传统，倡导无产阶级革命文学，介绍马克思主义文艺理论、抗击国民党反革命的文化“围剿”，批判各种反动文艺思潮，培养青年作家等各方面，都取得巨大的功绩。但在“左联”存在期间，党受到几次“左”倾路线的危害：“一九二九年下半年到一九三〇年上半年，还在党内存在着‘左’倾思想和‘左’倾政策，又有了某些发展。”[①]“左联”就是在这个时候开始筹备和成立的。不久,李立三和王明的“左”倾机会主义路线先后在党中央占了统治地位,一直到一九三五年一月遵义会议。这些都不可能不影响到“左联”的纲领、决议和经常活动。

茅盾参加了“左联”以后,就“和鲁迅成了亲密的战友,共同战斗在三十年代左翼的文坛上,为中国现代文学作出了光辉的成绩”。[②]

茅盾在“左联”中所起的作用,和鲁迅所起的作用,极为相似。

茅盾参加“左联”以后,曾参加两次全体会议,开始感觉到:“左联”与其说是文学团体,不如说更像一个政党。“左联”成员像共产党那样编成小组,要上街头去参加示威游行,贴标语、撒传单,或到工厂去办夜校。茅盾当时不赞成这些做法,又加身体不好:神经衰弱、胃病和眼疾同时并作,所以很少参加“左联”的活动。写作也不多,到一九三〇年十月,只写了《豹子头林冲》《石碣》《大泽乡》三个短篇。十一月间开始写中篇小说《路》,第二年二月完稿。

一九三〇年八月,瞿秋白夫妇从莫斯科回到上海。茅盾和瞿秋白是一九二七年七月在武汉分手的,三年后重新会见,自然有许多感慨。瞿秋白支持茅盾写小说,还看了他正在写的《路》的头几章,提了一些修改意见。不久,茅盾的弟弟沈泽民和弟媳张琴秋也先后回国。沈泽民是一九二六年间随同刘少奇去苏联的,参加在莫斯科召开的国际职工(赤色)代表大会,担任代表团的英文翻译,会后就留在莫斯科学习。至于张琴秋,一九二五年秋就被派往苏联学习了。沈泽民回来后在中央宣传部工作,张琴秋仍搞女工运动。这年冬天,茅盾把母亲从乌镇接到上海来,全家在一道过了一个愉快的旧历年。一九三一年四月,沈泽民、张琴秋夫妇根据组织安排,去鄂豫皖苏区工作。

“左联”成立后,曾出过多种刊物,但差不多都只出几期就被禁止了。一九三〇年底,“左联”执委会决定继续办一个秘密刊物,由鲁迅、冯雪峰和茅盾三人担任编辑。在刊物的筹备过程中,发生了柔石等五位青年作家被国民党反动派逮捕、杀害事件。于是就把第一期改为纪念五烈士专号,这就是有名的“左联”机关刊物《前哨》(正式出版是一九三一年七月)。这一期“专号”内容有《中国左翼作家联盟

---

① 《关于若干历史问题的决议》,《毛泽东选集》一卷本第 961 页。

② 周建人:《悼雁冰》,《解放军报》1981 年 4 月 7 日。

为国民党屠杀大批革命作家宣言》(这篇宣言的英译稿,系由茅盾口译,史沫特莱加以润色,然后再由茅盾对照原文校勘,而后定稿的)、鲁迅的《中国无产阶级革命文学和前驱的血》(署名LS)及五烈士的遗作等。这一期刊物系秘密发行,有力地揭露和控诉了蒋介石大批屠杀革命作家的血腥罪行,又经史沫特莱传到国外,所以在国内外产生了很大的影响。国民党当局大为震惊,严加禁止,但已经印出的二三千份,很快就销售完了(第二期起改名《文学导报》)。

《前哨》出版,标志着茅盾在"左联"中与鲁迅、冯雪峰等并肩战斗,首战告捷。

一九三〇年六月,国民党文化特务潘公展,纠集了反动文人傅彦长、王平陵、黄震遐打出了"民族主义文学"的旗号,假借"民族主义"的名义,反对无产阶级革命文学,抛出了不少反共反人民的所谓"作品",为蒋介石的投降卖国政策效劳。黄震遐的《陇海线上》《黄人之血》,万国安的《国门之战》等,是其"代表作"。于是,"民族主义文学"也曾一度甚嚣尘上。"左联"以《前哨·文学导报》为阵地,集中火力,对他们进行了坚决的斗争。

"左联"的《中国左翼作家联盟为国民党屠杀大批革命作家宣言》《告无产阶级作家革命作家及一切爱好文艺的青年》《中国无产阶级革命文学的新任务》①等文件,在揭露和控诉国民党反动派屠杀革命作家的血腥罪行的同时,都指出了必须对"民族主义文学"进行斗争。鲁迅的《民族主义文学的任务和运命》《中国文坛上的鬼魅》,瞿秋白的《菲洲鬼话》《狗样的英雄》《青年的九月》等文章,都严正地揭露、批判了"民族主义文学"的反动性。茅盾与鲁迅、瞿秋白密切配合,在《前哨·文学导报》上连续发表了三篇文章:《"民族主义文艺"的现形》《〈黄人之血〉及其他》《评所谓"文艺救国"的新现象》②,给"民族主义文学"以有力的抨击。

茅盾着重指出:民族主义文学的理论,是东抄西袭拼凑起来的"杂拌儿",它剽窃、篡改泰纳的文艺理论,混淆了十八世纪后随着资本主义的发展各民族国家的形成与十九世纪后期起直至现代的被压迫民族的民族革命运动的概念,再加上欧洲大战后资本主义国家文艺上的各种新奇的"主义",所以是既荒谬又反动的。

茅盾还对"民族主义文学"的"代表作"《陇海线上》《国门之战》《黄人之血》作

---

① 分别见《前哨·文学导报》第1期第6、7期合刊及第8期。

② 同上,第4、5期和6、7期合刊。

了具体的分析批判,指出所谓“民族主义文学”就是反共反革命文学,为国民党反动派投降日本帝国主义鸣锣开道的文学。

对“民族主义文学”的斗争,不只是文艺思想斗争,实质上也是一场政治斗争。在这一场政治斗争中,茅盾与鲁迅、瞿秋白互相配合,协同作战,剥去了“民族主义文学”者的伪装,揭露了他们的反动本质,又一次取得了巨大的胜利。

一九三一年五月,“左联”党团书记冯雪峰推荐茅盾担任“左联”的行政书记。行政书记与宣传部主任、组织部主任共三人组成秘书处,负责“左联”的日常工作。茅盾担任行政书记不久,瞿秋白参加了“左联”的领导工作。六届四中全会后,瞿秋白遭到王明的打击,被排挤出中央领导岗位,有半年没有工作,就改行搞文学了。他向茅盾提出建议,《前哨 · 文学导报》作为“左联”的理论指导刊物,继续出版,另外再办一个文学刊物,专登创作,并且公开发行。这些想法,茅盾与鲁迅、冯雪峰也已研究过,得到瞿秋白的支持,就积极进行。九月,这个公开发行的刊物创刊,定名为《北斗》,由丁玲主编。《北斗》是“左联”为扩大左翼文艺运动,克服关门主义和宗派主义而作的一次重大努力。瞿秋白还提议对“五四”以来的新文学运动,以及一九二八年以来的无产阶级文学运动进行研究和总结,吸取经验教训。他并且建议茅盾作为“左联”的行政书记先写一两篇文章来带个头。

遵照瞿秋白的建议,茅盾接连写了两篇论文《五四运动的检讨》《关于“创作”》,分别发表在《前哨 · 文学导报》第二期和《北斗》创刊号上。不久,又写了《中国苏维埃革命与普罗文学的建设》,发表于《文学导报》第四期。

担任了“左联”的行政书记后,活动多了,会议也多了,经常出入左翼人士的活动场所,这就引起了国民党特务的注意。有一次在北四川路附近某中学开完了“左联”的执委会出来,和冯雪峰上了电车,就被国民党特务盯上了。幸好他警惕性比较高,及时注意到了,于是想法多转了几次车,兜了许多圈子,才把尾巴甩掉。

一九三一年十一月,“左联”执委会通过了《中国无产阶级革命文学的新任务》的决议。决议是冯雪峰起草的。瞿秋白花了不少心血,执委会也研究了多次。这个决议分析了形势,明确了任务,并就文艺大众化问题、创作问题、理论斗争和批评问题,提出了一些新的意见,特别是一反过去忽视创作的倾向,强调了创作问题的重要性,就题材、方法、形式等方面作了详细的论述。尽管仍然还有某些“左”的东西,但基本上是正确的。茅盾晚年时指出:瞿秋白参加了“左联”的领导工作,加之他对鲁迅的充分信赖和支持,“就使得鲁迅如虎添翼。鲁迅和秋白的亲密合作,产生了这样一种奇特的现象:在王明‘左’倾路线在全党占统治的情况下,以上海为中心的左翼文艺运动,却高举了马列主义的旗帜,在日益严重的白色恐怖下(一九三二年以后上海的白色恐怖比之一九三〇、一九三一年是更猖獗了),开辟了无产阶级革命文学的道路,并且取得了辉煌成就!”①茅盾认为这些成就的取得,除了鲁迅、瞿秋白的领导作用外,和冯雪峰、夏衍、丁玲等的支持也是分不开的。其实,这和茅盾的努力也是分不开的。

一九三一年间,茅盾曾通过瞿秋白向党中央提出要求恢复组织生活。没有得到当时党的“左”倾领导的答复。瞿秋白自己这时也正在受到王明路线的排挤,无能为力,他劝告茅盾安心从事创作,并以鲁迅为例。由于“左”倾领导,孔德沚也于一九三〇年间失去了组织关系。

为了集中精力创作《子夜》,茅盾于十月间向冯雪峰提出辞去“左联”行政书记的职务。但冯雪峰没有同意他辞职,只同意他请长假,有些重要会议仍要他参加。上面提到的“左联”的那个重要决议的拟订茅盾就自始至终都参加了。同年底,“左联”的年度报告也仍由茅盾来做。这个年度报告的内容就以决议为依据,再加上若干实例。

茅盾请准了长假以后,和冯雪峰约定了一个下午去向鲁迅汇报。鲁迅热情地接待了他们,并请他们吃大闸蟹。同座的有周建人。他们谈了“左联”的工作,谈了中央红军粉碎了蒋介石第三次“围剿”胜利的消息。茅盾告诉鲁迅自己请长假写小说的事。鲁迅对茅盾摆脱杂务专写小说十分赞同,他认为左翼文艺只靠发宣言是压不倒敌人的,要靠左翼作家实实在在写出东西来。

一九三一年下半年,茅盾除了忙于参加“左联”的各种会议,写了几篇论文外,还写了一部中篇小说《三人行》和一篇短篇小说《喜剧》。《喜剧》是为了支持丁玲主编的《北斗》赶写出来的。

一九三二年一年间,茅盾主要从事长篇小说《子夜》的写作,至年底,全部脱稿。

日本帝国主义发动了“九一八”事变,占领了我国东北以后,又于一九三二年发动“一·二八”事变,进攻上海。二月四日,茅盾与鲁迅等四十三位知名作家发

---

① 《我走过的道路》(中)第87页。

表《告世界人民书》,控诉并抗议日本帝国主义占领东北和进攻上海的血腥暴行,抨击国民党政府屈膝投降的卖国政策。二月七日,茅盾又和鲁迅等一百二十七位作家发表了《为日军进攻上海屠杀民众宣言》,进一步揭露日本帝国主义的罪行。

一九三三年一月,《子夜》由开明书店出版。在这段时期,又写了《林家铺子》《春蚕》等短篇小说。

一九三三年二月到十月,茅盾担任"左联"的行政书记,主要搞组织工作、工农通信员工作等。此时冯雪峰已调任"文委"书记,"左联"党团书记由阳翰笙继任。茅盾与冯雪峰、阳翰笙"私交甚笃"①。

茅盾这次担任"左联"行政书记时所搞的工作都不内行,而那时候"左联"没有出版刊物,所以他已把主要精力放在"左联"以外了。

茅盾参加了"左联"以后,在"左联"内外,与鲁迅、瞿秋白、冯雪峰等并肩战斗,团结了广大的文艺工作者,用实际行动,冲破国民党反动派的反革命文化"围剿"。茅盾以他的长篇巨制《子夜》和杰出的短篇小说《春蚕》《林家铺子》等,和鲁迅的那些卓越的杂文一道,使左翼文艺立于不败之地,把五四新文学的发展,推进到一个新的历史时期。

茅盾参加"左联"以后,可以说是连战皆捷。

当时茅盾还和鲁迅一道,为"左联"提供活动经费。鲁迅每月二十元,茅盾每月十元。② "左联"就是依靠这一点钱开展工作的。困难不小,但却做出了巨大的成绩。

茅盾虽然身在党外,但心在党内。他在"左联"时的思想作风,阳翰笙有一段很生动的描述:

> 一九三一、一九三二年,我当了两年"左联"党团书记,对茅盾同志的思想、作风,不断加深了了解。除了他为人正直、胸怀坦荡、对人诚恳、严于律己……这些为同志们、朋友们所敬服的优良品质之外,我印象最深的是他在政治上对党的忠诚和尊重,他把党的事业当作自己的事业,不仅满腔热情,而且

---

① 据韦韬给本书作者信(1983 年 12 月 8 日)。

② 胡风:《关于"左联"及与鲁迅关系的若干回忆》,《鲁迅研究动态》1981 年 1 期。

认真负责。那时，他虽然失去了党的组织上的关系，但总是以党员的标准来要求自己。他知道我是党团的负责人，因而，当我们和他谈论工作或问题的时候，他都是郑重其事地听，严肃认真地想。对，他就接受；不对，他出于对左翼文艺事业的责任感，就提出意见，决不苟同。但对他不同意的事，也不轻易大声争吵，而是点上烟，慢吞吞地想一想，心平气和地再同你商量，讨论……

那时，我是二十多岁的青年，他已经是三十多岁很有名的作家了，从“左联”工作来说，他又是领导，但是，他的民主作风很好，从不摆架子，从来不认为自己最高明，他经常通知我到他那里去，跟我商量事情，征求我的意见。①

三十二　新的探索

茅盾在“左联”除了参与领导工作外，还在创作方面和理论批评方面作了一些新的探索。

在创作方面，他“想改换题材和描写方法的意志”很强烈。这时候，他要进行创作，并不“缺乏新题材”，可是他“从来不把一眼看见的题材‘带热地’使用”，他要“多看些，多咀嚼一会儿，要等到消化了，这才拿出来应用”。同时，又因为“抨击现实的作品受制太多，也想绕开去试试以古喻今的路”。② 这样，在一九三〇年间，他就接连写了《豹子头林冲》《石碣》《大泽乡》等三篇以传说和历史事件为题材的小说。

《豹子头林冲》这篇作品，用的《水浒传》中的现成故事，但作家用现代小说的结构手法重新加以剪裁、安排，就显得非常紧凑、严密。被改造过的林冲的性格，也写得栩栩如生。小说最后描写林冲想到“被压迫者的‘圣地’的梁山泊”，一定要有一位“有胆略、有见识”的豪杰，才配做这个“山寨之主”，他并且相信这样的“豪杰”一定会出现的。借古喻今，抨击反动统治，歌颂了农民群众的反抗精神，明显地是针对现实的。在《石碣》里，茅盾通过对玉臂匠金大坚一面刻石碑，一面与圣手书

---

① 阳翰笙：《时过子夜灯犹明》，《人民日报》1981 年 6 月 13 日。又见《忆茅公》，文化艺术出版社 1982 年版。

② 《我的回顾》，见《茅盾论创作》。

生萧让的对话,把天降“石碣”的真相——吴用所玩弄的手法揭穿了。作品写得轻松、幽默,但所揭露的绝不仅仅是梁山英雄排座次的“机密”,其笔锋也是针对现实生活的。

《大泽乡》写秦朝末年陈胜、吴广在大泽乡起义的故事。由“闾左贫民”组成队伍相信“挣断身上的镣索”的日子已经到了,相信“始皇帝而去地分”的传说,勇敢地夺取押送军官的武器起义。小说写的虽然是古人古事,实质上正是革命根据地人民,进行轰轰烈烈的土地革命的写照。它的最后三个小段,不仅是对大泽乡的起义者的颂歌,同时也是对革命根据地人民的热情的颂歌!

茅盾说:“一个已经发表过若干作品的作家的困难问题也就是怎样使自己不致于粘滞在自己所铸成的既定的模型中;他的苦心不得不是继续地探求着更合于时代节奏的新的表现方法。”①《豹子头林冲》等三篇小说正体现了作家认真探索新的题材、探索“新的表现方法”,突破“既定模型”的可贵的努力和初步成果。

一九三一年二月,茅盾把这三篇作品与在日本时写的《色盲》《泥泞》《陀螺》等三篇小说及《叩门》等七篇散文,汇编成《宿莽》出版。

一九三〇年十一月起,茅盾又回过头来写他所熟悉的知识分子。一九三一年二月完成了中篇小说《路》。在写作过程中和初版出书后,茅盾曾听取瞿秋白的意见作了修改。小说写一个没落的士大夫家庭出身的大学生火薪传在学生运动中、在地下革命工作者的影响下,怎样找到“路”的。但火薪传将要走怎样的“路”,作品中没有明确指出,留待读者去思考。

《路》的思想倾向是完全正确的,但人物形象有些模糊,小说写得不怎么成功。

《三人行》写于一九三一年六月到十一月。是茅盾认识到写作《蚀》三部曲时“悲观失望情绪”的“错误”,承认“一个作家的思想情绪对于他从生活经验中选取怎样的题材和人物常常是有决定性的”这一道理,并且“打算补救这过去的错误这样的动机之下,有意地写作的”。②

《论语·述而》篇说:“三人行,必有我师焉,择其善者而从之,其不善者而改之。”小说中写了三个主要人物,都是青年学生:一个是出身于破产的书香人家的

---

① 《宿莽·弁言》。

② 《茅盾选集·自序》,开明书店1952年版。

青年许,一个是出身于没落的小商人家庭的惠,一个是农家子云。作家写了这样三个青年人,是企图批判侠义主义、虚无主义,指出小资产阶级知识分子在生活中碰了不少钉子以后有所觉悟,走向革命的道路。也就是用许和惠这两个否定人物来陪衬一个肯定的正面人物云,并暗示小资产阶级知识分子只有参加革命,才是正确的出路。所以题名为《三人行》,意思是说其中必有可以为“师”的。从作品的思想倾向来看,作者的悲观失望的情绪已经完全摆脱了,政治立场是正确的。但艺术上是不成功的。瞿秋白在小说出版后不久就撰文加以批评,指出:“作者的革命的政治立场,没有能够在艺术上表现出来。反而是小资产阶级的市侩主义占胜利。很自然的,对于虚无主义无意中做了极大的让步。只有反对个人英雄的侠义主义的斗争,得了部分的胜利。”所以结果是:“三人行,而无我师焉!”[①]这个评论,应该说是正确的。茅盾自己后来也承认,《三人行》是一部失败的作品。他说:“《三人行》写的是青年学生,而我在当时,实在没有到学校去体验生活的可能,也很少接触青年学生;既没有‘体验’,也缺乏‘观察’,因而这一个作品是没有生活经验的基础的。这一作品的故事不现实,人物概念化,构思过程也不是胸有成竹,一气呵成,而是零星补缀。”结果是“三个人物都不是有血有肉的活人”。[②] 作家的这一自我分析和自我批评,也是正确的。

同时,在理论批评方面茅盾也开始了新的探索。

一九三一年六月,茅盾开始担任“左联”的行政书记时,接受瞿秋白的建议,连续写了《五四运动的检讨》《关于“创作”》《中国苏维埃革命与普罗文学的建设》[③]等三篇理论文章,总结“五四”以来新文学运动的经验教训,探索创造无产阶级文学的途径和方法。

新文学运动从五四时期《新青年》倡导文学革命开始,到“左联”倡导无产阶级革命文学,已经有了十多年的历史,因此,作一番历史的回顾,总结十多年来的经验教训,探讨促使新文学进一步发展的道路、方法,是十分必要的。

茅盾的这三篇论文,对五四新文化运动的社会基础,五四新文化运动和新文学

① 易嘉:《谈谈〈三人行〉》,《现代》创刊号,1932 年 3 月。

② 《茅盾选集·自序》。

③ 分别见《前哨·文学导报》第 2、8 期;《北斗》创刊号。

运动的历史评价,对中国早期无产阶级文学运动的评价,对怎样创造中国的无产阶级文学,等等问题,都作了具体分析,提出了自己的看法。现在看来,茅盾的论点,是瑕瑜互见的;存在一些明显的错误和片面性,但对某些具体问题的分析,还是有独到的见解的;对于认识新文学运动的历史,是有参考价值的,特别是对如何汲取太阳社、创造社(后期)提倡无产阶级文学的经验教训,创造适应中国革命要求的"新时代的文学"问题所提出的见解,更是非常宝贵的。至于那些错误的和片面性的论点,固然和茅盾自己当时的认识水平有关,实质上乃是一种时代的局限,即当时"左"的思潮的影响。

总之,茅盾一九三〇年到一九三一年间在文学创作和理论批评两个方面所进行的探索表明:他对中国革命出路问题的思索已经得到初步的结论;中国共产党领导下的工农红军的武装斗争和国民党统治区广大群众的革命运动、包括革命文艺运动的密切配合,才是中国革命的唯一出路;并由此树立了中国革命必胜的坚强信念。因而就重新忘我地投入反对国民党反动统治的英勇斗争,为发展中国的革命文艺而辛勤劳作。但在创作上和文艺观点上,都不可避免地受到"左"的思潮的某些影响。

三十三　支持《文学月报》,参加文艺大众化讨论

一九三二年六月,"左联"出版了一个大型文艺刊物《文学月报》。茅盾以编委身份给予极大的支持。

《文学月报》的创刊号上发表了瞿秋白的《论文学的大众化》,对他之前发表在《文学》半月刊上的《普洛大众文艺的现实问题》一文中的论点作了补充和发挥。《文学月报》的编者认为瞿秋白提出的问题很重要,准备在刊物上进一步展开讨论,约请一些作家写稿,茅盾应约写了一篇《问题中的大众文艺》,用止敬的笔名发表在《文学月报》第二期上。

瞿秋白的两篇论文,对大众文艺的内容、形式、语言、创作方法,以及当时的具体任务,等等,都谈论到了,提出了许多独到的见解,但未免有些偏激,茅盾在自己的文章中提出了一些不同的看法。

瞿秋白认为五四新文学作品的语言,是中国文言文、欧洲文法、日本文法的混

合体，是“非驴非马的‘骡子话’”，是一种“新式文言”。用这种语言写作，是“士大夫的专利”，劳动大众是读不出、看不懂的。茅盾表示他反对这样的“论断”，他认为瞿秋白所谓的用“新文言”写的小说，只要是读过几年小学的人，还是能够接近的，并且这样的小说“已经有了”。

瞿秋白认为，创造革命的大众文艺，用什么话写的问题，是“一切问题的先决问题”。茅盾不同意这种说法。他认为，“大众文艺既是文艺，所以在读得出听得懂的起码条件而外，还有一个主要条件，就是必须能够使听者或读者感动”。旧小说之所以能够接近大众，不在“文字本身”，即读得出听得懂，而在于能用描写技术去描写人物的“动作”，“又连接许多动作来衬托出人物的悲欢愤怒的境遇，刻画出人物的性格”。所以创造革命的大众文艺，“技术是主，‘文字本身’是末”。当时的革命文艺不受工农大众欢迎，“语言”本身“不能独负其罪”，主要还是技术问题没有解决，没有艺术性。

瞿秋白认为革命的大众文艺应该用“现代中国的普通话”来写。什么是“现代中国的普通话”？他认为是：“大都市里，各省人用来互相谈话演讲说书的普通话，才是真正的现代中国话”，也就是“新兴阶级的普通话”，“不是官僚的所谓国语”，茅盾不同意这一说法。他认为瞿秋白所说的这种“真正的现代中国话”并不存在，存在的是一种以当地方言为基础的“普通话”，而这种“普通话”，“还不够文学描写上的使用”。

那么，革命的大众文艺到底应该用什么语言来写呢？茅盾认为“还不能不用通行的‘白话文’”，即瞿秋白所说的“新文言”。但是他认为从事创作的人要多下功夫修炼，肃清欧化的句法、日本化的句法，以及一些抽象的不常见于口头的名词，还有文言里的形容词和动词等。而要做到这一点，作家就必须走出书房，“和各种南腔北调的人多接触，先使他自己的嘴巴练好”。

文艺大众问题，是一个极为复杂的问题。在对五四新文学作品的语言的估价和大众文艺用什么“话”（语言）写作的问题上，显然瞿秋白的见解存在“左”的、主观主义的倾向，而茅盾的见解则是符合现实主义原则和马克思主义观点的。中国现代文学发展的历史已经证明他是完全正确的。

茅盾的文章发表后，瞿秋白立即写了答辩文章《再论大众文艺答止敬》，在《文学月报》第三期上发表。茅盾没有再与瞿秋白进行争论。因为他发现他们争论的前提不同,很难再争论下去。

茅盾和瞿秋白交谊甚笃。瞿秋白曾看过《路》《子夜》原稿,提了修改意见,茅盾虚心接受他的意见,修改原稿。但在理论问题上(文艺大众化问题主要是实践问题,但在当时却基本上只能在理论上讨论),茅盾却对瞿秋白的见解提出了尖锐的批评,这正是革命情谊的体现。

在“文艺大众化”问题的讨论过程中,还牵涉到连环图画问题。有些人在反对文艺大众化的同时,也极力贬低连环图画的作用。鲁迅在《文学月报》上发表了《“连环图画”辩护》,用中外艺术史上的许多事例来证明,“连环图画不但可以成为艺术,并且已经坐在‘艺术之宫’里面了”。他希望艺术家们认真去研究中外的连环图画和书报的插图进而创作出这一类作品。他认为,“对于这,大众是要看的,大众是感激的!”[①]茅盾也发表了《连环图画小说》一文,支持鲁迅的论点。他在分析了当时遍及上海大街小巷的小书摊上的连环图画的特点,以及这些连环图画拥有大量读者这一事实后指出:连环画“这一种形式,如果很巧妙地应用起来,一定将成为大众文艺的最有力的作品。无论在那图画方面,在那文字的说明方面”,“都可以演进成为‘艺术品’!而且不妨说比之德国的连续版画还要好些”。[②]

三十年代初“左联”推进“文艺大众化”运动,成效不很显著,正如鲁迅所指出的,“若是大规模的设施,就必须政治之力的帮助,一条腿是走不成路的”。[③] 在白色恐怖统治下,提倡革命的大众文艺自然阻力重重,但对进步作家们努力使自己的作品减少欧化的或文言的句法,尽力采用民众的口语方面,还是起了促进作用的。

为了支持《文学月报》,茅盾还在创刊号的“中国现代作家自传”这一专栏里发表《我的小传》。这是茅盾自己写的第一篇传记。他还把正在创作的长篇小说《子夜》的第二章和第四章,分别题为《火山上》《骚动》在创刊号和第二期上先行发表,还发表了散文《第二天》和杂文《九一八周年》,写了评论《〈法律外的航线〉读后感》。这篇评论,热情赞誉沙汀的第一个短篇小说集《法律外的航线》“是一本好书”,充分肯定它的现实主义特色和个人风格,也指出了其中一些作品的缺陷,鼓励

① 《“连环图画”辩护》,《文学月报》第4期,1932年11月。
② 《“连环图画小说”》,《文学月报》第5、6期合刊,1932年12月。
③ 《文艺的大众化》,《鲁迅全集》第7卷第349页。

沙汀写出更多更好的作品。茅盾这一热情的评论和指点，给刚开始从事创作的沙汀以莫大的鼓舞。茅盾逝世以后，沙汀在他的悼念文章中说："是他"，"充分肯定了我的成绩，以及稍稍露头的个人创作风格，并热情而中肯地指出了我的缺点"，"这是我国现代文学巨匠的真知灼见，也是我国老一辈革命作家对文学新兵的深切关怀！他的评介，使我有勇气把创作坚持下去"。①

经过茅盾的审阅和推荐，《文学月报》还发表了艾芜的成名作、第一个短篇小说《人生哲学的一课》。

奖掖文学青年，是茅盾最经常的工作之一。

三十四　重大的突破〔一〕

——革命现实主义巨著《子夜》

一九三二年，茅盾在文学创作上取得了一项重大的突破：这就是长篇小说、革命现实主义巨著《子夜》脱稿，一九三三年一月上海开明书店正式出版。《子夜》的出版，无论是在茅盾本人的文学道路上还是在我国现代文学发展史上都有着里程碑的意义。

《子夜》的构思过程与创作意图

《子夜》的构思，是从一九三〇年夏秋之间开始的。

前面已经谈到，一九三〇年夏秋之间，茅盾健康情况不佳，遵医嘱多休息，经常去他的表叔卢学溥（交通银行董事长）家。卢公馆中的常客有开工厂的，有银行家，有公务员，有商人，也有正在交易所中投机的人物。那时，正是蒋介石与冯玉祥、阎锡山在津浦线上大战，而世界经济危机又波及上海的时候。中国民族工业在外资的压迫和农村动乱、经济破产的影响下，正面临绝境。卢公馆中的闲谈，使他对中国的社会现象看得更清楚了。那时，他又经常从朋友处得知南方各省苏维埃红色政权正蓬勃发展，红军粉碎了蒋介石的多次军事"围剿"，声威日增的好消息。

① 《沉痛的悼念》，《光明日报》1981 年 4 月 3 日。

茅盾就产生了积累材料，写一部"白色的都市和赤色的农村的交响曲的小说"①的想法。

当时中国学术界正在展开关于中国现代社会性质问题的论战。一派认为，当时中国的社会仍旧是半封建半殖民地的社会。所以中国革命仍旧是反对帝国主义和封建主义的民族民主革命，领导这一革命运动的是无产阶级。这是马克思主义者的观点。一派则把大革命失败后国民党建立了反动政权看作是资产阶级民主革命的胜利，认为无产阶级只能去搞合法斗争，等将来条件成熟时，再去搞所谓的社会主义革命。此外，还有一些资产阶级学者认为中国的民族资产阶级可以在既反对共产党，又反对帝国主义和官僚买办阶级的夹缝中求得生存和发展，建立欧美式的资产阶级政权。这一场论战，促使茅盾进一步去思考中国的出路问题，并参加这一场论战，用艺术形象来表达自己的看法。

这样他就决定写一部小说，"大规模地描写中国社会现象"，②并回答："中国并没有走向资本主义发展的道路，中国在帝国主义的压迫下，是更加殖民地化了。"③

显然，《子夜》的题材是从中国的现实生活中获得的，小说的主题思想是作家在马克思主义指导下从观察分析现实生活中孕育出来的。

茅盾最初设想，"这部都市—农村交响曲将分为城市部分和农村部分"，都市部分写成《棉纱》《证券》《标金》三部曲，并拟出了初步提纲，设想了主要人物和基本情节，以后，觉得这种形式不理想。农村部分是否也写成三部曲，怎样配合，不好处理。于是就搁下了这个计划。几个月后决定改变计划，只写以城市为中心的长篇。重新构思出了一个《提要》和一个简单的提纲，又据此提纲写出了若干册的详细的分章大纲。这个计划还是雄心勃勃的，到执笔写作时，感到还是规模太大，再次考虑缩小计划。

在创作过程中，茅盾曾带了已经写好的头几章原稿和整个写作大纲，和孔德沚一道去看望瞿秋白。瞿秋白向他介绍了工人运动情况、红军和苏区发展情况，以及

---

① 《我走过的道路》(中)第 91 页，人民文学出版社 1984 年版。
② 《子夜·后记》，《茅盾全集》第 3 卷，人民文学出版社 1984 年版。
③ 《茅盾论创作》第 58 页，上海文艺出版社 1980 年版。

党的有关政策。不久党的机关被破坏，瞿秋白又曾一度避居愚园路树德里茅盾家中，住了一两个星期。那时，他们天天谈《子夜》，瞿秋白提了许多建议。比如吴荪甫与赵伯韬的斗争结局，原来构思是握手言和的，后来改为一胜一败，就是考虑了瞿秋白的意见修改的。但关于农民暴动和红军活动，茅盾没有按照瞿秋白的意见写下去。因为他觉得没有直接的生活体验，仅凭耳食材料，是写不好的。并且又一次改变原定计划，重新写了分章大纲。成书后就是现在所看到的《子夜》。

《子夜》所描写的故事发生在一九三〇年的上海。在写作过程中一再改变计划，作品所描绘的社会生活面一再缩小，但作品所反映的社会矛盾和斗争却是多方面的、复杂的，作者所要解答的问题表现的主题思想却始终只是一个。他说：

> 我那时打算用小说的形式写出以下三方面：一、民族工业在帝国主义经济侵略的压迫下，在世界经济恐慌的影响下，在农村破产的情况下，为要自保，便用更加残酷的手段加紧对工人阶级的剥削；二、因此引起工人阶级的经济的政治的斗争；三、当时的南北大战，农村经济破产以及农民暴动又加深了民族工业的恐慌。
>
> 这三者是互为因果的。我打算从这里下手，给以形象的表现，这样一部小说，当然提出了许多问题，但我所要回答的，只是一个问题，即是回答了托派，中国并没有走向资本主义发展的道路，中国在帝国主义的压迫下，是更加殖民地化了。①

后来他又进一步加以说明：

> 原来的计划是打算通过农村（那是革命力量正在蓬勃发展的）与城市（那是敌人力量比较集中因而也是比较强大的）两者的情况对比，反映出那时候的中国革命的整个面貌，加深革命的乐观主义。②

---

① 《〈子夜〉是怎样写成的》，《新疆日报·绿洲》1939 年 6 月 1 日。

② 《茅盾选集·自序》，《茅盾文集》第 2 卷，人民文学出版社 1958 年版。

由此可见,茅盾创作《子夜》,就是意图通过艺术形象,大规模地反映一九三〇年前后中国的社会现象,一方面回答,“中国并没有走向资本主义发展的道路,中国在帝国主义的压迫下,是更加殖民地化了”。一方面显示一九三〇年前后中国革命的历史特点,暗示中国革命正处在一个新的高潮前面。子夜,是黎明前最黑暗的时候,可是虽然黑暗,黎明的到来却已不远了。作者把他的小说题名“子夜”,正是有这样一个用意的:中国人民即将经过子夜时的黑暗走向黎明。

《子夜》的题名,也有过几次变化。最初想到三个:夕阳、燎原、野火。写好一半以后,答应《小说月报》主编郑振铎的要求,由《小说月报》于一九三二年一月起连载,决定题为“夕阳”。以前人诗句“夕阳无限好,只是近黄昏”借喻蒋政权已是“近黄昏”,即在走下坡路了。署名为逃墨馆主,只是一时好奇,让人家猜猜;自新文学运动以来,还没有人写资本家和交易所这样的题材的。现在有人写了,这人是谁呢?孟子说过,天下之人,不归于杨,即归于墨。杨即杨朱,先秦诸子中的一派,主张“为我”。茅盾用“逃墨馆主”做新的笔名,不是说要信仰杨朱的“为我”学说,而是用杨字后面的朱字,朱者赤也,表示他是主张“赤化”的。不料突然发生了“一·二八”淞沪抗战,商务印书馆总厂被日本侵略者的炮火所毁,茅盾的那份稿子也被毁了。幸而稿子是他的夫人孔德沚抄的副本,自己还留有原稿。商务印书馆被毁,《小说月报》停刊,连载计划自然打消。于是他决定全书写完后出单行本,到一九三二年十二月五日脱稿,一九三三年一月,由上海开明书店以《子夜》的题名出版,仍署“茅盾”这个笔名。书名及署名均系叶圣陶题签。在内封,用英语 The Twilight: A Romance of China in 1930(意思是,黄昏,1930 年发生在中国的故事,即原来拟用书名《夕阳》的意译)。连续重复排印成一长方形作为衬底,再印上书名及署名,别具一格。在这以前,它的第二章和第四章曾分别以《火山上》《骚动》为题,刊载于左联刊物《文学月报》创刊号和第二期上。

吴荪甫——一个民族资本家的典型形象

《子夜》的全部故事是围绕着工业资本家吴荪甫为了发展民族工业而进行的斗争这条主线展开的。在这条主线上,作家描写了民族资产阶级与买办资产阶级的联合和斗争,民族资产阶级内部的联合和斗争,资本家与工人群众的矛盾斗争,公债市场上的投机活动,工人的罢工运动和农民的武装暴动等生活场景。在这些互相交织着的矛盾和斗争中，作家创造了吴荪甫、赵伯韬等典型形象。特别是吴荪甫这个典型形象，是可以与阿 Q 相媲美的。正是由于吴荪甫这个典型形象塑造得很成功，从而使《子夜》像巍巍高峰，屹立在中国现代文学史上。

吴荪甫，裕华丝厂的老板。二十世纪三十年代初期的中国工业资本家，是一个有着十八世纪法国资产阶级性格的人。他有手腕，有魄力，善用人，能把“中材调弄成上驷之选”；他有比较雄厚的资金，去过欧美，有一套比较进步的管理企业的方式；他更富有冒险精神和发展民族工业的宏大志愿。对于自己，他从来不肯妄自菲薄，对那些没有见识、没有胆量、没有手段、把企业弄得半死不活的庸才，他就毫无怜悯地要将他们打倒，把他们手里的企业，拿到自己的“铁腕”里面来。事实也正是这样，当他的同业有困难的时候，他就用非常狠毒的手段去并吞他们。朱吟秋的丝厂和陈君宜的绸厂，就这样变成了他的企业。他又和太平洋轮船公司总经理孙吉人、大兴煤矿公司总经理王和甫、金融界巨头杜竹斋等组织益中信托公司，以五六万元的廉价收盘了价值三十万元的八个小厂。这八个小厂，都是日用品制造厂，如热水瓶厂、肥皂厂、阳伞厂等，又准备扩充这八个小厂，要使它们的产品走遍全中国的穷乡僻壤，并且使从日本迁移到上海来的同部门的小厂都受到致命的打击。不仅这样，他还想得更远：“高大的烟囱如林，在吐着黑烟，轮船在乘风破浪，汽车在驶过原野。”

作为一个资本家的吴荪甫，他是循着资本主义的发展规律在前进的，不管他自己是不是意识到这一点。

作为一个资本家的吴荪甫，他的这些所作所为，充分体现了资产阶级唯利是图、贪婪成性的阶级本质；而资产阶级的阶级本质又是通过吴荪甫“这一个”资本家的独特的个性——精明强干、刚愎自用、巧于计谋、心狠手辣得到体现的。

吴荪甫作为一个“中国的”民族资本家，他的所作所为，还有着一定的民族观念和爱国思想。就以他办丝厂的指导思想来看吧：当“诗人”范博文问他：“你为什么要办丝厂？发财的门路岂不是很多？”他的回答是：“中国实业能够挽回金钱外溢的，就只有丝！”“中国民族工业只剩下屈指可数的几项了！丝业关系中国民族的前途尤大！”可见吴荪甫在追求利润的同时，并没有忘记民族利益。在筹办益中公司时，吴荪甫就主张把“救济”朱吟秋等人的企业作为办益中公司的“宗旨”。他认为：“他们的企业到底是中国人的工业，现在他们维持不下，难免要弄到关门大吉,那也是中国工业的损失,如果他们竟盘给外国人,那么外国工业在中国的势力便增加一分,对于中国工业更不利了。所以为中国工业前途计,我们还是'救济'他们!"这一番"义形于色"的话,固然是资产阶级大鱼吃小鱼的一种借口,他的合伙人王和甫把它说成是"救国名言",自然是言过其实了,但也不能不承认其中确实包含有一定的民族观念。

吴荪甫使他们工厂出产的日用品走遍全国穷乡僻壤,使日本资本家开在上海的生产同样产品的工厂都受到致命的打击,还要让中国人自己的"轮船在乘风破浪,汽车在驶过原野",固然也是从个人的利益出发的(否则就不是资本家,就不是吴荪甫了)。但是,他这种在经济上,强烈要求发展民族工业的想法和做法,在当时的中国来说,是有积极作用的。因为这符合广大人民群众的要求,符合中国社会发展的要求,并且在政治上具有反帝的意义。

一九二七年的大革命失败以后,民族资产阶级作为一个阶级来说,"也附和了大资产阶级","转到了帝国主义和封建势力的反革命营垒",[①]"但是他们基本上还没有掌握过政权,而受当政的大地主大资产阶级的反动政策所限制",[②]因此他们在政治上是反动的,但又不满国民党新军阀的反动统治。作为"中国的"民族资本家的吴荪甫,正是这样,他希望"国家像个国家,政府像个政府"。这样他的企业才会有出路,才能顺利发展。然而,他又希望内战能够拖延下去,在内战的炮火声中混水摸鱼。所以他一方面参与赵伯韬以巨款贿买西北军"打败仗"的阴谋,以便在公债市场上兴风作浪,获取暴利;另一方面又勾结汪派政客唐云山,贩卖军火,支持西北军来延长内战。

吴荪甫作为一个"中国的"民族资本家,与买办金融资本家赵伯韬之间是既联合又斗争的。但联合是暂时性的,为了眼前的利益;而斗争是不可调和的,你死我活的。他不仅看到日本人在上海办工厂是自己当面的敌人,更明确地意识到赵伯韬是自己"背后的敌人",所以他要把益中公司办成"反赵的大本营"。这表明了民族资产阶级的革命性的一面。

吴荪甫的这种种所作所为,固然为他的社会阶级地位所决定,同时也由于他的

① 毛泽东:《新民主主义论》。
② 毛泽东:《中国革命与中国共产党》。

那种敢作敢为的魄力和冒险精神。中国民族资产阶级的两面性，通过吴荪甫这一个资本家的矛盾性格，得到了生动的表现。

吴荪甫出身"世家"，后来投身工业界，成为"二十世纪机械工业时代的英雄骑士和王子"，可是他并没有忘记他的家乡——双桥镇。除了以全部精力来经营他的企业外，他又用另一只眼睛看着农村。他打算以一个发电厂为基础，建筑起"双桥王国"来。在开办了发电厂后的几年内，他相继开办了米厂、油坊、当铺、钱庄。不管他自己是不是意识到这一点，吴荪甫是在一步步地按资本主义的方式来改造中国的农村，在客观上这对中国社会的发展也是有积极作用的。但他这样做的时候，并没有忘记用封建高利贷的方式来剥削农民，用剥削农民所得来支持他的事业和投机活动。显然，吴荪甫的建筑"双桥王国"的理想，并不是为了农村，而是为了发展他的资本主义企业。这就反映了中国民族资产阶级的另一特征：和中国封建主义的血缘关系。

吴荪甫在企业活动或在公债投机市场上告急的时候，便自然回到企业内部，进一步压榨工人：延长工时，削减工资，克扣工人米贴。为了达到自己的目的，不惜开除工人，收买工贼破坏工人团结，雇用流氓，利用反动军警等毒辣手段来镇压工人运动。

吴荪甫和工人阶级之间的矛盾，正是资产阶级与工人阶级之间不可调和的矛盾的反映。它集中地反映出一九三〇年前后中国民族资产阶级的本质特征。

吴荪甫虽然精明能干，可是他的事业并不是一帆风顺的。他不得不用他全部的精力在三条战线的围攻下进行挣扎。

在对付工人运动这条战线上，吴荪甫是获得一些胜利的，这些胜利是他付出了一笔不小的秘密费和花了许多精力以后得来的。可是这些胜利并没有挽救他的厄运。

为了要保卫他的"双桥王国"，吴荪甫必须镇压农民起义。当他得到武装起义的农民占领了双桥镇的消息时，他是那样的愤怒。特别是当他感觉到当权者的无能而自己的权力又不能直接去镇压起义者时，他的愤怒更甚。在对付农民起义这一条战线上，吴荪甫有着鞭长莫及之感。

给予吴荪甫压力最大的还是以赵伯韬为代表的以美国金融资本为后台的买办资产阶级势力。吴荪甫为了在公债投机市场上获得暴利，参与了赵伯韬收买西北军打败仗的阴谋。可是吴荪甫虽然精明,却还是上了赵伯韬的当,八万银子"报效了军饷"。可是这次小小的打击并没有挫败吴荪甫的锐气,他一方面准备独资并吞朱吟秋的丝厂,一方面合伙办益中信托公司,进行大规模地活动。当他一步步实行他的计划的时候,赵伯韬又加以阻挠破坏。朱吟秋的丝厂和陈君宜的绸厂变成"吴荪记"了,益中公司的摊子也摊开了,而赵伯韬的经济封锁也跟着来了。又由于军阀混战的影响,益中公司所属八个小厂的产品找不到销售市场,而散在"双桥王国"的资金又因农民起义的影响调动不起来,这样不仅使他无力扩充他的企业,就是资金周转也不灵了。尽管他顽强挣扎,最后还是败在赵伯韬手里。益中公司所属的八个小厂出盘给日本和英国的商人,自己的丝厂和住宅也都抵押了出去。

吴荪甫,这个工业资本家,有他自己独有的社会地位,有他自己独有的生活处境和命运,有他自己独有的思想、作风,是一个具体的、独特的存在,是一个第二次国内革命战争时期的中国民族资本家的典型形象。

吴荪甫这一形象之所以完整饱满,具有高度的典型性。首先就因为作家是把吴荪甫这一形象放在尖锐的斗争中来描绘的。为了实现他的发展民族工业的雄图,吴荪甫不得不在三条战线的围攻中进行战斗。通过吴荪甫在双桥镇的活动以及他对军阀混战、农村革命的态度的描写,反映了中国民族资产阶级与中国封建主义的联系和矛盾;通过吴荪甫在企业活动中和投机市场上与赵伯韬的关系的描写,反映了中国民族资产阶级与买办资产阶级的联系和矛盾;通过吴荪甫对待工人的态度的描写,反映了中国民族资产阶级与工人阶级的不可调和的矛盾。而这一切,又都是通过作为一个中国民族资本家的吴荪甫的独特的际遇表现出来的。

在作家对吴荪甫的性格的描写中,并没有仅仅局限在主要的斗争中,而是注意到在不同的生活场景中,通过不同的细节描写,来加以刻画。如吴荪甫对自己弟妹的道貌岸然与浦江夜游中的纵情戏谑;对自己太太的冷淡与在极端苦闷中的奸淫女仆;反映妻子林佩瑶苦闷忧郁心情的"枯萎的白玫瑰",虽然出现三次,可是一次都没有引起他的注意,而对投机市场上的活动又是那样的敏感等生活场景与细节的描写,更有力地揭露了吴荪甫的"生命最深处的东西"。

吴荪甫,这个具有"十八世纪法国资产阶级性格"的中国工业资本家,在雄心勃勃地走着资本主义的道路,就他的主观条件来说,是完全有可能压倒任何对手,使自己处于胜利者的地位的。然而,事与愿违,他却是到处碰壁,不断失败,在三十年代初的中国社会舞台上,演了一出悲剧。

吴荪甫的悲剧,并不是像某些评论家说的那样,是“个人的悲剧”,①而是中国民族资产阶级的悲剧。

吴荪甫之所以演了悲剧,并不是偶然的、个人的原因,而是历史的必然。因为吴荪甫不是活动在资本主义上升的时代,而是活动在资本主义已经发展到帝国主义的时代;不是活动在资本主义国家,而是活动在半封建半殖民地的中国,在帝国主义和官僚资产阶级统治下的中国。就中国的民族资产阶级来说,先天不足,后天失调,一直走着坎坷的道路。在第一次国内革命战争时期,他们要参加革命统一战线,表现了一定程度的反帝反封建的革命积极性。大革命失败后,他们跟随大地主、大资产阶级转向反革命营垒,但是,他们并没有从国民党政府那里得到什么好处。相反,国民党新军阀各个派系之间的混战,致使民不聊生,市场萎缩,民族工业更加毫无出路。又由于资本主义世界经济危机的发展,资本主义国家为了转嫁困难,更加紧了对包括中国在内的殖民地、半殖民地的经济侵略。因此,中国的民族资产阶级要在中国发展民族工业,发展资本主义,是不可能的;要在中国实行资产阶级的民主政治,也同样是不可能的。但是,他们却仍然仇恨工农,敌视中国共产党,反对中国共产党所领导的反帝反封建的革命。所以这个时期的中国民族资产阶级,是处在一条死胡同中,找不到出路,只能扮演悲剧的角色。恩格斯在谈到《弗兰茨·冯·济金根》这个剧本对几个人物的处理时指出:“这就构成了历史的必然要求和这个要求的实际上不可能实现之间的悲剧性冲突”,②中国民族资产阶级想要求民族工业、发展资本主义与买办资产阶级之间的冲突,实质上也就是“历史的必然要求和这个要求的实际上不可能实现之间的悲剧性冲突”。而吴荪甫,就是这一悲剧的主角。

吴荪甫,这个有血有肉、栩栩如生、富有立体感的典型形象,正是由于艺术上的成功和蕴含着的深刻的思想意义,而具有了不朽的意义。

---

①　侍桁:《〈子夜〉的艺术思想及人物》,《现代》第 4 卷第 1 期。

②　《马克思恩格斯全集》第 29 卷第 581—587 页。

旧上海十里洋场上的众生相

旧上海,是中国最大的城市。举行过震惊中外的五卅运动和三次武装起义的上海人民,有着光荣的革命传统。但在二十世纪三十年代初,工人运动在逐步恢复的同时,却又受到"左"倾路线的干扰,工人群众在困难中进行着斗争。

作家用他那一支如椽大笔和强烈的色彩,以广阔的中国社会作背景,描绘了一幅十里洋场(旁及农村)上的众生相的巨幅画卷。在这一幅画卷中活动的人物有八九十个,吴荪甫这个民族资本家是这幅画卷的中心人物。有不同程度典型意义的人物也可以数到三十来个,现分作九组来加以研究。

第一组只有一个人,就是吴荪甫的对立面,买办金融资本家赵伯韬。

赵伯韬,这个公债市场上的魔王,他扒进各式各样的公债,也"扒进"各式各样的女人。他不需要任何伪装,以荒淫无耻的生活作夸耀。他和吴荪甫等组织秘密公司在公债市场上兴风作浪,又反转来算计吴荪甫,使吴荪甫在这次投机中失败。赵伯韬一开始就是站在主动者的地位上出现的。

在吴荪甫准备并吞朱吟秋的时候,赵伯韬又插足进去加以阻挠;在吴荪甫等筹组益中公司的时候,他又企图介绍国民党反动政客尚仲礼做经理,以便从中控制益中公司;同时,他依靠美国金融资本的撑腰,进行一个阴谋计划,企图使美国金融资本控制中国工业资本,把吴荪甫这样的一些民族企业的老板,变成在美国金融资本支配下的管事;在益中公司的业务开展以后,他又用经济封锁的办法来破坏。

在政治上,他是站在蒋介石一边的,在公债市场上,他也有着特殊的"魔术"。他可以命令交易所和国民党政府的财政部制定种种办法,以便他操纵控制来打倒自己的对手。就这样,吴荪甫在投机市场的陷阱里,越陷越深,终于彻底破产。

赵伯韬,美国金融资本的掮客,中国民族资产阶级的死敌,是一个买办金融资本家的典型。

如果说,作家对吴荪甫的描写,用的是精雕细刻的手法,那么,对赵伯韬的描写,却是用粗线条勾勒。作家从与吴荪甫对立而又站在主动者的地位上这一角度来描写赵伯韬,所以就直接用他的特征性的语言来揭示他的狂傲、盛气凌人、荒淫、粗俗的性格。这显示茅盾在人物描写上的精练、经济的手法,所花笔墨不多,性格却是很鲜明的。

第二组是与吴荪甫合作的或同命运的几个资本家，如杜竹斋、孙吉人、王和甫、周仲伟、朱吟秋、陈君宜等。

孙吉人、王和甫和杜竹斋是吴荪甫的三位合作者。杜竹斋，这位吴府至亲，好利而多疑的金融巨头，最早退出了益中公司，并且又是他在最紧急的关头，给予吴荪甫以最沉重的一击。他的稳扎稳打，好利多疑，甚至至亲关系也可以完全抛开，使他在惊涛骇浪的投机市场中的地位有可能多维持一些时候。有眼光、有毅力的太平洋轮船公司总经理孙吉人，肯死心去干的大兴煤矿公司总经理王和甫，是和吴荪甫同在一条船里的，他们的命运自然也和吴荪甫一样。丝厂老板朱吟秋、绸厂老板陈君宜和光大火柴厂老板周仲伟，他们比吴荪甫更软弱、更无力，他们的必然失败，也是他们"命"里早已注定了的。

孙吉人、王和甫、杜竹斋、朱吟秋以至周仲伟等与吴荪甫同命运的大小资本家的形象，也都有着一定的典型性。

第三组是资本家的走狗莫干丞、屠维岳、桂长林、钱葆生之流。

裕华丝厂账房莫干丞的任务，不仅仅是管账，他还接受老板吴荪甫交给他的特殊任务：收买工人中的败类，挑拨工人团结，破坏工人运动，所以实际上是资本家的一条走狗。然而此人昏庸无能，面对已经有了团结斗争经验的工人就束手无策，吴荪甫认为这种人，"只会偷懒，只会拍马"，"完全是脓包"。

然而屠维岳就不一样了。这是一条颇为能干的走狗。

他第一次和吴荪甫谈话时，就带着一副强硬的满不在乎的神气。在两年多的小职员生活期间，他摸熟了工厂的底细，也摸透了吴荪甫的性格、脾气。这样在一次谈话以后，就得到了吴荪甫的赏识和提拔。屠维岳知道如何取得吴荪甫的信任；他善于使用流氓打手和反动军警，可是他更善于伪装自己；他知道怎样利用工人群众的愤激情绪，把它引导到有利于自己的这方面来，他又巧妙利用黄色工会内部的派别斗争，借刀杀人，来达到自己的目的。他还打算乘罢工风潮"认明白了那几个有共产党嫌疑"，"一网打尽"。当阴谋手段都失去作用时，他便露出了凶恶面目，公然勾结反动军警残酷镇压工人运动。但这个倔强、自负的家伙，同样也不可能帮助吴荪甫扭转最后失败的命运。

裕华丝厂中的黄色工会中的钱葆生和桂长林，分别以国民党中的蒋介石派与汪精卫派为后台，还各自收买了一批工人阶级中的败类，做他们的工具和打手。他们互相攻击,又互相勾结,共同对付工人中的先进分子,破坏工人运动,为吴荪甫效劳,但也都不能改变吴荪甫的命运。

这些形形色色的走狗的活动,反映了当时工人运动的复杂性和斗争的艰苦性,也反映了当时工人运动的特点。

第四组是政客、军官和交易所经纪人:唐云山、尚仲礼、雷鸣、韩孟翔,等等。

吴荪甫的莫逆之交唐云山,是汪派的政客,一有机会就鼓吹汪精卫的政治观点。吴荪甫虽是企业家,但另一只眼睛也望着政治,所以也就需要一位这样的朋友。他们不仅公开合作,并且还暗中勾结,给西北军私运军火,为汪精卫效劳。在赵伯韬那一边,有一个尚仲礼,曾追随过袁世凯,后"由官入商",弄一个信托公司的理事长混混,实际上也是一个政客,是赵伯韬用来与吴荪甫作斗争的一个工具。通过这两个人的活动,揭示出吴赵"斗争"深刻的政治背景。

还有国民党军队中的军官,吴少奶奶林佩瑶过去的情人雷鸣,吴荪甫的经纪人也是吴府至亲的陆匡时,赵伯韬的经纪人韩孟翔,通过这些政客、军官、经纪人的活动,进一步揭露了资产阶级上流社会中的尔虞我诈、钩心斗角的种种卑劣伎俩。

第五组是资本家的亲属。在《子夜》中,赵伯韬似乎是孤家寡人,除了几个姘妇以外,并没有什么亲属。而吴荪甫却是有不少亲属的。除了吴老太爷、吴荪甫的父亲一到上海就死去以外,作家描写了吴荪甫的夫人林佩瑶、他的妹妹四小姐蕙芳和弟弟阿萱,还有杜姑奶奶、二小姐芙芳等。特别是对吴少奶奶,吴荪甫的夫人林佩瑶的描写是花了不少笔墨的。林佩瑶出身名门世家,曾在教会学校读过书,又受到"五四"新思潮的洗礼,再加上西欧古典文学名著的熏陶,做过"仲夏夜的梦",后来却成了吴公馆的主妇。物质生活上她是富裕舒适的,然而她却始终感到生活中少了什么东西。这不仅是因为她的丈夫把全副精力都放在"事业"上了,对她没有体贴温情,更因在她心灵中还有另外一个人,当年的恋人雷鸣,然而这又是不能在丈夫面前吐露的秘密,为此她感到难以言传的苦恼和空虚。

吴荪甫这个"大亨",虽然拥有几十万财产,他的家庭精神生活,却是十分空虚,毫无乐趣的。

第六组是资产阶级的知识分子李玉亭、范博文、张素素之流。

李玉亭是个经济学教授,他奔走于吴荪甫、赵伯韬之间,想做一个和事佬,"不辱吴荪甫所托付的使命,而又不至于得罪老赵",希望他们能妥协和平。身处"两大之间”，有时却两面不讨好。以“诗人”自居的范博文，既要追求林佩珊，又奸污了毫无社会经验的十六岁的四小姐蕙芳，“五卅”纪念的那一天躲在南京路上大三元酒家的楼上观看游行示威，“搜集诗料”，当楼梯上突然响起了杂沓的脚步声的时候，他就惊慌得“往桌子底下钻”。他就是这样一个无耻的软骨头。号称“女革命家”的张素素，虽然参加了“五卅”纪念节的南京路上的示威游行，但一遇巡捕的袭击，就两手发抖。实际上她也只是一个革命的旁观者。杜新箨，在法国留学的几年间，进过十几个学校，学过各种各样的学科，有“万能博士”的雅号，其实是什么都不懂的人。还有一个杜学诗，虽然是工程科的大学生，却热衷于政治，鼓吹法西斯专政。

这些教授、律师、诗人、留学生和大学生，尽管经历不同、个性不同、主张不同，但有一点是共同的，就是都依赖资本家的钱袋生活。他们没有真正的爱情，没有道德观念，仇视工农，反对革命，在荒淫无耻、颓废无聊中混日子。

第七组，工人群众的形象，既有罢工斗争的积极分子陈月娥、朱桂英等；也有工人队伍中的败类。

《子夜》所反映的那段时期，工人运动开始得到恢复和发展，每一次经济斗争很快就转变成为政治斗争，但工人群众的斗争又是在极困难的情况下进行的。一方面是资本家的威迫利诱，工贼的破坏，反动军警的镇压，一方面是党的“左”倾错误的领导，因此，几次罢工斗争都失败了。但是工人群众就在这残酷的斗争中锻炼自己。小说中描写了陈月娥、朱桂英、张阿新、何秀妹等几个工人中的先进分子的形象。陈月娥，裕华丝厂罢工斗争的领头人，她经常与地下党组织联系。虽然她在思想上也受到“左”倾路线的影响，但仍不失工人本色。她和蔼、沉着，善于摆脱坏人的盯梢；英勇、刚强，敢于正面和工头斗争。朱桂英，罢工斗争中的积极分子，虽然屠维岳对她软硬兼施，威逼利诱，但都没有能够使她低头屈服。虽然，总的说来，《子夜》中对工人形象的描绘比较逊色。但陈月娥、朱桂英这两个形象，还是描写得比较生动的。

在罢工运动中，也描写了工人队伍中的一些败类，如姚金凤、薛宝珠、王金贞等。她们的破坏活动，给罢工斗争带来一定的困难，但她们所起的作用毕竟是有限的，因为工人群众的眼睛雪亮。

第八组，地下革命工作者的形象。

与描写工人运动相联系，小说描写了四个地下革命工作者。作者虽然没有点明他们的政治身份，但读者能够理解他们都是在基层工作的共产党员。克佐甫和蔡真是丝厂罢工斗争的直接领导者，可是他们的领导方法却是以教条主义代替对客观情况的分析，以命令主义代替思想教育的。苏伦，由于不满领导上的命令主义、盲动主义，开始蜕化成为“取消派”了。至于玛金，她的实际工作经验，使她模糊地意识到克佐甫、蔡真他们的错误，她认为必须改变斗争的方式与方法，可是她还是比较幼稚的，对克佐甫等的错误，她还不能从理论上来加以批判。作品中有关这方面的描写，基本上是反映了当时城市革命工作的实际情况的，对“左”倾路线作了比较正确的分析和批判。

《子夜》中的工人和革命者的形象，与资本家的形象比较起来，有些逊色，不够生动、丰满。造成这一缺陷的原因，正像作者自己所说的：对工人运动和革命工作者的描写，仅凭第二手的材料，生活体验不够是写不好的。

第九组是三个地主分子的形象。

曾经是顶刮刮的“维新党”的吴老太爷，因为一连串的不幸事件，消蚀了他的英年浩气，转而虔奉《太上感应篇》，“二十五年来，他不曾经验过书斋以外的人生”！吴老太爷在实际上已成为“幽暗的坟墓”里的“僵尸”了。这个“僵尸”，因为“土匪”嚣张和共产党红军的“燎原之势”，被吴荪甫接到上海来。但他一到上海，就因经受不住资本主义生活方式的刺激而脑溢血死掉了。“古老的僵尸”从幽暗的坟墓中出来，与时代的空气一接触，自然就要“风化”的。这虽然带着浓厚的象征色彩，但也显示出资本主义势力对封建主义的冲击作用。

曾沧海，这个双桥镇有名的“土皇帝”，因国民党“新贵”的排挤而感到苦闷，又因儿子参加了国民党重新燃起了希望。可是他在美梦方酣的时候，就被武装起义的农民逮住了。——在崩溃过程中的封建主义，是经不起农民武装力量的一击的。

用“长线放远鹞”的方式对农民进行高利贷剥削的地主冯云卿，利用军阀孙传芳过境的机会爬上了政治舞台，又因“土匪”蜂起，农民骚动，逃到上海来做“海上寓公”。这个僵尸却没有“风化”，他甚至不惜牺牲自己的姨太太来维持身家性命的安全。冯云卿这一形象，一方面体现出资本主义势力对封建宗法关系的破坏作用，一方面体现出封建势力在半殖民地社会中的转化过程和适应性。

三个不同生活经历、不同性格和不同遭遇的地主形象，反映出中国封建社会崩溃的必然性及其在其崩溃过程中的转化;反映出中国封建主义对畸形发展的资本主义的适应性。

上述九组人物,充分地展示出上海这个十里洋场上的众生相,表明了这是一个畸形的都市。这九组人物与吴荪甫之间的直接的或间接的联系、矛盾和斗争,深化了作品所表达的主题。

生活真实、革命倾向和艺术形象的"完美融合"

早在十九世纪中期,恩格斯在评论斐·拉萨尔的剧本《弗兰茨·冯·济金根》时就明确地指出:伟大的作品,必须是"较大的思想深度和意识到的历史内容,同莎士比亚剧作的情节的生动性和丰富性的完美的融合",并认为德国的戏剧要做到这一点,只有等待将来。① 恩格斯这段话当时虽然只是就德国的戏剧说的,但却具有重大意义:在文艺史上第一次明确地提出了无产阶级的美学理想、美学原则。

"较大的思想深度",在现代就是要求作家用马克思主义的观点来观察分析评价自己所描写的生活,用自己的真知灼见,回答生活所提出的问题。所谓"意识到的历史内容",就是"通过对现实关系的真实描写",从而揭示其本质和历史动向。所谓"莎士比亚剧作的情节的生动性和丰富性",就是指包括情节安排在内的高度艺术性。这三个方面的"完美的融合",也就是要求做到在无产阶级思想指导下的真、善、美的融合。

前面提到茅盾一九三一年八月总结"五四"以来新文学创作的经验教训(也包括他自己创作的经验教训)时得到这样一个结论:"将来的伟大作品之产生不能不根据三个条件:正确的观念,充实的生活,和纯熟的技术;然而最主要的还是充实生活。"茅盾这里的三个条件,和恩格斯说的应该做到"完美融合"的三个方面,是完全一致的。

《子夜》正是一部具有"较大的思想深度"的作品。

《子夜》不是只写一个"生活的横断面"的短篇,而是一部"大规模地描写中国社会现象"的长篇。这就不仅要求作家对中国的社会现象要有全面的了解,并且要求作家对中国社会的性质和中国革命的出路问题有一个马克思主义的认识。

---

① 《致斐·拉萨尔》,《马克思恩格斯全集》第29卷第581—587页。

小说的具体描写体现出，作家对民族资产阶级和买办资产阶级是作了严格的区别的。当时有些人抱“华洋一家亲”的观点，对凡是开办在中国的企业，一概都看作是资本主义，认为洋货和国货，都是商品，张三、李四、约翰、佐藤，都是资本家，所以中外资本只有数量上的不同，中外企业只有大小的差别，性质上是没有什么不同的。这就模糊了帝国主义企业与民族资本主义企业的界限，并且模糊了买办资产阶级与民族资产阶级的界限，从而否定了帝国主义对中国的经济侵略，否定了中国社会的半殖民地性质。《子夜》中所表达的观点，则正好相反，明确地写出了买办资产阶级以帝国主义为后台，勾结蒋介石政府控制与扼杀民族工业的罪行，写出了民族资产阶级对买办资产阶级的控制所作的艰难的挣扎，从而把民族资产阶级与买办资产阶级严格区别开来。

小说的具体描写体现出，作家对二十世纪三十年代初期中国民族资产阶级的认识是十分深刻的。他肯定了民族资本家的强烈要求发展民族工业的想法和做法所包含的民族观念和爱国思想，肯定了他们对抗和抵制买办资产阶级的控制而作的斗争的进步性，揭示出在这个阶级内部大鱼吃小鱼的现象和仇视工农、反对革命的反动性；还揭示出在那个特定历史时期他们在国民党的派系斗争和新军阀混战中又站在反蒋这一边的政治态度。特别是在“左”倾路线“在中国社会性质、阶级关系的问题上，夸大资本主义在中国经济中的比重，夸大中国现阶段革命中反资产阶级斗争、反富农斗争和所谓‘社会主义革命成分’的意义，否认中间营垒和第三派的存在”。① 在这样一种情况下，作家对民族资产阶级作了上述那样一种分析和评价，正是作家的远见卓识和革命胆略的体现。

通过作品中的具体描写体现出，作家肯定了普通党员和普通工人在罢工斗争中的英勇精神，批判了“左”倾路线，这是完全正确的。《子夜》所反映的生活是一九三〇年五月到七月。这时候正是李立三的“左”倾冒险错误在党中央领导机关占统治地位的时候。《子夜》所描写的地下革命工作者所领导的“总同盟罢工”等，正是“左”倾路线、“左”倾政策的产物。作家描写到这一方面生活的时候，加以批判是完全必要的。一九五二年茅盾在谈到《子夜》时，曾自我批评说：“这部小说虽

① 《关于若干历史问题的决议》，《毛泽东选集》一卷本第965页。

然企图分析并批判那时的城市革命工作，而结果是分析批判都不深入。”①以后许多研究者包括笔者在内都据此评价小说这方面的描写，其实这是十分不公允的。“在分析任何一个社会问题时，马克思主义的绝对要求，就是要把问题提到一定的历史范围之内。”②众所周知，取代李立三的“左”倾冒险错误的是更“左”的王明路线，王明的“左”倾教条主义错误从一九三一年一月起到一九三五年一月遵义会议才告结束，在全党的统治长达四年之久，给革命带来严重损失，至于从思想上、政治上对“左”倾路线的彻底批判，则要到一九四二年的延安整风运动。茅盾创作《子夜》时的一九三二年，正是“左”倾思潮泛滥时期。当时茅盾就已意识到工人运动中的“左”倾错误，并加以批判，这就不仅是一个作家的真知灼见，革命胆略，并且是要很高的马克思主义的理论修养才有可能的。

小说的具体描写体现出，作家对地主阶级的反动性、腐朽性和寄生性的分析和判断是非常正确的。

小说中关于时代背景的描写，反映了中国共产党领导的工农红军武装斗争的蓬勃发展，已成燎原之势。

在《子夜》中，作家对吴荪甫及其周围有直接的或间接的关系的九组人物的“有代表性的性格作了卓越的个性刻画”，塑造了一系列栩栩如生的形象，从而对错综复杂的“社会关系”作了“真实描写”，形成了一幅广阔的历史画卷。

上述各种人物又形成各种有形的或无形的集团，为了各自的目的生活着和行动着。豪华的吴公馆、华懋饭店之类的高级饭店、夜总会，什么秘密艳窟等处，既是资本家们的生活场所，又是他们进行阴谋活动的地方。他们可以当面握手言欢而背后捅刀子，尔虞我诈，钩心斗角，道德败坏，精神空虚，卑劣无耻，敌视工农，在汹涌澎湃的革命潮流面前害怕得发抖。他们之间错综复杂而又微妙的关系的焦点，则是工业资本家的吴荪甫却参与公债投机并与赵伯韬进行“斗法”。而证券交易所，投机家们在这里可能几个小时就获利百万，也可能顷刻间就破家荡产。这里也是吴赵“斗法”决战的“战场”。吴荪甫最后的背水一战，就是在这里被赵伯韬打败的。这一切，就是十里洋场中所谓资产阶级上流社会的生活。《子夜》还揭示出在

① 《茅盾选集·自序》，开明书店 1952 年版。

② 《论民族自决权》，《列宁选集》第 2 卷第 512 页。

这个十里洋场的旧上海,还有另一个社会,这就是杨树浦、曹家渡等地区的草棚区。在那里,工人群众过着艰难的生活,进行紧张的地下革命活动。他们为了改善自己的处境,为了推翻国民党新军阀的统治,打倒帝国主义及其走狗,推翻旧社会制度,求得自己的解放而斗争。不管他们自己是不是自觉地意识到,他们的斗争是与工农红军的武装斗争相呼应的。

小说通过"卓越的个性刻画",通过人物的性格冲突和不同的命运,不仅"大规模地描写中国社会现象",并且揭示出中国社会的本质特征。恩格斯曾经说过:

> 如果一部具有社会主义倾向的小说通过对现实关系的真实描写,来打破关于这些关系的流行的传统幻想,动摇资产阶级世界的乐观主义,不可避免地引起对于现存事物的永世长存的怀疑,那么,即使作者没有直接提出任何解决办法,甚至作者有时并没有明确地表明自己的立场,但我认为这部小说也完全完成了自己的使命。①

《子夜》就是这样一部具有"较大的思想深度"和"意识到的历史内容"的小说,也可说是一部"具有社会主义倾向"的小说。

在艺术形式、艺术技巧方面,《子夜》是很有独创性的。

《子夜》艺术上的独创性,首先表现在情节生动性和丰富性上。

小说的基本情节是工业资本家吴荪甫为了发展民族工业与公债投机进行三条战线的斗争。

在三条战线的斗争中,吴荪甫与王和甫、孙吉人合办的益中公司与买办金融资本家赵伯韬的斗争是主要线索;吴荪甫通过屠维岳以及黄色工会的桂长林、钱葆生与工人的矛盾斗争,是又一条重要线索;吴荪甫与双桥镇农民的矛盾斗争是第三条线索。对工人的斗争,吴荪甫是胜利者;双桥镇的失陷,使吴荪甫受到很大的牵制,但还不是致命伤;最后使吴荪甫一败涂地的是赵伯韬。三条线索,交错发展,层次清楚,但是要把这种题材写得生动、有趣,是并不容易的。作家一方面完全克服了当时左翼文艺曾经普遍存在的公式化、概念化的毛病,但也没有去编造离奇曲折的

---

① 恩格斯:《致敏·考茨基》,《马克思恩格斯全集》第36卷第382页。

情节,写成惊险小说那样,而是按照生活中会有的实情来构思情节。

在《子夜》中我们看到吴荪甫在三条战线上所进行的斗争,艺术上的处理是不一样的。

吴荪甫与赵伯韬的斗争,主要用虚写。吴老太爷办丧事时,赵伯韬在吴府出场,要与吴荪甫合伙搞一个秘密公司,作家却没有让吴荪甫出场。在情节发展过程中,作家也没有让他们俩进行面对面的较量,只是一直到"决战"前夕,这两人才在夜总会酒吧间的一角作了一次短时间的"谈判"。这是由于他们的身份以及他们之间斗争的性质决定的。他们各自都有代理人,不必要由他们自己经常出场。吴荪甫与工人之间的斗争,用的是实写：通过走狗屠维岳及黄色工会,用了不少笔墨描写了工人斗争的场面,还让工人包围了吴荪甫的汽车。吴荪甫与农民斗争的这一条线,有实写,也有虚写,是虚实结合的。这样,吴荪甫在三条线上的斗争,在情节的安排上,就生动和富有变化了。

围绕着基本情节,小说还穿插了许多插曲性的事件。比如吴老太爷这具"僵尸"一到上海就"风化";吴荪甫除与别人合伙办益中公司外,又独自收盘了陈君宜的绸厂和朱吟秋的丝厂;冯云卿用女儿作"美人计",结果是赔了女儿又破产;吴少奶奶林佩瑶的"仲夏夜的梦"以及与雷参谋的"幽会";"红头火柴"周仲伟的由真老板变成假老板;林佩珊与范博文、杜新箨之间的爱情游戏;四小姐蕙芳的"静修"与"出走";阿萱的玩弄"镖"和"宝剑",等等。这许多插曲性事件,与吴荪甫在三条战线上所进行的斗争,融成一片,就使得作品的情节具有无比的丰富性。

《子夜》的情节是生动而丰富的。拉法格在评论左拉的《金钱》时说："要想把交易所的人们和他们的生意经描写得很有趣味,这是很困难的,可是左拉却成功地把放在他眼前的吃力不讨好的材料戏剧化。……情节的陈述是非常成功的。"①假使把这段话移用过来作为对《子夜》的题材处理和情节安排的评价,也是非常恰切的。

《子夜》艺术上的独创性,还表现在艺术手法的多样性上。

茅盾一开始创作小说,就以善于刻画人物的心理活动著称。《蚀》《虹》等小说在刻画心理状态时,更多的是用静态的剖析方法。《子夜》却有所不同：既保留了

---

① 拉法格：《左拉的〈金钱〉》,《文学论文选》,人民文学出版社1962年版。

细腻的心理描写这一一贯的特色,又发展了通过描绘头绪纷繁的生活场面来刻画性格的技巧。

比如小说的第二、三两章描写吴老太爷的大殓,但作家没有去描写大殓的仪礼和吊唁活动,而是着重去描写分布在吴公馆各处的宾客们的各种活动场面。虽然头绪纷繁,但作家却把那些场面描绘得像一个个电影镜头那样,形象地呈现在读者面前。作品中的一些重要人物都出场了,他们的性格特征也基本上被揭示出来了。照理说,吴荪甫是这一天的中心人物,但作家没有着重去描写他,而是把许多生活场面中引出的线索,都联系到吴荪甫身上。作家分别用正面描写或侧面烘托的手法,写出吴荪甫就像一个总指挥那样指挥几条战线上的战斗,同时也表现了吴荪甫的独特的社会地位和敢作敢为、精明能干的性格。又如第十七章写吴荪甫在"决战前夕"的活动,按照时间顺序写吴荪甫在一整夜和一个上午的四个生活场面。用实写的、虚写的、象征的、映衬的等各种手法,多层次地描写吴荪甫面临失败时外强中干、心虚胆怯的性格特征。

把纷繁的场面描写与心理剖析相结合,多侧面、多层次地进行"卓越的个性刻画",从而塑造了一系列立体的、栩栩如生的、血肉饱满的人物形象。

情节的生动性、丰富性和刻画人物性格的手法的多样性,从而使作品具有高度的形象性,这表明茅盾在创作《子夜》时,艺术上已取得了很大的突破。

综上分析,可见在《子夜》中,"较大的思想深度"是融化在"意识到的历史内容",也就是"对现实关系的真实描写"中的,而"对现实关系的真实描写",又是通过"卓越的个性刻画",使作品具有高度的形象性来实现的。这样,具有个人特色的真、善、美的"完美的融合",就使《子夜》成为一部革命现实主义的杰作。

巨大的意义,强烈的反响

从一九二八年(《蚀》三部曲发表后)到一九三二年底(《子夜》出版以前)的五年间,中、长篇小说创作所取得的成就,远远超过新文学运动的第一个十年。这些成就的标志是:

作品的数量增多了,产生过一定影响的就有二十多部。除茅盾的《虹》《路》《三人行》外,可以举出十多个作家:老舍写了《二马》《小坡的生日》,巴金从《灭亡》开始接连写了《新生》《死去的太阳》《砂丁》。"爱情三部曲"的第一、二部《雾》

《雨》和“激流三部曲”的第一部《家》,叶绍钧写了《倪焕之》,王统照写了《山雨》,郁达夫写了《迷羊》《她是一个弱女子》,洪灵菲写了《流亡》,丁玲写了《韦护》,柔石写了《二月》,叶永榛写了《小小十年》,华汉写了《地泉》三部曲,胡也频写了《到莫斯科去》《光明在我们前面》,蒋光慈写了《丽莎的哀怨》《冲出云围的月亮》《田野的风》,等等。这些作家中,有的过去是一直写短篇的,现第一次写了长篇,如叶绍钧;有的一开始就写长篇,并成为中、长篇小说的多产作家,如老舍、巴金。

这些中长篇小说,题材扩大了,思想性和艺术质量也有所提高。但是,却还存在着一些严重的缺点和不足之处。

“五四”以后涌现出来的作家,政治思想和文艺思想都多方面地接受外来思潮的影响。就政治思想来说,民主主义思想的影响是主导的,有的作家较早接触并接受马克思主义的影响,有些作家则受无政府主义思想影响比较深。当时一些初步懂得马克思主义的左翼作家,虽然有革命热情,但又受到“左”倾路线和苏联“拉普”的影响,同时又缺乏生活经验和感受,或者艺术素养不够,创作出来的作品就不可避免地要公式化、概念化。华汉的《地泉》就是一个很突出的例子。茅盾认为:“一九二八年到一九三〇年这一时期所产生的作品,现在差不多公认是失败。”[①]这段话用来评价这一时期左翼作家的小说,也是完全正确的,并且还可以把一九三一、一九三二两年间左翼作家的小说创作包括进去,茅盾自己的《三人行》也在内。

一九二九年间“新月派”的理论家梁实秋竭力反对左翼作家倡导的无产阶级革命文学,叫嚣说:“‘我们不要看广告,我们要看货色。’我的意思是:马克思唯物史观列宁阶级斗争等等名词,我们已经听过了不少。请拿出一点点‘无产阶级文学’的作品给我们看看。”[②]曾经加入过左联、后来又摇身一变以“第三种人”自居的苏汶(杜衡)也攻击左翼文学运动说:“做了忠实的左翼作家之后,他便会觉得与其作而不左,还不如左而不作。而在今日之下,左而不作的作家,何其多也!”他又说:“中国无产阶级文学运动已经有了三年的历史,在这三年的时间内,理论是明显地进步了,但是作品呢?不但在量上不见其增多,甚至连质都未见得有多大的进

① 茅盾:《〈地泉〉读后感》,原载《地泉》,上海湖风书局1932年版;《茅盾论创作》,上海文艺出版社1980年版。

② 梁实秋:《无产阶级文学》,《新月》第2卷第9期。

展。”[①]梁实秋、苏汶之流的这些论调，自然是对左翼文学运动的恶意诬蔑，但确实也是抓住左翼文学运动的弱点的。左翼文学运动开展以来，除了鲁迅的杂文、殷夫的新诗而外，在小说创作方面（包括短篇和中长篇），确实还没有出现成熟的作品。柔石的《二月》这部现实主义小说，就其思想内容来说，也还没有达到无产阶级高度。

在这种情况下，《子夜》于一九三三年一月问世，自然具有巨大的意义，在社会上引起强烈的反响，是理所当然的。

鲁迅日记一九三三年二月三日记载：

> 茅盾及其夫人携孩子来，并见赠《子夜》一本，橙子一匡，报以积木一合，儿童绘本二本，饼及糖各一包。[②]

原来茅盾于一九三一年十月辞去左联行政书记的职务，集中时间写《子夜》，鲁迅一直就很关心，与茅盾见面时曾多次问及写作进展情况。所以《子夜》一出版，茅盾和夫人孔德沚带了孩子，到北四川路的公寓去拜访鲁迅，给鲁迅送上一本《子夜》。那时茅盾向朋友赠书还没有在扉页上题字的习惯。鲁迅翻开书页一看，是空白，就郑重提出要茅盾签名留念，并说这一本他是要保存起来，不看的。要看，另外再去买一本。于是茅盾就在扉页写上：

> 鲁迅先生指正　　　　茅盾　一九三三年二月四日

过了几天，鲁迅给远在苏联的曹靖华的信中，就满怀热情地写道：

> 国内文坛除我们仍受压迫及反对者趁势活动外，亦无甚新局。但我们这面，亦颇有新作家出现；茅盾作一小说曰《子夜》（此书将来寄上），计三十余万

---

① 苏汶：《“第三种人”的出路》，《现代》第1卷第6期，1932年10月。

② 《鲁迅全集》第15卷第63页，人民文学出版社1981年版。

字，是他们所不能及的。[1]

一个多月以后，鲁迅在一篇杂文中驳斥一些反动文人的谬论时又说：

我们在两三年前，就看见刊物上说某诗人到西湖吟诗去了，某文豪在做五十万字的小说了，但直到现在，除了并未预告的一部《子夜》而外，别的大作都没有出现。[2]

由此可见，《子夜》的出版，鲁迅是非常重视的。

《子夜》出版以后，瞿秋白连续发表了两篇文章加以评论。在《〈子夜〉和国货年》中指出，《子夜》中的描写，"差不多要反映中国的全社会，不过是大都市作中心的，是一九三〇年的两个月中间的'片断'而相当的暗示着过去和未来的联系。这是中国第一部写实主义的成功的长篇小说"。"应用真正的社会科学，在文艺上表现中国的社会关系和阶级关系，在《子夜》不能够不说是很大的成绩。"因此，他认为，"一九三三年在将来的文学史上，没有疑问的要记录《子夜》的出版"。[3] 五个月以后，瞿秋白又以施蒂而的笔名发表了《读〈子夜〉》一文，对《子夜》作了进一步的评论。文章指出：

在中国，从文学革命后，就没有产生过表现社会的长篇小说，《子夜》可算第一部，它不但描写着企业家，买办阶级、投机分子、土豪、工人、共产党、帝国主义、军阀混战，等等。它更提出许多问题，主要的如工业发展问题，工人斗争问题，它都很细心地描写与解决。从"文学是时代的反映"上看来，《子夜》的确是中国文坛上的新收获，这可说是值得夸耀的一件事。

文章用夹叙夹议的手法从八个方面评述了《子夜》的内容，并强调指出，吴荪甫、周

① 《鲁迅全集》第12卷第148页。
② 《鲁迅全集》第5卷第79页。
③ 《申报·自由谈》1933年3月12日。

仲伟等的失败与“五卅”示威及闸北罢工的失败虽然都是由于“环境的逼迫”,“但在同一环境逼迫中却有分野,那就是前者是历史上的必然,后者是战术上的必然,不能同一看法的”！这一见解是很深刻的。瞿秋白还对学术界对《子夜》的评论,谈了自己的看法。有许多人说《子夜》在社会史上的价值是超越它在文学史上的价值的,他认为“这原因是《子夜》大规模地描写中国都市生活,我们看见社会辩证法的发展,同时却回答了唯心论者的论调”。有些评论家把茅盾比作美国的辛克莱,他认为,“这在大规模表现社会方面是相同的;然其作风,拿《子夜》以及《虹》《蚀》等来比《石炭王》《煤油》《波士顿》,特别是《屠场》,我们可以看出两个截然不同点来,一个是用排山倒海的宣传家的方法,一个却是用娓娓动人的叙述的态度”。“在意识上,使读到《子夜》的人都在对吴荪甫表同情”,他认为是作家对书中主人翁的描写态度的关系。此外,文章还指出《子夜》的一些缺点。①

鲁迅和瞿秋白热情地肯定《子夜》的成就,也就是对梁实秋、苏汶之流诬蔑左翼作家“左而不作”“拿不出货色来”等谬论的驳斥。

作家评论家也连续发表评论文章。

吴组缃认为,“有人拿《子夜》来比好莱坞新出的有声名片《大饭店》,说这两部作品同样是暴露现代都市中畸形的人生的,其实这比拟有点不伦不类”。因为,“《大饭店》是没有灵魂。……它没有用一个新兴社会科学者严密正确的态度告诉我们资本主义的社会是如何没落着的,更没有用那种积极振起的精神宣示下层阶级的暴兴”。而《子夜》则一方面暴露了上层社会的没落,另一方面宣示着下层社会的兴起,但有不足之处,那就是“这两方面表现得不平衡,有一边重一边轻的弊病,原因或许是作者对于兴起的一方面没有丰富的实际生活经验”。② 这一看法是正确的。

淑明指出,《子夜》出版以后,由于它的突出的成就,“不论是右倾或者是左翼的刊物,他们都对于这一文坛上的奇葩表示着一致的激赏与惊叹”。他认为《子夜》的“主题的积极性”,是在“企图解答中国社会性质问题”,并且“这尝试又是成功的”。文章接着分析了有“铁腕”的民族资本家吴荪甫这个人物,指出作者写出

① 《读〈子夜〉》,《中华日报》副刊《小贡献》,1933 年 8 月 30 日。

② 吴组缃:《子夜》第 1 卷第 1 号,1933 年 6 月。

了他的失败的必然性,"这样,中国的社会性质,在这里就得到合理的解答","复次,中国今后革命的性质,也在这里主要地解决了"。正确地联系二十世纪三十年代初中国社会性质问题论战,着重分析主要人物,指出小说主题的积极性,这篇文章是第一篇。朱自清认为小说《子夜》"写的是民族资本主义的发展与崩溃的缩影",指出"这几年我们的长篇小说渐渐多起来了,但真能表现时代的只有茅盾的《蚀》和《子夜》"。文章还着重分析了吴荪甫这个人物,但他认为小说把"吴、屠两人写得太英雄气概了,吴尤其如此,因此引起一部分读者对于他们的同情与偏爱,这怕是作者始料所不及的罢"。① 这一看法,是值得商榷的。赵家璧评论《子夜》,一方面肯定小说多方面描写社会现象,抓住了一个吴荪甫,"把许多线索在他身上贯通了",作者精慎的布局,把许多错综混乱的线索,应用了高明的手段,组成一部"成熟的艺术品";一方面指出,"许多没有结清的线脚,是随处暴露着的"。在人物描写方面,认为小说中的许多人物,"都能在读者的脑海中,刻着深刻的印象",但把屠维岳写得令人同情,把阿萱写得那样没出息,是不好的。②

曾经反对过新文学的"学衡派"的吴宓,亦用"云"这个笔名发表评论文章,称"吾人所为最激赏此书者,第一,此书乃作者著作中结构最佳之书","第二,此书写人物之典型性与个性皆极轩豁,而环境之配置亦殊入妙",都举例作了分析。吴宓最后评论《子夜》的文字说:"笔势具如火如荼之美,酣恣喷薄,不可控搏。而其微细处复能婉委多姿,殊为难能而可贵。尤可爱者,茅盾君之文学系一种可读可听近于口语之文字。"③茅盾晚年谈到这篇评论文章时说:"吴宓还是吴宓,他评小说只从技巧着眼,他评《子夜》亦复如此。但在《子夜》出版半年内,评者极多,虽有亦涉及技巧者,都不如吴宓之能体会作者的匠心。"

《子夜》问世后,不仅为文艺界所重视,并且拥有大量的读者。书一出版,读者就争相购买,据报导,北平某书店竟于一天之内售出一百多部。④ 初版三千部,很快就售缺。在初版后的三个月内,重版四次,每次各为五千部,在出版界是很少见的。虽然小说的题材有些枯燥,但青年学生还是很喜欢它。有读者写信给《中学

---

① 《文学季刊》第1卷第二期,1934年4月。

② 《现代》第3卷第6期,1933年10月。

③ 《出版消息》1933年4月。

④ 《〈子夜〉的读者》,《文学杂志》第1卷第2期,1933年5月。

生》杂志说:“茅盾先生的《子夜》出版,第二天我就去买了来。两天工夫把它看完。这样巨大的组织,这样动人的文章,在我国新文学中从来不曾有过。”①还有的读者“组织‘子夜会’进行学习讨论”。② 经济学家钱俊瑞在他的著作中向读者推荐《子夜》,认为这部小说对研究中国经济形态有着积极作用。③《子夜》不仅风行于知识分子阶层,并且闯进了资本家家庭。向来不看新文学作品的资本家的少奶奶、大小姐,也都争相阅读,因为《子夜》描写到她们了。可见《子夜》的出版,大大扩大了新文学的读者对象。

《子夜》受到广大读者和进步文化界的热烈欢迎,但国民党反动派却感到很恐慌。一九三四年二月,国民党中央党部以“鼓吹阶级斗争”的罪名,查禁一百四十九种著作。包括《子夜》在内的茅盾已出版的七种创作全部都在“查禁”之列。④ 这样大规模的“查禁”,自然要影响书店老板的“血本”。他们“不得不据‘理’力争,最后决定的办法是分别处理。《子夜》被归入‘应行删改’一类。‘检查老爷’用朱笔在这部名著下面批道:‘二十万言长篇创作,描写帝国主义者以重量资本操纵我国金融之情形。P. 97 至 P. 124(按:即写农村暴动的第四章),讥刺本党,应删去。十五章描写工潮,应删改”。⑤ 这样,《子夜》虽然放禁,但从一九三四年重印的第五版起,只能以受过肢解的残废者的形体(即删去第四、十五两章)与读者见面了。即使这样,反动派还再次加以查禁。但不久,巴黎进步华侨办的“救国出版社”却全部翻印了这本书。卷首有《翻印版序言》,其中说:“《子夜》是中国现代一部最伟大的作品,《子夜》的作者,不仅想描写中国社会的真象,而且也确能把这个社会的某几方面忠实反映出来。《子夜》的伟大处在此,《子夜》不免触时忌,也正因此,它出版不久,即被删去其最精采的两章(第四章及第十五章);这样,一经割裂,精华尽失,已非复瑰奇壮丽旧观了!本出版有鉴于此,特搜求未遭删削的《子夜》原本,从新翻印,以享读者。”“天才的作品,是人类的光荣成绩,我们为保存这个成绩而

---

① 《中学生》第 36 号,1933 年 6 月。

② 瞿光熙:《〈子夜〉的烙痕》,《新民晚报》1960 年 6 月 15 日。

③ 钱俊瑞:《怎样研究中国经济》,生活书店 1936 年版。

④ 《大美晚报》1934 年 3 月 14 日,见《且介亭杂文二集 · 后记》,《鲁迅全集》第 6 卷第 448 页。

⑤ 转引自茅盾《回忆录》(十七),《新文学史料》,1982 年 4 期。

翻印本书，想为尊崇文艺、欲窥此书全豹的读者们所欢迎的罢。”①由此可见，并且以后的历史更证明，这样一部革命现实主义杰作，反动派的“文网”是禁锢不了的，反动的暴力也同样是摧残不了的。

三十五　重大的突破〔二〕
——短篇小说集《春蚕》

一九三二年“一·二八”事变，日本帝国主义进攻上海。上海驻军第十九路军在广大人民群众的热情支援下奋起抵抗，侵略者的飞机滥炸闸北最繁华的宝山路一带。茅盾曾经工作了十七年的商务印书馆编译所和商务总厂被全部炸毁。上海抗战支撑了一个月，最后由于国民党政府妥协投降，以签订卖国的“淞沪停战协定”结束。

二月三日，茅盾和鲁迅等四十三位作家签名发表了《上海文化界告全世界书》。二月七日，茅盾等又进一步联合一百二十九名爱国人士签名发表《为抗议日军进攻上海屠杀民众宣言》，严正控诉日本帝国主义的侵略暴行，号召全世界人民来支援中国人民的抗日斗争。

作为一个作家，茅盾还写了一篇散文《第二天》和一篇短篇小说《右第二章》，反映了这一历史事件。《第二天》以夹叙夹议的手法记述了“一·二八”事变第二天的所见、所闻与所感，指出“背里诅咒公婆而又死心塌地看着公婆脸色的童养媳”似的小市民，“在新的历史舞台上”，“早已不是主角儿”。《右第二章》批判了在抗日炮火声中某些知识分子苟安偷生、利己主义的卑怯心理，歌颂了阿祥等工人积极参加抗日活动的爱国主义精神；通过对阿祥的不愿撤退被军队枪杀，他的家属因而精神失常的描写，从侧面揭露了国民党反动派妥协投降的罪行。

一九三二年间，茅盾在创作长篇小说《子夜》的同时，还创作了《林家铺子》《春蚕》等几篇著名的小说。一九三三年三月，茅盾把他这几年间写的八篇作品编集出版，题名为《春蚕》。

在《春蚕》这个集子中，以小市镇和农村生活为题材的作品，具有重要意义。

---

① 转引自《晦庵书话》，北京出版社 1960 年版。

从前面的介绍中我们可以看到,茅盾写作市镇生活和农村题材的作品,是有直接的生活感受的。

茅盾最初开始构思《子夜》时,原来包括一个农村三部曲的,所以就有意识地搜集一些农村素材。一九三二年间,他曾两次回乡。“一·二八”淞沪战争时,他的母亲正在上海。战争结束后,怕乡下不安宁,一直拖到五月间,才把母亲送回去。八月间,因祖母去世,茅盾又和孔德沚带了两个孩子回去奔丧。这是一年中的第二次回乡。这两次回乡,使他了解到农村中的最新的变化,特别是“丰收灾”——一九三二年间在中国农村发生的怪现象,使他感触很深。此时,《子夜》的构思已经改变,决定只写都市了。于是他就决定用农村题材写短篇小说。

一九三二年二月,茅盾写了《小巫》。描写了一个原来在上海某百货公司当售货员,被一个“老爷”买去当姨太太的菱姐的悲惨命运;并以菱姐为视点,揭露镇上保卫团团董“老爷”、保卫团队长、公安局长、省保安队连长之间因利害关系进行尔虞我诈的斗争,又互相勾结,合伙鱼肉人民的丑恶行为,从而揭示了国民党反动统治的社会基础的凶残暴虐又腐朽透顶。但是,哪里有压迫,哪里就有斗争,正是他们,迫使老百姓拿起武器进行反抗。小说题为《小巫》是暗示:保卫团团董“老爷”以及什么队长、局长、连长之流,欺压老百姓虽然极其凶残,与“大巫”比较起来,只不过是“小巫”而已。但“大巫”在哪里呢?作者没有说,让读者自己去思考。

一九三二年五月,茅盾送母亲回到乌镇。这是他在“一·二八”淞沪战争以后第一次回到故乡。帝国主义军事进攻和经济侵略,特别是日本货向农村倾销所造成的农村经济危机,并由此促使市镇和农村各种矛盾的日益尖锐,人情世态发生巨大变化,这些让茅盾感触很深。同时在写作上他又一次“想换一换口味”,“从自己所造成的壳子里钻出来”,于是便写下了《林家铺子》。

《林家铺子》描写邻近上海的一小市镇上的一家小百货铺,虽然尽力挣扎仍不得不倒闭的故事。

林老板从父亲手里继承下这个小百货铺,做生意巴结认真,从没浪费过分文,没有害过人,没有起过歹心。他熟悉做生意的诀窍,生意清淡时用“大放盘”招来顾客,生意好转时就把货码提高,“把次等货换上头等货的价格”。他甚至在群众反对贩卖东洋货的高潮中,向国民党党部行贿,把东洋货的商标撕去冒充国货廉价推销,还有一个老实而又能干的伙计寿生做帮手。然而尽管如此,林老板还是逃脱不了破产的命运。因为,在饥饿线上挣扎的农民虽然知道那些日用品价钱是“便宜”,可就是“没有钱买”;由于日本帝国主义的侵略战争,上海来的收账客人坐索现款,本镇的钱庄经理逼他扫数还清旧欠;国民党党老爷对他敲诈勒索;同业又对他造谣中伤,互相倾轧,趁他危急时挖去他仅有的存货。这样,他虽然挨过了年关,仍然不可能把他的铺子维持下去,只有一走了之。

作家又一次改变他写起来得心应手的知识分子生活这一类题材,转而去描写市镇小商人,成功地塑造了林老板这个人物。这种个性鲜明的小商人的典型不仅是在茅盾的创作中第一次出现,也是中国现代文学史上别的作家不曾提供过的。《林家铺子》的题材有着很强的现实性。林老板最后是一走了之,作家没有让他起来“斗争”,作品中也没有什么政治口号。但小说通过对迫使林老板破产的原因的具体描写,不仅反映了广阔而深刻的历史内容,并且革命的政治倾向也蕴含其中了。在艺术手法上,作家继续发挥他善于刻画人物心理状态的手法,让人物在复杂的多层次的矛盾冲突中,在行动中表现他的个性,这就使人物的个性特征表现得更为充分,形象也就更为丰满,更富有典型性。复杂而又层次井然的结构,朴素、明快、开朗的语言,使作品具有独特的风格。这些特点,标志着茅盾在短篇小说创作的道路上又前进了很大的一步。

《林家铺子》发表以后,在文艺界引起广泛的注意和好评。朱自清说这篇小说“写一个小镇上一家洋广货店的故事,层层剖剥,不漏一点儿,而又委曲入情,真可算得‘严密的分析’”。他认为这是茅盾的“最佳之作”。① 有些评论家虽然从社会学的角度出发苛求作家,但也不能不承认这篇小说在取材上“是百分之百把握了现实,意识上也是非常正确的”;“在人物的配置上和描写,小市民阶级的林先生,封建意识的林大娘,金融资产阶级的走狗上海客人,市镇的豪绅商会长,都写得非常深刻、生动、有力!此外在写老年人朱三太和少女林小姐时,也都能描摹出个性来”,所以是一篇“很成功的作品”。②

一九三二年八月茅盾第二次回乡,农村正经历了一场春茧丰收的“灾难”,这就使他加深了对“丰收灾”的认识,决定用这一题材写一篇小说。十月底写成了

① 朱自清:《子夜》,《文学季刊》1卷2期,1934年4月。
② 罗浮:《评茅盾〈春蚕〉》,《文学月报》1卷2期,1933年7月。

《春蚕》,发表于《现代》第二卷第一期。

《林家铺子》和《春蚕》陆续发表后,反响强烈,赞扬的多。《申报月刊》的主编俞颂华又找到茅盾,要他再写一篇农村题材的小说。于是他就把《春蚕》的人物和故事加以发展,于一九三三年一月写成《秋收》(《申报月刊》第二卷第二期),同年六月写了《残冬》(《文学》创刊号)。人们通称之为"农村三部曲"。作家自己原来没有写"三部曲"的计划,是第一篇《春蚕》写好以后,发展而成第二部(《秋收》)、第三部(《残冬》)的。人物和故事情节是完全连贯的,是名副其实的"三部曲"(《残冬》写于短篇小说集《春蚕》出版以后,为方便起见,此处合并评述)。

六十多岁、勤劳忠厚的老农民老通宝,把自己的命运完全寄托在桑事上,他希望"桑花利市",偿还债务,从而扭转贫困的命运。对于"越变越坏"的世道,他感到非常困惑。他认真思索过自己的命运和这个"越变越坏"的世道的关系,模模糊糊地感觉到是和那些带"洋"字的东西的来到和"换了新朝代"(按:指国民党新军阀的统治)有关,但封建迷信观念却阻碍他去进一步认识自己的命运。不是老天爷的保佑,而是一家人经过几十天的紧张劳动,终于获得蚕花丰收。但结果却是"白赔上十五担叶的桑地和三十块钱的债",老通宝向下坡路再走了一步,气得大病一场。(《春蚕》)由于春蚕丰收成灾,在青黄不接的时候,农民们过饥饿的生活,老通宝也饿得眼睛发花,小儿子阿多参加"吃大户""抢米囤"的斗争,他坚决反对,要告他忤逆,要活埋他。"抢米囤"的风潮平息了下去,接着而来的是与旱灾的斗争。在这场斗争中,现实生活迫使老通宝不得不向他一向所痛恨的"洋水车""肥田粉"等"洋"东西低头。经过一场艰苦的斗争,天老爷的帮助,又是一场丰收。但跟着丰收来的是米价的暴跌,"老通宝的幻想的肥皂泡整个儿破灭了"。"丰收"的惨痛送了他的一条命,在他临死前,似乎又感觉到阿多是对的(《秋收》)。

老通宝的小儿子阿多——多多头,是一个"不知苦乐"的小伙子,开朗、愉快、热爱生活,他不相信父亲的那些鬼禁忌;他乐于帮助别人,对被人们视为"白虎星"的荷花,他也抱着同情。由于他年轻、思想上旧影响比较少,生活本身使他体会到"单靠勤俭工作,即使做到背脊骨折断也不能翻身"这个道理。因此他不相信"蚕花好""田里熟"就能改变自己的命运。这表明他对老一代农民生活道路已经起了怀疑,叛逆的性格已在他的身上萌芽(《春蚕》)。因而,在"抢米囤""吃大户"的斗争中,他自然就成为起来抗争的农民们的领袖之一;在与旱灾的斗争中,他又乐于接受“洋水车”“肥田粉”这些新事物(《秋收》)。春蚕的美梦破灭于前,秋天的幻想绝望于后。在寒冬西北风下挨饿的农民便寄希望于“改朝换代”。以阿多为代表的年轻一代农民,在大革命时代就已受到革命思想的影响,在他身上早已萌发出叛逆的性格,在活不下去的时候,他们便自发地组织了起来,拿起锄头镰刀,夺取反动政权的武器来武装自己,并且以嘲弄的口气唾弃了那个所谓的“真命天子”。这表明阿多他们已经和传统的观念决裂,走上“造反”的道路了。(《残冬》)

阿四和四大娘,各有自己的个性,他们的共同之处是和老通宝一样勤劳刻苦,也一样相信各种禁忌。但不像老通宝那样固执,在和自己的切身利益有关的时候,也是愿意接受新事物的(《春蚕》)。在挨饿的时候,他们曾想老老实实地依靠借贷渡过难关。在“吃大户”的斗争中,在阿多等的影响下,他们的认识也有了转变,跟着大伙儿走了。在与旱灾的斗争中,他们也较快接受“肥田粉”等新事物(《秋收》)。在一年里经受了春蚕秋稻两次“丰收成灾”的打击,本来是“自田自地”,生活还过得去的老通宝留下的那个“家”完全垮了。阿四虽然还想种“租田”过活,但他知道“种租田不是活路”。四大娘的父亲劝她到镇上去给人家“做女佣”,拿“工钱”;阿四也想到镇上去做“短工”,“混一口饭吃”。但他立刻又想到走上这一条路,“他这一世”就“完了”。“拆散了这家去过‘浮尸’样的生活,那非但对不起祖宗,并且也对不起他们的孩子——小宝”。的确,千百年来的生活养成的信念和习惯,“就以为做人家的意义无非为要维持这个‘家’”,而现在要拆散这个“家”去“吃人家饭”,总觉得“不是路”,打不起主意。(《残冬》)事实上已经变成农村无产者的阿四和四大娘,要在思想感情上要适应这一变化,的确是不容易的啊!

《春蚕》《秋收》《残冬》通过对老通宝父子两代为了生活和命运在一年间的勤劳奋斗的描写,塑造了三种农民的典型:老通宝是老农的典型,多多头是青年农民的典型,阿四和四大娘的性格互为补充,是中年农民的典型。在他们身上体现了中国农民传统的性格特征:一方面是勤劳、刻苦、质朴和反抗性,一方面是小私有者的安土重迁思想和深受封建迷信思想毒害而形成的命运观念,但这种传统的性格特征又因他们在家庭中所处的地位不同而不同:在老通宝身上突出表现为顽固守旧,但也有着一种盲目排外思想和敌仇那些“私通洋鬼子”的人的情绪;在阿多身上则反抗性更为突出;而阿四和四大娘虽然“自顾自”,但也能接受新事物随大流。这些性格刻画是有很高的真实性和典型性的。

通过对老通宝、阿多、阿四和四大娘等人物的性格和命运的描写，小说揭示出，帝国主义的经济侵略，国民党的反动统治，地主、高利贷者的剥削，是造成农民苦难生活的根源。但在农村经济破产过程中，农民自身由于经济地位的变化，思想意识也在跟着发生变化，其中的先进分子逐步认识要改变自己的处境，不仅不能相信命运，更必须抛弃对什么"真命天子"的幻想，应该自己拿起武器进行斗争。这样，小说对三十年代初中国社会生活的反映不仅是非常真实的、深刻的，而且是揭示了历史发展动向的。

在"农村三部曲"中，作家继续发挥他所擅长的刻画人物心理状态的才能，但不只是作静态的剖析，而是和《林家铺子》一样，在波澜迭起的情节的发展变化过程中，在人物的行动中，多侧面、多层次地来揭示人物内心最隐秘的东西，从而使他笔下的人物栩栩如生，富有立体感。作品还具有强烈的时代性、鲜明的地方色彩和浓厚的生活气息。这一切表明作家的艺术个性、艺术性格也是在发展的。

"农村三部曲"表明，作家对农村生活是很熟悉的，对农民的"所思所感与所痛"是有深刻理解的，在艺术上是不断地进行探索和创新的。作家把他对中国社会生活、特别是农村生活的马克思主义的分析、对农民的无产阶级的情思融化在对人物形象的塑造中，融化在"对现实关系的真实描写"中。因而，这是成熟的革命现实主义小说。

《春蚕》等三篇作品，由于思想和艺术上的杰出成就，陆续发表后就受到评论界的热情赞扬，《春蚕》这一篇得到更高的评价。朱自清说："《春蚕》《秋收》，分析得细"，"我们现代小说，正应该如此取材，才有出路"。① 王蔼心认为："作者处处从侧面入手用强有力的衬托，将帝国主义经济侵略深入农村，以及数年来一切兵祸、苛捐……种种剥削后的农村的惨酷景象，尽量暴露无余。""作者很愉快地告诉我们，现在整个的农村都已崩溃了，但不要紧，这仅是动乱前的一个普通现象，这现象的背后，埋有许多许多民族走向复兴的力，它可以使地球转向光明。"②一九三三年上半年，夏衍化名蔡权声把《春蚕》改编成电影剧本，并由明星影片公司摄制成同名影片。这是中国第一次把进步的文学作品改编成为电影。鲁迅指出这是国产

① 朱自清：《子夜》，《文学季刊》1 卷 2 期，1934 年 4 月。

② 王蔼心：《〈春蚕〉的描写方法》，《读书顾问》第 2 期，1934 年 7 月。

片从武侠片中“挣扎起来”，“是进步的”。①

三部曲对文学创作也起了积极影响。《春蚕》发表以后，以农村经济破产为题材的创作，相继出现。如叶圣陶的《多收了三五斗》、叶紫的《丰收》、夏征农的《禾场上》、洪深的《农村三部曲》(《五奎桥》《香稻米》《青龙潭》)，等等，都各具特色。

其他四篇，题材、形式和艺术手法各有特点。

《喜剧》写的是一幕小喜剧。五年前，“国民革命军”北伐的时代，作为国民党员的青年华因散发反对北洋军阀孙传芳的传单，被关进监牢。过了五年的铁窗生活以后出狱，已经是“青天白日的世界”。代替孙“联师”“雄踞南京”的是一位“总司令”，的确已革过命了。但“吃的穿的都革贵了”，“革命政府”“在四年内发的公债比北洋军阀十五年内所发的数目多上好几倍”，而上海，是“更适宜于寻欢作乐了”；“做官的大亨”是那些当年不革命、反革命的人。当年革命的国民党员青年华出狱后却像丧家之狗，连买一个烧饼充饥的钱也没有，更找不到栖身之处，只好冒充共产党再进监牢。“喜剧将那无价值的撕破给人看”②，作家用喜剧手法描写青年华出狱后的遭遇，文笔轻松，富有幽默感，却尖锐地揭露了“青天白日”下的丑恶，抨击了国民党反动派对革命的背叛。

《神的灭亡》讲的是北欧的神话。天上，“神中之王”奥定，是一个口是心非、荒淫无耻、凶残暴虐的家伙，他拥有无上权威，还有许多战将、武士供他指挥。他把他自己所有的“敌人”都锁禁起来，自以为他的统治权“安若磐石”。然而，“在下界”，“被压迫者”反叛了，他的“敌人”也都“挣断了镣梏”，“全宇宙的被压迫者联成了一条战线”，一齐向“天宫”进攻。最后，奥定和他的战将、战士全都战死了，只有“火焰巨人”没有死，他用他的“火焰刀”烧毁一切，重新创造宇宙。显然，这虽然讲的是北欧神话，其实是暗喻当时现实的，“象征蒋家王朝的荒淫堕落及其不可挽救的必然灭亡”。③

《光明到来的时候》是一篇用象征手法写的近似寓言体的作品。长期生活在“黑暗的古老的建筑”里的两个人，在这座建筑产生了裂缝、透进一线亮光的时候，

① 《电影的教训》，《鲁迅全集》第5卷292页。

② 《再论雷峰塔的倒掉》，《鲁迅全集》第1卷第191页。

③ 《茅盾散文速写集·序》，人民文学出版社1980年版。

他们都欢欣鼓舞。但“火山爆发”的大火使裂缝愈来愈大,光明就要到来的时候,其中一个却认为这“光明”和“书本子”上讲的不一样,还要刺痛眼睛,随着“大火”而来的“天翻地覆的变动”,“书本”上也没有说过,不肯忍受一点点痛苦,倒下了。另一个却迎着“火”前进。他欢迎烈火“烧毁了旧世界的一切渣滓”,自己也要“在火里洗一个澡”! 这篇作品体裁上和散文更接近,一九八〇年时作家自己把它编入《茅盾散文速写集》。

《喜剧》等四篇作品表明,茅盾善于运用多样的题材、形式和艺术手法进行创作,多侧面地反映生活。

综上分析,可见短篇小说集《春蚕》(加上《残冬》),特别是其中的《林家铺子》、“农村三部曲”等以市镇和农村生活为题材的作品,在思想和艺术上都取得杰出的成就,不仅在茅盾本人的文学道路上是又一个重要的突破,并且是继鲁迅的《呐喊》《彷徨》之后,我国新文学短篇小说发展史上的一个新的高峰。

《春蚕》出版以后到一九三四年初,茅盾又写了四个短篇,其中有三篇是以小市镇和农村生活为题材的。《残冬》前已评述,《当铺前》描写农民王阿大上当铺典当破旧的衣服的遭遇,反映了农民的贫苦生活;《赛会》描写小市镇居民因旱迎神求雨的活动,反映了小市民的迷信、落后和狭隘性,以及反动政府的苛捐杂税给他们的沉重负担。《牯岭之秋》是作家用自己一九二七年七月从武汉经九江到牯岭的亲身经历为背景,反映了大革命失败后一部分知识分子的思想波动和心理变化,但没有按计划写完,结束得很匆忙。

从一九三二年到一九三三年间,茅盾还写了不少散文,大部分是以小市镇和农村生活为题材的。

《故乡杂记》(包括《一封信》《内河小火轮》《半个月的印象》等三篇)写作家一九三二年春天回家,在沪杭路的三等车厢中,在内河小火轮中,以及在故乡半个月的所见、所闻与所感。用夹叙夹议的手法记述了帝国主义的经济侵略、“一·二八”淞沪战争、国民党政府的苛捐杂税和高利贷者的剥削对上海附近的小市镇和农村生活的严重影响,指出小商人和小康的自耕农都正处在迅速破产的过程中,一般市民和广大农民群众愈来愈穷了。但是,他们都还没有觉醒,他们的精神状态都还是在封建思想的统治下,听天由命,苟安度日。这体现了作家观察问题、分析问题的敏锐性和深刻性,能从表面现象透视到事物的本质,也体现了作家对广大人民群众的命运的深切忧虑。《故乡杂记》所记载的许多事实，和作家创作《林家铺子》、“农村三部曲”、《当铺前》等小说有密切关系。把它们加以对比，可以清楚地看到作家是怎样把生活素材典型化的。

不少叙事性的散文，深刻地描绘了城乡的社会面貌。上海是在迅速地“现代化”：外资增加，投机市场繁荣，但生产萎缩，消费膨胀，民族工商业日趋破产（《现代化的话》）；在乡村，“现代化”在进行着：铁路、小火轮深入农村，成为吸取农民脂膏的大动脉（《农村杂景》）；肥田粉、洋蚕种等近代科学技术的成果并没有给农民造福，反而给自给自足的农村打开一个缺口，使农民的钱从这个缺口流入城市，流向外洋（《陌生人》）；谷贱伤农，丰收反而成灾（《现代化的话》）；迎神赛会等迷信活动被加上了“振兴市面”等堂皇的名目（《香市》《谈迷信之类》）。这些散文，题材广阔，形式不拘一格，艺术手法多样，或抒情，或叙事，或夹叙夹议，挥洒自如。为民族和人民的命运而忧虑的爱国主义深情，渗透在字里行间。

这些散文和几年前的散文一起收入《茅盾散文集》和《话匣子》。

上述散文创作和短篇小说，构成了一幅二十世纪三十年代初期的中国社会生活的画卷，有着鲜明的时代特征和地方色彩。

一九三二、一九三三年，是茅盾农村题材小说的丰收时期。

茅盾在《我们所必须创造的文艺作品》中说：“文艺家的任务不仅在分析现实，描写现实，而尤重在分析现实、描写现实中指示了未来的途径”，“立在时代阵头的作家应该负荷起时代所放在他们肩头的使命”。[①] 在《〈地泉〉读后感》中，茅盾批评了公式化、脸谱化的作品以后指出：作家要能运用唯物辩证法去观察社会，把他所获得的对于社会的认识，“用形象的语言、艺术的手腕”表现出来，并且要做到“感情地去影响读者”。[②] 茅盾在一九三二到一九三三年间的短篇小说和散文创作，和《子夜》一样，是实践了自己的主张的，也就是说他的创作实践和他的文艺思想是完全一致的，理论上克服了教条主义的影响，创作上没有概念化，革命现实主义完全成熟了。

① 《北斗》第 2 卷第 2 期，1932 年 4 月。

② 见《茅盾论创作》第 244 页，上海文艺出版社 1980 年版。

第九章　与鲁迅并肩战斗〔下〕

三十六　《申报·自由谈》的两大"台柱"之一

一九三二年十一月，中国第一大报《申报》老板史量才决心改革副刊《自由谈》，刚从法国留学回来的黎烈文应聘担任主编。他约请茅盾和鲁迅、郁达夫、叶圣陶等写稿。茅盾当时考虑到，左翼作家如果能够在著名的保守势力《申报》上占领一席之地，无疑是个大胜利，便接受他的要求。

茅盾为《自由谈》写的第一篇文章是《"自杀"与"被杀"》（十二月二十七日）。一九三三年一月发表了《血战一周年》等三篇，都用"玄"这个笔名。鲁迅于一月三十日、三十一日连续发表了《观斗》《"逃"的合理化》，署名何家干。一月三十日《自由谈》"编辑室"栏登了一段告白："编者为使本刊内容更为充实起见，近年约了两位文坛老将何家干先生和玄先生为本刊撰稿，希望读者不要因为名字生疏的缘故，错过'奇文共赏'的机会！"虽然说"名字生疏"，但既点明系"文坛老将"，并且文章尖锐有力，自然引起人们的注意。二月四日，茅盾带了刚出版的《子夜》去拜访鲁迅，谈话中也谈到为《自由谈》写稿的事。《自由谈》原来系"鸳鸯蝴蝶派"的巢穴，黎烈文进行改革，当然是好事。所以鲁迅也认为"应该支持他，这是从敌人那里夺过一个阵地来"。他们还谈了可以做文章的题目。

这次交谈以后，茅盾和鲁迅就协力支持黎烈文。二月和三月，鲁迅每星期平均发表三篇，茅盾则平均发表两篇，内容太尖锐的，就换个新笔名"阳秋"。国民党方面很快就注意到《自由谈》的新倾向。三月三日出版的《社会新闻》（二卷二十一期）上的《左翼文化运动的抬头》中说，《申报》的《自由谈》"在'礼拜六派'的周某主编之时，陈腐到太不像样，但现在也在左联手中了。鲁迅与沈雁冰，现在已成了

《自由谈》的两大台柱了。”[①]反动刊物的这种告密式的评论，自然是别有用心的。但鲁迅和茅盾在《自由谈》中起了“台柱”的作用，产生了很大影响，却是事实。这一年的四月间，鲁迅从北四川路的公寓搬进施高塔路大陆新村一弄九号。接受鲁迅建议，茅盾也迁居大陆新村，用沈明甫的化名，租了三弄九号，在这里住了两年多。这两年间，茅盾与鲁迅过往甚密，有什么事商量，走几步路就到他家里了。鲁迅有时也到茅盾家去坐坐。这个时期，他们对时事政治问题、文艺问题的看法，颇为一致。

到五月中旬以前，鲁迅为《自由谈》写了四十三篇杂文（其中有九篇系瞿秋白所写，用何家干这一笔名发表），收集为《伪自由书》。茅盾写了二十九篇（有一篇被扣压，未能发表），大部分收集在《茅盾散文集》中。

茅盾的这些杂文，大多是抨时政、砭锢弊的，攻击矛头直接指向国民党反动派的法西斯统治和卖国投降政策，如《哀汤玉麟》《欢迎古物》《“惊人发展”》《把握住几个重要问题》等；即使是谈文艺的，如《阿Q相》《最近出版界的大活跃》《神怪野兽影片》《玉腿酥胸以外》等，也大都话中有刺，刺向同一目标。反动派当然受不了。

五月初，《社会新闻》（三卷十二期）又登出了一篇题为《鲁迅沈雁冰的雄图》的文章，造谣说：“自从鲁迅沈雁冰等以《申报·自由谈》为地盘，发抒阴阳怪气的论调后，居然又能吸引群众，取得满意的收获了。在鲁沈的初衷，当然这是一种有作用的尝试，想复兴他们的文化运动。现在听说已到组织团体的火候了。”[②]《社会新闻》这样说，一方面是诬蔑、攻击鲁迅、茅盾，一方面则是对《申报》老板史量才施加压力，要他改变《自由谈》的倾向。史量才虽然比较开明，但自然怕戴宣传赤化的帽子，向黎烈文提出了警告，并令总编室加强审稿。于是从五月份起，议论时局的文章就常被扣压，为此，黎烈文向鲁迅、茅盾等打了招呼。五月二十五日，黎烈文更不得不在《自由谈》上登出启事说：“这年头，说话难，摇笔杆尤难。这并不是说：‘祸福无门，惟人自召’，实在‘天下有道’，‘庶人’相应‘不议’。吁请海内文豪，从此多谈风月，少发牢骚。”此后，《自由谈》的编辑，不得不采取一些新的手法。五月

① 转引自《伪自由书·后记》，《鲁迅全集》第5卷第152页。

② 转引自《伪自由书·后记》。

二十五日以前,可说是《自由谈》革新后的前期。宣告"多谈风月"后的《自由谈》,可称为革新后的后期。"何家干"和"玄"两个笔名不再出现了。鲁迅和茅盾与黎烈文商量好,经常更换笔名,继续写文章,因此仍然使国民党头痛。正如鲁迅所说:"谈风云的人,风月也谈得,谈风月就谈风月罢,虽然仍旧不能正如尊意。"①这样,黎烈文终于为反动派所忌恨,于一九三四年五月被迫去职。继任者仍倾向进步。鲁迅和茅盾也继续给他写稿。鲁迅写到八月,所写文章收入《准风月谈》《花边文学》。茅盾用了郎损、仲方、仲元、伯元、微明、止水、木子、维敬等笔名,写到十一月《申报》总经理史量才被暗杀,《申报》改变编辑方针止,共写了三十三篇文章,平均每月两篇。

这些文章,有谈文艺问题的,如《文学家成功秘诀》,批评施蛰存劝青年读《庄子》《文选》;《不关宇宙和苍蝇》,批评林语堂提倡"闲适"的小品文;《花与叶》《批评家辨》,谈文艺批评。有谈文化问题的,如《孩子们要求新鲜》,谈儿童读物;《不要阉割大众语》,批判复古倾向。有谈青年思想问题的,如《现代青年的迷惘》,鼓励青年注意现实问题。有谈社会政治问题的,如《大减价》《杂谈七月》《"双十"闲话》等,谈水灾、旱灾、农村破产,都市市面衰落。这些杂文,现实针对性仍然是很强的,只是笔法更加含蓄、曲折一些,所以仍然具有"匕首"和"投枪"的作用。

总之,茅盾在《申报·自由谈》上发表的六十多篇杂文,内容是抨时政、砭锢弊的。有许多选题和鲁迅的杂文是互相配合的,形式短小精悍,手法多种多样,生动活泼,如果编集起来,是可以和《伪自由书》《准风月谈》相媲美的。

延续两年的《申报·自由谈》革新,意味着左翼作家们进一步突破了自设的藩篱,从守旧势力那里夺过来一个很有影响的阵地,更大胆地运用公开、合法的斗争方式,从而在反对反革命的文化"围剿"方面取得巨大的胜利。《自由谈》的革新,吸引了许多有成就的作家来写杂文,还培养了一批年轻的杂文作者。写作杂文,蔚然成风,使杂文的写作到了一个全盛时期。曾经有人说:"如果写现代文学史,从《新青年》开始提倡的杂文不能不写;如果论述《新青年》后的杂文的发展,黎烈文主编的《申报》副刊《自由谈》又不能不写。这样才说得清历史变化的面貌。"②这

① 《准风月谈·前记》,《鲁迅全集》第5卷189页。

② 唐弢:影印《申报·自由谈》序。

是说得很中肯的。在《自由谈》上,鲁迅和茅盾,每隔几天,就登出一篇,"筚路蓝缕,蹊径独辟,真起了登高呼号,搴旗前引的带头作用"。[①] 所以茅盾确实可说是革新期间的《申报·自由谈》的两大"台柱"之一。

三十七 为《文学》呕心沥血

《小说月报》因"一·二八"事变停刊,商务印书馆高层没有复刊的表示。"左联"的刊物又都被反动派禁止。作家们,尤其是青年作家们写出了作品苦无发表的地方。一九三三年春,在燕京大学任教的郑振铎回到上海度假,茅盾和他谈起上海文艺界的情况,觉得有创办一个"自己"的而又能长期办下去的文艺刊物的必要。当即商定刊物的名称叫《文学》,内容以创作为主,提倡现实主义,也重视评论和翻译,观点是左倾的,作者队伍可以广泛容纳各方面的人,对外还要有一层保护色。茅盾认为自己是"被戴上红帽子"的,担任主编于刊物不利,郑振铎又远在北平教书。当即议定另行物色一位主编。

经过一段时间的筹备,商定鲁迅、叶圣陶、郁达夫、陈望道、胡愈之、洪深、傅东华、徐调孚,加上茅盾和郑振铎共十人组成编委会,由郑振铎、傅东华担任主编,黄源负责具体工作,但在刊物上不署主编人姓名,只署"文学社",以示刊物由编委会集体负责。由邹韬奋主持的生活书店出版、发行。这些问题商量好后,郑振铎即去北平教书,傅东华商务的编辑工作,还不能全部摆脱。所以《文学》的实际筹备工作由茅盾负责。

《文学》邀请了几十位知名作家为特约撰稿人。七月出版了创刊号,除鲁迅的两篇文章《又论"第三种人"》《谈金圣叹》外,陈望道、郁达夫、叶圣陶、朱自清、巴金、王统照、丰子恺、夏丏尊、俞平伯、陈子展、顾颉刚、张天翼、曹靖华、朱湘等名家都有文章,当时的青年作家沙汀、艾芜、臧克家、楼适夷、黑婴等以及茅盾、郑振铎、傅东华、黄源等也都有作品或译文。《文学》就这样一诞生就气势不凡,一鸣惊人。

《文学》创刊号的发刊词——《一张菜单》,是茅盾与傅东华商量以后,傅东华执笔的。文章中说:"无论谁的作品,只要是诚实由衷的发抒,只要是生活实感的

---

① 唐弢:影印《申报·自由谈》序。

记录”,“有一个共同的憧憬——到光明之路”,都可以发表,但反对“足以障碍到光明之路的一切”,概括地表明了《文学》的旨趣。茅盾写的带点“编后”性质的“社谈”——《新作家与处女作》表示:《文学》“不问作家的新老或面熟面生,只看文章的好坏”,并表示乐于发表新进作家的作品和新作家的处女作。

为了《文学》的出版,茅盾花费了不少心血。在第一卷中(一九三三年下半年),他发表了短篇小说《残冬》等和许多评论文章。

一九三三年年底,成仿吾从鄂豫皖苏区秘密来到上海治病,在鲁迅的帮助下与地下党组织取得了联系。经鲁迅介绍,茅盾会见了成仿吾,得悉沈泽民已经病故的消息。原来沈泽民、张琴秋夫妇于一九三一年五月到达鄂豫皖苏区,泽民任中共鄂豫皖边区中央分局委员、鄂豫皖苏区省委书记,琴秋则到红四方面军政治部工作。在苏区,环境艰苦,工作繁重,沈泽民的肺病复发了,又患了疟疾,不幸于一九三三年十一月二十日去世。从此,茅盾失去了唯一的一个弟弟。

一九三三年年底,国民党反动派强化了反革命的文化“围剿”,书籍、杂志的原稿要预先审查以后才得发表或出版。生活书店也得到通知,《文学》从第二卷起,每期稿子要经过检查官的检查通过,才能排印。版权页上不能笼统署“文学社”,要署主编人姓名。编委会研究决定,主编署上郑振铎、傅东华的名字,实际由傅东华负责。茅盾则退入幕后,暂不露面。《文学》继续出版了。但检查官滥施威风,大抽大砍,使一、二两期大受影响。茅盾与主编研究了对付办法,从第三期起连出四期专号,即翻译专号、创作专号、弱小民族文学专号、中国文学研究专号。

在第二卷的《文学》上(一九三四年上半年出),茅盾发表了短篇小说《赛会》,译文七篇,书刊评论、短论十多篇。

《文学》第二卷是在和国民党反动派的图书检查法的斗争中度过的。连续出四期挡住了检查老爷的乱抽乱砍,站稳了自己的阵脚,积累了合法斗争的经验,为继续前进闯开了路。

《文学》从第三卷第一期起又开始进击了。

在《文学》第三卷上(一九三四年下半年)茅盾发表短篇小说一篇《赵先生想不通》,作家论三篇,书评、短论三十多篇。

在第三卷最后一期的“文学论坛”上,茅盾写了一篇《一年的回顾》,其中说:

这一年(按：指一九三四年)“文坛”上并不寂寞，文艺定期刊几乎平均每月有两种新的出世，而“小品文论战”“大众语论战”“伟大作品产生问题的讨论”，乃至“文学遗产问题”“翻译讨论”，也大都是这一年内的事。“文坛”是在那里动，在那里斗！

这里提到的种种问题的争论，在茅盾的评论文章中都涉及了，并且提出了许多精辟的见解。这不仅表明他视野开阔，高瞻远瞩，更表明他的马克思主义的理论修养，已达到很高水平。

一九三五年，郑振铎因担任暨南大学文学院长，又主编《世界文库》，辞去了《文学》主编名义，由傅东华一人担任主编，年底，傅东华又辞职，茅盾物色了王统照来接替，编了第七、八两卷和第九卷一、二两期，后傅东华又编了两期，因“八一三”抗战爆发，形势剧变，《文学》才宣告停刊。在这期间，茅盾发表了中篇《多角关系》和许多短篇，以及一些评论文章。

《文学》是《小说月报》之后，全民族抗战以前，出版时间最长、影响最大的大型文学杂志。它不仅团结了一大批老作家、年轻作家，还发表了不少作家的处女作，培养了一批新作家，对我国现代文学的发展，起了重大作用。茅盾是《文学》的创办者。虽然他没有挂“社长”“主编”的名义，但实际上他一直是《文学》的领导人。他运筹帷幄，呕心沥血，为它确定编辑方针，组织编委会，物色主编；团结广大作家，组织稿件，妥善地解决内部纠纷；以机动灵活的战术与反动派作斗争，他自己还辛勤地为它写稿。

《文学》在白色恐怖下出版四年之久，取得了巨大成就，产生了深远影响，茅盾的功绩是不可磨灭的。

三十八　协助鲁迅创办《译文》及其他

一九三三年十一月起，国民党反动派强化了反革命的文化“围剿”，一些进步的文化和出版机构，如艺华影片公司、良友图书公司、神州国光社等，不是被捣毁，就是遭袭击。一九三四年二月，反动派又公然查禁书刊一百四十九种之多，牵涉到作家二十八人。鲁迅一九二七年以后翻译的文艺理论书籍和杂文集全部被禁。茅盾的著作除了介绍西洋文学的几种，所有创作，《宿莽》《野蔷薇》《蚀》《虹》《子夜》《路》《三人行》《春蚕》《茅盾自选集》等也全都在被禁止之列。

因为禁书多，自然影响到书店的营业，并且牵涉到的书店多达二十五家，迫使书店老板们联合起来进行斗争。由开明书店领头，用合法的方式进行请愿。大概国民党方面也怕书店倒闭了或不肯出书了，有碍中外观瞻。于是将已被查禁的书籍解禁了五十几种，其中有的规定在删改之后准许出版发行。茅盾的《子夜》等均属应删改之列。

国民党反动派强化反革命的文化"围剿"，逼得革命作家们开动脑筋，采取各种办法来对付，出版新杂志就是对付办法之一，所以一九三四年这一年杂志出得很多，故有"杂志年"之称。《译文》和《太白》半月刊就是在这样的背景和气氛下出现的。

一九三四年五月底的一天，茅盾在鲁迅家里谈到当时的文坛情况，如作家卖文不易、轻视翻译，等等。鲁迅提议办一个专门登载译文的杂志。茅盾当即表示赞成。鲁迅又提议邀请被迫辞去《自由谈》编辑不久的黎烈文参加发起，茅盾推荐《文学》编辑黄源做具体工作。这样就立即着手筹备，生活书店愿意出版。

九月，《译文》创刊号出版，登载译文九篇：鲁迅三篇、茅盾三篇、黎烈文两篇，另外一篇是瞿秋白的存稿。所以创刊号的译稿实际上是鲁迅、茅盾和黎烈文三个人包了。鲁迅是实际上的主编，黄源以"编辑人"的名义对外。第二期的译稿还是三个人包了：鲁迅五篇，茅盾两篇，黎烈文三篇，另外傅东华译了一篇。第三期起有投稿了。第四期起由黄源负责编辑，请鲁迅审定后付排，这样一直到第二卷第六期。因与生活书店发生矛盾，于一九三五年九月出了最后一期"终刊号"，宣告停刊，茅盾与鲁迅合写了《终刊号 · 前记》。

《译文》是我国第一个专门介绍外国文学的杂志。它内容广泛，但主要是译载现实主义作品，选材严，翻译认真，每期都有珍贵的插图。对外国文学实行"拿来主义"，对我国现代文学的发展起了良好的作用，并且培养了新的译者。《译文》的成就当然应首先归功于鲁迅，但茅盾的功绩也是不应抹煞的。

一九三四年九月，陈望道、乐嗣炳等为了提倡大众语运动，打击林语堂鼓吹"闲适"小品，创办了以小品文为特色的刊物《太白》半月刊。陈望道原来要茅盾和鲁迅也担任编委，鲁迅认为他和茅盾公开列名恐怕反而于刊物不利，还是暗地里支持好。这样，茅盾和鲁迅都没有担任编委，而是给予积极支持。

《太白》创刊号上的头一篇文章是鲁迅的《不知肉味和不知水味》，第二篇就是茅盾的《"买办心理"与"欧化"》。《太白》出版了一年，一九三五年九月停刊。对于抵制林语堂所鼓吹的逃避现实的小品文，和发展杂文、及时反映现实的速写、鼓舞人心的抒情散文等起了积极作用。鲁迅在这个刊物上发表了二十五篇杂文，茅盾也正好发表了二十五篇。他们当时都住在大陆新村，见面机会较多，有些问题见面时交换过看法，所以写文章时观点上能互相支持。

茅盾和鲁迅创办《译文》，是实行"拿来主义"，同时他也将中国的优秀作品"输送出去"。一九三三年间，他们就帮助美国作家埃德加·斯诺编选了一本中国现代作品选集《活的中国》，侧重选老作家的作品。一九三四年间，茅盾和鲁迅又同意帮助美国记者伊罗生编选一本中国现代作家的短篇小说集，打算借此机会，把"左联"成立以后涌现出来的一批有才华而国外尚无人知晓的青年作家的作品介绍到国外去。鲁迅负责写《序言》，茅盾拟定选目初稿和左翼文艺期刊的介绍。经过研究，选定二十三位作家的二十六篇作品。鲁迅和茅盾各自写了《小传》，茅盾还为其他作家写了简介，供伊罗生参考。五月底，工作告一段落，伊罗生就到北平去了。以后他们多次通信讨论选目及其他一些问题，伊罗生把这个集子题名为《草鞋脚》，茅盾和鲁迅都表示赞成，并由鲁迅用毛笔题签。

这个集子一九三四年八月就已编好，但一直到一九七四年才在美国出版，选目和原来拟定的也有很大不同。①

一九三五年九月，美国作家史沫特莱准备编一本中国革命作家的小说集，请茅盾写一篇序。茅盾答应了，写了一篇题为《给西方的被压迫大众》的文章。因为这篇文章是打算在国外发表的，可以直言不讳。文章指出赛珍珠的《大地》中所写的中国农村和农民，是不真实的，被歪曲了的，而史沫特莱的《中国人民的命运》和《中国红军在前进》是把斗争中的中国的真正面貌介绍给西方读者的好书。文章介绍了"五四"以来中国新文学运动的发展历程，着重介绍了中国左翼文学运动的情况；指出西方读者可以从史沫特莱所编的这本书中看到中国民众的真实生活情形以及他们的迫切要求。但后来这本小说集没有出版是很遗憾的事。

---

① 《草鞋脚》，湖南人民出版社 1982 年版。

史沫特莱还找人把《子夜》译成英文,要茅盾写一篇自传。她还准备写一篇序文,请鲁迅提供:1. 作者的地位;2. 作者的作风和形式,与别的作家的区别;3. 影响——对于青年作家的影响,布尔乔亚作家对于他的态度等材料。鲁迅觉得自己平时不注意这方面的材料,转托胡风代笔。① 史沫特莱花了许多精力译成英文的《子夜》,因抗日战争爆发而未能出版。茅盾用第三人称写的《茅盾小传》,写到一九三五年,是茅盾当时自己写的自传中最详细的一篇,准确地记录了他当时对自己的认识,是一份弥足珍贵的资料。②

史沫特莱与鲁迅、茅盾都有很深的友谊,史沫特莱有事和他们商量时,往往采取三人聚会的方式,茅盾权充翻译。

一九三五年春,茅盾从鲁迅处得悉瞿秋白被反动派逮捕和被杀害的消息后,和鲁迅、杨之华等商量过编印瞿秋白的著作作为纪念。鲁迅认为瞿秋白的著作大量的是当时"违禁"的政论,最好留待以后由党来处理。他们只选编译文,并题名为《海上述林》,分上、下两册。关于出版问题,鲁迅主张在国内排好版,把纸型寄到日本去印刷、装订,以"诸夏怀霜"社名义出版,费用由朋友们捐款,茅盾同意鲁迅的设想,并捐了一百元。鲁迅为了编印《海上述林》,耗费了大量的心血,茅盾从中协助联系和促进,尽了自己的一份力量。上卷出版,装帧典雅美观,鲁迅感到很满意。下卷出版时,鲁迅已经与世长辞了。

一九三四年冬,良友图书公司编辑赵家璧计划编一套《新文学大系》,致函茅盾希望得到支持,并请茅盾担任小说部分的编选人,征求茅盾对大系体例的意见。茅盾当即表示支持,并建议大系断代以一九一七年到一九二七年为界,正好是新文学运动的第一个十年。小说部分按文学团体分为三编,文学研究会和创造社各一编,语丝、未名等社团合为一编。茅盾负责文学研究会这一编,他花了一九三五年第一季度的三个月,共选了二十九位作家的五十八篇小说,即《中国新文学大系·小说一集》。写了长篇《导言》论述了新文学运动第一个十年间小说创作的发展过程,分别评述了冰心、叶绍钧等十一位作家的作品的思想倾向和艺术特色,还特别评论了几位"无名作家"的作品。

---

① 《致胡风》,《鲁迅全集》第 13 卷第 284 页。

② 《文献》1982 年第 11 辑。

一九三六年间,茅盾应生活书店之请,按照高尔基编《世界的一日》的办法,编一本《中国的一日》,选定当年的五月二十一日,向全国一切作家、非作家征稿,要求他们写这一天的所见所闻与所得的印象。从登征文启事到编辑成书,花了三个月时间,从三千多篇、六百万言的来稿中选出近五百篇计八十万言集为一册。内容极为广泛,反映了帝国主义的侵略、国民党政府的倒行逆施、农村经济的破产,都市生活的混乱不安,失业群众在饥饿线上的挣扎,广大人民为了生存和自由而进行的英勇斗争。“在这丑恶与圣洁,光明与黑暗交织着的‘横断面’上,我们看出了乐观,看出了希望,看出了人民大众的觉醒。”①这一本集体写作的报告文学集,既发扬了报告文学迅速反映现实生活的作用,又推动了我国报告文学的发展。

三十九　为了文艺界的团结

一九三六年间,革命文艺界发生了“国防文学”与“民族革命战争的大众文学”两个口号的论争。

一九三五年冬,茅盾在鲁迅家里看到“左联”驻“国际革命作家联盟”代表萧三给“左联”的信。信中肯定了“左联”成立以来所取得的各项成绩;批评了“左联”长期以来存在而未能克服的“左”的关门主义和宗派主义错误,并建议解散“左联”,另外成立一个广泛的统一战线的文学团体。这是萧三根据中国共产党驻共产国际的代表王明的指示写的。“左联”的关门主义、宗派主义,鲁迅和茅盾是早就看到了的,并且很不满意的。对萧三的建议,茅盾抱赞成的态度,鲁迅认为要看一看再说,但不同意解散“左联”,因为“左联”是左翼作家的一面旗帜。

第二年一月间,夏衍会见茅盾,告诉他为了响应党中央建立抗日统一战线的号召,文艺界也准备建立一个抗日统一战线组织,并解散“左联”。请茅盾把这个意思转告鲁迅,征求鲁迅的意见,并希望鲁迅出面发起并领导这个新组织。茅盾把这个意见转告鲁迅,鲁迅赞成组织文艺界的抗日民族统一战线,仍不同意解散“左联”。后同意了,但要发一宣言,申明不是自行溃散。

与此同时,关于“国防文学”问题的讨论已经开始。上海文艺界地下党组织在

① 茅盾:《关于编辑〈中国的一日〉的经过》,《中国的一日》,生活书店 1936 年版。

与中央失去联系的情况下，根据王明在共产国际的报告《论反帝统一战线和中国民族解放运动》的精神，提出了“国防文学”这个口号。茅盾当时认为“国防文学”这个口号很通俗，是可以用的。但有些解释这个口号的文章，论点比较混乱，普遍存在一个问题：没有强调甚至没有谈无产阶级在“国防文学”中的领导责任。所以他觉得需要作正确的解释。

由于在解散“左联”问题上发生不同意见，情况变得复杂了。当时茅盾处在一个比较特殊的地位——与双方都保持着良好的关系。他意识到保持这种关系，能够起调节作用，并尽力发挥这种作用以促进团结。他发表了《作家们联合起来》《向新阶段迈进》[①]两篇短文，号召站在一条战线上的作家们联合起来，迎接民族解放运动的新高潮。他所强调的是“五四”以来的革命文学的传统，也正是鲁迅的观点。他没有提“国防文学”这个口号，只是正面表述了他对新形势下作家的任务与努力方向的认识。他还发表《中国文艺的前途是衰亡么》《悲观与乐观》《论奴隶文学》等文章，批评徐懋庸在《中国文艺的前途》中对“国防文学”这个口号所作的片面解释。

茅盾认为只有参加讨论才能使“国防文学”这个口号的解释完备起来，鲁迅同意茅盾试试看。于是茅盾又连续写了《需要一个中心点》和《进一解》[②]。他认为“国防文学”的战线是多方面的，但“必须有一中心思想，即提高民众对于‘国防’的认识(使民众了解最高意义的国防)，促进民众的抗战的决心”。他还指出，“在民族利益的大前提下，个人没有‘超然’的自由”，但是，“在‘国防文学’这一课题下，我们需要多方面的题材和多种多样的作风”；在“民族解放的伟大目标的条件下”，“作家们应有他们创作的自由”。与此同时，他又被推定为周扬等筹建的“中国文艺家协会”的发起人之一，并被推定起草宣言。

这是茅盾为了使“国防文学”这个口号得到比较完满的解释，为了文艺界的团结所作的最初的努力。

四月底，冯雪峰以中央特派员的身份从陕北来到上海，住在鲁迅家里，向鲁迅、茅盾等传达了党中央关于建立抗日民族统一战线的方针和政策，了解上海文艺界

---

① 《文学》第6卷第3期、4期。

② 《文学》第6卷第5期、6期。

的情况。冯雪峰在执行党中央交给他的主要任务的同时,也过问了文艺界的事,特别重视团结问题。

六月一日,胡风在《文学丛报》上发表《人民大众向文学要求什么?》提出了“民族革命战争的大众文学”这个口号。原来这个口号是鲁迅和冯雪峰、胡风商量后提出的,也征求过茅盾的意见。但胡风在他的文章中提出这个新的口号时,却没有谈“国防文学”口号,容易使人发生误解。接着,在《夜莺》等刊物上发表不少文章支持这个新口号,同时,在《文学界》《光明》等刊物上拥护“国防文学”的人则群起反驳,这就引起了两个口号的激烈论争。

在这期间,中国文艺家协会召开了成立大会,通过了茅盾所起草的宣言(宣言没有提两个口号),茅盾被推为常务理事会的召集人。紧接着,中国文艺工作者宣言也发表了(也没有提两个口号)。茅盾接受冯雪峰的建议,也在这个宣言上签了字,认为这样有利于挽回局面。这是茅盾为了文艺界的团结所作的又一次努力。

在这期间,鲁迅大病了一场,接受史沫特莱的建议,请美国 D 医生来诊断。茅盾做翻译。病情好转后曾考虑去日本疗养,但终于没有离开上海。

六月间,鲁迅写了《答托洛斯基派的信》《论现在我们的文学运动》。前者批驳了托派的谬论,公开表示拥护共产党的抗日民族统一战线政策。后者解释了“民族革命战争的大众文学”口号的含义,表示自己赞成这个口号,同时也说明它与“国防文学”的关系,肯定“国防文学”口号也是“有益的,需要的”,两个口号可以同时并存。冯雪峰打算让这两篇文章在双方刊物上同时发表,并请茅盾把它转交给《文学界》。茅盾也写了一篇《关于〈论现在我们的文学运动〉》附在鲁迅文章的后面交给《文学界》的编辑徐懋庸。鲁迅的《答托洛斯基派的信》,《文学界》没有给予发表(后来发表于《文学丛报》第 4 期),只发表了《论现在我们的文学运动》和茅盾的文章。在茅盾文章后面又加了很长的一段《附记》,拐弯抹角地说“国防文学”是“正统”,继续否定“民族革命战争的大众文学”。

之后,茅盾读了郭沫若的《国防 · 污池 · 炼狱》,得到启发,对“两个口号”的关系的看法有了一些改变,写了《关于引起纠纷的两个口号》。文章认为:两个口号可以并存,互相补充,“‘国防文学’是全国一切作家关系间的标帜”,不应作为创作口号;“‘民族革命战争的大众文学’应是现在左翼作家创作的口号”,但不能对所有文学者提出这一要求。文章批评了胡风的“十足的宗派主义的‘作风’”,也批评了周扬的关门主义和宗派主义。这篇文章在《文学界》发表，同时刊出了周扬的反驳文章：《与茅盾先生论"国防文学"的口号》①，全盘否定了茅盾的所有论点。特别是"文章还没有发表，反驳的文章就已经写好"的做法和"作为党的文委的领导人竟如此听不进一点不同的意见"②，茅盾对此感到很气愤。

八月中，鲁迅发表了《答徐懋庸并关于抗日统一战线问题》，表述了对抗日民族统一战线政策的认识和态度，论述了两个口号的相互关系，批评了周扬等人的作风，在文艺界引起了很大的震动，实际上给两个口号之争做了总结。茅盾接着发表了《再说几句——关于目前文学运动的几个问题》③，他认为他原来是一门心思调解纠纷的，可是有人不愿停止论战，连调解人都打了，他当然非答复几句不可。他在文章中再次申述了自己的观点，批评了胡风的关门主义和宗派主义言论，更尖锐地批评了周扬的关门主义与宗派主义。他指出，文艺家联合战线的健全的展开和扩大，只有在反对关门主义、反对宗派主义、反对争"正统"的"内战"之下，方能完成。

这样，为了文艺界的团结，茅盾更鲜明地表明了他的观点和态度。

在两个口号的论争过程中，茅盾因为"对双方论争中一些偏激的观点都进行了批评。因此也就不免受到双方某些同志的误解"。尽管如此，为了团结，他还出面召开座谈会，邀请双方的代表参加。由于出席者不多，座谈会"没有收到很大的效果"，但"这确是一个很有意义的顾全大局的行动"。④

经过了一场激烈的论争，批判了宗派主义，进一步明确了建立文艺界抗日民族统一战线的必要性。在冯雪峰等人的努力下，鲁迅、茅盾、郭沫若等各方面的代表二十一人（包括论争双方）于十月初签名发表了《文艺界同人为团结御侮与言论自由宣言》，标志着两个口号的论争基本结束，文艺界的抗日民族统一战线初步形成。

十月十日茅盾在《大公报》上发表了《谈最近的文坛现象》，回答了郭沫若《蒐苗的检阅》中的几个问题，澄清了一些离奇的"谣言"。这是他关于"两个口号"问题的最后一篇文章。

在"两个口号"的论争过程中，茅盾是顾全大局的，但又是坚持原则的。为了

---

① 《文学界》第1卷第2期。

② 《我走过的道路》（中）第335页。

③ 《生活星期刊》第1卷12号，1936年8月23日。

④ 荒煤：《拿起笔来，为了共产主义的理想而战斗》，《人民文学》1981年5期。

团结,他做了不少工作,对文艺界抗日统一战线的建立,作出了自己的贡献。

两个口号的论争基本结束,茅盾为了想安下心来创作一部长篇小说《先驱者》(写中国革命启蒙时期一些献身革命的无名的先驱者的故事),于十四日回到故乡乌镇去。前一天给鲁迅写了信,还收到鲁迅的回信。茅盾回到乌镇以后没有几天,痔疮大发,不能行动,十九日下午,得到鲁迅逝世的噩耗,极为震惊和悲恸,但无法赶回上海。隔了几天赶回上海,鲁迅已经安葬,无法最后一次瞻仰鲁迅遗容,只能和夫人孔德沚等到万国公墓鲁迅的新冢前致哀,接连写了《写于悲痛中》《学习鲁迅先生》《研究和学习鲁迅》等文章表示深切的悼念。至于写作《先驱者》的计划也就中断了。

一九三六年春节后的一天,茅盾到鲁迅家去拜年。鲁迅对茅盾说:史沫特莱告诉他红军长征抵达陕北建议他们拍一份电报去,祝贺胜利。电报请史沫特莱发出去。茅盾当时同意了,以后就没有谈起这件事。后来冯雪峰和张闻天都和茅盾谈起:他和鲁迅的那份贺电,中央已经收到。因为这份电报迄今还未发现,茅盾是否和鲁迅具名,还无法证实。①

---

① 编者按:电报内容于1995年8月由西北大学教授阎愈新在中国共产党西北中央局机关报《斗争》第95期中发现,题为《中国文化界领袖×× ××来信》,全文如下:

读了中国苏维埃政府和中国共产党中央的《为抗日救国告全体同胞书》、中国共产党《告全国民众各党派及一切军队宣言》、中国红军为抗日救国的快邮代电,我们郑重宣言:

我们热烈地拥护中共、中苏的号召,我们认为只有实现中共、中苏的抗日救国大计,中华民族方能解放自由!

最近红军在山西的胜利已经证明了卖国军下的士兵是拥护中共、中苏此项政策的。最近,北平、上海、汉口、广州的民众,在军阀铁蹄下再接再厉发动反日反法西斯的伟大运动,证明全国的民众又是如何热烈地拥护中共、中苏的救国大计!

英勇的红军将领们和士兵们!你们的勇敢的斗争,你们的伟大胜利,是中华民族解放史上最光荣的一页!全国民众期待你们的更大胜利。全国民众正在努力奋斗,为你们的后盾,为你们的声援!你们的每一步前进将遇到热烈的拥护和欢迎!

全国同胞和全国军队抗日救国大团结万岁!

中华苏维埃政府万岁!

中国红军万岁!

中华民族解放万岁!

×× ××　一九三六·三·廿九

该电报内容以"鲁迅、茅盾致红军贺信"为题作为附录收入2005版《鲁迅全集》第十四卷中。但该电报仍然有如下争议:该电报到底是"东征贺信"还是"长征贺电";通过×× ××的署名与文风是否能确定作者就是鲁迅、茅盾;该电报是否代笔;该电报是否伪造;茅盾、许广平的回忆是否确实等。

四十 “向新阶段迈进”

一九三五年的“一二·九”运动,掀起了全国人民抗日救亡的新高潮。一九三六年四月,茅盾就写了一篇题为《向新阶段迈进》的评论,指出:“中国文艺的前途将随民族解放运动的展开而展开。我们正走上一个新阶段了!”他还指出,作家的任务就是“表现民族解放斗争的英勇壮烈的行动,推动民族解放斗争的进行”。

西安事变迫使蒋介石同意停止内战,一致抗日。但在“七七”事变和“八一三”淞沪战争爆发前夕。在“战”与“和”的问题上,蒋介石还是举棋不定,政局变化,扑朔迷离。鲁迅逝世后,上海文坛有些沉闷:主帅不在了,郭沫若又远在日本,“左联”解散后成立的文艺家协会也没有展开活动。因此,虽然全国救亡运动在高涨,但作家们却好似“群龙无首”,有些心烦意乱。

在这种背景下,为了推动文艺界向民族解放的新阶段迈进,茅盾做了许多工作。他首先考虑到应该为作家们特别是青年作家们组织一些活动,以便加强联系,交流感情。在冯雪峰(冯此时已经是中共“上海办事处”副主任,主任是潘汉年[①])的支持下,和当时还是青年作家的沙汀、艾芜商量过,决定搞一个聚餐会:每一周或两周聚会一次,定名为“月曜会”;每次聚会没有预定题目,政治形势、文坛动态、文艺思潮、人人见闻、作家作品,海阔天空,都可以谈。这个“月曜会”开始于一九三七年春,到“八一三”上海抗战就停止了。经常参加的有张天翼、沙汀、艾芜、陈白尘、王任叔、端木蕻良等。茅盾还请王统照参加,因为他当时是《文学》的编辑,能对青年作家来稿中存在的毛病提出意见,帮助他们提高作品质量,同时也为《文学》开辟了稿源。有时艾思奇也来参加,想利用这个机会拉一些稿件。这个“月曜会”虽然参加人数不多,活动时间不长,但在培养青年作家方面,还是起了很大作用的。当年得到茅盾的奖掖、鼓励,“坚定了终身从事创作信念”的陈白尘回忆“月曜会”的活动情况说:“那天,他(按:指茅盾)身御浅灰长衫,足登便鞋,周身上下朴素整洁,在这十里洋场上,却似一尘不染,温文儒雅,飘然而至!真是文如其人。没

---

① 冯雪峰:《关于一九三六年我到上海工作的任务以及我同文委和“临委”的关系》,《鲁迅研究资料》第4辑。

有任何形式,谁也无拘无束,我们都围他而坐,随便倾谈,……茅公每问必答,自然地形成了中心。他那较重的浙江桐乡的乡音和轻微的口吃,并不妨碍他谈笑风生,娓娓动听。我们这一群,当年的青年,真是如坐春风啊!"陈白尘又说:茅盾"确实团结和教育了我们这一群青年作家","他是三十年代作家们的导师"。①

与组织"月曜会"活动的同时,在冯雪峰的支持下,茅盾还建议天马书店编辑出版《工作与学习丛刊》。当时要新出一种杂志,必须到国民党上海市政府的新闻检查处备案和到工部局去登记,常常被借故拖延甚至不准。出版《丛刊》和出版《丛书》相类似,不必备案和登记,是一种对付审查的办法,又比定期刊灵活。《工作与学习丛刊》共出了四辑:《二三事》《原野》《收获》和《黎明》,每一辑上茅盾都写了文章,有杂文,也有书评。

一九三七年春,蒋介石被迫履行他在西安许下的承诺,开始搞一些抗日的战备活动。六月底,又举办庐山谈话会,以"共商国是"的名义邀请全国各党各派各界的知名人士参加。谈话会是分期举行的。茅盾接到国民党中央政治委员会秘书处邀请他参加第三次谈话会的信。虽然这时候茅盾身上还背着国民党政府的通缉令。但他权衡的结果,认为蒋介石摆出一副抗日的架势,总是好事,理应捧场。何况还可以直接听听蒋介石说一些什么,摸一摸他抗战的决心到底有几分,准备去庐山与会。不久就爆发了卢沟桥事变,第三期的谈话会没有再举行了。

"八一三"淞沪战争爆发,中国人民反对日本帝国主义侵略的神圣的全民族解放战争终于在全国展开了。中国现代史揭开了新的一页,茅盾的生活道路也随之发生了很大的变化。

四十一 创作、译介双丰收

从一九三三年下半年到"八一三"以前,茅盾在创作和翻译、介绍外国文学两方面都获得了丰收。

在创作方面,他在短篇小说集《春蚕》出版以后,又陆续发表了二十来个短篇。除《残冬》《儿子开会去了》《官舱里》等几篇外,分别收入《泡沫》《烟云集》中。这

① 《中国作家的导师》,《青春》1981年5期。

些作品题材很广泛，但主要还是写知识分子的生活。《有志者》《尚未成功》《无题》是三篇连续性的小说，可称之为“创作三部曲”，写一个“作家”幻想写出一篇一鸣惊人的作品，采取了种种可笑的办法，最后虽然写出了一篇“言情侠义小说”，却又找不到发表的地方。小说嘲讽了当时文坛的一种颓风和某些脱离现实的空头“作家”。《夏夜一点钟》《第一个半天的工作》揭示了当时上海中层社会某一角的真相。《赵先生想不通》《拟〈浪花〉》《搬的喜剧》《一个真正的中国人》等，从不同的侧面、不同的角度揭露了国民党反动统治下的社会黑暗面。《大鼻子的故事》写一个流浪儿童在现实生活的影响下逐步萌发爱国思想的过程。《儿子开会去了》描写青年学生怎样在新时代的感召下参加爱国运动的。《水藻行》写农村生活，对道德观念作了一些新的探索。这篇小说是鲁迅答应日本改造社的约稿请茅盾写的，由山上正义译成日文，发表于一九三七年五月出版的《改造》杂志上，这是茅盾唯一的一篇先在国外发表的小说。

茅盾这些短篇小说的共同特点是时代气氛都很浓厚，在形式、技巧、风格各方面都作了许多新的探索。“创作三部曲”和《搬的喜剧》用的是嘲讽揶揄的笔调，在茅盾短篇小说中也可说是别具一格的。但由于这些作品没有塑造出像林老板、老通宝、阿多这样成功的典型形象，思想艺术成就都没有超过短篇小说集《春蚕》。

在这几年间，茅盾还写了两部中篇小说：《多角关系》《少年印刷工》。

茅盾为了给回到乡下的母亲安排一个安静的住处，自己也可以摆脱一些应酬和杂事，回到乡下躲起来写作，一九三四年春决定把曾祖父告老回到乌镇时在老屋后面建造的那三间平房加以翻修，他自己设计，翻修以后感到很满意。一九三五年秋茅盾回到乌镇，在这里住了两个月，写了中篇小说《多角关系》。

茅盾自己认为这个中篇“是写失败的，人物不突出，材料也不突出”。其实，从作品来看，不尽然是这样。唐子嘉这个“资本家、房东、地主”三位一体的典型人物，是有鲜明的独特个性的。小说通过唐子嘉及其周围人物相互间的“多角”关系，揭示出在都市金融停滞、农村经济破产的情况下，真正遭殃的是农民、工人和小工商业者，像唐子嘉这样的人，虽然处在“人欠”又“欠人”这样尴尬的境地，却仍然能够在当地最阔气的饭店中过舒舒服服的生活。小说的故事在半天之内展开和结束，结构很严密，文笔是通俗化的。所以当时就有人指出：“无论在小说的题材上或文章的技术上”，“都应得佳评”。①

《少年印刷工》，一九三五年写了一半，一九三六年在《新少年》上连载。这是一部为少年儿童写的作品。小说以满腔的热情，亲切的文笔，真实地描绘了旧社会学徒的生活，塑造了一个有理想、有抱负，又能埋头苦干的少年形象，并且在儿童文学中把文学和传授科学知识结合起来作了有益的尝试。但后半部写排字技术知识太多，冲淡了对人物的刻画，结束得也比较匆忙。茅盾自己对这个作品极不满意，没有印单行本，也没有收入别的集子里。直到茅盾逝世以后的一九八二年，才由少年儿童出版社出版。

在这几年间，茅盾还写了不少散文、杂文，有一小部分收集在《话匣子》《速写与随笔》《印象·感想·回忆》中。

《大旱》《戽水》《桑树》《阿四的故事》等叙事性散文，用事实揭露在国民党反动统治、帝国主义经济侵略和自然灾害的袭击下，农村经济破产，广大人民群众正在为自己的命运进行艰苦斗争的情况。

《黄昏》《雷雨前》《沙滩上的脚迹》等抒情散文，用象征的手法描写了二十世纪三十年代整个中国的政治与社会矛盾，指出当时中国虽然还处在黑暗时代，但“大雷雨”即将到来，鼓励人们要敢于同形形色色的妖魔鬼怪作斗争，坚定地前进，去迎接胜利。这些散文，体现了一种新的时代精神，也反映了作家本人高昂的战斗意志和对未来的坚定信心。

茅盾这几年间还写了大量战斗性很强的杂文，但大都没有编集出版。

一九三四年《文学》连续出了两期翻译专号，专登译文的杂志《译文》又跟着出版，文化界很快就出现了一个翻译、介绍外国文学的热潮。一些综合性的杂志也刊载翻译、介绍外国文学的文章，各书店竞相出版外国文学书籍。一九三五年就被人们称为“翻译年”。

一九三四年间，茅盾应《中学生》编辑部的约稿，用勃兰克斯的《十九世纪欧洲文学主潮》的写作方法，选择若干能代表西洋文学发展史的各个时期的名著，像讲故事那样地把各时期的文学思潮、流派、作家及其作品，作通俗的评述。各篇可以独立成章，连贯起来又描绘出了一个西洋文学发展的简图。连续在该杂志上发表

① 毕树棠：《多角关系》，《宇宙风》第13期，1936年3月。

的有《〈伊利亚特〉和〈奥德赛〉》《〈战争与和平〉》等七篇,受到读者的热烈欢迎。一九三六年间,茅盾把这些文章汇编成《世界文学名著讲话》出版。

与此同时,茅盾又应亚细亚书局邀约,赶写了一本《汉译西洋文学名著》,简要地介绍了从荷马的《奥德赛》到王尔德的《莎乐美》等三十二位外国著名作家的三十二篇已有中文译本的代表作。如果说《世界文学名著讲话》是精雕细刻的,那么,《汉译西洋文学名著》就好像用炭笔勾勒了三十二幅草图,给初学外国文学的读者介绍一些基本常识,所选作品只限于已经有中文译本的。

与此同时,茅盾还译出了挪威别尔生的《我的回忆》,波兰显克微支的《旅美游记》,德国海涅的《英吉利断片》,挪威易卜生的《集外书简》,比利时梅特林克的《"蜜蜂的发怒"及其他》,俄国蒲宁的《忆契诃夫》,意大利渥维德的《拟情书》,结集出版时题名为《回忆·书简·杂记》,编入郑振铎编辑的《世界文库》中。这些作品都是很优美的散文,也是茅盾翻译的唯一的一本散文集。茅盾说在他所有译作中,这本散文集是比较难译的,也是他译得比较满意的。

这一年间,茅盾还译出了其他一些外国文学作品,如安徒生的《雪球花》,育珂·摩耳的《跳舞会》,奥格列曹维支的《两个教堂》,吕海司的《凯尔凯勒》等短篇小说。有几篇编入《桃园》集中,列为《译文丛书》之一,鲁迅还亲自看了校样。

一九三三年下半年以后的几年间,茅盾在创作和翻译介绍外国文学两方面,都是丰收的。

四十二 撰写文学评论,奖掖文艺青年

这一阶段,茅盾还撰写了大量的评论文章。这些文章的内容可概括为三个方面。

一是评论知名作家。

一九三三年初,茅盾写了《徐志摩论》,这是对新月派的代表诗人徐志摩的盖棺定论。这一年五月十四日,丁玲、潘梓年在上海租界突遭绑架而失踪,诗人应修人在拒捕时牺牲;六月十八日,中国民权保障同盟总干事杨杏佛被国民党特务组织蓝衣社暗杀。传说列入蓝衣社黑名单的共有五十六人,其中还有鲁迅和茅盾,但他们都处之泰然。丁玲被捕后不久,就传出她已被杀害的消息,作家们都十分沉痛。鲁迅写了旧体诗《悼丁君》,茅盾赶写《女作家丁玲》作为悼念。茅盾的文章系统地

论述了丁玲的文学道路和创作个性，指出在左联，丁玲“是一个重要的而且最有希望的作家。她的被绑(或已经被害)，不用说是中国左翼文坛的一个严重的损失”。这样一篇文章，当时是不可能在中国报刊上刊出的，于是茅盾把它交给美国人伊罗生编辑的《中国论坛》发表，后来北平的左联机关刊物《文艺月报》为了悼念丁玲，也加以发表了。

丁玲被捕前正在写长篇小说《母亲》，还没有写完。为了纪念，也是为了抗议，良友图书公司很快把它出版了。茅盾立即写了《丁玲的〈母亲〉》，作为前一篇论文的补充。

一九三四年下半年，茅盾接连写了三篇作家论：《庐隐论》《冰心论》《落华生论》。

庐隐、冰心和落华生都是“五四”以后涌现出来的作家，并且都属文学研究会的成员，自然有他们的共性，但都有鲜明的创作个性。茅盾用马克思主义的历史观点和美学观点加以分析，既注意到他们共同的社会背景，又注意到他们各自不同的生活经历，从作品的实际出发，把作品的思想和艺术结合起来，作了深刻的分析，中肯的评论，并且把他们各自的声音、笑貌和风格，都描绘出来了，的确是不同凡响，三篇论文的笔法也各有特色。从《鲁迅论》到《落华生论》是作家论的典范。

《王统照的〈山雨〉》是一篇充满热情的，用现实主义观点写的作品论。

二是奖掖青年作者。

在文学评论工作中，茅盾一向非常重视发现、培养青年作者。这几年间，他在这方面做了更多的工作。

夏征农的《禾场上》，李辉英的《万宝山》，何谷天的《雪地》，叶紫的《丰收》，张天翼的《蜜蜂》，吴组缃的《一千八百担》《樊家铺》，彭家煌的《喜讯》，黎锦明的《战烟》，黑炎的《战线》，曹禺的《日出》，田间的《中国农村故事》，臧克家的《烙印》，葛琴的《窑场》《总退却》，周文的《烟苗李》《在白森镇》，端木蕻良的《科尔沁草原》，骆宾基的《边陲线上》，等等，都曾得到茅盾的好评和推荐。

茅盾对青年作者的作品的评论，正如沙汀所体会到的那样：“既不抹煞不合自己口味的东西，视同狗屁，但也不闭起眼睛吹。”①而是实事求是地从作品实际出

① 《感谢》，《文哨》第1卷第3期，1945年10月。

发，把内容和形式结合起来进行分析，既肯定优点也指出缺点和努力方向，希望他们更快地成长起来。臧克家说：“茅盾先生对鲁迅奖掖青年这一点，很推崇，他自己何尝不是如此呢？当年的青年作家，像沙汀、艾芜、吴组缃……这些有成绩的作家，哪个没有受到他的栽培和导引呢？”①包括臧克家在内的，当年受到茅盾指导、奖掖的青年作家，以后都为我国新文学的发展作出了重要的贡献。

三是评论各种文艺现象。

茅盾的文学评论，还很注意评论各种文艺现象和倾向性问题。如《所谓杂志年》分析了一九三四年成为“杂志年”——各种杂志出得特别多的原因。《〈东流〉及其他》评论了留日学生办的小型文艺刊物《东流》和“名流”“名教授”办的《学文》，指出前者虽然幼稚却生动活泼，会慢慢成熟起来的，而后者“在圆熟的技巧后面，却是果子熟烂时那股酸霉气——人生的空虚”。《小市民文艺读物的歧路》分析了以小市民为读者对象的《小说月刊》一、二期的内容，指出专门给小市民看的文艺，也应该有健康的积极内容。《小品文半月刊〈人间世〉》批评了《人间世》的消极倾向。《读〈中国的水神〉》评介黄芝岗的《中国的水神》一书，提出了神话研究的方法论问题。

在“八一三”前夕，由于政治形势变幻迷离，一些文学青年和中间立场的作家感到迷惘。有人认为要求文学为民族解放战争服务是新文学的危机，有人则认为描写“民生疾苦”的作品，即以工人、农民、小市民生活为题材的作品都是“差不多”的，提出要搞一个“反差不多运动”。对于这些糊涂观念，茅盾在《新文学前途有危机么》《关于“差不多”》②两篇文章中，分别加以批评。茅盾指出新文学正在向新阶段发展，前途光明，要讲“危机”，那是来自反动统治。至于所谓“差不多”，茅盾认为那是一种偏见，“作家们应客观的社会需要而写他们的作品”，“新文艺发展的这一条路是正确的”。

这些评论，对于揭示某些文艺现象的实质，指出文艺运动的方向，都是有积极意义的。

---

① 《往事忆来多》，《十月》1981年3期。

② 分别见《文学》第9卷第1号，1937年7月；《中流》第2卷8期，1937年7月。

四十三　创作经验的系统总结

——《创作的准备》

一九三六年间，茅盾应生活书店之约，写了《创作的准备》，作为“青年自学丛书”之一。当时《创作法程》《小说作法》之类的书充斥书市，但大都是挂羊头卖狗肉的，读者不仅要上当，还要被引上歧途。生活书店的负责人认为请茅盾来写这样一本书最合适。因为茅盾既写小说，充分体会到创作的甘苦；又写评论文章，有理论修养，他只要把自己的经验写下来，就能给初学写作者以正确的指导。

茅盾花了一个星期，就把这本书一气呵成了。茅盾之所以写得特别顺手，是因为：一则是写自己的经验，二则所谈问题是平时深思熟虑过的。有的与青年作者交谈中或在通信中零星地谈到过，有的在评论文章中谈到过，写作时只是把它们归纳起来加以系统化。这本书在创作理论方面提出了一系列独到的、很精辟的见解。

关于作家的社会责任问题，茅盾认为：“伟大的作家，不但是一个艺术家，而且同时是思想家——在现代，并且同时是不倦的战士。他的作品，不但反映了现实，而且针对着他那个时代的人生问题和思想问题，他提出了解答。”这就是说，一个作家，不应只想到表现自我，而应想到反映现实，正确地回答那个时代的人生问题和思想问题。

关于创作和生活的关系问题，茅盾指出：一个忠实于生活的作家，“应当首先写他自己熟悉的生活”。但即使写自己熟悉的事情，在下笔之前，“还应当努力补充及修正他的经验以及加深他的观察”，以求得对“事情的内在因果”的正确理解。同时茅盾又进一步指出：单说“写自己熟悉的生活”只得了片面的真理，因为作家本人的生活是有限的，而社会生活本身是复杂的、发展的，所以作家还必须“探头到自己的生活圈子以外”去，从社会生活的各部门的有机联系中去认识生活，做到“取精用宏”。

关于人物描写问题，茅盾认为在创作过程中，描写人物是“第一义”的。他指出作家和社会科学家观察、研究的对象都是社会生活，这是相同的。但社会科学家所取以为研究资料者，“是那些错综的已然的现象”，在作家，“却是造成那些现象的活生生的人”。而观察、研究人，一方面，要研究他本人生活的各方面，“不但要明白他的职业生活，也要明白他的私生活，最隐秘的私生活”；另一方面，人又是生活在错综复杂的社会关系中的，所以还必须“从他们相互关系上，从与他们自己一阶层的胶结，与他们以外各阶层的迎拒上，去观察”；这样写出来的人物方有“个性”，方是一个“活人”。他还指出：特定地区的生产关系、社会制度、阶级、阶层的关系，文化教育组织以及风尚习惯等所形成的环境支配着人的行动，而人又能动地改造环境。因此，写环境，就必须“从人的行动中”来写，也就是把“环境”和“人”的关系放在交互发生作用的基础上来表现。这样，“人物”才是活的人，“环境”才是活的环境。这是对恩格斯的“在典型环境中再现典型人物”这一论点的最好的诠释。

关于写作态度问题，有些作家强调创作要凭“灵感”，认为“灵感”一来就文思泉涌，一篇作品，挥笔而成。茅盾认为太凭“灵感”“总非正常之道”。他认为创作应该有比较长的构思过程，“原料总是愈咀嚼愈能消化，愈能分别出精华与糟粕；而题旨，也总是多花时间研究便多些正确”。他还主张写“大纲”甚至还要写详细提要。他还强调作家固然要有自信，但更要有自我批评精神，在整个创作过程中“时时自己检查自己”。总之，就是要“用苦功”，而不要以“天才”自居。

关于作家的修养问题，茅盾认为作家必须认真读书，去读那些“指导我们了解中国社会经济结构的书籍”，“帮助我们明了中国社会全般面目——光明的势力与黑暗的势力如何在相决荡的书籍”。也就是说，必须用正确的知识和进步的世界观来武装自己的头脑，用来观察、研究生活、分析创作的素材。

茅盾还认为：“一位作家的‘世界观和人生观’应当而且必须表白在他的作品中；一位作家应当而且必须用他的作品来批评社会，来憎恨应当憎恨的，拥护那应当拥护的，赞颂那应当赞颂的。”但必须记住，“他是作家而且写的是文艺作品”，所以“他应当把他的‘世界观和人生观’融合在他的艺术形象中，就是要从作品中‘人物’的行动上表白出来，而不是用作者自己的嘴巴插进书里去‘发议论’”。茅盾还强调说：“作家所要表达的意思应当尽力组织在艺术的形象之中，而且应当巧妙地保留一二分，以引起读者的思索”，也就是“留一点余地给读者自己用经验和想象去填补”。只有这样，作品才“耐人咀嚼，发人深思”。茅盾还认为创作上的准备，除了观察和体验生活以外，还应当“充实他对于文学理论的了解和对于一般文化艺术的知识”。“伟大的作家,是以人类有史以来的全部智慧作为他的创作的准备的。”他指出,作家学习、研究前人的经验,不应模仿,而应创造,把前人的精华凝练成新的他自己的东西,“在人类智慧的积累上更增加了一层”。

这一本三万字的著作,是茅盾第一次把他自己写小说得来的甘苦表之于文字,是他创作经验的系统总结。书中没有引经据典,没有玄之又玄的“理论”,只是把关于创作的几个根本问题深入浅出写下来,实际上却是一部有一定理论高度的现实主义创作论,同时又可说是一部通俗化的马克思主义文艺论的简编。因此,它在我国现代文学的理论批评史上占有重要的地位。

一九三六年至一九三七年间,茅盾还就民间文学、诗、散文、报告文学、话剧等问题,写了一些文章,如《民族的“深土”的产物——民间文艺》《渴望早早排演》《论初期白话诗》《叙事诗的前途》《关于“报告文学”》《剧运平议》等,提出了一些很精辟的见解。这些文章可以说是现实主义的文体论。

上述现实主义的创作论和现实主义的文体论,都闪耀着马克思主义的美学思想的光辉,表明到二十世纪三十年代中期,茅盾的革命现实主义文艺思想不仅完全成熟了,并且已形成了完整的体系。

第十章　走遍大半个中国

四十四　为全民族抗日战争而“呐喊”

继卢沟桥“七七”事变之后，日本帝国主义又于“八一三”向上海发动进攻，国民党政府被迫应战，全民族抗日战争开始了。为了民族解放的伟大事业，茅盾颠沛流离，一九三七年至一九四〇年间，足迹踏遍大半个中国，在他个人的历史上，同时也在我国现代文学史上，谱写了光辉的篇章。

“八一三”的第二天是星期六，“月曜会”刚好有一个聚餐会。全民族抗战的炮火打响后，作家们都很兴奋，所以到会的人特别多。大家都认为有必要办一个适应战时需要、能够迅速传布作家们呐喊声的小型刊物，并希望由茅盾来主编。茅盾也觉得义不容辞，当天下午就和冯雪峰、巴金等商量。此时《文学》、《中流》、《文丛》、《译文》（一九三六年三月复刊）都已准备停刊，就决定用这四个刊物的名义来办，取名《呐喊》。筹备工作进展很顺利，八月二十五日创刊号就出版了。

茅盾在隆隆的炮声中写成《呐喊》的创刊献词——《站上各自的岗位》。大意说在全民族抗日战争中，文艺战线也是一条重要的战线，作家们要用自己手中的笔，开创一个抗战文艺的新局面来，并号召：“中华民族的每一个儿女赶快从容不迫地站上各自的岗位。”这篇创刊献词中，洋溢着强烈的爱国主义激情。《呐喊》出了第二期后，改名为《烽火》，在封面上印了“编辑人茅盾，发行人巴金”。十一月十二日上海沦陷后，《烽火》继续出了两期，迁到广州复刊，封面上印“编辑人巴金，发行人茅盾”。

在一些大型刊物相继停刊以后，《烽火》与《救亡日报》（社长郭沫若，主编夏衍）、《抗战》（三日刊，主编邹韬奋）互相配合，在教育广大群众、推进抗日救亡运动方面，起了很大作用。

上海战事发生后，一切迹象表明上海不可能久守。茅盾决定把正在读高中的女儿亚男和读初中的儿子阿桑送到长沙去读书，托那边的友人照顾。十月初坐火车离开上海，经镇江坐船到汉口，再到长沙。把孩子送进学校后经由浙赣线返回上海。十一月十二日茅盾回到家中时，广播正在报导中国军队已经撤离。上海沦陷后，租界就成为"孤岛"，刚回来的茅盾，不得不立刻作重新离开的准备。

一九三七年除夕，茅盾和夫人孔德沚登上了去香港的轮船，离开了生活、工作和战斗了二十多年的上海。

从"八一三"到一九三七年底的三个多月的时间里，茅盾撰写了杂文、散文、文艺短论三十来篇。茅盾选了其中的十篇再加上一九三八年写的五篇，编集为《炮火的洗礼》于一九三九年四月出版。

在《炮火的洗礼》中，茅盾热情奔放地欢呼一个伟大时代的到来，坚定地相信我们的民族必将在炮火中获得新生。他写道："敌人的一把火烧得了我们的庐舍和厂房，却烧不了我们举国一致的抗战力量。""在炮火的洗礼中，中国民族就更生了。让不断的炮火洗净了我们民族数千年来专制政治下所造成的缺点，也让不断的炮火洗净了我们民族百年来所受帝国主义的侮辱。"茅盾还恳切地表示要和全国人民一道，担负起时代所赋予的伟大历史使命。

四十五　去香港建立"文艺阵地"

一九三八年元月初三，茅盾和夫人到达广州，停了两天后转车到长沙，再到武汉。此时生活书店已从上海迁到武汉。茅盾十月间到武汉时徐伯昕已和他谈过编刊物的事。这次一到武汉，就去找徐伯昕，正好邹韬奋也在。商量以后，决定编一个综合性的文艺刊物《文艺阵地》，半月出一期。考虑到武汉不可能长期坚守，抗战力量也应适当分散，决定刊物在广州编辑出版。在武汉，茅盾委托在《新华日报》社工作的楼适夷为《文艺阵地》组稿，因为他与各方面联系比较多。茅盾还去拜访了董必武。董必武希望茅盾留在武汉，参加正在筹组的中华全国文艺界抗敌协会和政治部第三厅的工作。茅盾认为自己还是去编杂志和写小说更合适。董必武表示尊重茅盾的选择，并介绍吴奚如帮助组织稿件。茅盾还会见许多文艺界的朋友。这样，茅盾一开始着手《文艺阵地》的筹备工作，就为稿件来源开辟了广阔的渠道。

茅盾向朋友们约稿时，自己也成了被约稿的对象。在长沙、武汉逗留的十多天中，就写了十几篇文章。

二月下旬，茅盾全家到了广州。

茅盾到广州后，即与生活书店广州分店经理联系，才知道广州印刷条件很差，出版《文艺阵地》很困难。当晚，原来在上海出版的《立报》的总经理萨空了访问茅盾，告诉他准备把报纸迁到香港去出版，请茅盾去主编副刊《言林》，并劝茅盾去香港安家，《文艺阵地》也在香港编，编好后寄广州排印。茅盾觉得这是一个可行的办法，与有关方面商量以后就这样定下来了。

二月底，茅盾全家到香港，暂时安顿了下来，把孩子送进华南中学，立即开始《立报·言林》和《文艺阵地》的编辑工作和写作。

四月一日，《立报·言林》复刊，茅盾在复刊号的《言林献词》中说明了这个副刊的宗旨，开始发表长篇连载《你往哪里跑》。开初，茅盾差不多每天还要写一篇短文，不久，投稿就源源而来，逐渐形成了一支经常写稿的“核心队伍”，他们大都是青年人，后来知名的有杜埃、林焕平、李南桌、黄绳、袁水拍等。《立报·言林》是茅盾在香港建立的第一个小小的、但却是重要的“文艺阵地”。它既向敌人射出各种炮弹，也像“一支七弦琴，一支笛”，“奏出了大时代中民族内心的蕴积”，有时又像一架显微镜，“检视着社会人生的毒疮脓汁”。

茅盾在香港建立的另一个重要的“文艺阵地”就是《文艺阵地》半月刊。创刊号于四月十六日出版，发表了叶圣陶从四川寄来的杂感《从疏忽转到谨严》，老舍从武汉寄来的《忠烈图》，董必武推荐的陆定一的报告文学《一件并不轰轰烈烈的故事》，张天翼从长沙寄来的《华威先生》，还有李南桌的论文《广现实主义》，以及林林、力扬、王亚平等人的诗篇。稿子来自四面八方，反映的社会生活面极为广泛而且有强烈的现实性，形式也多种多样，特别是《华威先生》更引起轰动。茅盾认为：“华威先生也许是抗战爆发后在文艺作品中出现的第一个典型人物”，“他的出现有很大的意义”。创刊号一出来，各方面反映都很强烈，可以说是一炮就打响了。刊物在香港编辑，在广州印刷、出版，茅盾往来于港穗之间，极为辛苦。巴金回忆他接替茅盾编辑《烽火》和在广州看到茅盾看《文艺阵地》校样时的情况说：“我才发现他看过、采用的每篇稿件都用红笔批改得清清楚楚，而且不让一个笔画难辨的字留下来。”又说茅盾“做任何工作都是那样认真负责，一丝不苟”。[①] 茅盾就这样以自己艰苦的劳动，赤手空拳地在香港建立了又一个重要的“文艺阵地”。

由于广州印刷条件差，而上海的印刷条件在全国是第一流的。从一九三八年起，留在“孤岛”的文化人利用当时的特殊条件又开始战斗了，而且与香港的交通是比较方便的。茅盾商得生活书店的同意，从第四期起的《文艺阵地》在香港编好后寄到上海秘密排印，委托孔另境具体联系和看校样，印好后再运回香港转发内地和南洋。

《文艺阵地》茅盾编了十八期(二卷六期)。它是一面战斗的旗帜，起到团结进步的文艺力量，巩固统一战线的作用；它又是一个坚持现实主义传统的文学刊物，理论和创作并重，形式上像个“缩小”的《文学》。经常给它撰稿的知名作家或是后来成名的作家，可以列出七十多位。第三期上发表的姚雪垠的《差半车麦秸》所引起的轰动，不下于《华威先生》，并且还引起国外的注意。楼适夷回忆说：“《文艺阵地》的编辑中心虽然僻处一隅，但和全国广大文艺队伍，还是息息相通的。当大多数文艺战士处于战时分散状态的时候，它和前线、后方、敌后、抗日民主根据地，均能取得广泛、密切的联系，及时发布战地的报告，以及在战争中出现的新作。”[②]因此，这个刊物能够成为全民族抗战初期有很大影响的刊物。

一九三八年年底，茅盾决定去新疆。《文艺阵地》从第三卷第一期起，委托楼适夷继续编辑下去。

一九三八年三月二十七日，中华全国文艺界抗敌协会在武汉成立，茅盾当选为理事，并担任“文协”的机关杂志《抗战文艺》的编委。

在港期间，茅盾除编辑《立报·言林》和《文艺阵地》并辛勤写作外，还协助出版《鲁迅全集》，到中华业余学校义务讲课，参加其他一些社会活动。在中华业余学校讲课时，热情指导林焕平编写讲义。林焕平回忆说：“茅盾同志知识渊博，经验丰富，讲话虽不算流畅，却十分健谈，越谈越起劲，以至于滔滔不绝。茅盾同志这种爱护后辈，诲人不倦的精神，很使我感动，留下不可磨灭的印象。”[③]当时在廖承

---

① 《悼念茅盾同志》，《文艺报》1981年第8期。

② 《茅公和〈文艺阵地〉》，《新文学史料》1981年3期。

③ 《茅盾在香港和桂林的文学成就》，浙江人民出版社1982年版。

志领导下的八路军办事处工作的杜埃和茅盾有较多交往。茅盾去新疆前推荐他接编《言林》和担任中华业余学校的教学工作。杜埃回忆当时的情况说：茅盾“对后辈那么殷切期望，要给青年压担子，多磨练，这种‘望子成龙’的心情是体会得到的，也只好硬着头皮去试一试了”。杜埃又说：茅盾“和鲁迅一样，虽身在党外，但心却时刻和党紧紧相连，是一位令人钦佩的党外布尔什维克”。①

林焕平、杜埃的回忆，生动而又亲切地描绘了茅盾第一次在香港工作期间的思想作风。

四十六　探索文艺为全民族抗战服务的道路

全民族抗战爆发后，文艺工作如何适应这一新的形势，或者说文艺如何为全民族抗战服务，是广大文艺工作者所面临的一个迫切需要解决的课题。对此，茅盾作了许多有意义的探索，提出了一些非常中肯的见解。

由于全民族抗战爆发这一新形势，文艺界也出现了活跃的景象。某些报刊提出了一个新题目：“战时文艺政策”。一些天真的理论家也就跟着做文章。茅盾敏锐地感觉到：“出题目的人意思很清楚，无非是说，你们的战时文艺要按我们的‘政策’办。这是企图给方兴未艾的战时文艺穿上一件紧身衣。”于是写了《还是现实主义》，针锋相对地回答了所谓的“战时文艺政策”。茅盾在文章中指出：“文艺是反映现实的，战时文艺应该不是例外。”他认为文艺要为全民族抗战服务，就必须走现实主义这一条“大路”，除此而外无所谓“政策”。他又强调指出：“所谓现实主义的文艺者，不仅是反映现实而已，且须透过了当前的现实而指出未来的真际。”这“真际”就是挣断、销毁敌人强加给我们的镣索，争取“长期抗战的最后胜利”。②

坚持走现实主义的路。这是全民族抗战初期茅盾文艺思想的核心。

抗战文艺怎样走现实主义的路？茅盾作了多方面阐述。

抗战文艺走现实主义的路，茅盾认为应该以“民族的自由解放和民众的自由解

---

① 《临归凝睇，难忘蓓蕾》，《羊城晚报》1981 年 4 月 10 日。

② 《还是现实主义》，《战时联合旬刊》第 3 期，1937 年 9 月。

放"为政治思想的基础和方针。[1]

抗战文艺走现实主义的路,茅盾认为创作既要有中心,但题材应该扩大。他说:"我们民族的力量怎样像百川朝海似地从各自不同的'源'与'流'而汇合到当前的大事业:抗战建国。这是我们应该写的东西,非写不可的东西,而且应该以这为圆心,去摄取我们这时代的森罗万象。"[2]也就是说,围绕着抗战建国,应该去写各种各样的题材。他还认为:"抗战的现实是光明与黑暗的交错,——一方面血淋淋的英勇的斗争,同时另一方面又有荒淫无耻,自私卑劣。"他认为最后胜利是要"争取"的,如果只写光明面,则虽然有加强最后胜利信念的作用,但"争取"的意义就没有了。因此,"消灭这些荒淫无耻自私卑劣,便是'争取'最后胜利之首先第一的要件"。[3] 茅盾还进一步指出:"文艺的教育作用不仅在示人以何者有前途,也必须指出何者没有前途;而且在现实中,那些没有前途的,倘非加以打击,它不会自己消灭,既有丑恶存在,便不会没有斗争,文艺应该反映这些斗争又从而促进实际的斗争。"[4]这就是说,在茅盾看来,写光明固然是为了争取胜利,写黑暗,是为了要克服它,也同样是为了争取胜利。只有把现实全面反映出来,这样的现实主义文学"才能成为行动的力量"。

走现实主义的路,茅盾认为作家必须用最大的努力去"写人","人是时代舞台的主角,写人怎样在时代中斗争,就是反映了时代。"他说,作家"应当从各种各样人的活动中去表现时代的面目",既要写"代表新时代的曙光的典型人物",也要写"正在那里作最后挣扎的旧时代的渣滓"。[5] 正是从这一认识出发,所以茅盾既肯定姚雪垠所塑造的"差半车麦秸",也肯定张天翼所描绘的"华威先生"。

总之,茅盾是从现实主义的基本要求出发,结合时代的特点,来阐明抗战文艺的历史任务的。

文艺大众化问题,"左联"时期就连续展开过几次讨论,但问题并没有解决。全民族抗战开始以后,问题又重新提了出来。

---

① 《浪漫的与写实的》,《文艺阵地》第1卷第2期,1938年5月。
② 《八月的感想》,《文艺阵地》第1卷第9期,1938年8月。
③ 《论加强批评工作》,《抗战文艺》第2卷第1期,1938年7月。
④ 《八月的感想》,《文艺阵地》第1卷第9期,1938年8月。
⑤ 同上。

茅盾认为,全民族抗战时期,任何工作都应当和抗战联系起来。当时最迫切的问题,是如何发动民众抗战。新文艺的读者对象还依然是知识分子和青年学生,没有深入到大众中去,就不能发挥它教育民众、动员民众的作用。时至今日,这个问题就非赶快解决不可了。

怎样实现文艺的大众化?茅盾认为可以从两方面着手:一是使文艺"大众化起来",也就是"从文字的不欧化及表现方式的通俗化入手";二是"用各地大众的方言,大众的文艺形式(俗文学的形式)来写作",如说书、弹词、楚剧、湘戏等都可采用。但利用民间艺术的旧形式,茅盾认为并不是把旧形式的"整套的间架都搬了过来"。所谓"利用",一要"翻旧出新",二要"牵新合旧",这两者"汇流的结果,将是民族的新的文艺形式,这才是'利用旧形式'的最高目标"。[①]

茅盾关于现实主义的见解、关于文艺大众化和利用旧形式的见解,也就是文艺如何为抗日战争服务的见解,是完全正确的,对全民族抗日战争时期的文艺运动和创作是起了指导作用的。

茅盾当时写的几十篇评论文章中有很大一部分是介绍文艺刊物,评介作品的。茅盾介绍的文艺刊物,有内地各城市出版的,有上海孤岛出版的,也有南洋新加坡等地出版的,视野极为开阔。茅盾评介、推荐了周文、沙汀、东平、崔嵬、刘白羽、塞克、罗烽、丁玲、骆宾基、李辉英、田涛、谷斯范、曾克、姚雪垠、碧野等作家的作品。其中有的是老作家,有的是青年作者或初学写作者。这些评论文章,是茅盾现实主义文艺观在文学批评中的具体体现,起了向读者推荐优秀作品和鼓励青年作者的作用。

一九三八年十月十九日,是鲁迅逝世两周年。茅盾写了《韧性万岁》《以实践"鲁迅精神"来纪念鲁迅先生》等六篇有关鲁迅的文章,强调发扬鲁迅的战斗精神,以实践鲁迅精神来纪念鲁迅先生。

四十七　通俗化的尝试

——《第一阶段的故事》

《立报》在上海出版时,副刊《言林》是有长篇连载的。迁港出版后报社仍打算

---

① 《大众化与利用旧形式》《利用旧形式的两个意义》,《文艺阵地》第1卷第4期,1938年6月。

保持这一特色，但临时去找一部合适的长篇很不容易。萨空了建议已答应担任《言林》主编的茅盾自己动手写，边写边登，每天五百来字。边写边登的做法茅盾虽然很不习惯，但还是同意了。

当时香港一般读者的文学水平不高，报纸副刊有点近于“五四”以前上海各报“报屁股”的味儿，不外乎武侠、神怪、色情。但《立报》及其副刊《言林》却要保持它原来的进步倾向和玲珑、多样、轻松而又精悍的风格。茅盾和萨空了研究以后决定了这样的编辑方针：不脱离现实，不脱离群众；不做群众的尾巴，但亦力戒太主观。萨空了建议茅盾把要写的长篇写成“通俗形式”。茅盾同意试试，决定“形式上可以尽量从俗，内容上切不能让步”，也就是写成“一部既能顾及当时香港的读者水准而又能提高读者的作品”。①

茅盾决定小说以全民族抗战爆发后各阶层人物“何去何从”——“投身抗战、走向革命，还是继续在生活的浊流中沉沦”这样一个关系国家民族的命运、也关系到每一个中国人的命运的问题为主题，书名就题为《何去何从》。分成两部：第一部写淞沪战争时各阶层人物的动向。第二部写武汉生活。一群从上海来的知识分子前往陕北，一部分留在武汉从事救亡活动。意在说明：只要指导思想明确，那么，去陕北也好，留在武汉也好，都是一样的。而且从力量对比，工作需要来讲，留在原地工作更有必要。这是茅盾在长沙时从徐特立那儿听到的观点。《楔子》就写几个青年在上海沦陷后到了武汉，讨论去陕北还是留在武汉的问题，然后回叙第一阶段的故事。

萨空了看了《楔子》，认为《立报》老板可能会说《何去何从》这个题目刺激性太大，建议茅盾改一个题目，不必在题目上摊牌。于是改成《你往哪里跑》。边写边登的做法茅盾本来就不习惯，写了过半以后就意兴阑珊。后来又决定去新疆，就把第一部匆匆结束了，第二部以后就没有机会再写。后来出单行本时就改题为《第一阶段的故事》。

这部小说反映了从“七七”事变到上海沦陷这一时期上海社会的动态。着重描写的是“八一三”时期民族资本家何耀先一家人对抗日战争的态度和思想认识的变化。

① 《第一阶段的故事·后记》，《茅盾文集》第4卷。

何耀先,留学生出身的橡胶厂老板,一个能干的企业家。卢沟桥事变后,他害怕战争扩大,影响他的市场;同时他又害怕国民党政府向侵略者屈服,因为那样,他的橡胶厂就更没有希望。随着战争的扩大,事实的教育使他认识到只有"打,才是生路";他希望"老大的中国",这一回被逼着"开刀",能够死中求生。何耀先这一形象揭示出中国民族资产阶级虽然软弱动摇,但还是有一定程度的爱国观念的,在特定历史时期,特别是在面临帝国主义侵略的时候,是能够和广大人民群众站在一条战线上的。何耀先的妻子和儿女也都满怀爱国热情,以能为抗战出一份力而高兴。特别是他的儿女,在救亡运动中认识得到提高,在上海沦陷以后,决定离开上海到陕北去。

何耀先及其家庭成员的形象都是有一定的典型意义的。

以何耀先一家为中心,小说还描写了"八一三"前后上海社会生活的一些侧面。

小说通过对各阶层人物对抗日战争的不同态度、不同行动的描写,反映了在一个伟大时代到来的时候,人们都在而且必须对"何去何从"这个问题作出抉择。指出无论是民族资产阶级或是青年知识分子,都只有拥护抗战、积极参加抗战才是正确的出路。小说也描写了当时社会生活中的阴暗面有待克服,告诉读者不能盲目乐观。

这部小说的艺术形式是比较通俗化的。

首先,在分章上有着中国古典小说章回体的影子,但抛弃了"欲知后事如何,且听下回分解"这种"形式之形式"。其次,在人物描写方面,作家没有用他所擅长的心理描写手法,不用间接方法(叙述)而用直接方法(人物的动作和说话)来刻画人物,这显然也是吸取了古典小说的长处。再次,语言是很通俗化的。可见这部小说在艺术形式上是茅盾自己关于文艺大众化和通俗化主张的实践和尝试。

小说连载时主要读者对象是香港人。茅盾当时考虑到:"香港的中国人是关心着拥护着祖国的抗战的,然而香港听不到炮声,闻不到火药气。抗战的生活对于大多数香港人是生疏的。"为了使当时的读者得到更具体、更真实的淞沪战争的印象,各章标题如"大时代降临了"等,像报导性题目,许多场面的描写,如闸北、虹口大搬家景象等,像一篇篇速写。这些都带有纪实的特点,因而作品就带有报告文学的色彩。单行本出版不久,就有一位评论者指出:这部小说可以"当作一本忠实地报导上海战争中三个月的历史真实的书读,茅盾先生这本书实在有重大的价值"。

评论者又说："我读茅盾先生的小说,常感觉到它很可能是现代小说之向中国旧式章回小说吸收融化的一个合理的雏形。"①这一说法是颇有道理的。

毋庸讳言,这部小说也明显地存在一些不足之处。其一是艺术上比较粗糙,其二是因为没有按计划写完,人物性格有待进一步发展,所以不够丰满。作家自己认为这部小说"写失败了","失败在内容,也在形式"。"至于形式方面的失败,更为显著。"②这样的自我批评,显然是过分了。

四十八 "新疆各民族现代文艺工作者的启蒙良师"

一九三八年年底,茅盾应新疆学院院长杜重远的邀请,前往任教。

当时新疆督办盛世才以进步姿态出现,在苏联的支持下制定了"反帝、亲苏、民平(民族平等)、清廉、和平、建设"的"六大政策"。中国共产党也与他建立了统一战线的关系,先后派了毛泽民、陈潭秋、林基路、邓发去工作,使新疆出现了一个安定和发展的局面,引起国内外人士的注目和向往。著名的爱国民主人士杜重远就在这一形势下到迪化(今乌鲁木齐),任新疆督办公署和省政府高级顾问兼新疆学院院长。

茅盾偕夫人孔德沚及女儿沈霞(亚男)、儿子沈霜(阿桑)于一九三八年十二月二十日乘船离开香港,取道越南海防、河内,转乘火车于二十八日抵昆明,受到昆明文艺界的热烈欢迎。在昆明逗留一周,作了几次报告,还写了几篇文章。一九三九年一月五日乘飞机离开昆明,经成都时,应杜重远的邀请去任教的张仲实从重庆赶来,同机前往,再经西安到兰州。因为要换乘飞机,在兰州一直等了四十五天。

在兰州滞留期间,茅盾应当地文艺工作者的请求作了两次报告,讲题分别是《抗战与文艺》《华南文化运动概况》,讲述了抗战文艺的任务,全民族抗战以来东南、华南、西南等地文化运动的情况。

在兰州滞留期间,茅盾还会见中共驻兰州办事处的代表谢觉哉。有一些朋友劝茅盾不要去新疆了,说是"进疆不易出疆更难"。茅盾当时考虑到,既答应了杜

---

① 钳耳:《评〈第一阶段的故事〉》,《文联》第1卷第2期,1946年1月。

② 《第一阶段的故事·新版的后记》,《茅盾全集》第4卷第474页。

重远的邀请，倘若中途变卦不去，于情于理都不妥。至于新疆情况复杂，只要小心行事就是了，决定还是前往。

等到二月二十日，终于有了飞机，离开兰州到哈密，然后再坐汽车，于三月十一日到达迪化。

到迪化的第二天，茅盾就会见了毛泽民，他化名周彬，担任财政厅长，还有延安派去的孟一鸣，担任教育厅长。他们向茅盾介绍了盛世才的为人，建议他多观察，少说话，多做事，少出风头，以免引起盛世才的猜忌。

之后，茅盾被杜重远委任为新疆学院教育系主任，讲授中国通史、中国学术思想概论和西洋史等课程。他的讲课内容充实，有新颖独到的见解，给听课的学生留下了深刻难忘的印象。① 在课外，茅盾还给学生开文学讲座，与张仲实(任政治经济系主任)一起支持学生创办校刊《新芒》，给这个刊物写了《五四运动的检讨》等文章，指导学生创作了活报剧《新新疆进行曲》。

在迪化，茅盾和张仲实还分别担任新成立的新疆文化协会的正、副委员长。协会的编译部在茅盾的领导下，编译了全套高初级小学课本，用汉、维、哈、蒙四种文字出版，供全疆各民族小学使用。赵丹、叶露茜、徐韬、王为一等影剧界知名人士到迪化后，首先演出了章泯的剧作《战斗》，茅盾发表了评介文章。接着在文化协会下成立了话剧运动委员会和实验剧团，这是新疆文化史上第一个专业性话剧团。一九三九年下半年，迪化文化生活出现了生气勃勃的景象。

新疆文化协会还筹办了文化干部训练班，培训各民族的文化干部。当时的学员锡伯族的郭基南回忆说："茅盾用毛泽东的《论持久战》作教材，他阐发这部光辉著作的精神实质，越讲越生动，越讲越激昂"；学员是"越听越感动，越听越义愤填膺"。② "训练班学习过的三百多名各族学员，分散到天山南北，他们把第一批新文化运动的种子，播散到全疆。"③

在茅盾的倡议下，新疆文化协会还创办了新疆第一个街头漫画刊物《时代》，茅盾亲自写了《发刊词》。

---

① 任万钧：《茅盾在新疆学院》，《乌鲁木齐文史资料》第 4 辑。

② 《洒泪念师情》，《新疆日报》1981 年 4 月 12 日。

③ 艾里：《藐姑仙子下天山》，《新疆文学》1981 年第 6 期。

一九三九年十一月间，茅盾主持了中苏文化协会新疆分会成立大会，被推为会长，为促进中苏文化交流做了许多工作。

盛世才示意茅盾参加他一手建立起来的政治组织“新疆民众反帝联合会”（简称“反帝会”），并担任《反帝战线》的主编。茅盾婉辞了。茅盾到迪化后，没有从事创作，文艺评论也写得很少。但不写文章也会引起盛世才的疑心，于是便答应给《反帝战线》写一些文章。谈国际时事问题，既可表示自己热心，又避开了新疆的现实问题。这样他就写了《“纳粹”的侵略不能挽救经济上的危机》《侵略狂的日本帝国主义底苦闷》《帝国主义战争的新形势》等这一类的文章十多篇，分析了国际形势，揭露了帝国主义的反动性、腐朽性和失败的必然性，宣传了抗战必胜的信念。

在迪化，茅盾还写了一些讨论文艺问题和文化问题的文章。如《中国新文学运动》，阐述了中国新文学的发展史，分析了各种文学流派和文学样式的兴衰消长，指出了今后的任务，是一篇颇有价值的文章。毛泽东在《中国共产党在民族战争中的地位》一文中提出“使马克思主义在中国具体化”和宣传工作必须有“中国作风和中国气派”的意见，延安和重庆文化界都展开了关于这个问题的讨论，远在迪化的茅盾也撰写了《通俗化、大众化与中国化》一文，对创造“中国化的文化”提出了一些很精辟的见解。茅盾还应《新疆日报》副总编的邀请，给文艺青年讲创作经验，讲了《〈子夜〉是怎样写成的》，记录稿就发表在《新疆日报》的副刊《绿洲》上。这是一篇研究《子夜》的极为珍贵的资料。

无论是在新疆学院或是在“文干班”里，茅盾对各民族的学生、学员和工作人员，态度和蔼可亲，平易近人。当时在《新疆日报》社当童工的维吾尔族托呼提巴克回忆说：有一次到“文干班”去取稿件，在办公室里看到茅盾，“他见到我这个衣着褴褛，神情惶惑的小人物，便和蔼可亲地跟我握手”，“抚摸着我的头，问寒问暖，鼓励我刻苦上进”。[①] 但更为重要的是，他和在新疆的共产党人、爱国民主人士共同作战，做了大量开创性的工作，播下了革命文化的种子，培养了一批新疆各民族的新一代的文艺工作者，受到新疆各民族文艺工作者的敬爱。称他是“新疆各民族现代文艺工作者的启蒙良师”，[②]这并不是过誉。

---

① 《忆茅盾先生》，《人民日报》1983年3月31日。

② 郭基南：《洒泪忆师情》。

在迪化，茅盾还学会了骑马，同时又非常热心地去了解新疆的历史、地理、民情、风俗，写作旧体诗记述自己的见闻和感谢。比如骑马欣赏“树挂”诗云：“晓来试马出南关，万树银花照两间。昨夜挂枝劳玉手，藐姑仙子下天山。”描写维吾尔族哈萨克族人民乘坐爬犁兜风诗云：“纷飞玉屑到帘栊，大地银铺一望中。初试爬犁呼女伴，阿爹新买玉花骢。”这些诗篇，生动地描写了新疆的风情，也反映了茅盾当时心情的一个侧面。

但是，茅盾当时的物质生活和精神生活方面都遇到了不少困难。他对盛世才的为人有所了解以后，就打算离开新疆。他在给友人的信中说：“在此‘打杂’之忙，甚于在港”，“水土不服，身体日感衰弱，是个人方面的困难。两儿常念及江南风物，又以此间无适当学校可进，闲居在家，亦甚无聊”。“与内地文艺家隔绝，即欲作文，恨无题目”，“惟独与世隔绝，深恐久居将成为文化上的愚蒙者耳”。[①] 这里说的完全是实情，同时也有“称病”作为离开新疆的借口的用意。因当时从迪化寄出的信，盛世才是要检查的。十月间，盛世才制造了所谓的“阴谋暴动案”，把杜重远软禁了起来，还有许多进步人士被捕，茅盾、张仲实等处境也很险恶，曾想通过苏联离开新疆，但当时由新疆去苏联必须得到盛世才的同意，这是行不通的，只得耐心等待时机。

一九四〇年三月，张仲实收到家中来信，告诉他伯母去世，要他回去。张仲实以此为理由请假，得到盛世才的批准，但拖着不给解决交通问题。四月二十日，茅盾收到二叔从上海拍来的电报，告诉他母亲去世。全民族抗战爆发后，茅盾要住在乌镇的母亲一同到内地去或迁到上海去，她都不同意。乌镇沦陷后，社会秩序混乱，她到上海住了几个月后又回乌镇，于四月十七日傍晚突然去世。茅盾得到噩耗，非常悲痛，在汉族文化促进会设了灵堂，举行追悼会，并借此机会向盛世才请假回去料理后事。盛世才几经考虑，才表示同意。得到孟一鸣和苏联驻迪化总领事的帮助，茅盾带领全家和张仲实搭乘苏联飞机于五月五日离开迪化，当天到哈密，第二天飞到兰州，终于逃出了虎口。

在兰州，茅盾和张仲实研究去向，张仲实说他要去延安，并劝茅盾也去延安。茅盾和德沚商量后决定到西安后看交通情况再定。

---

① 《致楼适夷》，《茅盾书简》，浙江文艺出版社 1984 年版。

五月十九日，茅盾等到达西安。第二天就去八贤庄八路军办事处，意外地见到了周恩来和朱德。周恩来从延安来，去重庆与国民党谈判；朱德从山西前线来，原来是要去重庆的，因形势变化，不去了，改去延安。茅盾等告诉周恩来想去延安的意思，周恩来表示欢迎，并说可以和朱德总司令一道走，路上安全也有了保证。

五月二十四日，茅盾一家和张仲实搭乘朱总司令的车队离开西安去延安。

四十九　在革命圣地延安

从西安到延安花了三天时间。茅盾和张仲实等于二十六日下午到达革命圣地延安。张闻天、陈云等到延安南郊七里铺迎接，各机关学校代表在南门外欢迎。

当天傍晚，茅盾等参加延安各界代表召开的欢迎会。茅盾发表讲话，大意说：八路军朱总司令及各位同志都是创造抗战胜利的人物，他将于可能时赴前线一行，搜集此项材料以为日后写作之用。大会进行时，掌声和口号声不绝，群情兴奋异常。七日晚，延安各界复于中央大礼堂举行欢迎晚会，毛泽东也出席了，朱德、茅盾、张仲实等相继讲话。晚会上演出了"鲁艺"的《黄河大合唱》，给茅盾留下很深刻的印象，他一直念念不忘，几年后还在一篇文章中说，这次演出，他十分感动，大开眼界，"它那伟大的气魄自然而然使人鄙吝全消，发生崇高的感情，光是这一点也就叫你听过一次就象灵魂洗过澡似的"。[①] 二十八日，延安文化界复假文化俱乐部举行欢迎座谈会，招待茅盾和张仲实。座谈会后又应邀赴边区文协之欢宴，并出席后方政治部主持的文艺晚会。不久，又有一些文艺家从全国各地到达延安。文协于七月十四日又举行茶话会，欢迎总会理事茅盾、成都分会理事萧军、晋东南分会理事孙泱以及萧三、胡考、舒群等人。

茅盾等此次到延安，受到热烈欢迎，《新中华报》多次报导了欢迎盛况。

茅盾一家到延安以后，先住在党中央交际处，毛泽东曾亲自去看望他，一起用了便饭。不久，茅盾接受毛泽东的建议、周扬的邀请搬到鲁迅艺术文学院去住（"鲁艺"院长是吴玉章，周扬是副院长，实际上是主要负责人），"鲁艺"特为他修建了两孔窑洞。女儿沈霞进了女子大学，儿子沈霜进了陕北公学。张仲实则到中央

① 《忆冼星海》，《茅盾文集》第 10 卷第 113 页。

政治研究室去工作。

茅盾应周扬之请,给“鲁艺”学生讲“中国市民文学概论”,中心内容是把中国文学中腐朽的与进步的东西区别开来,对具有民主性、革命性和现实主义传统的东西作一历史分析,共讲了五六次,还编写了油印讲义。当时在“鲁艺”教务处工作的胡征回忆说,他每周到茅盾处取教材手稿,“这些手稿是用毛笔写的。……延安人自造的马兰纸,质地敦厚,涩而无光,具有吃墨吐光的特点。茅盾同志的俊秀飘逸的类似赵体的行书,满纸风云,堪称书法艺术品”。茅盾还答应一位工作人员的要求,为他书写了一张条幅,内容是鲁迅《半夏小集》中的一段。那位同志如获至宝,贴在炕头,天天欣赏。①

在延安,茅盾除在“鲁艺”讲学外,还参加其他社会活动和文学活动。

“鲁艺”成立两周年纪念会是一次很隆重的集会,毛泽东、朱德等都参加了,茅盾也参加了这次大会,并讲了话。他在讲话中谈到全民族抗战中文艺理论落后于现实的问题,作家与理论家的生活问题、作家与批评家的联系问题,等等;他还勉励“鲁艺”学员学习和继承鲁迅精神。

茅盾还根据边区文协的安排,给延安各文艺小组作了题为《论如何学习文学的民族形式》的报告。他指出发表于《中国文化》创刊号上的毛泽东的《新民主主义的政治与新民主主义的文化》和洛甫的《抗战以来中华民族的新文化运动与今后任务》两篇论文所论述的问题,是“有关中华民族文化的百年大计的问题”;具体论述了向民族遗产学习和向人民大众的生活学习的问题。

当时重庆文艺界讨论民族形式问题时,向林冰提出民族形式必须以民间形式为中心源泉的主张。茅盾写了《旧形式、民间形式与民族形式》,表示不同意向林冰的观点。他认为建立新的民族形式,“要吸取过去民族文艺的优秀的传统,更要学习外国古典文艺以及新现实主义的伟大作品的典范;要继续发展‘五四’以来的优秀作风,更要深入于今日的民族现实,提炼熔铸其新鲜活泼的素质”。② 他还通过对谷斯范的《新水浒》第一部《太湖游击队》的评论,进一步阐述了对民族形式的

① 胡征:《茅盾同志在“鲁艺”讲学的片断回忆》,《陕西日报》1981年6月7日。

② 《中国文化》第2卷第1期,1940年9月。

见解。[1] 一九四二年以后我国新文学创作的实践证明,茅盾关于创造新的民族形式的见解是完全正确的。

茅盾到延安的时候,延安文化界正在筹备纪念鲁迅诞生六十周年和逝世四周年,他积极参加这方面的活动,写了《为了纪念鲁迅的六十生辰》《关于〈呐喊〉和〈彷徨〉》《纪念鲁迅先生》,号召学习鲁迅的现实主义创作方法,用犀利的文笔,揭露城狐社鼠的丑态,同时表彰所有坚持进步、为民族的自由解放而奋斗的英雄烈士。一九三四年间,鲁迅和茅盾曾应苏联国际文学社之约,写了《答国际文学社问》。茅盾的这一篇"答问",由鲁迅转寄。鲁迅恐怕原稿遗失,亲自用毛笔誊抄了一份。鲁迅的这一份墨迹,茅盾一直携带在身边。经过白色恐怖的岁月,抗日战争的烽火,茅盾颠沛流离,许多东西都散失了,这份墨迹却完整无损地保留了下来。在延安,茅盾把它献给纪念鲁迅逝世四周年的展览会,发表时改题为《中国青年已从十月革命中认识了自己的使命》[2]。这一件事情生动地体现了两位战友的深厚情谊。

此外,茅盾还应邀参加范文澜、吕振羽组织的历史问题讨论会,艾思奇主持的哲学座谈会以及其他一些社会文化活动。茅盾还应毛泽东之请到杨家岭去长谈了一次,谈的是二十世纪三十年代上海文坛的斗争以及全民族抗战以来文艺运动的情况。

在延安,茅盾参加各种活动,经常骑马。他心情舒畅,与在迪化时相比,简直判若两人。

九月下旬的一天,张闻天告诉茅盾:周恩来有电报到延安,说郭沫若他们已退出第三厅,另外组织了一个文化工作委员会,仍由郭沫若主持。这是对国民党顽固派的抗议。为了加强国统区文化战线的力量,希望茅盾到重庆去工作,并且认为由于茅盾在国内外的声望,在重庆那种环境里活动比较方便。茅盾到延安后本来准备长住下去的,一听说要请他去重庆,感到很突然。不久前,张仲实告诉茅盾,他的党籍问题已经解决,劝茅盾也在延安解决这个问题。茅盾原来也打算在适当时候向党提出这一要求的。现在茅盾感到时间很紧迫了,便请张闻天向党中央提出:

---

① 《中国文化》第1卷第4期,1940年6月。

② 《大众文艺》第2卷第2期,1940年11月。

如能恢复党籍,一则了却十年来的心愿,二则到重庆也能在党的直接领导下进行工作。党中央书记处研究了茅盾的请求,认为茅盾目前留在党外,对工作、对人民的事业更为有利,希望茅盾能够理解。茅盾无条件接受党中央的安排,决定去重庆工作,把女儿、儿子留在延安学习,托张琴秋照顾。张琴秋此时是女子大学的教育长。

一九四〇年十月十日,茅盾夫妇随董必武的车队离开生活、工作了五个月的延安,踏上了新的征途。“鲁艺”的全体同学在桥儿沟西边、延河北岸列队欢送,茅盾夫妇在周扬等陪同下,一边擦泪,一边挥手向送行的同志告别。

延安五个月的生活,给茅盾留下了强烈的印象。到重庆后不久,就写下散文《风景谈》和《白杨礼赞》,热情歌颂延安的生活,歌颂延安人民和革命战士,歌颂中国共产党。这两篇散文也体现了茅盾本人的坦荡胸怀和崇高品格。

第十一章 “驱车我走天南道”

五十 开辟“第二战场”

一九四〇年十月十日，茅盾夫妇随董必武的车队离开延安，途经宝鸡时，因汽油问题有关部门故意刁难，等候了一个多月，到重庆时已是十一月下旬了。

到重庆后，茅盾夫妇暂住八路军办事处，周恩来、邓颖超去看望他，请他担任文化工作委员会的常务委员。两天后，他们搬到市中心的生活书店去住，会见了郭沫若、邹韬奋、田汉等人。十一月三十日《新华日报》报道说：“名作家茅盾先生，顷从西北来渝，连日会晤渝中旧友，至为忙碌，闻《文艺阵地》即将于新年复刊，茅盾先生将任主编。”

十二月一日，茅盾夫妇又搬到枣子岚垭，和沈钧儒住在一起。

此时重庆正是雾季，各方面的生活又都活跃起来了。

茅盾到重庆后首先着手的工作是营救杜重远。原来茅盾离开迪化后一星期，杜重远就被盛世才逮捕，但这一消息传到重庆已是十一月。茅盾到重庆后就和沈钧儒、邹韬奋等商量营救办法，并征求周恩来的意见。决定推茅盾起草、给盛世才去电报作保，要求把杜重远送回重庆。但营救没有成功。

十二月七日，茅盾出席全国文协的欢迎会，周恩来亦莅临参加。八日，中苏文化协会召开了中苏文化人联欢会，沈钧儒、郭沫若、邹韬奋等知名人士出席，茅盾在会上作了关于中国文艺界在抗战中的活动的讲话。这个讲话稿后来作了较多的增补，题作《抗战期间中国文艺运动的发展》发表。这篇文章是茅盾此次在重庆写的十几篇文章中最重要的一篇。当天晚上，茅盾又参加全国文协组织的关于小说创作的专题讨论会，作了《关于小说中的人物》的发言。

十二月二十八日，茅盾应邀在文化工作委员会召开的演讲会上讲话，讲话稿整理成《今后文艺界的两件事》，《大公报》作为星期论文发表。

茅盾离港赴新疆后，代编《文艺阵地》的楼适夷由于受到香港当局的压力，于一九三九年六月离港去上海“孤岛”，《文艺阵地》也就在上海编辑出版。到一九四〇年夏季因又遇到很大困难，生活书店决定再迁重庆出版。茅盾到重庆后，组成编委会，仍由他担任主编。一九四一年一月在重庆复刊的第六卷第一期，茅盾发表了歌颂延安生活的散文《风景谈》。当时周恩来委派叶以群配合茅盾工作，照顾茅盾生活，向茅盾传达党的指示，同时也负责《文艺阵地》的具体编辑工作。

在重庆，茅盾还写了《“时代错误”》等杂文，批判“战国策派”所鼓吹的法西斯思想。

一九四一年一月十七日，国民党顽固派制造了震惊中外的“皖南事变”。中国共产党中央和周恩来领导下的《新华日报》进行了针锋相对的斗争，击退了这次反共高潮。在重庆，茅盾目击了魔鬼们的疯狂行动和共产党人的英勇斗争。

皖南事变后，重庆形势险恶，《文艺阵地》出了第六卷第二期后就不可能再出了。为了预防反动派进一步迫害文化人，周恩来亲自领导了大规模撤退工作，有的去延安，有的去香港。周恩来和茅盾商量，他在香港工作过，情况比较熟悉，随着形势的发展，香港地位将越来越重要，党决定加强那边的力量，夏衍、范长江、胡绳等都要去，建议茅盾也去香港。茅盾又一次无条件服从党的安排，和孔德沚再次赴港。

离开重庆前，茅盾被安排到南温泉去暂住。这里环境很安静，他又文思泉涌，利用西北之行所积累的材料，一口气写了《风雪华家岭》《白杨礼赞》等六篇散文。

在南温泉住了二十天，茅盾夫妇坐汽车去桂林，再从桂林坐飞机去香港。在旅途中，茅盾写了《渝桂道中口占》七绝一首：“存亡关头逆流多，森严文网欲如何？驱车我走天南道，万里江山一放歌。”大义凛然地控诉国民党反动派不顾国家危亡，掀起反共逆流，布下森严文网，摧残进步文化的罪行，同时也表达了他换一个地方进行战斗，反动派其奈我何的豪情壮志。

茅盾到香港前，夏衍已于二月初由桂林来到。他在桂林主持的《救亡日报》被迫停刊。不久，范长江也到了香港。他们根据周恩来的指示，在廖承志的领导下，建立了一个新的宣传阵地《华商报》，夏衍兼管副刊《灯塔》。《灯塔》从创刊号起就连载茅盾的散文《如是我见我闻》,茅盾还在这个副刊上发表文艺短论、杂文三十来篇。

邹韬奋到香港后,使原来在上海出版的《大众生活》复刊,茅盾担任编委。从复刊新一号起,就连载茅盾的长篇小说《腐蚀》。这是茅盾长篇创作的又一重要收获。

九月一日,茅盾又创办了一个杂文刊物《笔谈》(半月刊)。它内容充实,形式活泼,文字精悍,庄谐并收。其中有茅盾的一组连载随笔《客座杂忆》。创刊号一出版,就立即受到读者的热烈欢迎,不到五天,就出版再版本。出版了第七期后,因太平洋战争爆发停刊。

此外,茅盾还在各种报刊上发表了许多杂文。

一九四一年间茅盾在香港九个月,除发表了《腐蚀》《如是我见我闻》《客座杂忆》外,还发表了散文、杂文、文艺评论一百二十多篇。这一年,是茅盾写作的一个丰收年,创作力表现得极为旺盛。这是茅盾到香港开辟“第二战场”后所取得的辉煌战果。

太平洋上的“一二·八”战争爆发后,仅仅十八天,香港英军就扯起了白旗投降。由于日本侵略者突然发起进攻,在香港从事抗日工作的大批文化人来不及撤离,被困在岛上。茅盾夫妇原来住在半山坚尼地道,战事发生后,寄存在房东地下室里的旧稿、信札、日记等都被当作“抗日”文件烧毁。待到发觉这一情况,已经无可奈何了。由于原来的寓所不安全,由友人帮忙避居到轩尼诗道一所设在三层楼上的跳舞学校里。和茅盾夫妇住在一起的有叶以群、戈宝权、宋之的等八人,俨然是一个“八口之家”。茅盾自称是九龙逃过来的一家纸张文具店的老板,带着老伴,叶以群是伙伴,另外几位是朋友。这个“大家庭”在炮弹的呼啸声中共同度过了十五个难忘的白昼和黑夜。之后又搬到中环德甫道的大中华旅馆去住,没有过几天,这家旅馆又被日军征用。这样他们就不可能找共同的住处了,只得化整为零。在一九四一年的最后一天,茅盾夫妇和叶以群再搬到西环半山的一家小旅馆里。

一九四二年一月九日,茅盾夫妇在香港地下党组织派来的连贯的帮助下,化装成普通老百姓,由香港偷渡到九龙,再由东江游击队派来的人(《脱险杂记》中茅盾以为是“绿林好汉”的“江大哥”即东江游击队中有名的手枪队队长江水)带领,经过青山道、元朗镇,又和邹韬奋、戈宝权等汇合,到达游击区白石龙,受到东江游击纵队司令员曾生等的欢迎和接待。在白石龙住了五六天,茅盾夫妇和叶以群、胡仲持、廖沫沙等五人作为第一批,由东江游击队继续派人护送到惠阳。到惠阳后,再由另外的党的地下工作者接手,帮助茅盾夫妇坐船到老隆。由老隆坐汽车经曲江到桂林时,已是三月九日了。

太平洋战争爆发后,香港的地下党组织和东江游击队根据党中央的指示,把被困在香港的茅盾等二十多文化人安全转移到内地,是“抗战以来(简直可说是有史以来)最伟大的‘抢救’工作”。① 以后茅盾根据这一经历,写了许多作品。

五十一　革命现实主义的新收获

——《腐蚀》

一九四一年到一九四二年间,全民族抗战正处在极端困难时期,茅盾奔波于重庆、桂林、香港之间,生活很不安定,创作力却极为旺盛。他在理论方面和创作实践方面,都坚持现实主义的道路,取得了辉煌的成绩。

一九四一年二月,茅盾在《现实主义的道路》中指出:“中国新文学二十年来所走的路,是现实主义的路。”他说,二十年来,中国社会发生了许多变动,在文坛上,也曾出现唯美主义、象征主义等旗号,而且据说还有创作,但都被时代遗忘了,“现实主义屹然始终为主潮”。他又说,在文艺思想领域内,有过多次激烈的论争,这些论争,都围绕着现实主义这个“轴”,“都是为了现实主义的更正确地被把握,都是为了争取现实主义的胜利”。因此,他认为抗日战争时期的文艺,也必须坚持“现实主义的道路”。②

坚持“现实主义的道路”,正是这一时期茅盾文艺思想的“轴”。而《腐蚀》则是他革命现实主义创作的新收获。

《腐蚀》写于一九四一年夏,连载于邹韬奋主编的香港《大众生活》新一期至二十期。

《大众生活》筹备复刊时,编委会认为必须有一长篇小说连载,而且要赶在创刊号上登出。当时既无现成的稿子,临时又找不到合适的人来写。作为编委之一

---

① 《脱险杂记》,《茅盾文集》第10卷第262页。

② 《现实主义的路》,重庆《新蜀报·蜀道》1941年2月1日。

的茅盾，就义不容辞地承担了这一任务，写了《腐蚀》。

这是一部日记体的长篇小说。“日记”从一九四〇年九月二十五日起到一九四一年的二月十日止，正是国民党顽固派发动第二次反共高潮以及被击退的时期，也就是皖南事变前后。

《腐蚀》写一个国民党女特务赵惠明在第二次反共高潮中的经历与所见所闻。小说逐段发表时就引起读者的强烈反响，特别是赵惠明的命运更为读者所关心。作者原来计划是写到小昭被害，小说就结束。但在小说连载过程中，许多读者写信给《大众生活》编辑部，要求作者给赵惠明一条自新之路。另一方面，刊物的发行部也要求作家写长一些，多“拖”几期。茅盾接受了这些要求，继续写了下去，成为现在所看到的样子。

《腐蚀》的主人公赵惠明是一个性格复杂的人物，在她的内心一直斗争着：有爱与恨的斗争、人性与兽性的斗争、正义与邪恶的斗争、光明与黑暗的斗争。“人的本质并不是单个人所固有的抽象物。在其现实性上，它是一切社会关系的总和。”①赵惠明性格的复杂性正是这样形成的：既有家庭的原因，又有个人经历的原因，更由于她所处的那个独特的环境各种社会力量和思想意识给她各种各样的影响。但归根结底来说是社会上的反动力量与她的个人主义相结合，使她恨、使她发展了兽性，走向邪恶和黑暗；而进步的革命的力量促使她爱，促使她恢复人性，走向正义和光明。两种力量搏斗的结果是爱战胜了恨，人性战胜了兽性，正义和光明战胜了邪恶和黑暗。

小说通过赵惠明自述自己的遭遇和内心矛盾斗争，揭露、控诉了国民党特务统治的血腥罪行；反映了在那个“狐鬼满路”的社会里一部分青年人的“难言之痛”；批判了赵惠明这一类人物的个人主义、不明大义和缺乏节操，又给失足者指出了自新之路；更反映了中国共产党人和进步青年的英勇斗争精神，从而指出了在那个黑暗社会里仍然存在着光明和希望。

赵惠明是一个有着深刻的社会意义和美学意义的典型形象。

《腐蚀》在艺术上是很有独创性的。

小说用的是日记体。日记体便于揭示人物的内心活动。《腐蚀》正是通过主

① 马克思：《关于费尔巴哈的提纲》。

人翁的“自讼，自解嘲，自己辩护”的心理活动来揭示人物的复杂而又发展变化的性格的。同时小说以赵惠明为“视点”，真实地揭示了国民党特务机构的罪恶、“皖南事变”这一重大历史事件及其在重庆所引起的巨大反响、蒋汪合流的阴谋活动，等等，充分体现了作家匠心独运，艺术构思的巧妙。但更为重要的是，小说虽然以赵惠明为“视点”，却仍然渗透了作家爱憎分明的评价，正是这种评价，使小说具有明确的倾向性，不过这种评价又是很隐蔽的、曲折的。这就形成了《腐蚀》的革命现实主义的特色。

《腐蚀》在《大众生活》连载时，就在香港读者中引起强烈反响。单行本于一九四一年十月在上海“孤岛”出版后不久，就爆发了太平洋战争，上海完全陷入敌伪之手，后方读者也就不可能读到它。一直到全民族抗战胜利后，一九四五年十一月重印再版，才重新引起广大读者和评论家的注意。沈起予指出：《腐蚀》“题材是现实的”；“多年来我们的作者走着创作上的现实主义道路，他以正确的眼光描写过金融界和工商界，现在又读到了他的取材于一个最黑暗集团的小说。在这小说中，他指导了被腐蚀者以新生的道路，并明示读者社会必趋于光明。小说对于失足者和一般青年男女都有着教育意义”。[①] 重庆《新华日报》和延安《解放日报》都发表了评介文章。陈稻指出：“惠明的发展是完全合理的，不仅惠明如是，过去、现在和将来许多被害的人们也要跟着这唯一的道路找到光明。”[②]李伯钊说：《腐蚀》“是一篇对国民党特务罪恶有力的控诉书”，同时又说，“作者显然怀着满腔热情，希冀赵小姐和其他类似的角色的新生”。[③] 此外，北平、哈尔滨、香港以及新加坡等地的报刊也相继发表评论文章，可见这部小说影响之广了。

五十二　大后方生活的写真

——《如是我见我闻》及其他

《如是我见我闻》连载于香港《华商报》副刊《灯塔》。一九四一年四月八日创

---

① 沈起予：《读〈腐蚀〉》，《萌芽》第1卷第1期，1946年7月。

② 陈稻：《介绍茅盾先生的〈腐蚀〉》，《新华日报》1946年5月6日。

③ 李伯钊：《读〈腐蚀〉》，《解放日报》1946年8月18日。

刊号上登出了《弁言》，最后一篇为《旅店小景》，于五月十六日刊出。共十八篇。写他一九三八年底离开香港去迪化，再到延安，经重庆、桂林，于一九四一年二月又回到香港，两年多时间里跑遍了大半个中国的所见所闻。其中有几篇写于重庆。

作家在《弁言》中说：“这不是什么游记。游记之类，现在也颇难着笔。而且——也不便多写。”他所写的，只是“七零八落的杂记”，“也许描写几笔花草鸟兽，也许画个把人脸，也许讲点不登大雅之堂的‘人事’，讲点人们如何‘穿’，如何‘吃’，又如何发昏做梦，或者如何傻头傻脑卖力气”。所以他又自谦地说“只是所见所闻的流水账”。作家又表白说，他自信：“闻时既未重听，见时亦没有戴眼镜，形诸笔墨，意在存真。”故题名曰《如是我见我闻》。

作品记述了大后方一些城市的畸形繁荣，如《兰州杂碎》《“战时景气”的宠儿——宝鸡》；反映了广大农民遭受苛捐杂税、抽丁勒索，不得不在饥饿线上挣扎的处境，如《“天府之国”的意义》《拉拉车》；揭露了达官贵人、投机家、暴发户在过着花天酒地、荒淫无耻、醉生梦死的生活，如《旅店小景》《最漂亮的生意》《司机生活片断》；揭露反动派是怎样欺骗群众、粉饰太平的，如《如何优待征属》《西京插曲》《“雾重庆”拾零》，等等。

作品还描写了八路军战士和人民群众在旅途中遇到困难、互相帮助、互相照顾的可贵革命情谊，如《秦岭之夜》；礼赞了勤劳、勇敢、坚韧不拔的中国人民，礼赞守卫着他们的家乡，捍卫着祖国的人民军队，礼赞领导全国人民进行全民族解放战争的中国共产党，如《白杨礼赞》。

《如是我见我闻》十八篇作品，内容极为丰富，是大后方生活的写真。正是《灯塔》编辑所指出的：“暴露着黑暗社会孕育着的危机与没落，指示出新中华民族的生长与出路。”由于作家的深刻的洞察力，能够透过种种表面现象提出本质性的问题，“作深刻而隽永的叙述”，“笔调尤为感人”。①

一九四三年四月，茅盾把《如是我见我闻》十八篇，再加上《海防风景》《太平凡的故事》《新疆风土杂忆》，在桂林出版了单行本，题名为《见闻杂记》。但正式出版时，已被国民党的检查官删削得残缺不全了。

茅盾在港期间，还在各报刊发表了大量的杂文。时事政治问题、文化思想问

① 《编辑室》，《华商报·灯塔》1941年4月8日。

题、历史事件，无所不谈，但主要内容是揭露和控诉国民党的法西斯统治的。作家观察深刻，分析透辟，短小精悍，尖锐有力，在思想和风格上都明显地可以看到鲁迅杂文的影响，也可说是继承并发展了鲁迅的传统。散文《大地山河》描绘了西北高原壮丽的自然景象，《开荒》热情歌颂了解放区人民从事改造自然和改造社会的伟大事业，深刻的思想，优美的笔调，是可以和《风景谈》《白杨礼赞》相媲美的。

这些杂文、散文，可惜都没有结集出版。

五十三　“栖迟八桂乡，悠焉寒暑易”

一九四二年三月九日，茅盾夫妇到达桂林。

此时的桂林，已是西南地区著名的“文化城”。许多文化人如邵荃麟、田汉、欧阳予倩、艾芜、王鲁彦等都住在这里。出版社、杂志社也很多，但住房非常紧张，茅盾夫妇到桂林后也无法找到房子，在旅馆里住了半个月。后来邵荃麟（中共东南局文化工作组组长）把他的一间厨房让了出来，茅盾夫妇才算有了个栖身之所。这是一所二层楼的房子，在西门外丽君路。

房间小到“一榻之外，仅容一方桌”，烧饭的炉子得放在房门口。不仅房间小，而且环境也很嘈杂。房间外是一个院子，每天到一定时间就热闹了起来。住在楼上的那位“皮包书店”的老板的外室，常邀请一些人来打牌，牌声不断，有时则和几位“牌友”“倚栏而纵谈赌经”；“楼下是三四位女佣在洗衣弄菜的同时，交换着各家的新闻，杂以诟谇”。“楼上楼下，交相应和；因为楼上的是站着发议论，而楼下的是坐着骂山门”，这就使茅盾想起了唐朝的坐部伎和立部伎，因而戏称之为“两部鼓吹”。[①] 晚上呢？大体是宁静的。但又有问题：“强光植物油灯，吸油如鲸，发热如锅炉，引蚊成阵。”茅盾视力不好，读“土纸印新五号字”的书刊，犹如“读天书”；只好“复古”用油灯，“九时就寝，昧爽即兴”。但又有“弊”：“午夜梦回，木屐清脆之声，一记记都入耳刺脑，于是又要闹失眠；这时候，帐外饕蚊严阵以待，如何敢冒昧？只好贴然僵卧，静待倦极，再寻旧梦了。”[②]

---

① 《霜叶红似二月花・新版后记》，《茅盾全集》第 6 卷第 247 页。

② 《雨天杂写之三》，《茅盾文集》第 10 卷第 18 页。

桂林还常遭敌机轰炸。一九四二年春夏之间，叶圣陶为了开明书店的编辑事务，曾经从成都到桂林住了一个多月，与茅盾老友重逢，有过多次会晤，茅盾还请他到家中吃饭。他在六月九日的日记中写道：

> 十一时至雁冰所，应其招饭。雁冰夫人治馔甚丰，有鸡与鱼虾。云来桂后从未请客，此为第一次也。午后一时许传警报，未久传紧急。雁冰夫妇不逃，余亦留。雁冰为余谈在新疆一年间之所历，颇长异闻。旋飞机声起，隐隐闻投弹声，继见高射炮之烟两朵，复次见敌机四架，飞行甚高，约历一刻钟而寂然。雁冰继续谈说，中气甚足，直至四时半而终止。①

从叶圣陶的这一段日记中，可见在桂林，茅盾经常生活在敌机轰炸的威胁中，可是他却泰然处之，有时在警报声中还埋头写作。《有意为之》这篇文艺杂谈篇末就署着“一九四二年五月二十六日警报声中写完”。②

茅盾在桂林，不仅物质生活很困难，行动也并不是那么自由的。当时统治广西的桂系中，有不少左派人士。这是皖南事变后，桂林仍能成为进步文化人聚集地的一个重要因素。但即使这样，也不能超然于国民党日益强化的法西斯特务统治之外，萨空了就在桂林被绑架，茅盾也曾受监视。③ 一九四二年五月间，国民党颁布《国家总动员宣传提纲》，强化文化思想方面的控制，许多报纸被迫停刊，桂林的进步文化事业也备受摧残。

就在这样的条件下，茅盾在“摆着油盐酱醋的瓶瓶罐罐”的方桌上写作，在不到一年时间里，取得了丰硕的成果，完成了中篇小说《劫后拾遗》、长篇小说《霜叶红似二月花》、短篇小说集《耶稣之死》（收入《耶稣之死》《列那和吉他》《虚惊》《过封锁线》《参孙的复仇》）。此外，还写了文学评论、杂文三十多篇和几首旧体诗。

《劫后拾遗》写香港沦陷后的生活，反映了日本侵略者的暴行给香港人民造成的深重灾难，香港英国当局在侵略者面前的无能为力。作家原来打算写成小说的，

---

① 叶圣陶：《蓉桂之旅》，《新文学史料》1982 年 4 期。

② 见《新文学连丛》之一：《孟夏集》。

③ 翟同泰：《茅盾同志答问》（下），《文教资料简报》1981 年 7—8 期。

所以写的不是真人真事，然而却近于“纪实”，“像是一些特写，又像是几篇大型的‘香港战争前后的花花絮絮’”。[①] 本书出版后曾得到好评，有人指出，关于香港战争的报告已经不少，只有这一本“才够得上说是一本典范的报告文学”。[②]

《耶稣之死》《参孙的复仇》两篇都取材于《圣经》，但都是“对当时国民党法西斯统治的诅咒并预言其没落，因为只有这样的借喻，方能逃过国民党当时的文字检查。蒋介石自己是基督教徒，他的爪牙万万想不到人家会用《圣经》来骂蒋的”。[③]《虚惊》《过封锁线》写从香港脱险回到内地的经过，《列那和吉他》写在迪化时生活中的一件小事。

在桂林期间，由于环境关系，那种“抨击劣政，针砭时弊”的杂文写得不多，但也有几篇极有分量的文章，如题为《雨天杂写》的几篇，或谈古人古事，或谈外国的事情，但批判的锋芒则是指向国民党反动统治的，只是手法比较含蓄。这几篇杂文，后来收入《时间的记录》。

此外，茅盾还写了一些独具一格的旧体诗。《无题》中写道：“搏天鹰隼困藩溷，拜月狐狸戴冕旒。落落人间啼笑疾，侧身北望思悠悠。”对人妖颠倒的社会表示极度的愤慨，只有仰首北望，寄希望于陕北，也就是寄希望于共产党了。《感怀》中写道：“桓桓彼多士，引领向北国。双双小儿女，驰书诉契阔。梦晤如生平，欢笑复鸣咽。感此倍怆神，但祝健且硕。”想到延安，自然也就想到那里的许多朋友，想到留在那里的儿女。这真可说是“无情未必真豪杰，怜子如何不丈夫”了。

除了写作，茅盾还参加各种文艺活动和社会活动。到桂林不久，就在邵荃麟组织的文学小组讲文学修养。五月，参加“文协”桂林分会组织的维护作家权益的斗争。七月，应邀出席“戏剧春秋”社召开的历史剧问题座谈会，就编写历史剧的目的、历史剧作者的任务问题发了言。十月间，为桂林艺术馆主办的艺术师资训练班作题为《文学的产生、发展及其影响》的报告。他还给《青年文艺》《文艺新哨》写稿，支持青年作者的活动。茅盾的这些活动，对于促进桂林的文艺事业的发展，起了积极作用。

---

① 《劫后拾遗 · 新版后记》，《茅盾全集》第 5 卷第 422 页。

② 矢健：《香港陷落的记录》，《学习生活》第 3 卷 6 期，1944 年 11 月。

③ 《茅盾短篇小说集 · 序》，人民文学出版社 1980 年版。

茅盾在桂林住了约九个月,于十二月三日去重庆。

茅盾为什么要离开桂林去重庆?他自己说写完《霜叶红似二月花》以后,因“条件变化”,“不能在桂林再住下去,不得不赴重庆”。[①] 这是话中有话的。

原来太平洋战争爆发后从香港脱险到桂林的许多文化人,有的稍事停留后即去重庆,有的去昆明。大多数人在桂林停了下来。国民党中央派 CC 系特务刘百闵以文化服务社社长名义到桂林“邀请”所有的人去重庆,还动员在桂林的叶圣陶向茅盾劝说。[②] 茅盾以“正在写长篇,以后再说”为理由,以“拖”的办法来对付。另一方面,茅盾等在桂林,也受到广西当局的“监视”,并且他认为“太多人集中在桂林,也不相宜”。[③] 这样,“拖”到十二月,正好重庆要他去编《文艺阵地》,茅盾便决定去了。

茅盾去重庆,除了被“逼”这一原因外,也还有积极的考虑。在《将赴重庆,赠陈此生伉俪》诗中表述了他当时的心情。诗中说从香港回到“山水甲天下,文物媲吴越”的桂林,时间过得很快,“栖迟八桂乡,悠焉寒暑易”。是否离开桂林,他是经过反复考虑才下定决心的。“踟蹰复徘徊,投袂吾心决”。虽然“风雨正作秋”,但他是怀着“慷慨上征途”的心情出发的。这就是说,去重庆虽然是不得已,但他却是怀着战斗的意志去的。在“征途”上,他又写了《桂渝道中杂诗,寄桂友》,对国民党统治区的“职方如狗满街走”“将军高卧拥铜符”的腐败现象,表示极端愤慨。但是,“却忆清凉山下路,千红万紫斗春风”。正是对延安生活的美好回忆,也就是对中国共产党的坚定不移的信念,使茅盾获得“慷慨上征途”的精神力量。

五十四 新的民族形式的成功之作

——《霜叶红似二月花》

《霜叶红似二月花》写于一九四二年在桂林的“两部鼓吹”声中。作家截取杜牧七绝《山行》的第四句“霜叶红于二月花”,并改“于”为“似”作为书名。之所以

---

① 《霜叶红似二月花·新版后记》。

② 《蓉桂之旅》,《新文学史料》1982 年 4 期。

③ 翟同泰:《茅盾同志答问》(下),《文教资料简报》1981 年 7—8 期。

取这样一个书名,和他原来的构思有关。他说:

> 本来打算写从"五四"到一九二七年这一时期的政治、社会和思想的大变动,想在总的方面指出这时期革命虽遭挫折,反革命虽暂时占了上风,但革命必然取得最后胜利。书中一些主要人物,如出身于地主阶级和小资产阶级的青年知识分子,最初(在一九二七年国民党叛变革命以前)都是很"左"的,宛然像是真的革命党人,可是考验结果,他们或者消极了,或者投向反动阵营了。如果拿霜叶作比,这些假左派,虽然比真的红花还要红些,究竟是冒充的,"似"而已,非真也。再如果拿一九二七年以后反革命势力暂时占了上风的情况来看,他们(反革命)得势的时间不会太长,正如霜叶,不久还是要凋落。①

可见这个书名是有双重寓意的。但可惜的是作家没有按原定计划写完,现在所能看到的只是"一部规模比较大的长篇小说的第一部分"。因此,书名和书的内容就联系不上了。

《霜叶红似二月花》以五四时期的一个夏天、江南某县城及其附近地区为背景,描写了张恂如、黄和光、钱良材、王伯申、赵守义、朱行健、曹志诚七个家庭以及他们之间的亲戚关系、朋友关系、利益对立关系等纠葛。小说没有写重大历史事件和尖锐的矛盾冲突,大部分篇幅都用来写人的家庭日常生活和亲朋之间的往来。王伯申与赵守义争夺善堂公款是旧社会的普通事件,赵守义串通曹志诚鼓动农民阻拦王伯申轮船通航并由此造成命案,就像旧时代家族间的械斗那样,也说不上是重大事件。这些事件也只是在家人、亲友的谈话之间带出,即使是正面描写也没有渲染这些事件本身。小说中还穿插了一些社会习俗的描写,这就构成了一幅江南水乡地区社会风情的画卷,反映了在新旧社会过渡时期正在萌芽的民族资产阶级与地主阶级之间的矛盾和斗争,反映了一些具有改良主义思想的人物想有所作为而又都无能为力,有些人只能充当新旧势力矛盾斗争的旁观者,受害的是农民群众。这就是这部现实主义小说的倾向性。

如果说《第一阶段的故事》是通俗化的有意义的尝试,但却是急就章,那么,

---

① 《霜叶红似二月花·新版后记》。

《霜叶红似二月花》便是茅盾探索新的民族形式所取得的重要成果,用的是精雕细刻的手法。

小说的艺术构思有着新的特点。王伯申与赵守义的矛盾冲突虽然是贯串全书的中心情节,但所花笔墨并不多,而是着重写人物的家庭生活和亲友间的往来,同时穿插了一些相对独立的情节。这样一种艺术构思与中国古典小说分明有着承传关系,但又有创新,不是对某一部小说的模仿。

在人物描写上,分明有着《儒林外史》中的人物描写的影响。对婉小姐的描写近似《红楼梦》中对王熙凤的描写,婉小姐的能干也近似王熙凤(但没有王熙凤的坏心眼)。这些描写所构成的音调、色彩,是读者所熟悉并感到亲切的。

在语言方面,句法及表现思想的形式,完全摆脱了欧化的影响,做到真正民族化。

关于文艺的民族形式,茅盾曾经指出:

> “民族形式”的正解,显然是指植根于人民大众生活,而为中国人民大众所熟悉所亲切的艺术形式。这里所谓熟悉,当然是指文艺作品的用语、句法、表现思想的形式,乃至其他构成形象之音调、色彩等等而言。这里所谓亲切,应当指作品中的生活习惯、乡土色调、人物的声音、笑貌、举止等等而言。①

《霜叶红似二月花》可以说正是这一见解的艺术实践。它继承了中国古典小说的优秀传统,吸收了外国文学表现手法的长处,创造性地用来表现现代生活,这就成为一部新的民族形式的优秀之作。

《霜叶红似二月花》一问世,就引起文艺界广泛注意。一九四三年十月桂林《自学》杂志和《广西日报·读者俱乐部》联合召开座谈会,巴金、田汉、艾芜等十多位知名作家出席。会上一致肯定这部创作的巨大成就,并联名发电报给已去重庆的茅盾表示慰问和祝贺。《新华日报》先后发表评论文章。一篇文章指出:反映五四时代的作品已有不少,但没有一本像这部小说所分析的“那样详尽真实,描写得

---

① 《抗战期间中国文艺运动的发展》,《中苏文化》第 8 卷第 3、4 期合刊,1941 年 4 月。

那样亲切,并且规模那样宏大的”。[①] 另一篇文章指出:《霜叶红似二月花》“不只是写一个县城,而是写一个时代”;“书中人物是那么多,而且各具性格,不相混同”;“在民族形式的创造上这本书是很成功的”。[②] 一九四五年王若飞在祝贺茅盾五十寿辰时指出:

> 茅盾先生在中国新文艺的“大众化”工作和“中国化”工作上,一直是站在先驱者的行列,而且是认认真真在实践中探索着前进的道路的。在他的初期创作中,我们可以看到欧洲文学作风的影响。但是这影响却随着时代要求的前进和他的创作方法的改进,逐渐减退,另一方面大众化和中国化的作风,却有显著进展。直到最近的《霜叶红似二月花》——这长篇小说的第一部——我们可以看到茅盾先生的作风,是在利用民族形式争取更广大的读者群这一点上,作了很大的努力。[③]

这是很中肯的论断。

五十五　坚持“现实主义的道路”

一九四一年二月,茅盾在《现实主义的道路》中指出:“中国新文学二十年来所走的路,是现实主义的路。”他说,二十年来,中国社会发生了许多变动,在文坛上,“也曾见唯美主义、象征主义等等旗号;而且据说还有作品”,但都被时代遗忘了。“现实主义屹然始终为主潮”。在文艺思想领域内,有过多次激烈的论争。这些论争,都围绕着现实主义这个“轴”,“都是为了现实的更正确地被把握,都是为了争取现实主义的胜利”。因此,他认为抗日战争时期的文艺,也必须坚持“现实主义的道路”。[④]

坚持“现实主义的道路”也正是茅盾这一时期文艺思想的“轴”。

---

① 埃兰:《读〈霜叶红似二月花〉》,《新华日报》1944 年 1 月 3 日。

② 田春:《〈霜叶红似二月花〉读后》,《新华日报》1944 年 9 月 4 日。

③ 《中国文化界的光荣,中国知识分子的光荣》,《新华日报》1945 年 6 月 24 日。

④ 《现实主义的道路》,重庆《新蜀报 · 蜀道》1941 年 2 月 1 日。

坚持“现实主义的道路”，茅盾认为：作家必须正确认识抗日战争的性质。抗日战争的性质是什么呢？他认为：“我们是反法西斯反侵略的全民族的自卫战；但中国社会是一个半殖民地半封建社会，中国政治还没有走上民主的轨道，因此，第二，我们这战争同时又不能不是资产阶级民主革命的战争。”他认为，全民族抗战已经四年，以抗日战争为题材的作品也出现了不少，但大都只有热情而缺乏深刻的分析，缺乏思想的深度，不能满足读者的要求，许多作品使人觉得千篇一律，淡而无味。他认为原因之一就在于许多作家只看到抗战的现象，没有看到本质。“日本帝国主义是在向我们侵略，我们是在抗战，这是谁也看得见的；但是这抗战同时又不能不是资产阶级的民主革命，却不是人人一下就能理解。”他举例说，比如写农民，只看到农民的落后性、保守性是不对的，但如果认为只要一声号令，农民便会做出惊天动地的大事，也是不正确的。他指出，农民“由自发性的斗争发展到自觉性的斗争，其间有一个长期而曲折的过程”。他还指出，“农民的力量是伟大的，但是农民本身不能完成什么历史任务”，必须要有正确的领导。他认为作家对此倘无正确认识，“则在把握现实上，将终嫌不足，而对他的作品的深刻性，自然会发生影响了”。因此他强调说作家“武装头脑之重要在今天仍应居第一位”。①

坚持“现实主义道路”，茅盾认为作家必须掌握并且遵从典型化的原则与手法。

茅盾认为“文艺作家以表现时代为其任务”。文艺表现时代的特征，就是要表现“从今天到明天这一战斗的过程中所有最典型的狂澜伏流方生方灭以及必兴必废”。也就是要表现“旧的是在没落，而新的是在生长”，旧的虽然“还显得气焰甚旺”，然而总是走向没落；新的虽然还是困难重重，然而总归是在发展，在成长。社会科学家也有这一任务，但文艺作家借以完成任务的方法，却与社会科学家不同：社会科学家既缜密观察，分析而综合，指出了如此这般，便可谓能事已尽。文艺作家则于得到如此这般的“结论”之后，还得再倒回去，“从最初的出发点再开始，从纷繁的表象中，拣出其最典型者，沿其发展之迹，用艺术的手腕表现出来”。换句话说，作家的工作，“当其开始，是由具体到抽象，由表象到概念，而后复由抽象回到具体，由概念回到表象，在这回归之后，才是创作活动的开始”。茅盾这里说的，就是把逻辑思维和形象思维结合起来的典型化的原则与手法，茅盾认为，对于一个作家

---

① 《谈技巧、生活、思想及其他》，《奔流》新集之二《横眉》，1941 年 12 月。

来说，这两步功夫是不能分割的。如果没有做第二步功夫，那么就不能保证他的作品的主题的积极性，也就不会有多少社会价值和时代意义。反之，他的作品就必然是概念化、公式化。①

坚持“现实主义的道路”，茅盾认为作家“视野还须扩大”，“笔尖要横扫全国”，“诸凡光明的与黑暗的，进步的与倒退的，严肃工作与荒淫无耻，都必须举其最典型者赋以形象”。也就是说，作家必须正视现实生活的各个方面，从现实生活的各个方面选择题材。而现实生活是充满矛盾的，只有“从这矛盾的现实中指出光明与黑暗势力的消长，从而坚定了民众对于光明必能战胜黑暗的信心”。但是，茅盾指出，当时“官方的‘文艺政策’”，“题材被限制到只准‘扬善’，而此被准‘扬’的‘善’，也还不是中国人皆曰‘善’的‘善’，例如华北沦陷区的英勇壮烈的斗争就被视为例外”，其实是只准替反动统治者歌功颂德。他认为，“只准‘扬善’的‘文艺政策’”结果是“使文艺工作者在民众眼前成了大骗子”！他指出：“只有展示了光明与黑暗斗争而光明终于占优势的全过程，然后才能给予力量以人们，真正坚强了人们之信心！”为此他强调“必须争取清醒自由的空气”。② 可见，茅盾是把“坚持现实主义的道路”和反对国民党的反动统治，争取民主，歌颂人民的力量结合起来的。

坚持“现实主义的道路”，茅盾认为必须继承并发扬鲁迅的优秀传统。他指出：“进步的世界观，战斗的现实主义，以及融合中外古今而植根于广博生活经验的艺术形式，这三者，便是鲁迅先生的宝贵遗产。”③我们要从鲁迅的遗产中吸取营养。他说鲁迅一生都在追求“最理想的人性”，他竭力“抨击一切摧残、毒害、窒塞‘最理想的人性’之发展的人为的枷锁，——一切不合理的传统的典章文物”。④ 他认为面对抗战的现实，“中国人民大众的觉醒，怒吼，血淋淋的斗争生活”，便应该是作家进行创作活动的“中心轴”和“尺度”。凡是助长民众的觉悟、培养民众的力量，解除民众的痛苦的一切行为和措施，应该得到赞美；反之，愚民政策，欺骗，压迫，掠夺民众的一切行为和措施，就必须加以抨击。在艺术形式方面，应该创造“植根于现代中国人民大众的生活，而为中国人民大众所熟悉所亲切的艺术形式”。这

① 《谈技巧、生活、思想及其他》，《奔流》新集之二《横眉》，1941 年 12 月。

② 《如何加强我们的抗建文艺》，《大众生活》新 8 期，1941 年 7 月 5 日。

③ 《抗战期间中国文艺运动的发展》，《中苏文化》第 8 卷 3、4 期合刊，1941 年 4 月 24 日。

④ 《“最理想的人性”》，《笔谈》第 4 期，1941 年 10 月 16 日。

种艺术形式并不排斥外来形式，“对于世界古典文学的优秀传统是主张加以吸收而消化以滋补自己的”，也不排斥中国古代文学的传统，而是要“批判地加以继承而光大之的”。① 他强调说，鲁迅的著作，“是我们斗争的指南针，是帮助我们了解这社会，了解这世界，认明了敌和友的活的方法”，“并且由于生活实践的继续发展，我们也能把鲁迅的思想和业绩更发展起来，成为民族文化的最灿烂的一部分”。②

① 《抗战期间中国文艺运动的发展》，《中苏文化》第 8 卷 3、4 期合刊，1941 年 4 月 24 日。
② 《研究 · 学习 · 并且发展他》，《大众生活》新 23 期，1941 年 10 月 18 日。

第十二章　战斗在“雾重庆”

五十六　“丹青标风骨，愿与子同仇”

一九四二年底，茅盾怀着“慷慨上征途”的心情，又回到重庆，住在离市区三十多里的唐家沱。这里是因市区常遭到敌机轰炸而新开辟的地区，官名叫“唐家沱新村”。它面临长江，当时重庆人戏称为“中国的海军根据地”。民生公司的轮船到市区约一个多小时，一天两班，交通还算方便。

这时候，国民党反动派正在阴谋发动第三次反共高潮。茅盾到了重庆，就被反动派监视。有一次，一位朋友请他在一家饭馆便餐，旁边就有两个形迹可疑的人窥视。离开饭馆时，茅盾悄声告诉朋友说：“要留心狗。”①尽管茅盾意识到自己是在被监视之中，但仍积极参加各种社会活动。第三次反共高潮很快被打退，民主运动跟着蓬勃发展起来，茅盾也就积极投身民主运动。

一九四三年十一月，茅盾与郭沫若等联名发表《中国文化界给苏联领袖和人民的信》，庆祝十月革命节。一九四四年六月，与老舍等七十八人联名要求国民党当局准许言论出版自由。一九四五年二月，他签名于《文化界时局进言》，响应中国共产党提出的组织联合政府的主张，要求国民党改弦易辙，组织“战时全国一致政府”，实行民主政治。八月十五日，日本宣布无条件投降，十五日晚，茅盾出席“文协”在张家花园召开的庆祝胜利欢谈会。一九四六年一月，在政治协商会议开会期间，茅盾等二十一位作家签名发表《陪都文艺界致政治协商会议各会员书》，要求会议“以民意为依归”，“策划并监督改组中央以至各级政府，结束一党专政，制定

---

①　萧蔓若：《难忘与茅盾同志交往的日子》，《抗战文艺研究》1982 年 1 期。

和平建国纲领,在民主原则上重选国民大会代表,草拟宪法”。二月十日,茅盾和重庆文化界人士一百五十多人发表《为较场口血案告国人书》,要求惩办制造较场口血案的凶手,追查幕后策划者,实行政治协商会议的各项决议。这些行动表明,这几年间,茅盾是坚定地站在民主运动的前列的。

茅盾在“雾重庆”战斗,主要还是参加文学活动。

茅盾原来是“文协”的理事,到重庆后就参与“文协”的领导工作。一九四三年和一九四五年,“文协”理事会两次改选,茅盾都继续当选。他经常参加“文协”召开的各种座谈会和应邀作关于文艺问题的讲演。

由于《文艺阵地》已不可能继续出版,茅盾提议改出不定期的《文阵新辑》,出版了《去国》《哈罗尔德的旅行及其他》《纵横前后方》等三辑。

一九四四年六月初,茅盾和叶以群“为沟通中外文化及联络各地作家,介绍各方稿件并交换文化资料消息”,组织了中外文化联络社。后出版了《文联》半月刊(一九四六年一月至六月),共出版了七期。他在这个刊物上发表了《八年来文艺工作的成果及其倾向》《新民主运动与新文化》等重要论文。

一九四四年和一九四五年,青年作者萧蔓若在重庆创办《文学新报》,方敬在贵阳编辑《大刚报》的副刊《阵地》,都分别得到茅盾的支持和指导。萧蔓若回忆说,茅盾给他看原稿,“即使是一个非关重要的细节也不放过”。① 方敬回忆说:“从他我学得很多东西。他多么关心新文学,即使是一张报纸上的小小文学副刊;多么关心文学晚辈,哪怕是像我这样的文学小兵。”②重庆一些爱好文艺的青年组织了“突兀文艺社”,出版《突兀文艺》和《突兀文艺丛书》,茅盾也给予很大鼓励和支持。“突兀文艺社”到一九四八年停止活动,但一些社员仍长期得到茅盾的指导。③

叶以群回忆茅盾在重庆时的工作和生活情况说:“许多不相识的青年寄稿子来请他看,他总是几天之内就细心地读完,写出详细的意见寄了去。这样的工作,几乎经常占去他全部时间的十分之二三。”“由于他这样诚恳的奖励提携而逐渐走上严肃的文艺道路的人,是不少的。”④珍爱人才,关怀、帮助文学新生力量的成长,

---

① 萧蔓若:《难忘与茅盾同志交往的日子》。

② 方敬:《缅怀茅盾同志》,《抗战文艺研究》1982 年 1 期。

③ 穆红:《茅盾与突兀文艺社》,《抗战文艺研究》1983 年 5 期。

④ 叶以群:《雁冰先生生活点滴》,《文哨》第 1 卷第 3 期,1945 年 10 月。

是茅盾一贯的作风。在日常生活中,茅盾又是十分平易近人的。“他是爱谈而且健谈的(除了在他憎厌的人之间)。……每当他进城时,不管白天怎样劳累,一到晚上,和几个熟人住在一起,他总是话锋四射,如泻江河,每到深夜二三点钟还不歇。他谈话的范围是非常广泛的,往往从‘国家大事’一直谈到市井男女……听他一番话就像读了几篇小说。”①这一段文字生动地描绘出茅盾在工作之余的生活风貌。

在重庆,茅盾积极从事创作。写了话剧剧本《清明前后》,短篇小说集《委屈》收入《委屈》《报施》《船上》《小圈圈里的人物》《过年》等五篇,这是茅盾的最后一个短篇小说集。他还写了一百几十篇杂文和文学评论,出版了选集《时间的记录》。此外,他还写了一个中篇小说《走上岗位》,连载于一九四三年的《文艺先锋》。但他自己很不满意,所以在他生前未出单行本。此外,他还翻译了一些苏联文学作品。

画家沈逸千取《白杨礼赞》的寓意作《白杨图》,茅盾又为之作五律《题白杨图》,其中“丹青标风骨,愿与子同仇”可以说正是茅盾的自况。在国民党反动统治的中心——“雾重庆”,茅盾与郭沫若等广大民主人士、文艺工作者一道,进行了英勇的斗争,高风亮节,铁骨红心,体现了一位革命知识分子的崇高品格。

一九四五年,茅盾五十初度,又是他从事文学工作二十五周年。六月二十四日,重庆文化界为他举行了盛大的庆祝集会,到会的各界代表七八百人。大会由沈钧儒主持,他首先向茅盾表示敬意,柳亚子、邓初民、马寅初、冯雪峰等都讲了话。马寅初说他是因茅盾的“威武不能屈,富贵不能淫的品格”特地赶来参加的。苏联大使馆、美国大使馆亦派代表到会祝贺,盛况空前。茅盾最后讲话,表示谢意,他说:“胜利在望,我要活下去,不看到民主的中国,我是不甘心的。”六月二十五日,《新华日报》在第二版以“庆祝茅盾先生五十寿辰　重庆文化界大集会”的大字标题报道了大会情况,延安《解放日报》于七月九日再次加以报道。

六月二十四日,《新华日报》发表题为《中国文艺工作者的路程》的社论和王若飞的文章《中国文化界的光荣　中国知识分子的光荣》。社论认为茅盾是新文艺运动的“光辉的旗子”,“中国新文艺运动中有茅盾先生这么一位历久弥坚,永远年轻,永远前进的主将,是深深地值得骄傲的”。王若飞的文章指出:茅盾是“中国文化界的一位巨人,中国民族与中国人民中最优秀的知识分子,在中国文坛上努力了

① 叶以群:《雁冰先生生活点滴》,《文哨》第1卷第3期,1945年10月。

将近二十五年的开拓者和领导者”，认为茅盾在文艺界的工作表明，他的一切努力都是“为了我们民族的解放与人民大众的解放”。文章还指出：“他所走的方向，为中国民族解放与中国人民大众解放服务的方向，是中国一切知识分子应走的方向。中国人民应当把茅盾先生二十五年来的成就看成是中国文化界的光荣，中国知识分子的光荣，中国人民的光荣。”这样崇高的评价，对茅盾来说，是当之无愧的。

当时《新华日报》的《新华副刊》连续两天刊出“纪念特辑”。“文协”的机关刊物《抗战文艺》也编辑了“纪念特辑”（第十卷四、五期合刊，因故未出版）。全国各报刊发表了庆祝和纪念文章近三十篇。茅盾自己也写了《回顾》一文，回顾了他从事文学工作二十五年来的经历和创作经验。①

庆祝茅盾五十寿辰大会还发起设茅盾文艺奖金，举办了一次“茅盾文艺奖金征文”活动。

一九四五年九月，抗日战争胜利以后，党中央调派一批干部去东北。茅盾留在延安学习的女儿沈霞、儿子沈霜都接受了去东北的任务。此时沈霞已有两个月的身孕，考虑到长途行军不方便，进行人工流产。产后引起感染，由于当时延安医疗条件较差，没有得到正确的治疗而意外地去世。十月，周恩来让已打好背包即将出发去东北的沈霜去重庆，见他父母，告知此事。孔德沚失去爱女，非常悲痛，痛哭了一场。茅盾也很沉痛。沈霜在重庆和父母团聚了约三个月，于一九四六年一月去北平，参加《解放》三日刊工作，当了新闻记者。

抗战胜利后，在重庆的文艺工作者纷纷复员。茅盾夫妇一直买不到到上海的飞机票，拖到一九四六年三月十六日，才乘飞机离开重庆到广州，再经香港去上海。

五十七　讽刺·歌颂·呼吁

——《时间的记录》及其他

《时间的记录》出版于一九四五年七月，收入茅盾回到重庆后两年半内所写杂文、评论二十九篇（有几篇系前年所写）。一九四六年七月重印时抽去四篇，增加七篇，共三十二篇。其实，茅盾于一九四二年底再度到重庆到一九四六年三月离开

① 《新华日报》1945年6月24日。

时，写了杂文、散文、评论一百三十多篇，大都是在“被准许写的又少得可怜，无可写而又不得不写”的情况下写的。但一九四五年间和一九四六年初，茅盾冲破反动派的“文网”，配合民主运动所写的那些观点鲜明、战斗性很强的杂文，都没有收入。

在重庆三年间，茅盾放眼世界，密切注视世界反法西斯战争的进展情况，汲取写作题材。比如《狼》《东条的“神符”》《杂感二题》等，就尖锐地揭露敌人的阴谋诡计及其失败的必然性，也提出了我们应有的对策，见解精辟，振聋发聩。

在重庆三年间，茅盾还从日常生活现象中汲取题材，提出具有普遍意义的问题，如《一九四三年试笔》《七七感言》《谈排队静候之类》《谈鼠》等，从侧面揭露了反动统治的腐朽。这一类在“夹缝”中写下的杂文，曲折、含蓄，言已尽而意无穷，发人深思。

在重庆三年间，茅盾还写了一些叙事散文。《归途杂拾》《生活之一页》《不能忘记的一面之识》等，或写香港沦陷前夕的见闻，或写脱险回到内地的经过，热情歌颂了东江游击队的干部和战士抢救从香港脱险的文化人的献身精神和伟大业绩。《马达的故事》《为〈亲人们〉》等热情歌颂了延安的生活，歌颂了人民战士。

在重庆三年间，茅盾还写了不少以时事为题材的杂文，如《为民营出版业呼吁》《在人民的求自由解放的浪潮中，您永远活着！》《为一二·一惨案作》《要真民主才能解决问题》。他在《为一二·一惨案作》中写道：

“一二·九”的刽子手用大刀、龙头对付学生，现在昆明惨案的刽子手却用机关枪和手榴弹了。

这难道就是中国统治者的“进步”么？

“一二·九”的北平学生为了救国，在大街上惨遭屠杀，现在昆明学生为了“反对内战”，却在校园内被“进攻”而“围歼”了。

这大概也是中国统治者的“进步”罢？

……

青年学生的血，自来是不能白流的。让我们后死者咽住热泪，沉着地踏着死者的血迹前进罢！①

---

① 《新华日报》1945年12月9日。

在《要真民主才能解决问题》中茅盾写道：“政府天天要人民守法，而政府自己却天天违法。”“现在既然连政府也口口声声说民主，我们就要求一个真正的民主，我们不要假民主。”①

义正词严，抗议反动派的血腥暴行，大声疾呼，要求真民主，可以说这是在和反动派作面对面的搏斗了。

讽刺反动统治，歌颂人民，呼吁实行民主政治，这就是茅盾在“雾重庆”三年间所写杂文、散文的中心内容。这些杂文反映了一位无产阶级文化战士的精神风貌。这些杂文的形式和风格也是多种多样的：有的含蓄曲折，有的明白晓畅；有的娓娓而谈，有的大声疾呼。这正是鲁迅所开创的传统在新的历史条件下的继承和发展。

五十八　广大人民群众的呼声

——《清明前后》

剧本《清明前后》连载于一九四五年四月十四日到十月一日的重庆《大公晚报》，同时由中国青年艺术剧社演出，同年出版了单行本。

剧本以一九四五年清明前几天重庆的“黄金案”为背景，描写民族工业资本家林永清的不幸遭遇。林永清，可说是何耀先(《第一阶段的故事》)的发展。随着形势的变化，林永清终于把他的工厂从上海迁到武汉，再迁到重庆，为抗日战争作出了贡献。但国民党政府的倒行逆施，搞得他焦头烂额，走投无路。最后他终于认识到“政治不民主，工业就没有出路”的道理，发出了“我也要控诉”的呼声。围绕着林永清，剧本还描写了“不官不商，亦官亦商”人物纸醉金迷的生活和下层小职员的悲剧。剧本通过这些人物的矛盾纠葛和不同命运的描写，控诉了国民党政权和官僚资本的罪恶，为包括民族资产阶级在内的广大人民群众发出了要求民主的呼声。

剧本写了两幕时，传来敌人投降的消息。茅盾觉得这一来经济界将有大变，“这题材有点过时了，而且又愈来愈觉得技术上不像个样。可是转念一想，公然卖

---

① 《新华日报》1946年1月1日。

国殃民的文字还在大量生产呢,我何必客气不在这乌烟瘴气中喊几声”?终于在胜利声中把五幕写完了。由于题材的现实性,作者鲜明的政治立场和深刻的分析,更由于几个主要人物是有血有肉,个性鲜明的,戏的基本情节和穿插其中的场景描写,是充满生活气息的。所以应该说这是一个革命现实主义的剧本,是抗战时期茅盾创作上的另一重要成就。但由于这是作者“使枪”使了多年以后第一次“学着使一回刀”,因此艺术上不可避免地存在一些不足之处,如全剧写得还不够集中,对话还不够精练,等等,但这毕竟是次要的,瑕不掩瑜。

剧本在连载过程中,就由中国青年艺术社公演。演出了十几场,产生了很大影响,同时也就遇到很大阻力。经过斗争,共演出了三十一场。在演出过程中,重庆国民党中央广播电台的特别节目叫嚣说这个戏的内容“有毒素”,叫看过戏的人自己反省一下,不要受愚,没有看过的人不要去看。① 接着国民党当局又以这个剧本“内容多系指摘政府,暴露黑暗,而归结于中国急需变革”为理由,密令有关部门,“倘遇该剧上演及剧本流行市上时”,“即密饬部属暗中设法制止,免流传播毒”。② 反动派把《清明前后》视为洪水猛兽,于此可见。

但是,这个戏的演出,却得到广大观众的欢迎,得到社会知名人士和评论家的好评。卖座突破了一九四五年“剧季”的最高纪录。十月八日,工业家吴梅羹、胡西园、胡光尘等六人,特地招待茅盾和演出人员。吴梅羹说:“我们工业界的人看过《清明前后》的,很多人被感动得流泪。这是因为我们工业界的困难痛苦,自己不敢讲,不能讲的,都在戏里面讲了出来,全都是真实的。”还有人希望茅盾再写一个《中秋前后》的剧本。③ 有的评论文章说,《清明前后》“是大后方不多见的好戏之一”,“茅盾先生以纯真的感情,细腻朴实的笔法,在观众面前展出了一幅人生的画面,通过人物,尖刻、无情地攻击着、控诉着不合理的社会和那些吃人的黑暗势力,同时,也明确指出了如何才能求得生存的道路。这是代表了大后方千千万万人的呼声”。④ 何其芳也发表文章,分析了这个剧本的现实意义,认为这是一部“力

---

① 黎舫:《〈清明前后〉在重庆》,《周报》第10期,1945年11月。
② 《新华日报》1946年4月9日。
③ 黎舫:《〈清明前后〉在重庆》。
④ 金同知:《〈清明前后〉观后感》,《新华日报》1946年10月1日。

作"。[1] 他还批评了贬低这个剧本价值的论点，强调指出：剧本"在一个重要的关头，恰当其时地喊出了广大人民的呼声"。[2] 曹禺看了演出后说："话剧里面要有话。《清明前后》才真正有话。"[3]显然，曹禺所说的"话"，不是指人物对话，而是指剧本所包含的深刻的思想意义。《清明前后》在演出过程中，周恩来正好从延安到重庆，立刻就去看了。他在一次聚会上见到茅盾时，就祝贺了这个剧本"写作和演出的成功"。茅盾谦虚地说："我从来没有写过戏，真是贻笑大方！"周恩来却说："你的笔是犀利的投枪，方向很准呀！什么样式都可以试一试，都可以发挥应有的力量啊！""他们当时两人手握着手哈哈大笑了起来。"[4]

在延安，《解放日报》也报道了这个戏在重庆演出的情况。西北文艺工作团也公演了这个戏，得到普遍重视和好评。陈涌从内容方面充分肯定了这个戏，[5]方杰则认为"这个剧本对于民主运动的推进是有重大作用的"，"我们期待着今后能有更多的像这样代表人民呼声的作品创作出来"。[6]

这个剧本在马尼拉也引起轰动，菲律宾华侨特赠笔给茅盾以示敬意。[7]

五十九　开拓翻译工作的新领域

全民族抗战后期，关于苏联卫国战争的文艺小册子在重庆市出现了，其中也有苏联外国文书籍出版局的英文译本。茅盾从唐家沱因事到市内，见到这一类书籍他就买，兴奋地在归家去的船上读着，有好几次忘记了船已到埠，直到满船的客人走完他才知道。同时，他还委托戈宝权代他收集这一方面的书籍和刊物。其实此时苏联红军已开始反攻了，但他所读到的这些作品，大多还是描写战争初期的艰苦斗争的。

---

① 《〈清明前后〉的现实意义》，《新华日报》1945 年 10 月 12 日。
② 《关于"现实主义"》，《新华日报》1946 年 2 月 3 日。
③ 转引自黎舫：《〈清明前后〉在重庆》。
④ 戈宝权：《忆和茅盾同志相处的日子》(三)，《新文学史料》1982 年 1 期。
⑤ 《看〈清明前后〉以后》，《解放日报》1946 年 2 月 13 日。
⑥ 《谈谈〈清明前后〉》，《解放日报》1946 年 2 月 9 日。
⑦ 《〈清明前后〉轰动马尼拉，菲岛华侨赠笔给茅盾》，《文汇报》1946 年 10 月 15 日。

当时重庆还是文网森严。“中国战场的表现,极不体面。敌进我退,成为定规。日失一城,不足为奇。大后方物价飞涨,粮政役政,弊端百出,时局危险已极。然而这一切,报纸上是不许披露、不许讨论的。文艺作品是不许反映前后方任何真实的。但是最使人惊讶而不敢置信的,居然有些对于希特勒表同情而对于苏联红军抱嫉仇的言论,都可以通过检查而发表于报章和刊物。”就在这样的乌烟瘴气中,茅盾读着他所得到的关于苏联爱国战争的文艺作品,受到很大启发,便着手翻译,他的用意是“让读者看看,同样在战争中,人家是怎样的”。①

茅盾首先译出了巴甫连珂的《复仇的火焰》。这本小说描写在苏德战争中一支游击队克服困难、发展壮大的故事。接着他又应曹靖华之约翻译格罗斯曼的《人民是不朽的》。曹靖华回忆说:“那时节,反动执政者正是用特务、鹰犬和无声手枪来对付要求民主、自由的赤手空拳的人民的。须知,这样吃苦的工作,那时是用生命作抵押的啊!然而,大义所在,茅盾同志毫不犹豫地肩负起来。”②当时茅盾是据英译本重译的,为了译文的正确,保留“原作的旺盛的气势”,每译出两章,就请戈宝权帮助校阅,提出许多“质疑”,请戈宝权答复,并据此改正译稿。“从此也就可以看出茅盾同志在翻译时的认真而又严肃的态度了。”③

从一九四三年五月到一九四五年七月,茅盾还翻译了反映苏联爱国战争的短篇小说。一开始他就考虑到“选材务求其广”,所以“努力搜求表现战时苏联人民生活各方面的作品”。他搜集并译出了七位作家的十二篇小说,编为《苏联爱国战争短篇小说译丛》。

中苏文化协会于一九四五年成立了,由郭沫若、阳翰笙领导的研究委员会,决定把苏联作家亚·罗斯金写的《高尔基》(传记小说)赶译出来,作为高尔基逝世九周年的纪念。因时间紧迫,用集体的力量,由茅盾、戈宝权、葛一虹、郁文哉四人分头翻译,茅盾分工译第三至第六章,戈宝权总其成。这样,全书在九天之内就译成,在高尔基逝世九周年纪念之前印了出来。

翻译苏联爱国战争的文学作品,是茅盾在文学活动方面新开辟的一个领域,并

---

① 《苏联爱国战争短篇小说译丛·后记》。

② 《别梦依依怀雁冰》,《光明日报》1981 年 4 月 1 日。

③ 戈宝权:《忆和茅盾同志相处的日子》(三),《新文学史料》1982 年 1 期。

取得了令人瞩目的成就。他说：“在今天，除了抱有成见和偏见的冥顽者外，谁不想认识苏联、了解苏联呢？而读苏联的文学作品便足为认识和了解苏联的一大助。”他还说，再进一层看，当自己的解放事业尚在最艰苦阶段奋斗的时候，对于“在反法西斯战争中拯救了人类命运，推动了历史前进的苏联文学，自然不能不发生深厚的兴趣。不，岂但是深厚的兴趣而已，直将由此认识真理，提高勇气”。[①] 这就是茅盾积极翻译苏联文学作品的出发点。

六十　提倡艺术“为人民服务”

一九四四年一月一日，重庆《新华日报》以一整版的篇幅摘登了毛泽东的《在延安文艺座谈会上的讲话》这一光辉著作的主要内容。从此，《讲话》就在国民党统治区的文艺界产生了深远影响。茅盾在一九四四年以后写的关于文艺问题的文章，也可以明显地看到这种影响。但他不是机械地、教条主义地搬用《讲话》中的论点，而是结合实际，探讨国民党统治区文艺运动和文艺创作中的问题，提出了一些很精辟的见解。

一九四四年九月，茅盾在一篇文章中指出：在全民族抗战时期，文艺“必须服务于最大多数人的利益，服务于民族的自由解放，适合于当前抗战的要求”；因为世界的潮流逼着中国不能不前进，作家、艺术家就应该“负起时代的使命——反映现实，喊出人民大众的要求”。[②] 一九四五年十一月，他又说：作家、艺术家只有到群众中去，“安排自己的生活，站稳立场，然后能使自己的艺术真能为人民服务”。[③] 茅盾不是简单地搬用“为工农兵服务”，而是提“服务于最大多数人的利益”，“喊出人民大众的要求”。提“为人民服务”，是完全正确的。

要使艺术“为人民服务”，茅盾认为作家、艺术家就必须树立进步的世界观。他说：丰富生活经验是必要的，向名著学习也是必要的，但“思想基础，进步的宇宙观，尤为必要”。他指出：要树立进步的宇宙观，“广泛研读哲学和社会科学”是必

① 茅盾：《近年来介绍的外国文学》，《文哨》第 1 期，1945 年 5 月。

② 《杂谈文艺现象》，《青年文艺》第 1 卷第 2 期，1944 年 9 月。

③ 《门外汉的感想》，《新华日报》1945 年 11 月 21 日。

要的,但进步的宇宙观不能专从书本取得,而应该“走进人民中间,走进战斗的生活”①中去。至于“向生活学习”,他认为便是要“理解生活”,即“理解人与人的关系,人与历史的关系,生活环境对个人的影响及人怎样改造生活这四个方面”。作家、艺术家如能正确地反映出这四个方面,就有可能写出好的作品。他还指出,“向名著学习”,除了学习名著的技巧外,也是“向生活学习的另一种方式”,因为阅读文学名著,无疑使生活范围扩大了。② 这样,茅盾就把树立先进的宇宙观、向生活学习和向名著学习统一了起来。

要使艺术“为人民服务”,茅盾认为就必须继承并发展五四新文学的现实主义传统。他指出:“困难虽然千重万重,然而现实主义的文艺必将朝前发展。”因为,“中国人民大众要求自由解放,而在战争的烈火中,人民大众已经锻炼得更加坚强,并且由于战争的要求,人民大众不但渴求认识人生的意义而且发挥出创造的天才来了。这是几年来文坛上新人的出现给证明了的。而这也是我们确信现实主义文艺必将排除一切困难而向前发展的原故”。③ 在茅盾的理解中,为人民服务、表现人民的意志、相信人民的力量,在现实主义中得到了统一。

要使艺术“为人民服务”,茅盾认为就必须正确理解歌颂与暴露的问题。他指出:现实生活中有光明面也有黑暗面,故要忠实地反映现实就不能只写光明不写黑暗,问题是作者站在哪一种立场上。他说,凡是“能增加反法西斯战争的力量及能促进政治的民主的”,就是光明面,就应该歌颂;“凡对抗战怠工,消耗自己的力量以及违反民主的行动”,就是黑暗面,就是暴露的对象。他还驳斥了“暴露黑暗会影响人民对于胜利的信心”的说法,指出现实既有黑暗的一面,作家即使不写,人民早已身受目睹。“掩饰是徒劳的,惟有敢于正视而给以正确的探研”,才能“消除人民的忧虑、恐怖”。④ 他还进一步指出,在歌颂光明与暴露黑暗问题上,反动派是别有用心的。他们说歌颂光明,其实“并不愿意人家歌颂真正的光明,而只愿意人家歌颂他之所谓光明”,他们不许暴露的,“倒是他们的真正见不得人的隐疾”。因此他认为在反动统治下,“暴露就成为头等重要的工作了”。在茅盾看来,无论是

① 《对于文坛风气的一种看法》,《青年文艺》第1卷6期,1945年2月。

② 《认识与学习》,《文艺先锋》第2卷第4期,1943年4月。

③ 《从百分之四十五谈起》,《中原》第1卷第4期,1944年2月。

④ 《如何击退颓风》,《茅盾文集》第10卷170页。

歌颂光明或暴露黑暗，只有一个原则，那就是“合于人民的要求，合于人民的利益。用两个字来点出，便是‘民主’”。[①] 这样，茅盾就把歌颂与暴露问题，用“为人民服务”的观点统一了起来。

要使艺术“为人民服务”，茅盾认为必须有创作自由。他说：“创作的自由是包括在现实主义创作方法中的一个条件。没有自由精神的作家不可能是一个健全的现实主义者；创作的自由受了桎梏和压迫的时代，也就很难使现实主义的文学得到高度的发展。作为一个公民，作家当然应以民族利益为前提，当然要以服从最大多数民众的要求为任务；在这里他没有‘个人自由’；但是作为一个作家，而以拥护民族利益、反映民众要求当作他的工作的时候，他应当有创作的自由。”[②]可见茅盾是把创作自由作为艺术“为人民服务”的一个重要条件的。

从国民党统治区的实际情况和文学艺术本身的特点出发，把现实主义、政治民主和创作自由统一起来，对艺术“为人民服务”问题，作了精辟的阐述。这正是马克思主义文艺观的具体运用。

---

① 《谈歌颂光明》，《新文学》第8期，1946年1月。

② 《生活与“生活安定”》，《大公报·文艺》1944年4月16日。

第十三章　支持人民解放战争

六十一　为和平民主而大声疾呼

一九四六年三月十六日,茅盾夫妇从重庆乘飞机到达广州,准备取道香港重返上海。

这时候,中国革命的形势正处在一个重大的转折关头。蒋介石集团妄图攫取胜利果实,积极准备发动内战。中国共产党领导全国人民为争取和平、民主而斗争。茅盾离开重庆前向周恩来辞行时,周恩来嘱咐他路过广州、香港时,向文艺界讲讲党在新形势下的工作方针。为此,茅盾一路为和平、民主而大声疾呼。

三月二十四日,文艺作家协会广东分会、文协港粤分会和剧协联合召开欢迎会,一个只有八百个座位的会场,却挤了一千五百人。茅盾在会上作了题为《和平·民主·建设阶段的文艺工作》的讲演。他分析了当时的形势,论述了文艺工作的任务,他指出:"文艺运动必须和民主运动相配合,因为中国的民主运动是困难曲折的,是一个长期的斗争,所以我们的文艺工作也是长期的斗争。"他强调说:"凡是赞成民主、拥护民主、推动民主的文艺界的朋友,一定要联合起来,加强团结";"培养民主的作风";"还应当走到群众中间去,参加人民的每一项争民主、争自由的斗争"。[①] 茅盾讲了两个多小时。他的普通话广州的听众尽管听得很吃力,但也没有人退席。演讲结束了,许多人还不肯离开,一直跟到大街上才走散。这样热烈的情况,不但胜利后的广州没有过,以前也从来没有过。[②]

---

① 《和平·民主·建设阶段的文艺工作》,《文艺生活》新 4 号,1946 年 4 月。

② 《茅盾先生在广州》,《周报》第 34 期,1946 年 4 月。

三月二十八日，茅盾出席广州杂志联谊会和文化新闻界的招待会，发表了讲演，着重讲了民主问题。他指出，有些人讲民主，常常唱双包案来欺骗读者，希望大家提高识别能力。①

三月二十九日，茅盾又应中山大学文法两学院的邀请去讲演，讲题是《民主运动与文艺运动》。他指出："人民文艺的发展，不能离开现实的民主运动"，"配合着政治上的民主运动"，文艺家首要的工作是"使文艺真正做到'为人民'及'为人民所有'"。要完成这一任务，就要求文艺家"加强其主观的努力"，"深入民间，向人民学习，坚定地站在人民的立场，反映人民的要求，在形式和内容两方面使作品真能为人民所理解和爱好"。同时，"要求人民的基本自由切实获得保障"，文艺家就必须"投身于广大的民主运动"。②

此外，茅盾还应邀在长堤青年会讲《人民的文艺》，在荔枝湾"民大"讲《文艺作品的理解和欣赏》。

茅盾这次到广州，作了多次讲演，虽然劳累，但精神很好。有记者描写道："多年来奔走在大后方，吃了不少苦，而其风度依然。五十多岁的人了，并不老。而其实，一个紧密地和斗争连结在一起的人，和人民呼吸在一起的人，是永远不会老的。茅盾先生便是一个好例子。"③

四月十三日夜，茅盾夫妇乘轮船到达香港。在香港，茅盾又应邀作了多次讲演。

十五日，香港文化界人士宴请茅盾。茅盾作了题为《现阶段文化运动诸问题》的讲演。他说："民主的路还是一条艰苦的路，性急不得。文化是政治的反映，文化运动也不能一条直线进行，一定有许多迂回曲折。"他指出进步的民主的文化阵线力量无疑比反民主的力量强大，但是和全国人民力量比较起来，力量还很小，人手也不够，而反动派在文化上反民主的做法，也是多样的。他主张文化界应该像全民族抗战初期那样团结起来，"建立一个坚强而广泛的统一战线"。他还强调指出要接受过去的经验教训，注意克服"左"倾和右倾的毛病，如宗派主义、关门主义、

---

① 茨冈：《民主文化在恶劣环境中生长》，《文联》第7期，1946年6月。

② 《风下》第20期，1946年4月。

③ 《茅盾先生在广州》，《周报》第34期，1946年4月。

口号提得太高、无原则的妥协,等等。当天,茅盾又出席青年会的欢迎晚会,着重讲了向人民学习的问题。他说:“中国的老百姓是绝对有资格谈民主的。相反,不配谈民主的倒是那些不准老百姓谈谁好谁坏的人。”他强调说:“文化工作者要向人民学习,懂得他们的意见,才能代表他们的意见。”但是他指出,老百姓也有落后性,如不科学、迷信等,“如不注意落后性,就成了人民的尾巴”。

茅盾还应邀去香港工商学院、港九学生联合会、香港青年会与青年记者学会作讲演。

茅盾在香港的多次讲演,中心是和平民主问题和文化界的统一战线问题,受到香港文化界、文艺界的普遍欢迎,认为“他把文艺界的民主统一战线带到香港来了”。①

五月二十六日,茅盾夫妇回到阔别九个年头的上海,住在施高塔路(现山阴路)大陆新村,斜对面就是鲁迅故居。

茅盾重返上海,原来计划生活安定下来后,续写《霜叶红似二月花》,并改写《走上岗位》。② 但回到上海不久,蒋介石集团发动的全面内战爆发了,在国民党统治区强化了法西斯统治。中国共产党坚决以革命战争去粉碎敌人的反革命战争,同时发动领导国民党统治区内各阶层人民的反内战、争民主的斗争。处在这样一种环境中的茅盾,自然是不可能关起门来写作的。有一位记者说:“我每次看见他,或者别人每次看见他,他所谈的总是时事,总是美国对华政策,等等。他所写的,也多半是抗议、哀悼之类。这种环境,这种气氛,怎么能叫一个生活在现实中的作家进行创作呢?”③事实上,茅盾没有、也不可能按他原定计划进行写作,而是以高昂的热情为反内战、争民主继续大声疾呼。

六月间,茅盾和上海文化界人士一起以“上书”“蒋介石、马歇尔及各党派”这种“合法”斗争的方式反对内战、呼吁和平。七月,茅盾等又致电国际人权保障会,控诉国民党特务杀害民主人士李公朴、闻一多的血腥罪行。十月,茅盾和沈钧儒等发表《我们要求政府切实保障言论自由》,抨击了国民党的法西斯统治。茅盾还应邀在“小教联”晨会讲演,讲题为《认识现实》。他认为“中国的现实是封建势力强

---

① 以上据馨远:《茅盾先生在香港》,《消息半月刊》第7期,1946年4月;夏枫:《茅盾在香港》,《文章》第1卷第8期,1946年5月。

② 《茅盾先生说》,《文汇报》1946年5月28日。

③ 《茅盾被邀请赴苏观光》,《文汇报》1946年8月25日。

大，阻碍中国向民主化的路上走”，“要彻底消除封建势力，必须进行土地革命”。[①] 十一月初，茅盾还应邀到复旦大学去讲演。他说：“现在中国正处在光明与黑暗的交叉路口，我们乐观，因为光明在望；然而我们却得准备迎接更大的黑暗的来临。”这句话抓住了每一个听众的心，使他们都感到沉甸甸的。他又说：“这是一个斗争的时代，又是一个产生伟大作家的时代，今后中国要靠你们，不要放弃这黄金时代，愿你们努力。”这些话一字一句敲进了每个听众的心坎，使他们仿佛看见那即将到来的光明正在远处招手。[②]

六月十八日，是高尔基逝世十周年。茅盾应戈宝权之约，为《时代》周刊的《高尔基研究》特刊撰写了《高尔基与中国文坛》，介绍了高尔基的作品在我国传播情况及影响。是日，茅盾出席了中苏文化协会上海分会召开的纪念会。晚上，在上海“苏联呼声”电台播讲《高尔基与中国文学》。接着又由戈宝权陪同和郭沫若等参加苏联侨民协会俱乐部召开的纪念晚会。

十月十九日，中华全国文艺协会上海分会等十二个文艺团体联合召开纪念鲁迅逝世十周年大会。周恩来在会上讲了话。茅盾和郭沫若也参加了这次大会。会前他已发表了《鲁迅是怎样教导我们的》。[③] 茅盾指出：在“这样昏天黑地的时代”，纪念鲁迅，就要记住鲁迅的教导，莫存幻想，莫轻信人家美丽的言词，要学习鲁迅辨别真伪、剥夺假面具的本领。

茅盾在上海的六个月间，写了杂文、文学评论五十多篇。

《美国的对华政策》《十五天后能和平吗？》《请问这就是反美吗？》等文章，揭露了当时美国对华政策的虚伪性和反动性，抨击了美国的战争狂人。《下关暴行和人民的期望》《对死者的慰安和纪念》《〈周报〉何罪》《一年间的认识》等文章，义正词严地抨击和控诉国民党反动派发动内战、屠杀民主人士的罪行。《美丽的梦如何美化了丑恶的现实》《“浇之以水泥”云云》等文章揭露了社会的黑暗、反动派的欺骗宣传、当权者和汉奸的丑态。这些杂文，大体上围绕着“反内战、要和平，反独裁、争民主”这样一个中心，具有强烈的战斗性。形式风格也是多种多样的。遗憾的是，

---

① 《文汇报》1946 年 6 月 10—12 日。

② 方刚：《死水中的浪花》，《文汇报》1946 年 11 月 17 日。

③ 《文艺春秋》第 3 卷第 4 期，1946 年 10 月 15 日。

这些杂文当时没有也不可能结集出版。

茅盾这一时期的评论文章中,出现了一个新的内容,如《关于〈吕梁英雄传〉》《关于〈李有才板话〉》《论赵树理的小说》等。他以高度的热情评价了解放区出现的文艺作品,指出在解放区,已经有了产生伟大作品的条件,只要经过相当的时间,“一定会开放出千红万紫,结成美满的珍果”。

茅盾还继续他在重庆时开始的翻译苏联文学作品的工作,出版了在香港时翻译的卡达耶夫的《团的儿子》。

六十二 “乘风万里廓心胸”

——访问苏联

一九四六年一月在重庆时,苏联对外文化协会就邀请茅盾访问苏联。六月在上海收到苏联驻华大使的正式邀请函件。由于得到邵力子的帮助,国民党政府外交部同意发给茅盾出国护照。

茅盾是中国第一位被邀请访问苏联的作家(郭沫若一九四五年访苏,是以科学家身份应邀参加苏联科学院成立二百二十周年纪念大会的),所以引起文化界的高度重视。十一月二十四日,文协、剧协、音协、学术界联谊会、杂志界联谊会等十个民间文化团体在八仙桥青年会联合举行隆重的欢送会。茅盾夫妇应邀到会。郭沫若、熊佛西、胡风、许广平、侯外庐等十多人先后讲话,大家认为茅盾是“中国文化界的国宝,人民中产生的国宝,所以能够代表人民去苏联访问”,希望茅盾把正在苦难中的中国人民的友谊带给苏联人民,并把苏联人民的友情带回来。茅盾感谢大家的盛情,表示接受大家的要求。他说:“现在是冬天,回来时应该是春天了”;“假使寒冷仍未过去,将仍随诸位奋斗”。① 二十五日晚,苏联驻沪总领事哈林夫妇设宴为茅盾夫妇饯行。应邀作陪的有颜惠庆、黎照寰、沈钧儒、郭沫若、叶圣陶等十多人,还有塔斯社远东分社社长罗果夫等。黎照寰即席赋诗送别:“滨楼此夜酒千杯,为爱人和万意开。两国英雄醒复醉,醉中同敬特殊才。”接着,郭沫若、田汉、沈钧儒、叶圣陶、颜惠庆、潘梓年等按原韵唱和。戈宝权把这些唱和诗请时代出版社

① 《十个文化团体盛大集会》,《文汇报》1946年11月25日。

印成单行本。①

十二月五日，茅盾夫妇登上苏联轮船“斯摩尔纳号”启程远航，郭沫若、叶圣陶、叶以群、戈宝权等到船上送行。时代出版社送来了装帧极为精美的《欢送茅盾赴苏唱和诗辑》。郭沫若又在赠给茅盾的一本上题诗：“乘风万里廓心胸，祖国灵魂待铸中。明年鸿雁来宾日，预卜九州已大同。”临别时，茅盾深情地说：“希望大家珍重。今年上海气候特别冷，尤其政治气候。”②

“斯摩尔纳号”于十日下午抵达苏联远东港口符拉迪沃斯托克（海参崴）。茅盾夫妇在苏联大使馆的官员陪同下在海参崴停留了三天，十三日下午乘上横穿西伯利亚的国际列车前往莫斯科。

苏联方面对茅盾的这次访问极为重视。在他踏上苏联国土前，莫斯科广播电台于十一月二十八日就广播了《苏联人民对茅盾的印象》，介绍了茅盾创作的成就、特色及其在苏联人民中的影响。延安《解放日报》于一九四七年一月三日登载了这篇广播的全文。

茅盾夫妇在苏联将近四个月，访问了莫斯科、列宁格勒两大城市和格鲁吉亚、亚美尼亚、乌兹别克、阿塞拜疆等四个加盟共和国，参观了许多文艺团体、博物馆、图书馆、学校、工厂、农庄、名胜古迹，看了许多话剧、歌剧和舞蹈演出，会见了许多苏联作家，受到苏联人民的热情欢迎和接待。③

一九四七年四月五日，茅盾夫妇乘火车离开莫斯科，十七日到达海参崴，二十日登上他们去时乘坐的轮船“斯摩尔纳号”，满载丰富的印象、见闻和苏联人民的深厚友谊南归。二十五日下午到达上海。郭沫若、叶圣陶、叶以群、陈白尘、阳翰笙、戈宝权等到码头迎接，于立群代表欢迎者给茅盾夫妇献上鲜花。茅盾发表简单谈话说：“旅途中极为愉快”，“此次访苏得益甚多”。欢迎者觉得茅盾“比离国时略为丰满，惟旅途劳顿之色，仍颇浓厚”。

四月二十八日，郭沫若邀请文化界的部分朋友到自己家里举行“为茅盾先生及夫人洗尘小集”（郭沫若在签名纸上所写标题），到会的有沈钧儒、洪深、许广平、廖

---

① 《苏领事馆前晚盛会》，上海《时代日报》1946 年 11 月 27 日。

② 《欢送茅盾先生出国小辑》，《文艺春秋》第 3 卷 6 期，1946 年 12 月。

③ 详见茅盾：《苏联见闻录》，开明书店 1948 年版。

梦醒、阳翰笙、田汉、戈宝权等二十多人。晚餐后,沈钧儒请茅盾讲话,茅盾谈了苏联文学艺术情况和作家的生活情况。① 五月二日,文协和中苏文协假青年会举行集会,欢迎茅盾夫妇回国。黎照寰主持,叶圣陶代表文协致欢迎词,他说:“茅盾先生去冬离国时,我们欢送他说,希望回来时已是祖国的春天。现在茅盾先生回来了,可是气候变了,春天不知哪里去了。春天虽然姗姗来迟,但终久要来的。”在会上,茅盾畅谈了游苏观感,孔德沚谈了苏联的妇女生活。② 五月四日,茅盾又先后出席了文协九届年会和第三届文艺节纪念会,在会上介绍了苏联文艺情况。的确,这时候,时令虽然已是春天,但政治气候却仍处在严冬。人们的心都沉甸甸的,期待着……

一九四七年春夏之间,蒋介石对解放区的全面进攻和重点进攻先后被粉碎。反动派为了维护其摇摇欲坠的反动统治,悍然颁布了所谓的“戡乱动员令”,进一步强化法西斯专政,有广泛影响的《文汇报》《民主》《周报》等报刊先后被迫停刊,工人、学生、爱国民主人士惨遭疯狂迫害。这时候,茅盾已不可能写作和发表“抨击劣政,针砭时弊”的杂文。他便集中精力整理从苏联带回来的材料,撰写访苏见闻,陆续交给一些报刊发表。一九四八年四月集结为《苏联见闻录》出版。这本著作以翔实的资料,帮助读者认识苏联,对于巩固中苏两大民族的友谊、促进两国的文化交流,有着积极意义。

茅盾回到上海不久,就应金仲华之约翻译、出版了西蒙诺夫的剧本《俄罗斯问题》。还应戈宝权之请为他编译的《普希金文集》题词,并撰写《列宁格勒的普希金博物馆》,编入该文集中。

一九四七年这一年,茅盾的译作都是有关苏联的。他用苏联人民建设社会主义的具体实践来鼓舞和激励正在为自由、民主而斗争的中国人民,这实质上也就是支持人民解放战争。

六十三　再次撤往香港

由于国民党反动派疯狂推行法西斯特务统治,大肆逮捕爱国民主人士,茅盾夫

① 《记“为茅盾先生及夫人洗尘小集”》,《文汇报》1947 年 4 月 30 日。

② 《茅盾夫妇昨出席欢迎会》,《文汇报》1947 年 5 月 3 日。

妇和其他许多在上海的作家再次被迫撤往香港。《人民日报》一九四八年二月十九日报道:“名作家郭沫若、茅盾不堪蒋匪压迫,已于年前十一月中旬由沪抵港。”

一九四八年一月一日,茅盾在《华商报》上发表《祝福所有站在人民这一边的!》。他满怀信心地指出:中国人民的反帝反封建的革命事业,将会很快取得胜利。同时他又敏锐地指出反动势力必然要作最后的挣扎,所以前面还有艰苦的斗争。他“祝福”“站在人民一边的人士,更坚决,更团结,把反帝反封建的革命事业进行到底”,让儿孙辈“不再流血而只是流汗”来从事新中国的伟大建设。这样,茅盾又重新开始战斗了。

五月四日,是第四届文艺节,又是文协以及香港分会成立十周年。香港文协分会决定扩大各项纪念活动,邀请郭沫若、茅盾等作专题讲演。茅盾的讲题是《当前文艺工作者的任务》。同日,茅盾和郭沫若等六十四人签名发表《纪念“五四”致国内文化界同仁书》,号召全国文化工作者团结起来,发展“五四”精神,为争取中国革命的早日胜利而斗争。

为了迎接全国革命胜利的到来,一九四八年四月底,中共中央发布的庆祝“五一”劳动节口号中发出“召开政治协商会议”“成立民主联合政府”的号召,立即得到各民主党派、无党派民主人士和全国人民的热烈拥护。

六月四日,茅盾和各界爱国人士一百二十五人联名响应中共中央“五一”号召,呼吁海内外同胞团结起来,促成新的政治协商会议的早日召开。

七月一日,茅盾和周而复、巴人等创办了《小说》月刊。茅盾撰写了《发刊词》。《小说》共出版了七期,茅盾在这个刊物上发表了《惊蛰》《一个理想碰了壁》《春天》等三个短篇小说。这三篇小说表明,为了适应新的形势,作家企图在题材、思想和形式各方面作一些新的探索,但都不怎么成功。

九月九日,被迫停刊的上海《文汇报》在香港复刊,茅盾为该报主编《文艺周刊》,到十二月底共编了十七期。他自己在这个刊物上发表了一些评论文章。

在香港期间,茅盾初步实现了他的计划,把在重庆时发表的《走上岗位》改写成长篇小说《锻炼》,连载于《文汇报》。但由于局势的急转直下,茅盾应中共中央的邀请,北上参加新政治协商会议的筹备工作,因此没有能够按计划写完,也没有出单行本。

在香港期间,茅盾还根据一九四一年冬他和一大批文化人从香港脱险的经历,写成长篇报告文学《脱险杂记》，真实而生动地记录了这一重大历史事件。

在香港期间，茅盾在编成《苏联见闻录》之后，继续整理访苏时带回的材料，写成《杂谈苏联》一书，比较全面地介绍了苏联的政治、经济、文化教育和一般社会生活情况。

在香港期间，茅盾还先后应南方学院、达德学院、《文汇报》社之请，作关于文艺创作问题、新闻与文学问题的讲演。

此外，茅盾还发表了杂文、文学评论三十多篇。

一九四八年底，茅盾应中共中央的邀请，去参加新政治协商会议的筹备工作，和夫人秘密乘船离开香港，同行的有四五十人。在船上过了新年，先到大连，随即赴沈阳。一九四九年二月初到北平。从此，茅盾的政治生涯和文学生涯，随着中国革命的胜利而进入一个新的光辉的历史时期。

茅盾在离港前夕应《华商报》之约写了《迎接新年，迎接新中国》，一九四九年一月一日在该报刊出。文章指出，新中国就快要诞生了，"这是五千年来中华民族的第一件大喜事，也是亚洲民族有史以来的第一件大喜事"。他预言："新民主主义的新中国将是一个独立、自由、和平的大国，将是一个平等、繁荣、康乐的大家庭。在世界上，中国人将不再受人轻侮排挤。人人有发展的机会，人人有将其能力服务于祖国的机会。"他还指出："中国人民有力量打倒那根深蒂固、且有无穷外援的反动集团，当然也有力量预防及扑灭在帝国主义指使下的各种危害新中国的阴谋。"

总之，在抗战胜利以后，在人民解放战争期间，茅盾"不顾国民党的压迫，在坚持民主反对独裁，坚持和平反对内战的运动中，有力地支持了人民解放战争"。①

六十四　小说创作的重要进展

——《锻炼》

一九四八年连载于香港《文汇报》的《锻炼》，是根据《走上岗位》改写的。但这不是简单的改写，而是艺术上的再创作。

茅盾当时有一个庞大的计划：写五部连贯的长篇小说，《锻炼》是第一部。"原

① 胡耀邦：《在沈雁冰追悼大会上的悼词》，《人民日报》1981年4月12日。

拟第二部写保卫大武汉之战至皖南事变止，包含保卫大武汉时期民主与反民主的斗争，武汉撤守，汪精卫落水，工业迁川后之短期繁荣，重庆大轰炸（五三、五四），国民党政府‘防范奸党、异党条例’之公布，国民党人之‘不抗战止于亡国，抗战则将亡党’之怪论，等等。第三部预定内容为太平洋战争之爆发，中原战争，湘桂战争，工业之短时繁荣已成过去，物价高涨，国民党特务活动之加强，检查书报之加强，发国难财者甚多，国际风云对中国战局之影响，等等。第四部包含经济恐慌之加深，国民党与日本图谋妥协，民主运动之高涨，进攻陕甘宁边区之尝试，国际反动派之日渐嚣张。第五部为‘惨胜’（当时人们称抗日战争的胜利为惨胜）至闻、李被暗杀。各部的人物大致即第一部《锻炼》的人物，稍有增添。这五部连贯的小说，企图把从全民族抗战开始至‘惨胜’前后的八年中的重大政治、经济、民主与反民主、特务活动与反特斗争，等等，作个全面的描写。”①如果按计划完成，这将是一部反映抗日战争的伟大史诗。可是一九四八年底刚写完第一部，即《锻炼》，就因为去参加政治协商会议的筹备工作，中断了写作计划，以后一直没有机会续写。《锻炼》也没有出单行本。直到三十年后的一九七九年，作家整理旧稿，增加了十四、十五两章（《走上岗位》的第五、六两章修改后移用过来），重新修改，于一九八〇年和一九八一年先后在香港和北京出版。

《锻炼》的题材和故事情节，类似《第一阶段的故事》，描写全民族抗战初期，上海一家机器制造厂内迁过程中的斗争。主人翁严仲平是与何耀先同一类型的民族资本家，但形象比何耀先刻画得更为丰满。从二十世纪三十年代到四十年代，先后塑造了吴荪甫、何耀先、严仲平、林永清等不同历史时期的民族资本家的典型形象，是茅盾对我国现代文学所作出的最杰出的贡献。

茅盾是以善于塑造知识分子形象著称的。《锻炼》中塑造了两代知识分子的形象：中年的工程师周为新、医生苏子明、经济学教授陈克明；青年一代的苏辛佳、严洁修，形象都很生动。在他们身上都有着强烈的时代精神，因而这些形象都有一定的典型意义。

在《子夜》中，比较起来，工人形象还不够丰满。《第一阶段的故事》《清明前后》的侧重点都不是写工厂内部的斗争，所以都没有去描写工人形象。在《锻炼》

---

① 《锻炼·小序》，《茅盾全集》第 7 卷第 342 页。

中,作家围绕严仲平在迁厂问题上的斗争,把厂内工人的活动与社会上的爱国与卖国两种力量的斗争结合起来描写,从而塑造了一些比较丰满的工人形象,如青年技师唐济成、技工萧长林等,都是各有个性,栩栩如生的。

在《锻炼》中,知识分子形象和工人形象写得比较成功,是茅盾长篇小说创作中新的重要的进展。

《锻炼》围绕国华机器厂严仲平在迁厂问题上的斗争过程,描绘了众多人物以及他们相互间的错综关系,比较全面而又深刻地反映了全民族抗战初期的社会生活与历史动向,正确地反映了知识分子和工人的作用,谴责了反动势力的卑劣无耻,暴露了国民党军队在前线节节溃败的真实情况。所以这是一部成功的革命现实主义小说。

反映广阔的社会生活,头绪纷繁,结构宏伟,人物众多。作为五部连贯性的长篇小说的第一部,这样的构思、布局,是完全必要的,体现了作家思路广阔,胸有全局,高屋建瓴的伟大气魄。可以想象,如果作家的计划全部完成,那么一些重要人物的形象一定会被描绘得更为丰满,他们的性格特征一定会揭示得更充分,从而给我国现代文学的艺术画廊留下更多的典型形象。

遗憾的是,《锻炼》已经成为茅盾的最后一部长篇小说,他那宏伟的计划已经不可能完成了。这是我国现代文学的巨大的、不可弥补的损失。

下编　献身社会主义事业

第十四章　迎接新中国的诞生

六十五　筹备文代大会，担任“文协”主席

一九四九年一月三十一日，北平和平解放。

二月二十五日，茅盾夫妇和李济深、郭沫若等三十五位知名人士乘中共中央特派的专车“天津解放号”从沈阳到达北平，受到盛大欢迎。到车站迎接的有董必武、聂荣臻、叶剑英等。二十六日，《人民日报》以头版头条新闻报道这一消息。二十七日，中国人民解放军平津前线司令部、北平市军管会、中共北平市委、北平市人民政府联合在怀仁堂召开欢迎会，茅盾和李济深、郭沫若等到会，一致表示拥护中共中央的正确领导，把中国革命进行到底。

四月二十日，国民党反动派拒绝在国内和平协定上签字，决心顽抗到底。第二天，中国人民革命军事委员会主席毛泽东、中国人民解放军总司令朱德发布向全国进军的命令。人民解放军百万大军以雷霆万钧之势横渡长江。两天后即解放国民党反动统治的中心——南京，宣告蒋家王朝的覆灭。四月二十四日，茅盾和周建人、叶圣陶、胡风等在《人民日报》发表《拥护进军命令》的文章。文章说：“毛主席朱总司令四月二十一日的进军命令是完全符合人民的要求和利益的。南京政府拒绝签订国内和平协定，表示蒋介石为首的国民党反动集团事实上仍控制着南京政府。这个反动集团不打倒，中国就没有和平和民主可言。今日报载，解放大军胜利横渡成功，江南人民从此得见天日，遥想江南父老兄弟欢欣鼓舞的情绪，实非语言可以表达。”这一段文字，不仅表达了茅盾自己当时激动的心情，的确也表达了广大江南人民从此得见天日的欢欣鼓舞的情绪。

然而就在这时候，茅盾夫妇却得到女婿萧逸在太原前线牺牲的噩耗。萧逸是

新华社华北野战军前线记者。北平解放后,随军入城,见到岳父母,很是高兴。他想留下来从事写作。茅盾鼓励他参加解放战争的全过程,然后再进行个人创作。萧逸听从这一教导,愉快地奔赴太原前线。在四月二十四日总攻太原之前,萧逸用喊话筒向敌人宣传政策时,被伪称投降的敌人的子弹打中。他的战友张帆把他的遗物和照片寄给茅盾。茅盾的女儿沈霞是抗战胜利后在延安去世的,如今女婿又在全国解放在望的时候牺牲了,茅盾夫妇的悲痛是可以想见的。茅盾在给张帆的回信中说:“我们的悲痛是双重的:为国家想,失一有为的青年,为他私人想,一番壮志,许多写作计划,都没有实现。”“他不死在总攻时的炮火中,而死在敌人假投降的诈谋中。正如昔年小女沈霞为鲁莽的医生所误,同样的死不瞑目罢?我已多年来‘学会’了把眼泪化成愤怒,但萧逸之死,却使我几次落泪。”①在应该高兴的时候却遇到这种不幸的事情,是令人更加悲痛的。但茅盾还是感谢张帆的信给他带来的消息,萧逸在北京的朋友也都来看望茅盾,使茅盾得到很大的安慰。

由于人民革命战争在全国范围内的胜利,原来分别在新老解放区工作的文艺工作者纷纷汇聚到北平,要求召开文学艺术工作者的代表大会,成立新的全国性的组织,得到党中央的支持。一九四九年三月二十二日,全国文协在北平的理事、监事和华北文艺界协会理事召开了联席会议,商讨召开全国文艺工作者代表大会的筹备工作,由茅盾和郭沫若等四十二人组成筹备委员会,决定郭沫若任筹委会主任,茅盾和周扬任副主任,立即着手筹备工作。

五月一日,茅盾就全国文代会筹委会的工作发表谈话,指出“新的战线在形成中”,成立全国性的文艺家的组织,条件已经成熟。② 五月四日,茅盾又为纪念“五四”三十周年发表《还需准备长期而艰巨的斗争》。他分析了“五四”以来文化思想的发展过程,指出三十年来,“正确地领导人民前进的是马克思主义”。他指出,我们并不反对资本主义各国具有建设性的学术思想、古典文艺以及批判现实主义的文艺,但是要坚决反对那些对中国人民精神有腐蚀作用和麻醉作用的东西。他还强调指出:“革命在全国胜利是计日可待了。然而正像在全国范围内扫清帝国主义、封建主义和买办资产阶级的余孽尚须要我们继续努力一样,在全国范围内扫除

① 《茅盾给张帆同志的信》,张帆:《茅盾同志的一封信》,均见《忆茅公》。

② 《新的战线在形成中》,《华北文艺》第 4 期,1949 年 5 月。

帝国主义文化、封建文化、买办文化所需时间和努力，也许还要多些，但我们相信是能够清除掉的。”[①]同时他还发表《一些零碎的感想》，说明了全国文代会的筹备情况，对代表的产生，新的全国文协的性质和组织形式提出了一些初步设想，要求全国文艺工作者参加讨论并提出建议。[②] 五月二十二日和三十日，茅盾两次主持了《文艺报》(试刊)主办的座谈会，就“新文协”的任务、组织、纲领及其他问题，听取文艺界各方面代表的意见，为即将召开的大会非常切实地做好准备工作。六月十四日，筹委会扩大会议决定郭沫若在大会上作总报告，茅盾和周扬分别就国统区和解放区文艺运动的情况作总结报告。

中华全国文学艺术工作者代表大会于七月二日至十九日召开。茅盾在大会上作了题为《在反动派压迫下斗争和发展的革命文艺》的报告，系统地总结了国统区十年间的文艺运动。大会期间成立了中华全国文学艺术界联合会，郭沫若当选为主席，茅盾和周扬为副主席。同时，文学、戏剧、电影等各部门的协会也相继成立，茅盾当选为中华全国文学工作者协会主席，从此挑起了领导全国文学工作的重担。

在文代会进行期间，茅盾还在新华广播电台作了题为《为工农兵》[③]的播讲，讲述了文艺为工农兵服务的问题。九月二十五日，全国文联机关报《文艺报》正式创刊，茅盾发表了《一致的要求和希望》。他指出在革命胜利，全国即将统一的新形势下，文学艺术工作者要做而且应该做的事，实在很多。他认为主要有：一是加强理论学习，二是加强创作活动，三是加强文艺的组织工作，四是继续对封建文艺以及买办文艺、帝国主义文艺展开顽强的斗争，而夺取其阵地。此外，他还对文艺研究工作提出了要求，他认为编写《中国文学史》《中国新文艺运动史》等都应该提上工作日程。[④]

一九四九年五月起，茅盾还和宋云彬编辑以青年人为主要读者对象的《进步青年》。他把一九四八年九月在香港时写的长篇报告文学《脱险杂记》作了一些修改，连载于这个杂志的第二到第七期(一九四九年六月至十一月)。这部作品叙述太平洋战争爆发、香港被日本侵略者占领以后，被困在那里的包括茅盾在内的一大

---

① 《人民日报》1949 年 5 月 4 日。

② 《文艺报》(试刊)创刊号，1949 年 5 月 4 日。

③ 《文艺报》(试刊)第 11 期，1949 年 7 月 14 日。

④ 《文艺报》创刊号，1949 年 9 月。

批文化人在香港中共地下党组织帮助下偷渡到九龙，又由东江游击队帮助，从九龙进入东江游击区再到惠阳，为时约一个月的经历。虽然这已经是时隔六年多以后的“追记”，却仍然写得那样具体、亲切和感人，这是因为这一段生活经历给茅盾的印象实在太深了，他说：“到今天，还像是昨天的事……”

茅盾到北平以后（十月一日以前）还在《人民日报》上陆续发表五篇关于介绍苏联情况的文章，和他访苏回来后写的介绍苏联的文章编集为《杂谈苏联》，一九四九年四月上海致用书店出版。全书共收文章一百三十七篇，比较全面地介绍了苏联的政治、经济、文化教育、社会生活各方面的情况，是茅盾用一九四七年访苏时所获得的第一手材料写成。在新中国成立初期，这对于帮助中国人民认识斯大林时代的社会主义的苏联是很有价值的。

六十六　参加政协会议，出任文化部长

由于解放战争迅速在全国范围内取得胜利，各民主党派的负责人、各界民主人士于一九四九年春天先后到达北平。中国共产党一九四八年五月一日提议召开的新的政治协商会议，条件已经成熟。在中国共产党的领导下，一九四九年六月十五日至十九日，新政治协商会议筹备会在北平召开，毛泽东在会上发表讲话，回顾了人民解放战争所取得的伟大胜利，说明了召开新的政治协商会议的任务，准备成立新中国的民主联合政府。茅盾参加新政协的筹备会并出席了这次会议。他在会上发表讲话说：“这次会议充满了民主与团结精神”，“召开这样民主团结的新政协，产生人民民主的联合政府，完全符合人民的要求和利益，可以成立新民主主义的新中国”。他指出：“在新民主主义的政权下，文化事业一定会得到很大的发展，因为人民政府是扶植进步文化的，而且翻了身的工农兵，他们需要文化，他们能够自由地创作和享受文化，他们会是文化界最有希望的新生力量。”①

当人民解放军渡江作战时，侵入我国内河长江的英国军舰“紫石英号”和国民党军舰一道向我军开炮，我军进行还击，“紫石英号”受伤被迫停在镇江附近长江中，英舰长要求进行谈判。“紫石英号”于七月三十日夜趁“江陵解放号”客轮经过

① 《在新政协筹备会上的发言》，《人民日报》1949年6月20日。

镇江下驶时，强行靠近该轮与之并行，借以掩护逃跑。我军警告其停驶，该舰竟开炮射击，并撞沉木船多只，逃出长江口。对于英帝国主义这一暴行，茅盾发表谈话，愤怒加以谴责，指出"这是十足的海盗行为"，"中国人民将永远记住英帝国主义在我国领土内此种无法无天的罪行，并将追究责任"。[①] 茅盾的这一谈话，代表了中国人民的正义的呼声。

由于美国一手扶植起来的蒋介石集团的崩溃和中国人民革命的胜利，美国统治集团内部因对华政策出现分歧而发生争吵。美国国务院于一九四九年八月五日发表题为《美国与中国的关系》白皮书，详细叙述了抗日战争末期至一九四九年的五年间，美国实行扶蒋反共政策，千方百计反对中国人民，结果遭到失败的经过。白皮书尽管采用颠倒是非、隐瞒和捏造事实的卑劣手法，但毕竟暴露了一些美国统治集团反对中国革命的事实真相。毛泽东以新华社"评论"的形式从八月十四日至九月十六日一连发表了《别了，司徒雷登》等五篇文章，驳斥了美国白皮书的谬论，揭露了美国对华政策的帝国主义本质，批评了国内某些自由主义的知识分子对于美帝国主义的幻想，并对中国革命的发生和胜利的原因从理论上作了说明。当时文化界知名人士也相继发表谈话。茅盾于八月十七日发表谈话说："白皮书把美帝欲得中国而甘心的狰狞面目完全暴露了，这对于中国一部分对美帝尚存幻想的人们，真是当头一棒；白皮书还企图恐吓中国人民，不过中国人民是吓不倒的"，"中国人民是有把握粉碎美帝的奴役中国的任何阴谋诡计的"。[②] 这是中国人民对当时美国统治集团的严正的回答。

在迎接新中国诞生的日子里，茅盾坚决拥护中国共产党的对外政策，严正揭露和抨击帝国主义的罪恶阴谋和挑衅活动。

九月十七日，茅盾参加了新政协筹备会第二次会议。这次会议通过了把即将召开的新政治协商会议改称为"中国人民政治协商会议"，通过了《中国人民政治协商会议共同纲领（草案）》等文件。九月二十一日，中国人民政治协商会议第一届全体会议在北平召开。会议通过了《中国人民政治协商会议共同纲领》等文件和定都北平、改称北京等决议案。会议选举了中国人民政治协商会议第一届全国

① 《愤怒谴责英舰"紫石英号"暴行谈话》，《人民日报》1949 年 8 月 3 日。
② 《各界谴责美帝白皮书》，《人民日报》1949 年 8 月 17 日。

委员会委员一百八十人。毛泽东当选为全国委员会主席,茅盾被推选为全国委员会常务委员之一。

九月二十三日,茅盾作为中华全国文学艺术界联合会的首席代表在会上发言。他说:“中国人民政治协商会议揭开了中国历史全新的一页。帝国主义、封建主义和官僚资本主义长期的统治从此结束。独立、民主、和平、统一的新民主主义的、实行人民民主专政的新中国,像初升的太阳照耀着亚洲,照耀着世界”;“它向帝国主义和反动派宣告,中国人民团结一致,在中国共产党领导之下,决心为实现新民主主义而共同奋斗。”他表示全国文艺工作者一定全心全意拥护会议所通过的文件,和全国人民一道,竭尽全力去发展新民主主义的文化事业。①

中国人民政治协商会议第一届全体会议还代行全国人民代表大会的职权,选举毛泽东为中央人民政府主席,朱德等六人为副主席。周恩来为政务院总理。周恩来准备任命茅盾为文化部长,征求他的意见。茅盾表示,他一向都是搞创作的,中华人民共和国成立以后,生活可以安定下来了,他不想当部长,只希望继续从事创作。但在人事安排过程中遇到了一些困难。毛泽东、周恩来再次和茅盾商量,还是要求他出任文化部长。茅盾觉得既然革命工作需要,只得勉为其难,也就同意了。

一九四九年十月一日,中华人民共和国宣告成立。茅盾出任新中国的第一任文化部长,开始挑起文化部门的领导重担,献身社会主义的文化事业。

---

① 《在中国人民政治协商会议第一届全体会议上的发言》,《人民日报》1949 年 9 月 24 日。

第十五章　在领导岗位上

六十七　为发展社会主义文化事业而殚精竭虑

在文代会上，茅盾已被选为中华全国文学艺术界联合会副主席，中国文学工作者协会主席；中华人民共和国成立，他又出任文化部长。从此，他在领导岗位上，筚路蓝缕，为开创和发展我国的社会主义文化和文学艺术事业而殚精竭虑。

同时，茅盾还担任中国人民政治协商会议第一届全国委员会常务委员。

一九五〇年六月二十五日，美帝国主义发动了侵朝战争，并公开霸占我国台湾省。文艺界知名人士纷纷发表文章反对美国的侵略行为。茅盾在《侵略者将自食其果》中指出："中国人民和全世界人民已经明白表示：世界和平不容破坏，我们具有保卫和平的决心，也具有惩罚那些破坏和平者的准备。如果战争贩子们以人民为可欺而倒行逆施，那他们将自食其果。"①这是对侵略者的严正警告。十月二十五日，中国人民志愿军开赴朝鲜前线，抗击美帝，我国各族人民发动了广泛的抗美援朝运动。十一月十六日，茅盾和丁玲等一百四十五人联名发表《在京文艺工作者宣言》，号召全国文艺工作者积极动员起来，为抗美援朝、保家卫国而斗争。

一九五一年三月，全国二十个大城市举行国产电影新片展览月，展出《钢铁长城》等新片二十六部，茅盾为展览月题词。六月间，文化部在北京召开了全国文工团工作会议，茅盾作了关于文工团的方针、任务和分工的报告，通过这次会议整顿了全国文工团，推动了我国社会主义的话剧、歌剧、音乐、舞蹈的发展。七月一日，在庆祝中国共产党成立三十周年的大会上茅盾致《献词》。他代表全国文联和各

① 《人民日报》1950年7月3日。

个协会向党中央、毛泽东主席表示敬意和祝贺，并且表示全国文艺工作者将更紧密地团结在党的周围，贯彻党的文艺方针，用各种文艺形式，“反映我们祖国的光荣和伟大的历史，人民群众的伟大卓绝的斗争和光辉灿烂的创造，人民解放军和人民志愿军的辉煌卓绝、英勇无比的战绩，工农群众在生产建设方面所获得的光辉成就”。①

为了响应毛泽东主席和政协第一届全国委员会第三次会议关于知识分子思想改造的号召，一九五一年十一月，全国文联决议组成以丁玲为主任、茅盾等二十人为委员的文艺界学习委员会，领导并推动北京文艺界的整风学习，帮助文艺工作者改造思想，提高觉悟，创作出更好的作品，以满足人民的要求。一九五二年五月二十三日，全国文联召开座谈会，纪念《在延安文艺座谈会上的讲话》发表十周年，茅盾发表题为《认真改造思想，坚决面向工农兵》的文章，阐述了文艺工作者改造思想、清除旧社会带来的影响，用马克思列宁主义、毛泽东思想武装自己头脑，与工农兵相结合的重要意义。②

在国庆三周年前夕，茅盾发表《三年来的文化艺术工作》一文，总结了中华人民共和国成立三年来电影、戏剧、美术、文学、音乐各方面的成就，指出我国社会主义的文化艺术在毛泽东文艺路线指引下得到了迅速发展。③ 十月间，文化部在北京举办第一届全国戏曲观摩演出大会，茅盾发表《给全国戏曲观摩演出大会》，祝贺戏曲改革所取得的巨大胜利。④

一九五三年间，党中央正式公布了过渡时期的总路线，开始实行发展国民经济的五年计划，我国进入了有计划地进行社会主义改造和建设的新时期。三月二十四日，茅盾出席全国文协常务委员会第六次扩大会议，为了适应新的形势，会议通过《关于改组全国文协和加强领导文学创作的工作方案》，决定筹办《译文》杂志。会议还决定召开全国会员代表大会，由茅盾等二十一人组成筹备委员会，并由茅盾、丁玲分别担任正副主任。同月，文化部电影局和全国文协联合召开第一届全国

① 《人民文学》第4卷第3期，1951年7月。
② 《人民日报》1952年5月23日。
③ 《人民日报》1952年9月23日。
④ 《人民日报》1952年10月6日。

电影剧本创作会议，茅盾在会上作了题为《体验生活、思想改造和创作实践》①的报告。报告论述了生活、思想和创作三者的辩证关系，指出学习马克思列宁主义、毛泽东思想的重要性，说明作家必须在深入生活的过程中加深、提高对生活的认识，从而改造思想，再通过创作实践检验和巩固思想改造的成果，周而复始，从而不断得到提高。

中国文学艺术工作者第二次代表大会于一九五三年九月二十三日在北京召开，同时各协会分别召开会议。茅盾在“文协”的会员代表大会上作《新的现实和新的任务》的报告。他指出，我们国家正处在实现社会主义工业化和社会主义改造的时期，作家应该站在社会主义的高度上，用社会主义现实主义的创作方法进行创作，认真克服创作中的公式化、概念化倾向，相应改进批评工作。② 在这次会议上，茅盾继续当选为中华全国文学艺术界联合会副主席。中华全国文学工作者协会改组为中国作家协会，茅盾继续当选为主席。十月六日，大会在茅盾致闭幕词后闭幕。

一九五四年九月，茅盾当选为第一届全国人民代表大会代表，出席了一届人大第一次会议。在这次会议上，毛泽东当选为国家主席，周恩来被任命为国务院总理，茅盾继续担任文化部长。在同时召开的第二届中国人民政治协商会议上，茅盾继续当选为全国委员会常务委员。

这一年八月，作协召开全国翻译工作会议，茅盾在会议上作《为发展文学翻译事业和提高翻译质量而奋斗》的报告。这次会议有力地推动了我国文学翻译事业的发展。

这一年九月，文艺界展开了对《红楼梦》研究中的资产阶级思想的批判。中国文联主席团和作协主席团于十月底到十二月初连续召开了八次扩大联席会议，就《红楼梦》研究中的胡适派资产阶级唯心论倾向进行了讨论。在第八次会议上，茅盾作了题为《良好的开端》的讲话。他说我们在政治上和胡适划清了界限以后，还必须在思想上、学术研究方法上跟胡适划清界限，一定要用马克思列宁主义这个思想武器来清除资产阶级的思想影响。在学术问题上，他主张要做到：“明辨是非，

① 《文艺报》1953 年 7 期。

② 《人民文学》1953 年 11 月。

分清敌友,与人为善,言之有物。"他还强调要加紧扶植新生力量。关于《文艺报》编辑部忽视新生力量的错误问题,茅盾以作协主席身份,作了自我批评。① 紧接着中国科学院院务会议和中国作家协会主席团又举行联席会议,决定联合召开批判胡适思想的讨论会,并推定郭沫若、茅盾等九人组成委员会,来领导这一工作。与此同时,茅盾还出席中国人民政治协商会议全国委员会会议,在会上发言指出在学术研究领域中清除资产阶级唯心主义思想影响的重大意义。② 这次思想批判运动,总的来说,显然是"左"了。

从检查《文艺报》编辑工作中的错误又发展到对胡风的批判。茅盾写了《必须彻底地全面地展开对胡风文艺思想的批判》。③ 他指出对胡风文艺思想的批判,"必须彻底地全面地展开,以提高马克思主义文艺思想水平,加强文艺界的团结,更好地为国家的总任务服务"。他的文章着重对胡风文艺思想的基本点"主观战斗精神"作了分析批判。对胡风的文艺思想,历来存在不同的看法。有人给它评价很高,认为是马克思主义的。有人坚决加以反对,认为是反马克思主义的。至于胡风的"主观战斗精神"论,更是一个复杂的问题。所以进行公开的讨论以辨明是非,是完全必要的。但当时搞成政治运动的方式,后来发展到把所谓的"胡风派"作为"反革命集团"来斗争,则显然是扩大化了,反映了领导思想上的"左"的倾向。但就茅盾这篇文章来看,基本上还是实事求是的,着重从文艺思想问题来辩论的。后来发表的表态性的文章,如《提高警惕,挖尽一切潜藏的敌人》,④由于当时的形势,不可能不发生偏颇。

文化部、全国文联和剧协于一九五五年四月间联合举办"梅兰芳、周信芳舞台生活五十年纪念会",茅盾以文化部长身份授给梅兰芳、周信芳荣誉奖状,表彰他们在戏曲艺术方面的成就。

一九五五年六月,中国科学院召开学部成立大会。经国务院批准,茅盾和郭沫若等为哲学社会科学部常务委员会委员。

一九五六年上半年,我国对农业、手工业和资本主义工商业的社会主义改造基

---

① 《人民日报》1954 年 12 月 9 日。
② 《人民日报》1954 年 12 月 24 日。
③ 《人民日报》1955 年 3 月 8 日。
④ 《人民日报》1955 年 6 月 15 日。

本完成，我国的经济形势、政治形势和阶级关系都发生了巨大的变化。中共中央于一月间召开了关于知识分子问题的会议，周恩来作了《关于知识分子问题》的报告，指出我国的知识分子大部分“已经是工人阶级的一部分”。这个分析给全国广大知识分子以极大的鼓舞。二月底，茅盾在作协第二次理事会（扩大）上致开幕词，并作了《培养新生力量，扩大文学队伍》的报告，强调了培养青年作者的重要意义和培养的途径、方法。三月间，文化部举办第一届话剧观摩演出，茅盾以部长身份在会上作了报告。同时作协和青年团中央联合召开了全国青年文学创作会议，茅盾在会上作了《关于艺术技巧》的报告。四月，文化部又召开了全国文化先进工作者会议，茅盾以部长身份致开幕词。这许多活动表明，在一九五六年间，文化部和作家协会的工作是朝气蓬勃、充满活力的。

毛泽东在一九五六年五月召开最高国务会议，提出了“百花齐放，百家争鸣”的方针，得到全国文学艺术工作者的热烈拥护。在第一届全国人民代表大会第三次会议上，茅盾作了题为《文学艺术工作中的关键问题》①的报告，批评了文学艺术创作中存在题材狭窄和概念化、公式化的倾向，指出要改变这一状况就必须认真贯彻“百花齐放，百家争鸣”的方针。

一九五六年十月十九日是鲁迅逝世二十周年，在北京举行了隆重的纪念大会，茅盾作了题为《研究鲁迅，学习鲁迅》的开幕词和《鲁迅——从革命民主主义到共产主义》②的学术报告。这个报告论述了鲁迅思想的发展过程及其在文学上的伟大成就。他还到上海参加鲁迅迁葬仪式（从万国公墓迁葬虹口公园），并在迁葬仪式上发表讲话，就怎样更好地向鲁迅学习问题谈了他的看法。③ 茅盾的这些讲话，对于进一步搞好鲁迅研究工作，有重要的指导意义。

这一年年底，作家协会主席团举行会议，改选书记处，茅盾担任第一书记。

一九五七年一月七日，《人民日报》发表陈其通等四人的文章《我们对目前文艺工作的几点意见》，对“百花齐放，百家争鸣”的方针提出了异议。二月二十七日，毛泽东主席在最高国务会议上作了《关于正确处理人民内部矛盾的问题》的报

① 《人民日报》1956年6月20日。
② 《人民日报》1956年9月22日，《文艺报》1956年第20期附册。
③ 《解放日报》1956年10月15日。

告,深刻地阐述了提出“双百”方针的社会背景、这个方针的实质和意义。三月十八日,茅盾发表了《贯彻“百花齐放,百家争鸣”,反对教条主义和小资产阶级思想》,申述了他对“双百”方针的理解,批评了陈其通等的错误观点。可见“双百”方针刚提出来时,文艺界是有错误意见的,而茅盾则坚定地站在党的立场上,认真贯彻这个方针。四月间,文化部在北京举行“1949—1955 年优秀影片授奖大会”,茅盾在大会上发表讲话。他又在《中国电影》上发表文章,鼓励电影工作者创造出更多更好的社会主义的民族新电影。四月底五月初,茅盾在作协书记处召开的北京文学期刊编辑座谈会上作了两次讲话,指出要办好文学期刊,就必须贯彻“双百”方针。

然而,从五月间开始在我国政治生活中出现了一种人们意想不到的情况。六月到九月间,中国作家协会党组召开了二十多次扩大会议,丁玲、冯雪峰等一批作家被错划为“右派分子”。茅盾也曾应邀参加党组扩大会,在会上作了题为《明辨大是大非,继续改造思想》的发言,还发表了《必须加强文艺工作中的共产党的领导》等好几篇文章,茅盾强调文艺家必须进行思想改造,强调加强党的领导。他说:“中国的出路只有走社会主义路线,这是中国近百年来的历史经验所证明了的,也是八年的社会主义建设的光辉成绩所证明了的。走社会主义的路就必须有共产党的领导,必须在各方面加强共产党的领导。”这种坚持社会主义道路,维护共产党的领导的观点,无疑是完全正确的。但文艺界“反右”运动的扩大化,把一些作家划成右派本身就是错误的。因此,茅盾当时的一些发言和文章,也就不可能不跟着发生错误。这是特定的历史条件所造成的现象。

一九五八年间,由于党的工作在指导方针上犯了“左”的错误,不可避免地也反映在文艺工作上,在茅盾当时的文章中也可看到这种“左”的影响。这一年的六月到七月间,茅盾视察了东北的文艺活动,回到北京后,在文化部的部务会议上作了题为《文艺大普及中的提高问题》①的报告。他指出了当时文艺工作中的一些问题,但也未能抓住问题的实质。一九五九年三月,茅盾在作协召开的文学创作座谈会上作了题为《创作问题漫谈》②的发言,批评了创作题材狭窄,因对革命浪漫主义

① 《新文化报》1958 年 9 月 16 日。

② 《文学知识》第 3 期,1959 年 3 月。

的误解而产生的空想和浮夸，以及对为生产、为中心工作服务的片面理解等错误倾向，比较确切地指出了文艺“大跃进”中存在的问题。

一九五九年四月，茅盾继续当选为第二届全国人民代表大会代表。第二届全国人民代表大会第一次会议重新选举国家机构领导人员，茅盾继续担任文化部长，同时继续担任第三属中国人民政治协商会议全国委员会常务委员。

在庆祝中华人民共和国成立十周年的时候，茅盾撰写了《新中国社会主义文化艺术的辉煌成就》，对十年来社会主义文化事业的巨大成就，作了全面的总结。

一九六〇年六月，全国文教“群英会”在北京召开，茅盾以部长身份在会上作了《不断革命，争取文化艺术的持续跃进》的报告。七月，第三次全国文学艺术界代表大会在北京召开。茅盾在同时召开的作协第三次理事会（扩大）会议上作了题为《反映社会主义跃进的时代，推动社会主义时代的跃进》的报告。这两次大会由于是在一九五八年“轻率地发动了‘大跃进运动’”和一九五九年“在全党错误地开展了‘反右倾’斗争”这一历史背景下召开的，作为文化部长和作协主席的茅盾的这两个报告，也就必然地要打上那个历史时期的“左”的印记。

第三次全国文代会改选了全国文联和各协会的领导成员，茅盾蝉联全国文联副主席和作协主席。

一九六一年是鲁迅诞生八十周年。北京文学艺术界和其他各界代表一千多人在政协礼堂举行纪念大会，茅盾在会上作了《联系实际，学习鲁迅》的报告。他着重论述了鲁迅的创作如何服务于整个革命事业，鲁迅作品的民族形式和个人风格，鲁迅的“博”与“专”等三个问题，指出这也正是今天的文学艺术工作者亟待解决的问题。他号召“更认真更深入地学习鲁迅”，“进一步贯彻党的‘百花齐放、百家争鸣’的方针，以促进社会主义文学艺术事业更快的发展和更大的繁荣”。①

一九六二年初党中央召开了扩大的中央工作会议，初步总结了“大跃进”中的经验教训，开展了批评和自我批评，调整了各方面的关系。紧接着文化部和剧协在广州召开了话剧、歌剧、儿童剧创作座谈会，周恩来、陈毅都在会上作了报告，指出“应该取消‘资产阶级知识分子’的帽子”。茅盾也在会上作了报告。这次会议在知识界产生了极大的影响，大大地调动了文艺工作者的积极性。八月，作协在大连

---

① 《人民日报》1961年9月26日。

召开了农村题材短篇小说创作座谈会,茅盾、邵荃麟都在会上作了报告,指出创作中存在的问题和吸取过去的教训、扩大创作题材的重要意义。

一九六四年三月和六月,文化部先后在北京举行一九六三年以来优秀话剧创作及演出授奖大会和全国京剧现代戏观摩演出大会,茅盾在前一个大会上作了《为发展社会主义新戏剧而奋斗》的报告,在后一个大会上致了开幕词。

中华人民共和国成立以来,我国社会主义的文化和文学艺术事业,是取得辉煌成就的,当然也不是没有缺点,但成就是主要的。这些成就的取得,从根本上来说,是由于党的正确领导和社会主义制度的优越性,但也是和文化部的领导、和文联以及包括作协在内的各个协会的工作分不开的。作为文化部长、文联副主席和作协主席的茅盾所起的领导作用,与新中国成立以前他在文艺界主要通过他个人的声望起领导作用不一样。在文化部,部长之外还有许多副部长,还有党组的核心领导作用。在文联和作协也是这样。但是尽管如此,我国社会主义文化和文学艺术事业的光辉成就,还是和茅盾个人的作用分不开的。因为他毕竟是一位真正懂行的部长,一位在文学上有巨大成就和影响的作家协会的主席。十多年来,他在领导岗位上,勤勤恳恳,殚精竭虑,为发展我国的社会主义文化事业献出了全部心血,为人民作出了重大贡献。

作为文化部长、文联副主席和作协主席的茅盾,却仍然保持他那平易亲切、自然朴素的作风。在他身上,没有丝毫领导的架子,没有权威的造作。每当文化部的副部长们前来向他汇报并研究工作时,他就像招待熟朋友似的招待他们,边喝茶、边交谈、不拘形迹。每当要身边的工作人员、警卫员或司机做什么事时,他也总要加上一个“请”字。这种习惯,体现了他对人的尊重,对别人劳动的尊重。一九六三年春,中央新闻纪录电影制片厂根据上级指示,要给老一辈知名的文艺大师拍摄纪录片,作为传世的形象史料。几次向茅盾提出,但都被他婉言谢绝了。他总是说:“我没有什么可拍的,请不要再为我费神了。”中央新闻纪录电影制片厂的这一工作,终于令人遗憾地没有实现。对一般群众来信,茅盾也都要一一过目。有些信,他认为有必要,就亲自作覆。一九六四年间,有一个精神病患者,每隔一些日子,就寄一封满纸荒唐言论的长信给茅盾,工作人员建议这样的来信就不必作覆了。茅盾却说:“回信还是要写的”,“这一类病人是很敏感的,回他封信,或许是一种安慰。不回呢,他就更作邪想了”。[①] 这些小事情也表现了茅盾的崇高的情操和品格。

新中国成立以后,在大好形势的鼓舞下,茅盾夫人孔德沚曾向周恩来总理表示心愿:要求参加革命工作。周恩来认真考虑以后回答她说:“好,我给您安排一个对您最重要、也是最合适的工作——照顾好茅盾同志。他是我们国家的宝贵财富,今后要他为新中国描新图,为新中国作出新的贡献。您要好好照顾他,这是党交给您的任务,这比您做任何工作都重要!”[②]此后,孔德沚便仍和以前一样,亲自操持家务,让茅盾无后顾之忧,把全部精力都用在工作上。

一九五一年九月,茅盾在部队工作的儿子沈霜(韦韬)和陈小曼在南京结婚。一九五三年三月,茅盾夫妇有了孙女。一九五七年二月,他们又有了孙儿。这一年年底,韦韬夫妇调到北京工作,但住在郊区。茅盾夫妇把孙女带在身边,享受天伦之乐。

二十世纪五十年代末发生的“左”倾错误,到六十年代初不仅没有得到纠正,在思想文化方面还有发展,这主要表现在对我国社会主义文艺事业的否定和对文艺作品的过火批判上,同时也波及对茅盾的评价问题。

一九六三年和一九六四年的《关于文学艺术的两个批示》认为社会主义改造在文学艺术的许多部门中,“至今收效甚微,许多部门至今还是死人统治着”。又认为,文学艺术界的各个协会和他们所掌握的刊物的大多数,“十五年来,基本上(不是一切人)不执行党的政策,做官当老爷,……最近几年,竟然跌到了修正主义的边缘”。应该说,这是不符合我国社会主义文学艺术发展的实际情况的。对文化部、文联及其所属各个协会的批评,是不公允的。当时文化部、文联及其所属各协会的党组相继进行整风。在各党组整风过程中,作为文化部长、文联副主席、作协主席的茅盾的处境,也就可想而知了。

二十世纪六十年代初江青以极“左”面目出现,别有用心地插手文艺界,制造混乱。一九六四年底,她把《林家铺子》《红日》等一大批优秀影片打成“毒草”,指

---

① 孙嘉瑞:《青莲花谢香常在》,《光明日报》1981年5月10日。

② 金韵琴:《记茅盾和孔德沚》,见《中国当代文学研究资料——茅盾专集》,福建人民出版社1984年版。

令进行批判。对于电影《林家铺子》的批判,当然是项庄舞剑,意在沛公。

在这样的背景下,茅盾虽然继续当选为第三届全国人民代表大会的代表,但在一九六五年初第三届全国人民代表大会第一次会议闭幕时,便不再担任文化部长了。只是在中国人民政治协商会议第四届全国委员会第一次会议上当选为副主席。

一九六五年五月二十九日从《光明日报》发表《影片〈林家铺子〉必须批判》开始,全国各地报刊纷纷发表"批判"文章。十一月,江青指使姚文元炮制的《评新编历史剧〈海瑞罢官〉》在上海《文汇报》发表。一九六六年二月,江青与林彪相勾结,密谋炮制了所谓《部队文艺工作座谈会纪要》,提出了什么"文艺黑线专政"论,全盘否定了"五四"以来的革命文艺和新中国成立以来的社会主义文艺的光辉成就。四月十八日,《解放军报》发表《高举毛泽东思想伟大红旗,积极参加社会主义文化大革命》,以社论形式公布了《纪要》的内容。"史无前例"的"大革命"正在紧锣密鼓,即将正式开演。处在这样一种局面下的茅盾,虽然还担任全国文联副主席、中国作家协会主席的职务,但又能做些什么呢?

六十八　促进国际文化交流和人类进步的事业

茅盾在文化部长、作协主席的领导岗位上,除了为发展我国社会主义的文化和文学艺术事业而殚精竭虑外,还作为中国人民的和平使者和文化使者,积极参加有关保卫世界和平的各种国际会议和国际文化交流活动,为世界和平和人类进步的事业贡献了自己的力量。

一九五一年一月,茅盾膺选为世界和平理事会理事。十月间,出席在莫斯科召开的世界和平理事会第二次会议,并在会上作《巩固和发展各国人民之间的文化交流》的发言。一九五二年三月,茅盾又出席世界和平理事会执行局会议。五月四日,中国人民保卫世界和平委员会、全国文联等七团体联合举行世界文化名人阿维森纳诞生一千周年、达·芬奇诞生五百周年、雨果诞生一百五十周年、果戈理逝世一百周年纪念大会。在此之前,茅盾已为世界和平理事会的机关刊物《和平》撰写了《我们为什么喜爱雨果的作品》,还另外撰写了《果戈理在中国》[①]。茅盾回顾了

① 均见《文艺报》1952 年第 4 期。

雨果作品翻译到中国来的历史，分析了《悲惨世界》的主要人物形象，指出："中国人民同情于雨果作品中的这些人物，中国人民也从自己的斗争经验中看出了这些人物的优点及其时代的局限性。吸收其优秀进步的成份，而批判地舍弃其不合时代需要、不合中国现实的成份，——这就是中国人民对于世界文化的态度。"他强调说："中国人民愿意和世界各国人民在文化上交换经验，并且通过文化交流而达到进一步的互相了解。"茅盾论述了果戈理在中国的影响，比较了鲁迅和果戈理这两位大作家"相似而又不相同"之处，指出果戈理作品中的人民性，"无疑地也有助于中国读者对于美好与幸福的生活的争取与创造"。十月，茅盾出席在北京召开的亚洲太平洋区域会议，并发表了《文艺工作者发挥力量保卫和平》①，指出文艺工作者担负有保卫世界和平的重大责任。十二月，茅盾又与郭沫若、萧三等出席在维也纳召开的世界和平大会。

中国人民保卫世界和平委员会、全国文联、中国作家协会等五团体于一九五三年九月联合举行世界文化名人——中国诗人屈原逝世二千二百三十周年、波兰天文学家哥白尼逝世四百一十周年、法国作家弗朗索瓦·拉伯雷逝世四百周年、古巴作家何塞·马蒂诞生一百周年纪念大会。茅盾在会上作《纪念我国伟大的诗人屈原》的报告，论述了屈原作品的特点和他对中国文学的伟大贡献。他指出："我国人民和世界人民盛大纪念屈原、哥白尼、拉伯雷和马蒂，正因为这些文化巨人的贡献都是属于全人类的。纪念他们，将会鼓舞各国人民保卫并发扬自己的优秀的民族文化，加强各国之间的文化交流，以促进互相了解，同时学习他们的坚持正义、奋斗不屈的精神，为保卫世界文化、保卫世界和平而作更大的努力。"②十一月，茅盾又率领中国代表团出席在维也纳召开的世界和平理事会，并在会上作《为进一步争取国际局势的缓和而努力》③的发言。

世界和平理事会于一九五四年八月在柏林召开特别会议，茅盾出席这次会议，并就关于文化交流问题作了发言。他详细叙述了中华人民共和国成立以来四年间和世界各国进行的文化交流的主要事实。他指出："中国人民尊重并热爱自己祖

---

① 《人民文学》1952 年 10 月。

② 《光明日报》1953 年 9 月 28 日。

③ 《保卫和平》第 1 号，1954 年 2 月。

国的文化传统,同时也以同样的尊重和热爱的心情,对待其他国家的文化传统以及作为全体人类所共享共有的各国人民的伟大祖先所创造的精神财富。”他表示,“中国人民愿与世界各国人民加强彼此之间的文化交流”;他还表示,相信“开展国际文化交流以期有助于国际紧张局势之进一步缓和是完全可能的”。① 六月间,茅盾又出席在斯德哥尔摩召开的“缓和局势国际会议”。七月,中国人民保卫世界和平委员会、中国作家协会等五团体在北京召开了契诃夫逝世五十周年纪念大会,茅盾在会上作了《伟大的现实主义作家契诃夫》的报告。他在评述了契诃夫的创作成就和创作思想以后,号召中国作家向契诃夫学习。②

中国文联、对外文协等团体于一九五五年五月五日举行世界文化名人席勒、密茨凯维奇、孟德斯鸠、安徒生纪念大会。茅盾在大会上作题为《为了和平、民主和人类的进步事业》的报告,再次强调指出加强国际文化交流的重大意义,号召人们更好地继承席勒等著名作家的遗产,为保卫世界和平、民主和人类的进步事业而斗争。③ 七月一日,世界和平理事会召开会议,茅盾当选为常务委员。同月,茅盾又出席赫尔辛基世界和平大会。回国后作《向持久和平和友好合作的道路前进》的报告,介绍了赫尔辛基大会的情况和成就。④

一九五六年二月,茅盾当选为中国亚洲团结委员会副主席。五月,北京举行世界文化名人迦梨陀娑、海涅、陀思妥耶夫斯基纪念大会,茅盾在大会上作了题为《不朽的艺术都是为了和平和人类幸福》的报告,评述了迦梨陀娑等作家的创作在世界文化史上的意义和价值。⑤ 十二月,茅盾率中国作家代表团出席在新德里召开的亚洲作家会议。有十七个亚洲国家的作家参加的这次会议,标志着亚洲作家友谊和团结的新纪元。回国后,茅盾对《光明日报》记者发表谈话,介绍了这次会议所取得的成就。

一九五八年十月,亚非作家会议在苏联塔什干召开。茅盾率中国作家代表团参加会议,并在会上作题为《为民族独立和人类进步事业而斗争的中国文学》的报

---

① 《和平、友好、文化》,《文艺报》1954 年 11 号。
② 《契诃夫纪念专刊》,人民文学出版社 1954 年版。
③ 《人民日报》1955 年 5 月 7 日。
④ 《人民日报》1955 年 7 月 28 日。
⑤ 《人民日报》1956 年 5 月 28 日。

告。他回顾了中国古代和亚非各国、各民族的文化交流和友好往来的历史事实，论述了中国多民族的文学的发展和成就。他指出："保卫和平，维护民族独立，反对殖民主义，已经成为全世界人民中不可抗拒的伟大力量。亚非各国人民和作家在这个庄严的伟大的斗争中，更进一步建立了友好的文化关系"，并对亚非地区以及世界的和平作出了重要的贡献。① 他还在庆祝亚非作家会议胜利闭幕的群众大会上发表讲话。在会议开幕前还在《人民文学》上发表祝贺亚非作家会议开幕的文章，给《译文》的"亚非国家文学专号"写了《序言》。根据亚非作家会议决议，中国作家协会设立亚非作家常设事务局中国联络委员会，由茅盾担任主席。

一九五九年五月，苏联作家召开第三次代表大会，茅盾率中国作家代表团出席，并在大会上致《祝词》。他还先期在《世界文学》发表文章《敬祝苏联作家第三次代表大会胜利成功》。② 这一年四月和十一月，茅盾还出席首都文艺界纪念德国作曲家亨德尔逝世二百周年、德国作家席勒诞辰二百周年大会。

一九六〇年二月，全国文联、作协等团体集会纪念世界文化名人契诃夫诞生一百周年，茅盾在大会上作《伟大的现实主义者契诃夫》的报告，并先期在《世界文学》上发表《契诃夫的时代意义》。他还致电苏联作家协会主席费定表示祝贺。二月和六月间，全国文联、音协等团体先后联合举行世界文化名人肖邦诞生一百五十周年、罗伯特·舒曼诞生一百五十周年纪念会，茅盾先后主持了这两个大会。

一九六一年五月和六月间，全国文联、作协等团体先后联合召开纪念世界文化名人——印度诗人泰戈尔诞生一百周年、高尔基逝世二十五周年大会，茅盾先后主持这两个大会并致开幕词。

亚非作家会议于一九六二年二月在开罗举行。茅盾率中国代表团参加会议，并在会上作《为风云变色时代的亚非文学灿烂前景而祝福》的发言。他指出："亚非两大洲是人类文化最古的发源地，是人类文化的摇篮"，只是由于近代殖民主义的剥削和奴役，阻碍了亚非各国民族文化的正常发展。如今，"亚非人民的风起云涌、惊雷骇电般的争取民族独立、自由和民主的斗争，为亚非各国的作家提供了深厚的创作源泉，启发了亚非作家创作的灵感"。他表示相信："一旦亚非人民全部

---

① 《文艺报》1956年19期。

② 分别见《人民日报》1959年5月20日，《世界文学》1959年3期。

摆脱了束缚他们创造力的新老殖民主义的锁链以后,他们一定能够创造出比过去更加光辉灿烂的文化,对人类作出比过去更加伟大的贡献。”他认为“亚非作家的任务就是为了这样一天的到来而努力、而创造条件”。[①] 从一九五六年在新德里召开的亚洲作家会议算起,这是第四次集会,也是规模最大的一次。它标志着亚非两大洲民族解放和独立运动在汹涌澎湃地发展,亚非文学正在出现光辉灿烂的前景。

争取普遍裁军与世界和平大会一九六二年七月在莫斯科召开。茅盾出席这次会议,他的发言申述了普遍裁军的重要意义,要求那些拥有大量军备的国家率先裁减军备,以利于世界和平。

亚非作家会议执行委员会于一九六三年七月间在印尼巴厘举行会议。会后亚非各国作家来中国访问,八月十日,茅盾在首都各界的欢迎大会上发表了热情的讲话。他赞扬这次会议取得了全面的胜利,发扬了“亚非文学运动反对帝国主义、反对殖民主义、支持民族独立的路线”;他还指出:“以美帝国主义为代表的新殖民主义,是当前亚非各国人民最危险的敌人,是全世界人民共同的敌人”。他表示坚信:“核武器是能够禁止的,核战争是能够防止的”,“决定人类命运的不是拥有核武器的帝国主义及其追随者,而是坚决要求全面禁止和彻底销毁核武器的全世界人民”。他强调指出:“几个大国决定世界命运的时代早已过去了,几个核大国决定世界命运的企图也只能证明是一种狂妄的梦想。”[②]

一九六四年三月、四月和六月,首都各界人民先后举行“支持巴勒斯坦和阿拉伯各国人民反对美帝国主义斗争大会”“支持南非人民反对法西斯迫害争取民族解放大会”“支持日本人民要求撤除美军基地归还冲绳大会”“支持朝鲜人民要求美国侵略军撤出南朝鲜和统一祖国斗争大会”,茅盾在这几次大会上都发表讲话,支持巴勒斯坦和阿拉伯各国人民、南非人民、日本人民、朝鲜人民反对帝国主义的正义斗争。

中华人民共和国成立以来,由于社会主义经济建设和文化建设的迅速发展,国家的威望也随着迅速提高,和世界各国人民的文化交流也日益频繁。茅盾作为中国人民的和平使者和文化使者,在保卫世界和平的斗争中,在促进国际文化交流和人类进步事业的活动中,作出了不可磨灭的贡献。

---

① 《文艺报》1962 年 3 期。

② 《“维护亚非文学运动革命路线”的讲话》,《人民日报》1963 年 8 月 11 日。

第十六章　老本行，新贡献

六十九　编辑工作的新贡献

——主编《人民文学》《译文》

茅盾在担任文化部长、中国文学工作者协会（后改为作家协会）主席以后，工作极为繁忙。但他还是在百忙中抽出时间来，从事他的老本行——编辑工作。

一九四九年十月，中国文学工作者协会的机关刊物《人民文学》创刊，茅盾担任主编，秦兆阳担任副主编。茅盾请毛泽东同志为刊物题词，毛泽东回信说他只写了一句话，这就是刊登在创刊号上的“希望有更多好作品出世”。①茅盾在《发刊词》中说《人民文学》的任务是：

> 一、积极参加人民解放斗争和新民主主义的国家建设，通过各种文学形式，反映新中国的成长，表现和赞扬人民大众在革命斗争和生产建设中的伟大业绩，创造有思想内容和艺术价值，为人民大众所喜闻乐见的人民文学，以发挥其教育人民的伟大效能。
>
> 二、肃清为帝国主义者、封建阶级、官僚资产阶级服务的反动的文学及其在新文学中的影响，改革在人民中间流行的旧文学，使之为新民主主义国家服务。批判地接受中国的和世界的文学遗产，特别要继承与发展中国人民的优良的文学传统。
>
> 三、积极帮助并指导全国各地区群众文艺活动，培养群众中的新的文学

① 毛泽东回信手迹，见《人民文学》1981年5月。

力量。

四、开展国内各少数民族的文学活动。

五、加强革命理论的学习,组织有关文学问题的研究与讨论,建设科学的文学理论与批评。

六、加强中国与世界各国人民的文学的交流。

《人民文学》是新中国成立初期唯一的全国性大型文学期刊。茅盾担任主编直到一九五三年六月。在这期间,它发表了许多很有影响的作品,诗歌有何其芳的《我们最盛大的节日》、石方禹的《和平的最强音》、阮章竞的《漳河水》等;小说有刘白羽的《火光在前》、杨朔的《三千里江山》、康濯的《正月新春》、玛拉沁夫的《科尔沁草原的人们》等;散文有茅盾的《剥落"蒙面强盗"的面具》、巴金的《生活在英雄们中间》;话剧剧本有马可等的《战斗里成长》;电影文学剧本有孙谦的《葡萄熟了的时候》。它还发表了不少理论批评文章、古代文学、民间文学的研究文章,译载了不少外国文学作品,对于发展我国的社会主义文学起了积极的促进作用。

茅盾此次主编《人民文学》,当然不可能像他过去编《小说月报》《文艺阵地》那样,事必躬亲。但他除了掌握编辑方针、计划栏目外,仍经常审阅稿件,并给一些青年作者的稿件提出修改意见。有一次,他看了当时还是青年作者的马烽的一篇小说,认为写得不错,提了几点具体意见,请别的同志转告马烽,特别强调说:"不要勉强作者。改不改由作者决定。"马烽听了很感动。他没有想到茅盾这样一位大作家,对他这样普通青年作家的稿件竟然那样尊重。马烽认为茅盾的意见提得很中肯,很有道理,按照他的意见修改了。这篇小说就是《村仇》。①

一九五三年七月,全国文协创办了专门介绍外国文学的刊物《译文》,由茅盾担任主编。并由茅盾提名,经"文协"主席团讨论通过编委会名单。在《发刊词》里,茅盾首先扼要地总结了鲁迅当年创办《译文》的用意,点明了新《译文》同它的血肉关系。《发刊词》着重指出国内外形势和鲁迅当年已经大不相同,解放了的我国人民迫切需要从外国文学作品中了解各国人民的生活和斗争;而文学工作者本身也迫切需要从外国文学中得到借鉴。创办新《译文》的目的就是要满足这两方

① 《怀念茅盾同志》,《汾水》1981年5期。

面的需要。《发刊词》还说:“为了纪念鲁迅先生当年艰苦创办的《译文》并继承其精神,这一新出的刊物即以《译文》命名。”新《译文》的封面设计和版面编排格式,每期加印几页美术作品的插页,都是仿效老《译文》的。新《译文》以这种面目出现,在新中国成立初期的出版界是耳目一新的,在读者中颇受欢迎。

茅盾还经常督促编辑部工作人员要广泛征求读者意见。他自己也经常听取各方面的反映,并经常和编辑部的工作人员研究,改进刊物的工作。

一九五七年八月,配合亚洲作家会议,《译文》编出了“亚洲文学专号”。茅盾为这个“专号”撰写的《前言》中说:“我国与亚洲各国的文化交流,有一千多年的历史。我们有自己的古老的辉煌灿烂的文化传统,我们珍视自己的文化传统,同时我们亦尊重和喜欢外国的优秀文化的成果。我们的先人,向来是从善如流,善于向人家学习,善于吸收外国文学艺术的优美有益的东西,作为丰富并发展自己的文学艺术的养料。”“这些外来的东西,经过我们先人的创造性的劳动,溶化为自己的血肉,使我们民族文艺更加丰富多彩,我们应该发展这种优良的作风。”他表示希望这个“专号”,“将引起我国人民对于亚洲各国文学的更大更热烈的爱好”,“将有助于我国的文学工作者更好地学习亚洲各国文学的精华”。为了迎接亚非作家会议,一九五八年九月号和十月号,《译文》又编出了上、下两辑“亚非国家文学专号”。茅盾在《为了亚非人民的友谊和团结》一文中指出,“我们编辑亚非国家文学专号,有两个目的:一是欢迎亚非国家作家会议,二是希望通过文学使我国广大读者进一步了解亚非各国人民的愿望和生活。总起来说,就是促进亚非各国的文化交流,加强亚非各国人民的友谊和团结”。这两段文字,不仅说明了编辑这两个“专号”的目的,也说明了茅盾编辑《译文》的指导思想。

一九五八年十二月,茅盾因工作太忙,辞去《译文》主编的职务。当时曾经参加《译文》编辑工作的陈冰夷回忆说:

> 我想,茅盾同志的职务和社会活动那么多,还常常写文章,哪里有时间兼顾一个刊物的工作,只希望他能管一管刊物的大政方针就好了。没有想到后来的事实大大地出乎我的意料之外。他对《译文》的工作抓得那么认真,那么具体,而且抓得那么紧。从刊物的方针任务到选题计划,从编委会的工作到编辑部的工作,他都关心,而且经常出主意提意见,想办法,有些重要的事他甚至

亲自动手。这一方面是他对任何工作都是一贯认真负责的表现，另一方面，从我同他的接触中了解到，这也是由于他热爱外国文学和外国文学工作，他对于编刊物不仅有丰富的经验，而且有着浓厚的兴趣。①

此外，为了开展对外宣传和加强同各国人民的友谊，茅盾还一度兼任英文版《中国文学》的主编。

编辑工作是茅盾的老本行。主编《人民文学》和《译文》，正是一个老本行为了发展我国社会主义新文学作出的新贡献。

七十　文学理论方面的新贡献

——《鼓吹集》《鼓吹续集》

文学理论批评是茅盾的又一老本行。他担任文化部长、文协（作协）主席以后，仍继续从事这一工作，也作出了新的贡献。

文学理论批评必须从实际出发，经常提出新的问题来讨论并加以解决，从而推动创作的发展。但情况是不断发展的，有的问题似乎过去已经解决其实并没有真正解决；有的是在理论上已经解决但在作家的创作实践上并没有解决；有的是从创作实践中提出原来那些问题的某些新的方面，要求从新的理论高度上加以解决。茅盾在文学理论方面的工作就是这样的，既探索新问题，又进一步讨论老问题，遵循理论与实践相结合的原则，研究提高创作质量的途径。

党中央提出了"百花齐放，百家争鸣"方针后，茅盾除了在工作中坚决加以贯彻外，并多次撰文阐发这一方针的实质和意义。

茅盾指出，为人民服务，为工农兵服务，是我们文艺的坚定不移的方向。那么，拿什么来为人民，为工农兵服务呢？茅盾认为，"'百花齐放'在原则上回答了这个问题"。如何最好地为人民、为工农兵服务呢？茅盾认为，"'百家争鸣'回答了这个问题"。

茅盾指出，文学艺术创作，"品种和风格，应当是愈多愈好"。他说："在现实生

① 陈冰夷：《怀念茅盾同志》，《世界文学》1981年8月。

活中，我们需要炼钢厂，需要水闸，但也需要美丽的印花布，需要精致的手工艺品。在文化娱乐方面，如果我们只供给抒情诗、圆舞曲、翎毛花卉，群众就会有意见，但如果朝朝暮暮只给清一色的表现重大社会事件的作品，而且从形式到内容又不免千篇一律，那么，群众也会有意见。”“自古以来，人民所创造的文艺就不是单调、生硬，而是包罗万象，多姿多彩的。”“百花齐放”就是要发扬这个传统。

茅盾指出，按照“百家争鸣”的方针，“就应当容许文艺上有不同的派别，而且通过自由讨论，互相竞争，来考验它们存在的价值”。他说，“我们提倡而且宣传社会主义现实主义的创作方法，同时也坚决主张作家们在选择他的创作方法这一问题上，应当有完全的自由，即应当根据自愿的原则”；关于文艺理论上和创作上一些纷争未决的问题，关于作家作品的评论，“就完全应当采取自由讨论的方式，既不应强求一致，也不必匆促地作出结论”。他认为文艺批评上的种种清规戒律，必然要妨害作家们的“自由活泼的创造力，不敢追求新的形式和风格”，他强调说：“必须确认理论批评上的‘百家争鸣’不但不会造成思想上的混乱，而恰恰相反，可以纠正‘一家独鸣’在理论上的片面性，可以克服主观和武断，从而最后地达到思想认识上的基本一致。”①

茅盾还进一步指出，贯彻“百花齐放，百家争鸣”，既要警惕右倾思想，更要小心提防和大力反对教条主义，因为“简单采取禁止，‘放’和‘鸣’的方法，不能解决问题”。他说：“不要怕‘放’出不好的东西来，而要及时进行细致深刻的科学的批评，不要怕‘鸣’出不入耳的声音，而要进行批评之批评，展开自由讨论”，“从讨论中加强马列主义的思想教育”。他认为：“无论是对作品的批评，或者是对批评的批评，无益而有害的，永远是教条主义的批评。”他指出：“反对教条主义，同时要反对右倾思想，这是两条战线的斗争。”②

实践证明，茅盾从理论上对“双百”方针所作的这一些解释，是完全正确的。“双百”方针贯彻过程中出现的反复，虽然也有右的思想影响，主要是教条主义的干扰。

关于作家的生活、思想和技巧的关系问题。

---

① 《文学艺术工作中的关键问题》，《人民日报》1956年6月20日。

② 《贯彻“百花齐放，百家争鸣”，反对教条主义和小资产阶级思想》，《人民日报》1957年3月18日。

这是一个老问题。茅盾在三十年代初就从总结自己创作实践的经验教训中得到比较正确的认识。新中国成立以后,在新形势下文艺界又多次讨论了这个问题。一九五三年间,茅盾在第一届电影剧本创作会议上说:

> 在体验生活时,提高了对生活的认识,进行思想改造,同时孕育作品,然后写出作品,在作品中再考验和巩固思想改造的成就,然后再下去体验生活;如果这样周而复始,持之以恒,严肃认真刻苦地作下去,而仍然在思想上得不到改造进步,在写作上得不到提高,我以为是不可思议的。

一九五七年纪念《在延安文艺座谈会上的讲话》发表十五周年时,茅盾又在《在已有的基础上继续努力》一文中说:

> 生活、学习,——实践(写作),——再生活,——再学习,——再实践,如此反复进行,如此螺旋式地前进,恐怕是我们写作者思想上和艺术上逐步提高的规律,也是我们消除自己固有的非工人阶级的思想感情而逐渐具备马克思主义世界观的必然过程。

这是茅盾从他自己、也是从广大文艺工作者的实践经验中总结出来的正确论断,并且这个论断也是经得起实践检验的。

生活是创作的唯一源泉,对作家来说,没有生活就不可能进行创作。专业作家要深入生活,青年业余作者也不能脱离现实的斗争生活。作家体验生活,茅盾认为有"博"和"专"两个方面:

> "博"就是认识生活的广度,"专"就是认识生活的深度。这两者不是对立的,而是一体的两面。真能深入一角者,必然也了解全面;全面的了解,有助于一角的深入。

这是一个很精辟的见解。

作家在生活中获得大量的感性知识,茅盾认为,"那只可以说是部分的成功;最最主要的，还在于把这些感性知识提炼为理性知识”，这就要求有分析力和判断力，“能够在复杂而变化着的生活现象中看到本质的东西”；生活经验的素材要经过综合、改造、发展这样的一系列的加工，然后成为作品的题材。把感性认识提炼为理性知识，对生活素材进行加工，这都离不开作家的思想认识、世界观。茅盾指出：“只有那具有共产主义世界观的作家能够使他在现实中所拣取的东西是反映了现实的本质，指出了前进的方向的。”“掌握了马列主义和毛泽东思想，这才能够在人民生活的大海中探得宝藏，——能够发现问题，分析问题，作出深刻的结论，这才能够不但表现了生活，并且指导了生活。否则即使生活经验丰富了，观察还是不能深入，作品的思想性还是不高的。”

在这里，茅盾深刻地阐明了作家的生活经验与世界观的辩证关系。

茅盾指出，在典型环境中表现典型人物，是文艺创作的中心问题。“可以说这是个技巧问题”，但这种技巧，还是“从属于他的挖掘现实的本领”，“作家在现实生活中挖掘得愈深，他所创造的人物以及人物所活动的环境也就愈富于典型性，而也就是这典型性给予作品以强烈的艺术感染力”。茅盾认为这种技巧，“是形象思维的构成部分而不是作家在构思成熟以后外加上去的手术”，是“依赖着思想的”。因此，他指出：“技巧问题不能同作者的人生观的深度和他的生活经验的广度割裂开来求得解决”的，“更不能把技巧当作一个技术问题求得解决”。但同时茅盾又强调指出，技巧虽然“依赖于思想”，却又是可以单独加以研究的。他说：“古典文学的大师们以及现代的杰出作家们，事实上已经做出了艺术地表现生活真实的光辉范例。这些范例所包含的基本的艺术经验，形成了艺术技巧的一些惯用的原则。研究这些原则，是可能的，也是必要的。”这些原则，茅盾认为就分别体现在人物形象描写、故事发展、环境描写等方面。

在茅盾看来，不去深入生活、不重视思想提高，片面地去追求技巧，是不可能提高创作质量的；但技巧却又是可以单独研究的，向古典作家和现代杰出的作家们学习技巧，又是十分必要的，不这样做，也不可能提高创作质量。茅盾的这些论述，把技巧与思想、技巧与生活辩证地统一了起来，给提高文艺创作质量指出了具体办法。

关于文学的民族形式问题。

文学的民族形式，也是一个老问题。但长期以来，这个问题无论是理论上还是创作实践上都还没有很好地得到解决。

过去有一个比较普遍的看法,认为民族形式是包含民族语言和民族生活内容两个方面的。茅盾不同意这种看法。他在《漫谈文学的民族形式》一文中说,民族生活内容在作品中是个内容问题,“这个内容用民族语言来表现,才使作品具备民族形式”,如果把民族生活内容看作是构成民族形式的因素之一,“表面上虽然好像念念不忘形式与内容的统一,而实质上却是把内容降低到形式的范畴,有悖于内容决定形式的原则”。他认为文学的民族形式包含两个因素:一是语言,是主要的,起决定作用的;二是表现方式(即体裁),是次要的,只起辅助作用。就诗歌来说,他认为诗的语言“和一般的文学语言一样,是在民族语言的基础上加工提炼使其更精萃,更富于形象性,更富于节奏美。文学语言不能是原封不动的口语,但也不能脱离口语的基本要素——词汇、词法和修辞法”。“诗的语言虽然容许与口语的基本规律有较大的距离(对散文作品中的文学语言作的比较),但是不能违反口语的基本规律”,“不了解这个道理,就不能正确地掌握以古典诗歌和民歌为基础的发展方向”,也就不会“很好地实现新诗的民族形式的创造”。

就小说来说,茅盾不同意把章回体(长篇)、笔记体(短篇)、有头有尾、顺序开展的故事等看作是我国小说的民族形式,他说:

> 如果一定要在我国古典小说的表现方法中找民族形式,我以为应当撇开章回体,笔记体,有头有尾、顺序开展的故事等等可以称为体裁的技术性东西,另外在小说的结构和人物形象的塑造这两方面去寻找。

按照这一理解,他认为在长期的发展过程中形成的我国长篇小说的民族形式的结构特点是:“可分可合,疏密相间,似断实联”,“长到百万字却舒卷自如、大小故事纷纭杂综,然而安排得各得其所”。人物形象塑造的民族形式,是“粗线条的勾勒和工笔的细描相结合”。“前者常用以刻画人物的性格”,“后者常用以描绘人物的声音笑貌,即通过对话和小动作来渲染人物的风度”。

茅盾认为,表现方法毕竟是艺术技巧,而艺术技巧是有普遍性的;因此,民族形式的主要因素还是文学语言。这个因素,在诗歌的民族形式上表现得特别显著,在小说方面虽然不是那么显著,但也不能忽略它的重要性。他认为鲁迅的作品即使是形式上最和外国小说接近，也依然有他自己的民族形式，这就是他的文学语言，也就是这个民族形式构成了鲁迅作品的个人风格。

茅盾的关于文学的民族形式的独特见解，是值得人们认真加以研究的。

一九六〇年七月，茅盾在中国文学艺术工作者第三次代表大会上所作的关于我国社会主义文学成就的报告中，特别谈到民族形式和个人风格方面的成就。

在诗歌方面，茅盾认为一九五八年以来，在学习民间歌谣、新民歌和吸收古典诗词、说唱文学的优良传统的基础上出现了民族形式的新诗风，李季、阮章竞、贺敬之、郭小川等是出色的代表。

在小说方面，茅盾认为赵树理、老舍的风格早已为大家所熟悉。梁斌《红旗谱》"有浑厚之气而笔势健举，有浓郁的地方色彩而不求助于方言"。"笔墨是简练的，但为了创造气氛，在个别场合也放手渲染；渗透在残酷而复杂的阶级斗争场面中的，始终是革命乐观主义的高亢嘹亮的调子，这就使得全书有了浑厚而豪放的风格"。马烽、李准、孙犁、王汶石、杜鹏程的独特风格也在形成过程中。

在话剧方面，茅盾认为郭沫若的《蔡文姬》，出色地融化传统、结合生活，创造了鲜明的民族风格。

总之，茅盾认为要创造民族形式的社会主义文学，就是要努力做到毛泽东同志早在一九三八年就已明确指出的"新鲜活泼的，为中国老百姓所喜闻乐见的中国作风和中国气派"。而要完成这个使命，就要"努力学习毛泽东文艺思想……批判地继承前人的遗产，批判地吸收世界各国进步文学的精华，从创作实践中发扬革命现实主义和革命浪漫主义相结合的广博精深的性能"。

关于革命现实主义和革命浪漫主义相结合的问题。

一九五八年间，毛泽东同志概括文学艺术历史的经验，根据我国社会主义革命和社会主义建设的需要，提出无产阶级的文学艺术应采用革命现实主义和革命浪漫主义相结合的创作方法。毛泽东同志的这一指示得到革命文艺工作者的热烈拥护。文艺界展开了广泛的讨论，作家艺术家们在自己的创作实践中认真学习运用这一方法。茅盾在一九六〇年召开的中国文学艺术工作者代表大会上的报告中，从现实主义和浪漫主义的历史发展和我国社会主义文艺的创作经验出发，对这个创作方法作了具体的阐述。

茅盾分析了我国和欧洲古代的现实主义和浪漫主义的特点，指出过去的作家

“不可能在一篇作品中有像现代革命作品中那样的现实主义和浪漫主义的结合。可能的倒是同一作家有时写一些属于现实主义范畴的作品,而另一时期则写一些属于浪漫主义范畴的作品,更多的是现实主义作品中运用了一些浪漫蒂克的表现手法”。他认为只有少数伟大的作家“在他们的作品中结合了浪漫主义和现实主义两种因素”。

茅盾指出,“以科学的革命理想指导现实斗争,又从现实斗争中发展革命理想,这样的革命现实主义与革命浪漫主义的结合”,“只有在作家具有无产阶级世界观而且以历史唯物主义和辩证唯物主义武装了自己的头脑以后才有真正可能”。茅盾还指出,革命现实主义和革命浪漫主义相结合的创作方法,不是从我们的主观要求出发,而是从我国社会主义革命和社会主义建设的现实提出的要求。

总之,茅盾认为:“在马克思列宁主义世界观的思想指导之下,结合了科学分析的求实精神和不断革命论的雄心壮志,站在共产主义的高度,既反映今天的现实,又要用无限的热情、豪迈乐观的调子、淋漓饱满的笔墨,来歌颂一切产自现实基础上的萌芽状态的明天,即一切生气蓬勃的新事物”,这就是革命现实主义和革命浪漫主义的结合。毛泽东同志的诗词,就是革命现实主义和革命浪漫主义相结合的光辉典范。

在作家、艺术家的创作实践中,既是革命现实主义而又闪耀着革命浪漫主义光芒的作品,茅盾认为在早些时候就已出现,这就是新歌剧《白毛女》。茅盾又认为收集在《红旗歌谣》中的民歌,“绝大部分可以称之为有了革命现实主义和革命浪漫主义的结合,而且一小部分是结合得很好的”。

茅盾还认为许多杰出的作品,从它们的艺术构思方面来看,属于革命现实主义的范畴,但又都塑造了风貌堂堂的具有共产主义思想品质的英雄人物,这些人物是现实的又是理想的。这样的人物塑造的方法是体现了革命现实主义和革命浪漫主义相结合的精神的。他认为《创业史》《百炼成钢》《林海雪原》《红旗谱》等长篇小说,刘白羽的《一个温暖的雪夜》,杜鹏程的《延安人》《夜走灵官峡》以及李准、峻青、王汶石等作家的一些短篇小说,就既是革命现实主义的,又具有革命浪漫主义的情调、节奏和色彩。

茅盾认为,学习革命现实主义和革命浪漫主义相结合的创作方法,从根本上来说是一个“加深马列主义修养、培养共产主义风格的问题,也就是善于把冲天干劲和科学分析相结合的问题”。

茅盾尖锐地批判了把“畅想未来”“人鬼同台”以及超现实的夸大作为“两结合”的错误做法：“畅想未来”就是在作品中抒写对共产主义时代的生活的想象，“人鬼同台”就是在作品中让神仙或古代传说中的英雄与现实生活中的人物同时出现，超现实的夸大，如民歌中的“凑近太阳吸袋烟”等，都是对革命现实主义和革命浪漫主义相结合的庸俗处理，应该加以反对的。

关于文学欣赏和文学批评的标准问题。

对于同样的自然物或艺术品是不是大家都有相同的感觉（美感）？对于同样的文艺作品是不是大家都有相同的爱好（欣赏标准）？茅盾认为人们的美感是不相同的，人们对文艺作品的欣赏标准也是各不相同的，因为“欣赏由于美感，而美感则根源于各人之情绪、气质和趣味，而情绪、气质和趣味则决定于生活”，“因为社会上所有的人是各个隶属于不同的阶级的，于是也各有不同的欣赏的对象与标准”。但是即使是同一个人，也会因时因地而有所不同，比如富人在逃难的时候未必有心赏玩风景。当劳动人民处于被压迫的地位，他们对某些自然景物和人造艺术品是不感兴趣的，但当他们翻身之后，他们的生活从本质上改变了过去不欣赏或不能欣赏的都可以慢慢欣赏或能够欣赏了。①

关于作品的评价问题，茅盾认为是一个牵涉到思想方法的大问题。一九五九年间，评论界对《青春之歌》的评价曾经发生过争论。茅盾就此提出了自己的看法。茅盾认为要正确评价一部作品，要有历史主义的观点，要熟悉作品所反映的历史情况，他说：“评论一部反映特定历史事件的文学作品的时候，也不能光靠工人阶级的立场和马列主义的观点，还必须熟悉作为作品基础的历史情况；如果不这样做，那么，立场即使站稳，而观点却不会是马列主义的，因为在思想方法上犯了主观性和片面性，在评价作品时就不可避免地会犯反历史主义的错误。”对于作品中的人物形象的分析评价，茅盾认为必须反对主观、片面的思想方法，“要以历史主义的观点、全面看问题，要看作品的主要倾向和主要效果”。据此，他认为《青春之歌》中林道静这个人物“是真实的”，“熟悉那时候的社会现实的人，特别是在那时候领导过和参加过学生运动的人，都会觉得林道静这个人物好像是见过的，因而这个人

① 《欣赏与创作》，《进步日报》1950 年 1 月 11 日。

物是有典型性的”。他还认为《青春之歌》中着力描写林道静的小资产阶级的思想意识,“正是为了要批判这些”。如果有些地方批判得不够,那是和作者的思想水平和艺术表现能力有关的,但“不能就此断定作者是保护这些被批判的东西”。茅盾还指出,评价一部作品“应当实事求是,从作者自定的任务来看作品的实际效果,而不应当提出更大的任务来否定作品的实际效果”;意思是说应当就作者根据主题的需要进行的描写分析他写得怎么样,而不应该批评他没有描写一些什么。

茅盾对《青春之歌》的评价,不仅肯定了《青春之歌》这一部具体作品,并且提出了一些评价作品的原则性的意见。这些意见在文艺评论中是普遍适用的。

由于一九五八年以后极“左”思潮的泛滥,文艺界也不可避免地要受到影响,这种影响,也见之于茅盾的理论文章中,同时,由于茅盾身居文化部长、作协主席的地位,在当时的历史条件下,也难免有违心之论。但是即使这样,由于他有很高的马克思主义的修养,所以他关于文学理论批评方面的见解,仍然颇多独到之处,并且理论联系实际,对于提高创作质量,正确开展文艺批评,是有积极意义的,是一位老行家的又一新贡献。

茅盾这一时期的理论批评文章,主要收集在《鼓吹集》和《鼓吹续集》中。

七十一　培育青年作者的新贡献

发现、培养青年作者,一向是茅盾文学活动的一个重要方面。在他担任文化部长、文协(作协)主席以后,就更加重视这一方面的工作了。

在一九五三年九月召开的中国文学工作者第二次全国代表大会上,茅盾在《新的现实和新的任务》的报告中,就明确地指出必须把“以最大的努力培养青年作家,加强对于青年和初学写作者的指导,传播成熟的经验。特别要注意从工农干部中培养出新作家”,作为中国作家协会的主要任务之一。在一九五六年二月召开的中国作家协会理事会扩大会议上,茅盾作了《培养新生力量,扩大文学队伍》的专题报告。在这个报告中,茅盾指出,在文学战线上和其他战线上一样,大批新生力量已经涌进作家队伍里来了,这批新生力量对新鲜事物具有敏锐的感觉,对生活和斗争怀着充沛的热情,是文学事业中的生力军。他还强调指出,为了适应社会主义改造高潮的到来,就必须认真克服作家协会工作中的缺点和错误,充分运用已有的经验，大量培养青年作者，帮助他们迅速成长。为此，他还提出了加速培养青年作者的八点具体方法和步骤。

一九五六年三月，在北京召开了全国青年文学创作者会议。在会前，茅盾发表了《迎全国青年文学创作者会议》，热烈欢迎这次会议的召开，分析了青年作者的思想状况，教导文学青年要以正确态度对待创作。在正式会议上，茅盾作了《关于艺术技巧的报告》，论述了提高艺术技巧、改造思想、体验生活三者之间的关系，强调了改造思想、树立共产主义世界观和体验生活的重要性及其相互间的辩证关系，并着重对什么是艺术技巧和如何提高艺术技巧问题以及文学语言问题，作了十分具体的说明，给青年作者以很大的帮助和启发。

茅盾发现、奖掖、培育文学新人的工作，更主要、更经常的是通过文学评论的方式进行的。《鼓吹集》《鼓吹续集》中的许多评论文章和《读书杂记》，都体现了茅盾热情推荐新人新作，为社会主义文艺事业培养新生力量的精神。同时，他还对许多青年作者进行面对面的指导。

一九五〇年初谷峪的《新事新办》等三篇小说发表后，茅盾就立即撰文给予充分的肯定，特别是《新事新办》，茅盾更给予很高的评价。他指出："他从农村的日常生活中选取了这一典型性的题材"，"表现了土改后农村生活的兴旺和愉快"；在形式方面，"结构紧凑，形象生动，文字洗练"，"从头至尾，无懈可击"，"是一篇技术水准很高的短篇小说"。[①] 这是中华人民共和国成立以后，茅盾最早给予赞扬的作品，产生了很大影响。

对《七根火柴》和《百合花》的评论，就发现和培养了两位很有影响的作家。

茅盾在《读最近的短篇小说》里，肯定了王愿坚的《七根火柴》，给作者以极大的鼓励。王愿坚在悼念茅盾的文章中写道："在这篇阐发短篇小说创作技巧的文章里，竟然用了相当多的文字分析了我的《七根火柴》。使我惊奇的是，文章分析得那么仔细，连我在构思时曾经打算用第一人称的写法，后来又把'我'改成了另一个人物这样一个最初的意念都看出来了，指出来了。他对那样一篇不满二千字的小说，竟用了四五百字去谈论它，而且给了那么热情的称赞和鼓励。我被深深地激动了。借着这亲切的激励，我这支火柴继续燃烧起来，几天以后，……我写出了

① 《读〈新事新办〉等三篇小说》，《人民日报》1950 年 3 月 26 日。

《普通劳动者》的初稿。”后来,王愿坚有机会见到茅盾,茅盾又鼓励他说:“你写得好,写得比我们好!”“多读点儿书。”这更使王愿坚激动,他体会到:“这话不是对我一个人说的,在这洋溢着暖人的深情的话里,我又看见了那颗博大而又温暖的心。这心,向着文学,向着青年人。”王愿坚还说后来在那风刀霜剑的日子里,正是茅盾的“这句话,连同这句话后面的那颗心,给了我温暖、希望和力量。我带着它,送走了我的青年时代,步入了中年;我带着它,战胜了灰暗的心情,使火柴的微光没有熄灭”。①

《百合花》是茹志鹃的第一篇小说。这篇小说发表的时候,作者正在经受磨难:小说本身几次寄出去,几次被退回,一九五八年三月才在《延河》上发表。正在这个时候,作者的丈夫刚被那个“扩大化”的运动“扩大”进去,戴上“右派”的帽子。因此,她的“生活、创作,都面临丧失信心的深渊”。然而,也正在这个时候,茅盾给予《百合花》以很高的评价。茅盾认为这篇小说,“结构上最细致严密,同时也是最富于节奏感的。它的人物描写,也有特点;人物的形象是淡而浓,好比一个人迎面而来,愈近愈看得清,最后,不但让我们看到了他的外形,也看到他的内心”。“它是结构谨严,没有闲笔的短篇小说,但同时它又富于抒情诗的风味”,是一篇有个人“风格”的作品。这段评论,使茹志鹃重新获得了生活和创作的勇气。她写道:“已蔫倒头的百合,重新滋润生长。一个失去信心的,疲惫的灵魂,又重新获得了勇气和希望。重新站立起来,而且立定了一个主意,不管今后道路会有千难万险,我要走下去,我要挟着那小小的卷幅,走进那长长的文学行列中去。”②后来,茹志鹃又多次得到茅盾的鼓励,继续写出了许多优秀的作品。

康濯也是一位深得茅盾哺育的作家。他说:“茅盾谈作品尤其严肃认真,一分为二,优秀之处充分肯定,缺点也从不放过;这方面我个人就深得哺育的。特别是对我一九五三年第一次反映农业合作化的几个短篇小说,更不厌其烦地当面讲过许多意见。……这些意见并不是抽象的泛泛之谈,而是针对某篇、某节、某个细节具体提出,因此听来实在亲切无比。”③杜鹏程也有同样的感受,他说:“就像我这

---

① 王愿坚:《他,灌溉着……》,《中国青年报》1981 年 4 月 9 日。
② 茹志鹃:《说迟了的话》,《文汇报》1981 年 4 月 1 日。
③ 康濯:《热泪盈盈的哀悼》,《芙蓉》1981 年 4 月 5 日。

样普通的作家,也从他那些具有深厚知识和卓越见解的评论文章中,获得了巨大的勇气和力量。……他不喜欢平庸之作,特别不能容忍那些在花言巧语掩饰下贩卖荒谬货色的东西。好处说好,坏处说坏。茅公就多次指出过我的作品的不足和失败之处,从而使我得到终生难忘的教益。"①

茅盾通过作品评论来奖掖后进,还有一个显著的特点,就是非常重视艺术分析。从二十世纪五十年代末起,由于"左"的思想的影响,一般评论家评论作品,多着重分析和评述其政治思想内容,不大注意作品的艺术优劣,甚至有意回避艺术技巧。而茅盾的评论却不一样,王汶石谈自己的感觉时说:茅盾的评论文章"不随时尚,独树一帜,十分执着地把评论文章的侧重点放在对作品的艺术分析上,他曾在几次综合评述中评论到我的几篇短篇小说,分析其艺术上的成就和不足,每一次都使我非常激动,我总是反复学习,以便尽可能深入地领会他对我的教导"。茅盾对王汶石小说的艺术风格的分析,更"打中了"王汶石的心,他说:"一位我所尊敬的老一辈艺术大师如此了解我,也使我更了解自己,坚定了我的信念,进而影响着我的追求,我的艺术。"②

茅盾还非常关心少数民族文学新人的成长。

蒙古族作家玛拉沁夫曾经把自己的短篇小说集《花的草原》赠给茅盾,原来想茅盾那么忙不会读它的。但茅盾却在酷暑中用了十天的时间把它读完了,并写出了指导性评论:"洋洋数千言的手稿,一笔一画的劲秀的小楷,写得那样工工整整,一丝不苟,……茅公文章的精辟论点,自然对我们有极大的教益,就只说他那严谨的治学态度,也值得我们永生记取。"③另一位蒙古族青年作家敖德斯尔的小说《欢乐的除夕》也曾得到茅盾的赞扬,敖德斯尔说:"这对我是个多么大的鼓舞,又是多么大的动力啊!这在我的心里,就像是驮着重负行走在沙漠上的骆驼忽然见到了泉水一样,感到又香又甜。"他觉得这不仅是对他个人的鼓励和爱护,而且也是对蒙古族文学的关怀。④ 茅盾一向就很关心儿童文学,当他读到藏族益希卓玛(王喆)的儿童文学作品《清晨》时特别高兴,认为儿童文学作家的新人正在成长。益希卓

① 杜鹏程:《知识分子的伟大典型》,《延河》1981年6月。
② 王汶石:《哀悼茅盾导师》,《延河》1981年6月。
③ 玛拉沁夫:《巨匠与我们》,《朔方》1981年6月。
④ 敖德斯尔:《关怀》,《民族团结》1981年5月。

玛激动地说:“感谢他的关怀达到了遥远的青藏高原上。”[1]白族作家晓雪也曾谈到:“聚居在洱海周围的白族人民中涌现出的文学新人,就曾一再得到沈老的直接关怀。当五十年代末白族作家杨苏刚刚在刊物上发表了几篇小说,沈老就及时地给予热情的肯定和鼓励。”[2]这一切表明,在培养文学新人方面,茅盾的视野又是多么开阔,从北到西,从西到南,边疆的许多少数民族文学的新人新作,都经常在他的关注之中。这一切表明,他对我国各少数民族的社会主义文学事业的发展,是多么重视,并寄予了多么大的期望啊!

中华人民共和国成立以后,受到茅盾关怀、鼓励、指导成长起来的中青年作家(包括少数民族的文学新人),可以开出一张很长的名单。正像马烽所指出的那样:“很显然,他关心的不是某一个青年作家,而是文学创作的下一代;他关注的不是某一篇作品,而是新中国的文学事业。”[3]的确,新中国成立以后,茅盾“长期从事文化事业和文学艺术的组织领导工作,写了大量的文学评论,特别是一贯以极大的精力帮助青年文学工作者的成长,为社会主义文化事业作出了重大贡献”。

七十二　学术研究的新贡献

——《夜读偶记》《关于历史和历史剧》

学术研究是茅盾的老本行之一。在工作极端繁忙的时候挤出时间来从事学术研究,是他一贯的作风。在出任文化部长、中国作协主席之后,工作更为繁重的情况下,他仍保持这一作风,并作出了新的贡献,撰写了《夜读偶记》和《关于历史和历史剧》两本学术性著作。

《夜读偶记》

一九五六年九月,《人民文学》发表了何直的《现实主义——广阔的道路》一文,在全国引起极大的反响,对社会主义现实主义创作方法问题展开了热烈的讨

① 益希卓玛:《鼓舞的力量》,《大地》1981年3月。
② 晓雪:《洱海的悼念》,《民族团结》1981年5月。
③ 马烽:《怀念茅盾同志》,《汾水》1981年5月。

论。茅盾阅读了参与讨论的三十多篇文章。这些文章的论点,他有同意的,也有不同意的,便撰写了这一论著,表示了自己的意见。这些文章曾连载于《文艺报》一九五八年第一、二、八、九、十五各期,副标题为《关于社会主义现实主义及其他》。一九五八年八月百花文艺出版社出版了单行本。

《夜读偶记》论述的中心是文学上的现实主义与反现实主义的斗争,但它所接触到的问题却远远超出了这一范畴,具有理论上的普遍意义。

《夜读偶记》论述了中国文学的现实主义传统与发展。

茅盾系统地对《诗经》、先秦诸子散文、汉赋、《史记》、乐府、建安文学、骈文、唐代古文运动、新乐府运动、明代前后七子的复古运动这一文学发展过程,作了具体的分析论证,指出:"我国的现实主义文学是从远古开始的,创造并发展了现实主义方法的,首先是被压迫的人民大众;而且人民大众所创造的现实主义文学在一定时期内又影响了统治阶级的一部分文人。""受了人民的现实主义文学影响的统治阶级的文人,其作品的现实主义深度,决定于他对当时的社会现实的态度。如果他是站在人民的立场看待当时的社会矛盾和斗争(民族的和阶级的),那么他的作品中的现实主义就会有较高的表现,而他的'义愤'越强烈,则作品中的现实主义愈深刻"。"属于后一范围的伟大作家们曾经大大发展了我国的现实主义,丰富了我国现实主义文学的宝库。"茅盾还指出:"直到五四运动为止,我国文学史上的现实主义的大师们在实践方面虽然留下了灿烂的作品,在理论方面却还没有运用科学方法把源远流长的博大精湛的现实主义文学思想建立为完整的理论的体系。""明确而比较完整的现实主义理论,是在五四时期才提出来的。"尔后我国现实主义文学的优秀传统和马克思主义理论相结合,就爆发出新的光芒;《在延安文艺座谈会上的讲话》,又"把我国的革命文艺运动推上一个新的级段——争取社会主义现实主义的阶段"。

茅盾认为中国文学的现实主义是在和反现实主义的斗争中发展起来的。不过,茅盾所说反现实主义,不是指一种创作方法,而是指"各种各样、程度不同的、反人民和反现实的各不相同的若干创作方法",比如形式主义的汉赋和后来的骈文,等等。

《夜读偶记》深刻地论述了世界观与创作方法的关系,社会主义现实主义与批判现实主义的区别。

茅盾认为："创作方法，不但和世界观有密切关系，而且是受世界观的指导的。怎样的世界观，就产生了怎样的思想方法，而怎样的思想方法，又产生了怎样的创作方法。"他认为现实主义自古有之，但不是一成不变的，而是不断发展的，十九世纪的批判现实主义"可以看作现实主义创作方法的最完美的阶段"，但是，批判现实主义的大师们还没有认识到社会发展的规律，还没有清醒地彻底地成为唯物历史观的思想家，还没有认识到无产阶级是推翻那可诅咒的旧社会、建设光明幸福的新生活的决定性的力量。也就是说，"他们批判了他们所憎恨的万恶的资本主义制度，可是他们提不出一个鼓舞人心的理想——依照社会发展的规律指出一条前进的道路"，这就是所谓"历史的局限性"。但社会主义现实主义就不同了。社会主义现实主义把现实和理想结合起来，透过现实，指出理想的远景，因为社会主义现实主义的思想基础是辩证唯物主义和历史唯物主义，"他们的世界观和历来的现实主义者完全不同"。据此，他强调说，"社会主义现实主义虽然继承了旧现实主义的传统，却完全是一种新的创作方法"。

茅盾还进一步指出，创作方法受作家世界观的指导，但作家的世界观往往不是清一色的，有进步的方面，也有保守落后，甚至反动的方面；而且也不是一成不变的，常常因时因地因事而异；有时进步的成分很突出而掩盖了保守、落后的成分，而另一时却保守、落后乃至反动的成分占主导，因而失去了进步性。这一些世界观的复杂和变化，一定也要反映在作家的作品中；但也是错综而复杂的，不但会表现在作家前后期的作品中，也会表现在同一作品中。但是，茅盾指出，问题还有另一方面：像现实主义这样一种历史久远的创作方法，在其发展过程中，由于经验的积累，就形成了一套完整的艺术规律，具有相当的独立性。这一套艺术规律，当然只是这一创作方法的一面——即关于形式的一面，但确实也包含着认识现实的方法。因此，"只从艺术规律方面接受现实主义的作家，也会在自己不自觉的情况下学会了认识现实，从而产生了现实主义的作品"。还有："一个作家或艺术家对于现实有怎样认识和他们对于现实抱怎样的态度，也不是常常一致的。""一个作家或艺术家所采取的进步的创作方法并不一定带来了进步的政治立场，反过来说，反动的政治立场不一定阻碍了作家或艺术家采用进步的创作方法。"

茅盾的这些论述，是从大量的文学历史的事实中归纳出来的，因而是很有说服力的，有重大的理论意义和实践意义的。

《夜读偶记》论述了理想与现实、浪漫主义与现实主义问题。

文学创作中的理想和现实的理解，茅盾同意这样一种说法："如果作家按照自己的主观见解——善恶标准，就是作者认为'应当如此'，而描写了生活（人物当然在内）这就属于理想这一类；反之，如果作家不坚持自己的成见而是照着生活的本身去描写的（忠实于生活），这就属于现实的一类。"文学是通过形象来反映生活的。表现理想也好，描绘现实也好，都要通过人物形象。所以茅盾认为，"人物的怎样塑造，是创作方法的一个中心问题"。

浪漫主义作家在他们的作品中表示了对于未来社会的期望，并且暗示了未来社会应当是怎样的。因此，浪漫主义的人物"是作者认为'应当如此'的想象中的非常之人"，"都是不平凡的，在现实世界独往独来，坚决奋斗的超人，都不是现实生活中随时随地能够遇见的人"。浪漫主义者把人物性格写成生来如此，而不是生活环境所形成。现实主义则不同。"现实主义作家给我们看到人物不但是和我们同时代的某种人的典型，而且还表现出这个人物的性格是怎样地在他特有的环境中形成的"，也就是特定环境的产物。所以这样的人物"最能反映特定时代的社会意识"。然而浪漫主义的"理想"却缺乏现实的依据，不合于社会发展的规律；而现实主义暴露了社会的黑暗，没有提出理想社会的远景，所以两者都美中不足。只有社会主义现实主义才能把理想和现实结合起来，即透过现实，指出理想的远景，社会主义所要求塑造的英雄人物既是抱有伟大理想的舍己为人的英雄，同时又是现实的人；他们不是个人主义的英雄而是集体主义的英雄；是从群众中产生、而仍然是群众中一员的英雄，而不是从半空掉下来的超人式的英雄。他们所追求的伟大理想，也不是幻想和空想，而是一种符合历史发展规律的，能够实现的思想。

在茅盾看来，只有社会主义现实主义的创作方法才能把理想和现实结合起来，结合的途径就是在马克思列宁主义思想指导下塑造典型环境中的典型人物。毫无疑问，茅盾的这些见解，是完全符合马克思主义的美学原则的。

《夜读偶记》还论述了古典主义和"现代派"的本质和特征。

茅盾分析了古典主义兴起的历史原因和曾经起过的积极作用，并指出由于它的思想基础是唯理论和唯心主义的历史观，所以后来终于蜕化为形式主义。茅盾认为通常被称为"现代派"的半打左右的文艺流派——未来主义、表现主义、印象主义、达达主义、超现实主义，等等，都是彻头彻尾的形式主义，它们的思想基础都是没落期的资产阶级的主观唯心主义,"现代派"的各种流派虽然都排斥思想内容而全力追求形式,其实,"依然表现了他们对于现实的看法,对于生活的态度"。"强调什么'精神自由'否定历史传统,鄙视群众,反对集体主义","逃避现实,或者把现实描写成为疯狂混乱的漆黑一团,把人写成只有本能冲突的生物",这是他们的共同点,所以,"他们是不可知论的悲观主义者和唯我主义者"。

有人鼓吹把现实主义和"现代派"综合成为一种新的创作方法,茅盾认为是没有这个可能的,因为属于两种不同的思想体系和两种不同的思想方法。但是他认为现代派"在技巧上的新成就可以为现实主义作家和艺术家所吸收,而丰富了现实主义作品的技巧","现代派的造型艺术构图上的特点"还是有点积极作用的。

茅盾对古典主义和现代派的分析,是符合事实的、科学的、充满辩证法的,特别是对"现代派"的分析,在今天仍有现实意义。

尽管由于当时"左"的思潮的影响,在《夜读偶记》中也留下了某些痕迹,但从总体来看,这部著作材料丰富,分析周详,对文艺思潮史上的一些重大问题作了透辟的论述,是一部极有价值的学术著作。这部著作写成"偶记"即"漫谈"的形式,没有一般学术著作的那种"程式",自由活泼,但其内在结构仍然是很谨严的。

《关于历史和历史剧》

一九五九年到一九六〇年间,在舞台上演出了很多历史剧,学术界关于历史剧的讨论也颇为热闹,但却有一奇怪现象:有近百个剧院和剧团以"卧薪尝胆"为题材编写剧本和演出,当时关于历史剧的讨论中却很少提到这个戏。这引起了茅盾的注意。于是他搜集到五十来种新编《卧薪尝胆》的脚本,就史料的甄别和历史剧的创作问题,作了一番系统的研究,写了《关于历史和历史剧》,连载于《文学评论》一九六一年第五、六两期,副题为《从〈卧薪尝胆〉的许多不同剧本谈起》。一九六二年十一月作家出版社出版了单行本。

关于史料,茅盾认为,任何史料在传写过程中,不可避免地会由于传写者的主观意图而有所增删、窜改,过去的历史著作总是体现了统治阶级的历史观的,而民间的口头传说倒常常保存了一些极有价值的史料。但是关于吴、越关系的历史,茅盾认为东汉编写的两部专门的著作《吴越春秋》和《越绝书》是很不可靠的,因为前者"揉杂着很多西汉术数家的意识形态","大部分没有史料价值",而后者所独有的材料“多属五行术数之谈”,所以对了解当时的吴越历史,“毫无裨益”。他指出,“我们不能从表面看问题,简单地认为《国语》《左传》《史记》是为统治阶级服务而抹煞其史料的客观价值”。据此,茅盾详细分析了先秦诸子、两汉学者对吴越关系的看法,对吴夫差、越勾践以及对吴越两方的文臣武将的评价。

关于历史剧,茅盾指出,历史题材的剧本,在我国古典戏曲中占有很大的比重。元、明、清三代的杂剧和传奇中称为历史剧者,超过半数,而且题材极为广泛。他具体剖析了十几部古典历史剧,指出我国编写历史剧有着悠久的传统和丰富的经验。

关于历史剧传统的继承和发展,茅盾着重论述了四个问题。

一是古为今用的问题。茅盾指出,我们的前辈作家写历史剧都有一个目的——古为今用。方法是以古讽今或以古喻今。因此,就不能不对史实有所甄别、有所取舍,甚至“修改历史”。他认为这种方法在他们那个时代是可取的,不得不然的,在我们今天,就不应该这样做了。他认为在今天,“如果能够反映历史矛盾的本质,那末,真实地还历史以本来的面目,也就是最好地达成了古为今用”。据此,他批评了《胆剑篇》等剧本违背了历史唯物主义的偏差。

二是历史上人民作用的问题,茅盾认为这个问题在理论上马克思列宁主义早已有明确的论述,但在艺术实践上运用这个理论却不很容易,还有一个掌握史料和对历史事实认识的深浅程度问题。前人的作品中尽管有很多歌颂劳动人民的篇章,但他们的立场、观点和我们今天完全不同,在这方面可供继承的东西非常少,所以在这方面最容易产生偏差——把古人现代化,他认为在这一方面更需要剧作家认真探索。

三是历史真实和艺术虚构问题。茅盾认为历史剧不能完全颠倒历史事实,任意捏造,但也不能不有虚构的部分,“没有虚构就不成为历史剧”。因此,必须把历史真实和艺术虚构结合起来。这就是说,一方面要忠实于历史,而不应改写历史;至于艺术虚构,无论是真人假事,假人真事;或人事两假,都必须“符合作品所表现的历史时代的真实性”。

四是历史剧的文学语言问题。茅盾认为我国古典历史剧的文学语言是不能令人满意的,主要情况是在用典故、成语上常犯时代错误,而现代的一些历史剧也常让古人说现代人的话,他指出历史剧的创作在文学语言上必须避免这些错误,加强作品的时代气氛。

《关于历史和历史剧》这部著作,对古代吴越关系和人物的考证,材料翔实,论述周详,体现了作者一贯的谨严的治学态度;总结了我国古代历史剧创作的经验,联系当时历史剧创作的情况和历史剧讨论中所提出的问题,深刻地论述了历史剧创作的要求,体现了作者深湛的艺术修养,并且对历史剧创作有着现实的指导意义。

七十三　文学写作的成败得失

应该说茅盾最主要的本行是写作。但在他担任文化部长和作协主席以后的十多年间,由于忙于工作,忙于社会活动和外事活动,因此没有能够再埋头创作。除了以部长、主席或代表团团长身份在各种会议上所作的报告、讲话外,他还是挤出时间来写了五十多篇散文、杂文和五十多首旧体诗词。

在五十多篇散文、杂文中,有一些是脍炙人口的名篇。

《剥落"蒙面强盗"的面具》①以美国某些图书馆禁止出借马克·吐温的小说谈起,痛斥美帝国主义发动侵朝战争、霸占我国台湾省的侵略罪行,揭露了以总统杜鲁门为代表的美国统治集团的内外政策的反动本质,文章夹叙夹议,痛快淋漓,是一篇很有说服力的杂文。

一九五四年六月,茅盾率中国代表团到瑞典斯德哥尔摩出席"缓和局势国际会议",他以自己的见闻写了一篇散文《斯德哥尔摩杂记》②。文章从"六月的斯德哥尔摩盛开着各种各样的花,最惹人注意的是丁香"写起,描写了斯德哥尔摩的山光水色以及这个城市的居民对这个会议的不同反应;又联系到正在召开的为解决朝鲜和印度支那问题的日内瓦会议和我国代表团团长周恩来在这个会议上发言的巨大影响,再联系到我国政府公布宪法草案和第一次人口调查结果的消息,说明"六百个百万的人民,在共产党的领导之下,在取得革命胜利以后,现在正以它自己的宪法巩固这胜利并决心要建设社会主义社会,保卫世界和平"这一伟大的现实。作家观察细致,思路开阔,善于用具体事例来说明具有重大意义的主题,文章中洋溢

① 《人民文学》第 3 卷第 2 期。

② 《文艺报》1954 年 14 号。

着强烈的爱国主义激情。

《天安门的礼炮》[1]描写了国庆节天安门的礼炮声。“首都澄碧的上空，隆隆地回荡；激动了无有边际的空间，殷殷然响起了快乐的合唱”，表达了全国人民从心坎里发出的欢呼：“光荣归于领导中国人民走向胜利和幸福的共产党。”可以说这是一篇充满激情的政治抒情诗。

茅盾在这一时期的散文、杂文的主题主要集中在两个方面：一是歌颂祖国、人民、中国共产党和社会主义，一是揭露、抨击帝国主义和殖民主义，表现了一个无产阶级文化战士的广阔胸怀。这些散文、杂文的风格大都是直抒胸臆，明白晓畅，洋溢着爱国主义的激情。

一九五八年八、九月间，茅盾曾经视察东北三省，写了《长春南关行》《延边——塞外江南》《北地牡丹越开越艳》《哈尔滨杂记》《群众文艺运动在沈阳》等五篇报告文学，陆续发表于《人民日报》。一九五八年十月，作家出版社出版了单行本，题名为《跃进中的东北》。由于茅盾当时所获得的材料大都是不符合事实的，所以这是一本写失败了的作品。当然，这失败，不能完全由茅盾个人负责，而是有特殊的历史背景的。因为这一时期正是“轻率地发动了‘大跃进’运动和农村人民公社化运动，使得以高指标、瞎指挥、浮夸风和‘共产风’为主要标志的左倾错误严重地泛滥开来”[2]的时期，这一股浮夸风和“共产风”使站在领导岗位上的作家是很难加以抵制的。

在这一段时期，茅盾的五十多首旧体诗词的内容大体上可概括为三个方面：

一是观看各种艺术团体演出的感想。如《曲艺会演片段》第三首：“轻敲绰板轻摇舌，既慷慨兮复诡谲。绝技快书高元钧，沁人心脾如冰雪”，表扬了快书艺人高元钧的高超演技。《观朝鲜艺术团表演偶成》两首，《扇舞》《珍珠舞姬》称赞了朝鲜艺术团的精彩表演。《祝日本前进座三十周年》的第二首：“和平事业共维护，文化交流通有无。曼舞浩歌张我道，曙光欲透海东隅”，肯定了日本进步剧团前进座在促进文化交流、维护世界和平事业方面的贡献。

二是以当时国际共产主义运动中的事件为题材的，如《无题》“欧尾亚头起暗

① 《人民文学》1954年第10期。

② 《中国共产党中央委员会关于建国以来党的若干历史问题的决议》。

波,人民有眼判功过。倒行逆施何能久,终见东风唱凯歌”;《壬寅仲冬感事》“狐埋复狐搰,卑劣又狂悖。厚颜乞和平,空捞水底月”,抨击了赫鲁晓夫的卑劣而又狂悖的行为。

三是访问海南岛的观感。一九六一年十二月至一九六二年二月,茅盾访问了海南岛,写了总标题为《海南之行》的七首诗,回顾了新中国成立前琼崖纵队的斗争历程,描绘了海南岛的美丽的风光,歌唱了海南岛的兴旺景象。

这些诗词,虽然用了旧的形式,但都洋溢着浓厚的时代气息。其中有不少篇章更有着浓郁的诗的韵味,堪称为佳作。

在写作方面,还得谈一件事:二十世纪五十年代初,全国规模的镇压反革命运动结束了。当时公安部长罗瑞卿建议茅盾写一个镇压反革命题材的电影剧本。茅盾以不熟悉这方面的生活谦辞。罗瑞卿还是坚持要他写,他只好接受这一任务,并且很高兴地到上海搜集材料。回到北京不久,他就把电影剧本写出来了,交给文化部电影局。电影局的同志看了,认为题材很重要,写得也好,只是对话多了一些,有点小说化。如果拍摄,要分上、中、下三集,拖了一段时间,不了了之。茅盾自己也不满意这本剧本,干脆把原稿撕了,一张张垫在吐痰的痰盂里,然后倒掉,结果一个字也没有留下来。这是十分可惜的,也是新文学和电影事业的一个重大损失。①

① 周而复:《在病危的时候》,《收获》1981 年 3 期。

第十七章　十年浩劫的考验

七十四　横遭诬蔑

为了贯彻《关于文学艺术的两个批示》的精神，一九六四年七月，全国文联和各协会开始整风运动，九月出版的《文艺报》第八、九期合刊发表编辑部的《"写中间人物"是资产阶级的文学主张》和《关于"写中间人物"的材料》，批判了一九六二年八月中国作家协会在大连召开的农村题材短篇小说创作座谈会上邵荃麟的一些观点。一九六六年第四期《文艺报》又发表署名"李方红"的《"写中间人物"论反映了哪个阶级的政治要求》，进一步加以"上纲"。当时虽然没有点茅盾的名，实际上也批到茅盾头上。其实这一批判无论是对邵荃麟来说，或是就茅盾来说，都是歪曲再加诬蔑的。

一九六四年年底，江青就把《林家铺子》等影片打成毒草，指令进行批判。从一九六五年五月二十九日《光明日报》发表署名"闻钟"的《影片〈林家铺子〉必须批判》开始，到同年九月，在全国各报刊发表的所谓"批判"文章，据不完全统计有一百三十多篇。说什么影片《林家铺子》"美化资本家，丑化工人阶级"，"宣扬奴才哲学，鼓吹阶级合作"，所以是一株"大毒草"，云云。虽然这些文章批判的是电影，没有点茅公的名，"但举世皆知，他是箭垛子"。①

前已述及，茅盾花了不少心血，培养了一代又一代青年作家。可是在那风雨欲来的时刻，一些别有用心的人，颠倒黑白，造谣诽谤，胡说什么茅盾的这一严肃工作，是在"和党争夺青年作家"，真是欲加之罪，何患无辞！

---

① 柯灵：《心向往之》，《上海文学》1981年6期。

就这样，在十年浩劫的前夕，茅盾这位德高望重、对我国社会主义文学事业的发展作出过重大贡献的老作家就已经受到极“左”思潮的冲击了。

一九六六年四月十八日，《解放军报》发表题为《高举毛泽东文艺思想伟大红旗，积极参加社会主义文化大革命》的社论，公布了《部队文艺工作者座谈会纪要》的主要内容，号召批判所谓的“文艺黑线”。六月一日和二日，《人民日报》相继发表《横扫一切牛鬼蛇神》《触及人们灵魂的大革命》两篇社论，根据《五一六通知》的精神，号召“向那些反党反社会主义的资产阶级代表人物，资产阶级学术权威，展开坚决的毫不留情的斗争”。于是，“造反派”纷纷出现了，大字报铺天盖地而来，一大批老干部、老共产党员、文化界知名人士受诬蔑、挨批斗，被打成叛徒、特务、走资派、资产阶级反动权威，被关进了牛棚。一场“史无前例”的持续十年的浩劫开始了。

这一年的八、九月间，东总布胡同二十二号的墙壁上也贴满了大字报，茅盾也被诬蔑成“头号资产阶级反动权威!”。茅盾十分气愤，去责问组织部一位副部长：“究竟把我当成了什么人?!”这位副部长也没有办法答复。由于周恩来总理的干预，这些大字报才没有对外开放。[①] 一九六七年一月，《红旗》发表了姚文元的《评反革命两面派周扬》，除了对周扬妄加罪名，点名批判夏衍等人外，茅盾等著名老作家也被诬蔑为“资产阶级‘权威’”。当时，已经和江青勾结上了的姚文元在文章中点了谁的名，给戴上了什么帽子，那就等于作了政治“结论”。不久，中国作家协会被诬为“一个不折不扣的裴多菲俱乐部式的团体”，并且被“彻底砸烂”了。茅盾虽然没有被关进牛棚，却从此靠边了。“他也只是幸免于抄家游街，开批斗会，因为他是受保护的——当然这是功德无量的事。但被保护却决非荣誉，也不会带给人愉快。”[②]在那些混乱的岁月里，处在被保护地位的茅盾，不为“四人帮”的淫威所慑，不随风转舵，而是保持冷静的沉默、严峻的沉默，这沉默，也就是对那些跳梁小丑们的最大的轻蔑。

一九六九年夏，文化部所属各单位、文联及各协会全部工作人员，被分别送到湖北咸宁、天津静海等地劳动，搞所谓的“斗、批、改”，茅盾虽然没有被送往“干校”

---

① 陈白尘：《中国作家的导师》，《青春》1981 年 5 期；史明：《周恩来与茅盾的战斗友谊片断》，《文化娱乐》1984 年 6 期。

② 柯灵：《心向往之》。

劳动，但处境也更为恶化，所有会议不能参加，文件也不发给，与外界隔绝了。他的夫人孔德沚患了糖尿病，卧病在床，得不到应有的治疗，于一九七〇年一月二十九日去世，终年七十三岁。在她临终前的日子里，茅盾亲自陪夜，眼睁睁地看着老伴昏迷不醒，却无能为力，心情十分沉重。孔德沚去世后，只有少数几个亲友得讯吊唁，冷冷清清地火化了。茅盾把她的镶嵌着照片的骨灰盒，放在卧室中的五斗柜上，仍然朝夕相处。在他身处逆境，而又年迈多病的时候，失去了白首相依的老伴，这在他的感情上是一次多么沉重的打击啊！是年秋，他写下了一首七律，抒发了对老伴的思念之情。

孔德沚去世以后，沈霜（韦韬）夫妇带领孩子们与父亲住在一起，以便在生活上照顾父亲。儿孙们虽然能给茅盾增加许多乐趣和安慰，但处境仍然很困难。原定一九七一年召开的“四届”人大（因发生“九一三”林彪事件没有开成），茅盾也被从代表名单中除名了。[①] 他虽闭门不出，却还有一些莫名其妙的问题纠缠他，流言蜚语，也频频向他袭来，最狠毒的是说：茅盾正在写一部反党作品，每天写来放入保险柜，要待身后，方肯问世。这明明是在制造舆论，企图把茅盾打成反革命。因为在当时的形势下，今日谣言，就是明日诛语。朋友劝茅盾对这些谣言加以澄清。茅盾说，谣言是东南西北都有一点，不过大同小异而已。所以他一笑置之，不屑一顾。[②]

在那乌云翻滚的日子，茅盾虽然横遭诬蔑，但他品德高尚，巍然不动。

茅盾的弟媳、沈泽民的夫人张琴秋，在中华人民共和国成立后曾任纺织工业部副部长，十年浩劫中被迫害致死。沈泽民和张琴秋有一个女儿，曾在苏联大学里学无线电雷达，新中国成立后回国工作，在十年浩劫中也被迫害身亡。张琴秋母女相继被迫害致死，茅盾很悲痛，然而在那些动乱的日子里，他也只能把悲痛深深地埋藏在心底。

七十五　“清风晚节老梅香”

一九七五年七月四日，臧克家买了宣纸纪念册，写了一首七律祝贺茅盾八十

① 韦韬同志给本书著者信，1984 年 8 月 7 日。

② 田苗：《您，还在朗朗笑谈》，《四川文学》1981 年 6 月。

大寿：

著书岂只为稻粱，遵命前驱笔作枪。
携手迅翁张左翼，并肩郭老战文场。
光焰炯炯灼子夜，野火星星燎大荒。
雨露明时花竞发，清风晚节老梅香。

这一点也不过誉。茅盾在回信中说："奉读手书及贺贱辰锦册，既感且愧，奖饰过当，更增内疚。虚度八十，回顾昔年，虽复努力，求不落后，但才识所限，徒呼负负。"①一代宗师，是多么谦逊！

"清风晚节老梅香。"在"四人帮"疯狂肆虐的日子里，茅盾不仅以沉默来表示他对"四人帮"的轻蔑，并且仍然密切注视着形势的发展，关心友人的命运，做了一些有意义的工作。

在那黑云翻滚的日子里，一些正直的、不愿跟随"四人帮"走的知识分子即使幸免被关进牛棚，相互间也很少往来，即使亲友间的通信一般也都小心谨慎。茅盾当时虽然处境困难，在和友人的通信中就希望他们给他写长信，详细谈谈社会动态，告诉他一些友人的状况。他和四川作家的通信中，就探问：《红岩》的作者到底是否死了？沙汀、艾芜二人怎样？当他得知艾芜才发表一篇小说就受到刁难批评，沙汀则尚未"解放"时，茅盾就委托友人去看望他们，"问候汤（艾芜）、杨（沙汀）二兄"。真是自己站在雪地里，却还在给别人送炭。②

一九七四年，在周恩来总理的关注下，茅盾重新被选为第四届全国人民代表大会的代表，处境稍稍有所好转。他虽然身患多种疾病，却尽自己的可能去帮助一些作家。这一年冬，冯雪峰的病已确诊为肺癌，吃中药得配一味麝香。但麝香很珍贵，当时很难配到，家人正为此犯愁。茅盾得悉这一情况后，第二天就把"文革"前外宾送给他的麝香委托胡愈之送到病者手里了。冯雪峰是一个被开除党籍的所谓"摘帽右派"，"文革"期间更被戴上种种"帽子"。他们之间已经多年不能互相往

① 臧克家：《往事忆来多》，《十月》1981 年 3 期。

② 田苗：《您，还在朗朗笑谈》。

来。“送药”这一件小事上表明：茅盾和冯雪峰在“左联”时期起建立的友谊并没有被极“左”的政治风浪冲毁。一九七六年一月，冯雪峰去世，在不许致悼词的威胁下，人民文学出版社为他举行了悼念仪式，茅盾的身体虽然也很虚弱，但却冒着政治风险，参加了悼念活动，并亲切地和参加悼念活动的文艺界的朋友一一握手，低声相互问候，致意。茅盾抱病参加这一悼念活动，给与会的文艺界人士以极大的鼓舞，“增强了对未来的信心”。①

姚雪垠于一九六三年写了长篇小说《李自成》第一卷，以后又写了第二卷初稿。在写作过程中遇到一些问题。全民族抗战初期，茅盾曾肯定了他的《差半车麦秸》和《牛德全与红萝卜》，于是便决定给茅盾写信求教。姚雪垠每次去信，都收到茅盾的复信。从一九七四年十一月十二日到一九七五年八月十四日茅盾给他回了八封信，仔细阅读了《李自成》第一卷、第二卷初稿及《李自成》全书五卷的、约有七八万字的《提纲》。除了对第一卷加以热情肯定，指出许多优点并提出了一些修改意见外，对第二卷初稿的各单元、章节的构思、标题、人物描写、语言的使用等各方面，写了将近一万字的详细而又具体的意见，供姚雪垠参考。② 茅盾“不是仅仅读一遍，而常常是先读一遍，记下要点或初步意见，再读一遍，考虑成熟”，然后再写信的。“这种认真、严肃和一丝不苟的精神”，使姚雪垠十分感动，他认为茅盾是他的老师，“也是真正的知音”。所以在茅盾八十一岁生日的时候，他寄呈七律一首表示祝贺：

笔阵驰驱六十载，功垂青史仰高岑。
平生情谊兼师友，晚岁书函泛古今。
少作虚邀贺鉴赏，暮琴幸获子期心。
手浇桃李千行绿，点缀春光满上林。

茅盾不仅热情的奖掖后进，对已经成名的老作家的作品，他也实事求是地提出意见，“以供参考”。

① 骆宾基：《悼念茅盾先生》，《北京日报》1981 年 4 月 12 日。
② 《老兵的希望》，《人民文学》1977 年 11 期。

“诗言志”。“文革”后期，茅盾还写了一些旧体诗词。在这些旧体诗词中，人们可以清晰地窥见这位无产阶级文化战士的内心世界。

一九七三年夏，茅盾处境还是非常困难的时候，写了一首七律《读〈稼轩集〉》：

浮沉湖海词千首，老去牢骚岂偶然。
漫忆纵横穿敌垒，剧怜容与过江船。
美芹荩谋空传世，京口壮猷仅匝年。
扰扰鱼虾豪杰尽，放翁同甫共婵娟。

辛弃疾是我国宋朝的著名爱国诗人，他二十多岁就投身军旅，驰骋疆场，还写了《美芹十论》，陈述抗金方略，然而没有得到偏安江南的南宋统治集团的重视。他晚年时曾被任命为镇江知府，备战京口，打算用兵恢复中原，但奸臣当道，仅仅一年就被免职。他一生以功业自诩，气节自负，然而壮志难酬，便把悲愤情绪发泄在诗篇中。浮沉湖海数十年写成的《稼轩集》中反映了他的宏图壮志。茅盾的这一首七律，叙述了辛弃疾的功绩和遭遇，借用苏东坡的“百年豪杰尽，扰扰见鱼虾”句，慨叹辛弃疾的遭遇，表示对那些“鱼虾”的鄙视，指出辛弃疾的抱负虽然没有实现，但他崇高品德的光辉是永远不会泯灭的。其实，茅盾在这里不仅仅是在写古人古事。“扰扰鱼虾豪杰尽”，难道不就是“四人帮”横行时期情状的写照吗？茅盾是在说那些受迫害的无产阶级战士的伟大形象和崇高品德是永远摧毁不了的，“鱼虾”毕竟是鱼虾而已。

一九七五年十月，茅盾曾和叶圣陶等重游香山。叶圣陶曾填写了《菩萨蛮》词一首，“志香山同游之欢”，并送给茅盾。茅盾当即“次韵奉答”：

游兴岂为高龄敛，
童颜鹤发添明艳。
扶杖访秋山，
别来已十年。

解颐藏胜义，

宇宙亦匏系。
云散日当空，
山川一脉红。

这首词的最后两句“云散日当空，山川一脉红”，不仅仅是写自然景色，而是表达作家政治上的期待：期待乌云翻滚的岁月能够早一些过去，“山川一脉红”的时期早一些到来。茅盾游览香山时，在香山寺凑巧遇上他在新疆学院任教时的学生，“文革”前仍有交往的赵明，很是高兴。不久，他就写了一首题为《赠赵明》的诗。第二年他又亲笔写成条幅送给赵明。诗中回顾了在新疆时的坎坷遭际，记述了这次在香山的巧遇，给赵明热情的鼓励。诗中还说：“峻坂盐车我仍奋，才短体衰亦自怜。”茅盾当时已年近八十，患有多种疾病，身体日渐衰弱，真是像负盐车又遇上峻坂，但他仍决心奋发向前。

中华人民共和国成立之后，茅盾一直住在文化部的宿舍里。一九七五年间，搬到交道口南三条十三号。这是一座典型的北京四合院，有两进，具体安排如北京茅盾故居示意图。书房里放着他本人著作的各种版本和各种外文译本。书橱上面放了一些小摆设，墙上挂着一帧茅盾坐着的彩色照片。东边一个较高的书橱，放置古籍。西边两个较高的书橱，主要放现代的作品，墙上挂着一幅巨大的油画，是他担任文化部长时波兰朋友送的礼品。中间放着一张书桌，两只藤椅，一把躺椅。还有一张小圆桌，放着招待客人的烟具之类。东边一间是卧室，东侧放一张老式有架的单人小铁床。南侧靠窗放着一张二屉的小书桌，上面放着资料、文具和放大镜。北侧有一排矮柜，

北京茅盾故居

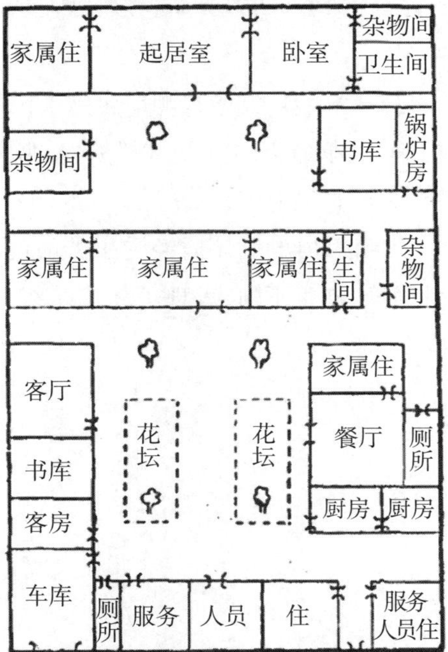

南三条十三号

柜上放着茶具和药品。在一只老式的五斗橱上放着孔德沚的骨灰盒和一些小摆设。还有茅盾自己设计,请木工做的大橱。这就是茅盾日常生活的地方。从房间中的陈设可以看到茅盾当时的生活是多么的简朴。就在这间房子里,茅盾还撰写着他最后一部著作《我走过的道路》,一直到他病重时住进北京医院。

一九七六年一月,周恩来总理因病逝世,茅盾怀着万分悲恸的心情写了《敬爱的周总理挽词》二首:

一

万众号咷哲人萎,竞传举世颂功勋。
灵前恸极神思乱,挥泪难成哀挽文。

二

衣冠剑佩今何在?伟绩丰功万古存。
锦绣江山添异采,骨灰撒处见忠魂。

这一年十月,党中央顺应全国人民的意志和愿望,粉碎了"四人帮",茅盾撰写了《粉碎反革命集团"四人帮"》,"欢呼日月又重光",歌颂党中央"为党除奸,为国除害,为民平愤"的伟大决策。

十年浩劫期间,茅盾经受了严峻的考验,又不为林彪、"四人帮"的淫威所慑,铁骨铮铮,刚正不阿,表现了无产阶级文化战士的政治风格,真正是"清风晚节老梅香"。

第十八章 “浩气真才耀晚年”

七十六 “烈士暮年，壮心不已”

粉碎“四人帮”，日月又重光，山河换新装。已经耄耋之年的茅盾也重新焕发了青春。一九七三年茅盾在《读吴恩裕〈曹雪芹佚著及其传记材料的新发现〉》一诗中称赞吴恩裕“浩气真才耀晚年”。其实用这句诗来称颂茅盾自己，倒是非常恰切的：到了晚年，他的“浩气真才”，更显出了光辉。

积极参加政治活动和文学活动

一九七六年十月二十四日，首都一百万军民，欢欣鼓舞，豪情满怀，在天安门广场举行盛大的庆祝大会，庆祝粉碎王洪文、张春桥、江青、姚文元反党集团的伟大胜利，愤怒声讨他们的滔天罪行。茅盾以政协全国委员会副主席的身份出席了这次大会。这表明粉碎“四人帮”以后，茅盾的政协第四届全国委员会副主席的职务得到恢复。十二月一日，茅盾出席了四届人大常务委员会第三次会议，庆贺粉碎“四人帮”的伟大胜利。

为了批判“四人帮”的流毒，繁荣短篇小说的创作，《人民文学》编辑部召开短篇小说创作座谈会。座谈会期间，八十一岁高龄的茅盾会见了与会的作家们，作了题为《老兵的希望》的讲话。他指出从延安文艺座谈会到“文革”以前，文艺界的主流是好的，有成绩的。“四人帮”搞“一花”独放，是为了篡党夺权；他们的文学评论，搞的是反革命的公式化，概念化。他表示相信今后可以真正做到“百花齐放，百家争鸣”了。他希望与会的同志写出“无愧于我们这时代的作品”；他还希望评论家就姚雪垠的《李自成》写出文章来与他“争鸣”。[①] 茅盾的讲话给与会的作家很大的鼓舞。

十一月二十日,《人民日报》编辑部邀请文艺界人士举行座谈会,批判“四人帮”炮制的“文艺黑线专政”论。茅盾出席这个座谈会,发表了讲话。他指出“四人帮”炮制的“文艺黑线专政”论,流毒很深,必须彻底批判。他强调指出:“繁荣创作”,必须贯彻“百花齐放,百家争鸣”的方针。而批判“文艺黑线专政”论,进一步从理论上肃清“四人帮”在各方面的流毒,彻底粉碎他们强加于文艺工作者乃至广大读者的精神枷锁,则是实现“百花齐放,百家争鸣”的首先必要的步骤。与此同时,供应广大读者以优秀作品,则又是粉碎精神枷锁,肃清“四人帮”流毒的必要而且有效的保证。[②]

十二月二十八日,《人民文学》编辑部又邀请知名人士一百多人举行座谈会,批判“文艺黑线专政”论,并讨论如何繁荣社会主义文艺创作等问题。茅盾以全国文联副主席、中国作家协会主席的身份讲话,他说:“四人帮”不承认“作协”,“我们也不承认他们的反革命决定”,所以他要以中国作家协会主席的身份讲话。他回顾了“文革”前文联、作协的工作,指出了“文艺黑线专政”论的反动性,建议尽快恢复全国文联和各个协会,他还建议《文艺报》及时恢复工作(《人民文学》已复刊)。[③]

一九七八年初,茅盾当选为第五届全国人民代表大会代表,并出席这一届人大的第一次会议。同时出席五届政协第一次会议,在这次会议上继续当选为全国委员会副主席。

这一年五月底,全国文联第三届全国委员会第三次扩大会议在北京召开。茅盾以文联副主席身份致开幕词。他根据党中央的批示宣布,“中国文学艺术界联合会、中国作家协会和《文艺报》,即日起恢复工作”。他回顾了“文革”前十七年的成就,批判“文革”中“四人帮”的罪行;他指出:“全国文联、作家协会及其他协会和各地分会恢复工作以后,一定要采取切实有效的措施,把各种文艺创作推动起来,

---

① 《老兵的希望》,《人民文学》1977 年 11 期。

② 《贯彻“双百”方针,砸碎精神枷锁》,《人民日报》1977 年 12 月 25 日。

③ 《中国作家协会主席茅盾同志的讲话》,《人民文学》1978 年 1 月。

把组织文艺作家深入生活的大事抓起来,把繁荣文艺创作和培养新生力量的长远规划制订出来,促其逐步实现。”他希望作家、艺术家们“创作出高质量多品种的文学艺术作品,鼓舞人民群众扬眉吐气,向着建设社会主义现代化强国的宏伟目标奋勇前进!”①在这次会议上,茅盾还就培养新生力量问题作了专题报告。他强调指出:“帮助年轻的文学工作者从‘四人帮’的禁锢中解放出来,引导他们走上正确的健康的创作道路,是老一辈作家责无旁贷的任务。”他针对青年作者的实际情况,提出了一些具体建议。②

一九七八年五月间展开的关于真理标准问题的讨论,对于促进全国人民的思想解放,端正政治思想路线,具有深远的历史意义。茅盾也积极撰文参加讨论。茅盾指出:作家的世界观对创作所起的作用是决定性的。但无产阶级的世界观并不是天生的,而是在社会实践中形成的。他说:“作家的世界观的形成以及在这种世界观的指导下去从事创作,都一刻也离不开社会实践。实践是检验一部文艺作品是否成功,是否伟大的唯一标准,也是检验作家的世界观是否正确的唯一标准。”他指出:“在实践是检验真理的唯一标准面前,不存在什么‘禁区’,不存在什么‘金科玉律’。这就为文艺事业开辟了广大法门,为作家们创造新体裁新风格乃至新的文学语言,提供了无限有利的条件。”他还指出:“四人帮”虽然已被粉碎,但他们所推行的那套帮规帮法的流毒,仍有形无形地“禁锢着一些人的思想”,在他看来,衡量一部作品好坏的标准,是他们头脑中固有的几条条,或者书上写的几条条,或者某位领导讲的几条条,“而不是作品在实践中即在人民群众中的反映和产生的社会效果”,因此,他认为:“当前在文艺领域肃清流毒,弄清楚并坚信实践是检验真理的唯一标准,同样是一项根本任务。”③

一九七九年二月,茅盾出席了人民文学出版社召开的中长篇小说创作座谈会,并发表讲话。三月,担任全国优秀短篇小说评选委员会主任并出席授奖大会,在会上讲了话;同月,会见儿童文学创作学习会全体学员,和他们作了热情的谈话,他希望在现在青年作者中能产生“未来的鲁迅,未来的郭沫若”,要像鲁迅、郭沫若那

---

① 《文艺报》1978 年第 1 期。
② 《关于培养新生力量》,《文艺报》1978 年第 2 期。
③ 《作家如何理解实践是检验真理的唯一标准》,《人民日报》1978 年 12 月 5 日。

样，博览群书、学贯中西。当然还要深入生活。[①] 关于创作问题，他着重谈写光明面和前进中的黑暗面问题，正面人物和中间人物问题，抗日战争、抗美援朝和揭批“四人帮”的题材问题，提出了一些很精辟的意见。[②] 关于儿童文学，他认为“首先还是解放思想，这才能使儿童文学园地来个百花齐放”；“关于儿童文学的理论建设也要来个百家争鸣。过去对于‘童心论’的批评也该以争鸣方法进一步深入探索”，“不要一棍子打死”。[③] 茅盾的这些意见是针对粉碎“四人帮”以后文艺界的实际情况而谈的，对于发展我国的社会主义文学有现实的指导意义。

一九七九年十月底，中国文学艺术工作者代表大会在北京召开，茅盾主持开幕式并致开幕词，阐述了召开这次大会的背景、任务和开好这次大会的方针。[④] 文代会期间，召开了中国作家协会第三次代表大会，茅盾在大会上作了题为《解放思想，发扬文艺民主》的讲话。他总结了粉碎“四人帮”以来小说创作的成就与不足，指出作家一定要把自己的头脑用辩证唯物主义和历史唯物主义武装起来。关于革命现实主义和革命浪漫主义相结合的创作方法，他认为虽然有许多作家努力尝试，但还没有十分成功的作品，还有待作家们通过创作实践作进一步的探索。同时，他又指出“不能把‘两结合’的创作方法作为必须遵守的创作方法”，“作家有采用任何创作方法的自由”。他还详细谈了“继承遗产、借鉴外国和深入生活的问题”。八十三岁高龄的茅盾，由于他的崇高声望，当选为全国文联名誉主席，并蝉联中国作家协会主席。作协主席他已是第四次连任了。

讨论文艺问题，发扬文艺民主

从粉碎“四人帮”到他逝世前两个多月写的《重印〈小说月报〉序》（1981 年 1 月 15 日）为止，四年多一点时间里，茅盾写了有关文艺问题的文章（包括有文字记录的报告、谈话）五十多篇。这些文章的内容极为广泛，涉及文学方面的许多问题。除前面已经提到的那些讲话、文章外，还有：

关于贯彻毛泽东文艺路线的问题，如《毛主席的文艺路线万古长青》《毛主席

---

① 《在一九七八年全国优秀短篇小说评选发奖大会上的讲话》。

② 《在部分中、长篇小说座谈会上的讲话》，《新文学论丛》1979 年第 1 期。

③ 《中国儿童文学是大有希望的》，《人民日报》1979 年 3 月 26 日。

④ 《文艺报》1979 年 11、12 期合刊。

的文艺路线永放光芒》《漫谈文学创作》等。后者是一篇比较全面地谈文学创作问题的文章。他谈到了砸烂精神枷锁、解放思想问题，世界观与创作的关系问题，生活的深度与广度问题，革命现实主义和革命浪漫主义问题，技巧问题，贯彻“双百”方针问题。① 这篇论文体现了茅盾一贯的观点，对于肃清“四人帮”的影响，发展社会主义的文学创作，是有重要的指导意义的。在庆祝新中国成立三十周年的时候，他发表《温故以知新》一文，②回顾了新中国成立后十七年文艺工作的成就，指出党所领导的这支文艺队伍是好的，经得起考验的；分析了粉碎“四人帮”后三年来文艺工作的情况，肯定了“伤痕文学”，他认为在社会主义社会里，“是光明与黑暗的交织。但就其总趋向而言，是前进的，是走向光明渐多而黑暗渐少的过程”，因此，“反映在文艺上，有表现前进的，自然也有表现落后的，有描写光明的，自然也有揭露黑暗面的”，只要不是故意抹黑，表现社会的落后与黑暗面的作品，也是有意义的。他强调指出发扬文艺民主的重要意义，他说，“百花齐放与百家争鸣，就是文艺民主的具体表现”。他还指出，事物是发展的，“三年来出现的新一代肯定将超过他们的前辈，同时也将被下一代超过”。保证这发展的可能就是要接受过去的经验教训，贯彻“双百”方针。

关于鲁迅研究，他发表了几篇文章。《向鲁迅学习》一文，系统地分析了鲁迅翻译、介绍外国文学的成就和经验，指出在外国文学工作中学习鲁迅所应注意的问题③。《答〈鲁迅研究年刊〉记者的访问》指出：“不要搞形而上学，不要神化鲁迅，要扎扎实实地、实事求是地研究鲁迅。”④

关于作品和作家评论，茅盾写了《关于长篇小说〈李自成〉》，充分肯定了这部长篇小说的成就，指出：“中国的封建文人也曾写过丰富多彩的封建社会的上层和下层的生活；然而，用历史唯物主义和辩证唯物主义来解剖这个封建社会，并再现其复杂变幻的矛盾的本相，‘五四’以后也没有人尝试过，作者是填补空白的第一个人。他的抱负，是值得赞美的。”⑤茅盾为路易·艾黎英译的《白居易诗选》写的

---

① 《漫谈文学创作》，《红旗》1978 年 5 期。

② 《温故以知新》，《文艺报》1979 年第 10 期。

③ 《世界文学》1977 年第 1 期。

④ 《鲁迅研究年刊》1979 年。

⑤ 《文学评论》1978 年第 2 期。

序文《白居易及其同时代的诗人》对白居易的思想和作品作了深刻的分析。

《对于儿童诗的期望》《少儿文学的春天到来了》,是讨论儿童文学问题的;《为介绍及研究外国文学进一解》是讨论如何借鉴外国文学的;《谈编副刊》是谈副刊编辑工作的;《关于〈彩毫记〉及其他》则是一篇考证文章。

茅盾的这些讨论文艺问题的文章,基本上围绕一个中心,批判“四人帮”的帮规帮法,强调清除其流毒的重要性,指出发展我国社会主义文学所应注意的问题。这些文章本身就贯彻了“双百”方针,是发扬文艺民主的光辉榜样。

粉碎“四人帮”以后,茅盾应人民文学出版社之请,把他过去的著译,编成《茅盾评论文集》《茅盾短篇小说集》《茅盾散文速写集》《茅盾译文选集》等,分别为这些集子写了《序》,还写了《茅盾论创作·序》《茅盾文艺杂论集·序》《世界文学名著杂谈·序》,这些序文是茅盾研究的重要材料。

病中留下的华章

粉碎“四人帮”以后,茅盾还写了一些优美的散文,并且诗兴大发,写了新诗和旧体诗词四十多首。

散文《可爱的故乡》表现了一位八十多岁高龄的老人对故乡的思念之情。《化悲痛为力量》《沉痛哀悼邵荃麟同志》《北京话旧》都是很优美的散文,特别是纪念史沫特莱逝世三十周年写的《斯人宛在,光鲜逾昔》,是一篇感情极为真挚的散文。文章中写道:“我近来感觉到我们对她的这份感情确实是在与日俱增。这不是一句过场话。这是时间和实践赋予她最鲜洁的新色彩,令人心驰意远。”文章还写道:

> 近来我病中多暇。在说起要为我们敬爱的史沫特莱开纪念会后,我不禁回想她之为作家、记者、革命者、中国之友、妇女运动家、国际主义志士的哀乐的一生,颇觉其犀利(时或近于刻伤)、绝俗(时或近于愤世)、创新(时或近于纵奇)、嫉恶(时或近于无恕)、利他(时或近于虐己),其中闪烁着高尚品格的光芒,可说是二十世纪同辈人物中所罕见的。我静对夜窗,反复细味,感触很多,同时也在精神上获一安慰和启示,好比看到太空中一道彗星昂然而又悠然逝去。再来想想她所眷恋至死的中国和世界人民,就平添了几分勇气和信心。

这一段文字不仅表明茅盾对史沫特莱的人品有着多么深刻的认识和理解，并且也闪烁着无产阶级文化战士——茅盾自己的崇高品格的光芒！这种充满深情的优美的文字，也只有茅盾这样的大手笔才写得出来。这在茅盾的全部散文创作中也是最为杰出的一篇。

茅盾很少写新诗，粉碎“四人帮”以后他也控制不住自己兴奋的心情写了一首新诗《迅雷十月布昭苏》，歌颂这一历史性的伟大胜利。四十多首旧体诗词，题材极为多样：有歌颂粉碎“四人帮”的伟大胜利，抨击“四人帮”的卑劣行径的，如《闻歌有作》《过河卒》；有缅怀毛泽东同志的，如《沁园春·毛主席逝世周年献词》；有抨击霸权主义的，如《桂枝香·刺霸》；有歌颂新时期的新气象的，如《西江月·故乡新貌》；有鼓励人们向科学进军的，如《祝全国科技大会》；有题赠友人的，如《赠曹禺》《赠楼炜春》，等等。特别是《奉和雪垠兄》，《题〈红楼梦〉画页》四首——《补裘》《葬死》《读曲》《赠梅》，《题赵丹白杨合作〈红楼梦〉菊花诗画册》等，更是充满了诗情画意的韵味无穷的佳作。《八十自述》以表达对母亲的思念，赤子之心，跃然纸上。[①]《国庆三十周年献词》热情歌颂中华人民共和国成立三十年以来，特别是粉碎“四人帮”以来所取得的光辉成就。[②] 这些诗词中的大部分收入《茅盾诗词》（包括过去作品），一九七九年河北人民出版社出版。

一九七九年开始撰写长篇回忆录，《新文学史料》从第一期起连载，到他逝世前已写到一九三四年，计有四十多万字。

全民族抗战时期在重庆写的《走上岗位》，一九四八年在香港改写成《锻炼》，一九七九年重新改定，写了《序》。一九八一年文化艺术出版社出版了单行本。

这些病中留下的华章，句句都渗透着一位老作家的心血。

粉碎“四人帮”以后，茅盾已经是八十多岁的高龄了，并且体弱多病，但他精神振奋，勤谨劬劳，为社会主义的文艺事业而辛勤劳作。在四年多一些时间里写下的文章，有六十多万字，占新中国成立后全部著作总字数的三分之一，真可说是“烈士暮年，壮心不已”。

---

① 《人民日报》1981 年 3 月 30 日。

② 《人民日报》1979 年 10 月 1 日。

七十七 “撰写回忆录,文史绘春秋”
——《我走过的道路》

茅盾到了八十多岁高龄的时候,还作出了一项极有意义的贡献,这就是撰写回忆录。

一九七六年初,周恩来总理逝世了,“四人帮”篡党夺权的罪恶活动更形疯狂,我们伟大祖国的上空阴云密布。已经八十岁的茅盾虽然坚信“四人帮”的倒行逆施总有终日,但他不知道自己能否看到那一天。“四人帮”推行文化专制主义,不仅严重破坏了我国社会主义的文化事业,而且抹煞了我国现代文学运动的巨大成就。把一些重大事件,搞得是非颠倒。因此,他决定写一部回忆录,用自己的亲身经历,提供历史的见证。从这一年的二、三月起,他凭记忆,每天口述,用录音保存,准备身后发表。到一九七七年二月,回忆基本口述完毕。这时候“四人帮”已经被粉碎了。

一九七八年三月,人民文学出版社为了筹备出版《新文学史料》,约请茅盾写一点“文坛回忆”之类的文章。茅盾十分热情地支持他们,答应给他们写回忆录。粉碎“四人帮”以后,旧报刊可以查阅了,他决定再搜集资料,在原来口述回忆的基础上,重新写回忆录。这时,他已八十二岁,并且身体衰弱,长期气喘,左眼失明,右眼也仅有 0.3 的视力,阅读书报要依赖放大镜,生活起居也要有人照顾,于是领导上决定把他原来在部队工作的儿子韦韬,原来在人民文学出版社工作的儿媳陈小曼借调过来,做他的助手:帮助查找资料,口授时作笔录,照料生活等。有些人和事,韦韬也能帮助提供一些线索。就这样,茅盾便带病开始了这一繁重而艰巨的工作。他的卧室与书房相连,但一走动就气喘,所以就干脆在卧室里工作。每天他七点起床,早餐后略事休息,九点开始写作,在一般情况下,工作到十一点结束。如感到疲倦,就躺到床上休息一会儿,然后再起来写。午睡后三点起来,在身体较好的情况下也可以工作两个钟点,有时也躺着看看材料。此外,他有时还要出席一些重要会议,发表一些重要讲话,写作一些其他的文章,还要编辑旧作撰写序文,等等。就在这种情况下,一九七八年十一月的《新文学史料》创刊号上终于开始发表他的回忆录了。第一篇《商务印书馆编译所生活之一》发表后,立即引起国内外各方面的注意。此后,《新文学史料》发稿前,都准时收到茅盾的稿件,即使他住院治疗的时候,也从不延误。他还一丝不苟地亲自阅改校样。①

茅盾的这部回忆录,他亲笔撰写到一九三四年,即《新文学史料》一九八二年第四期发表的《一九三四年的文化“围剿”和反“围剿”——回忆录〔十七〕》,以后部分是他的亲属根据他生前的录音、谈话、笔记及其他材料整理而成。

一九八一年十月,人民文学出版社出版了这部回忆录的上册,题为《我走过的道路》,茅盾自己题签了书名,并于一九八〇年九月十七日写了序。但书出版时茅盾已经与世长辞了。上册包括十二章,从家庭、童年、学生时代到一九二七年大革命(其中“家庭、学生时代”部分一九八〇年八月连载于香港《新晚报》)。中册于一九八四年五月出版,从《创作生涯的开始》到《抗战前夕的文学活动》,共十一章,概括了茅盾在第二次国内革命战争时期的经历。全民族抗战爆发以后那一历史阶段,《新文学史料》在继续连载。

茅盾的回忆录原计划写到一九四八年冬他从香港到大连为止。但是他还没有来得及把这部回忆录写完,就与世长辞了,这是使人感到非常遗憾的。好在他已有录音、谈话、笔记及其他有关材料遗留下来,他的家属正在秉承他的遗志,续写这部著作。②

《我走过的道路》这部巨著,就已出版的上、中册(共五十多万字)来看,可以说是一部闪耀着思想光辉和艺术光辉的文学传记,它具有这样一些鲜明的特色。

其一是内容的丰富性。

上、中两册,从家乡、亲人、童年写起,到抗战前夕的文学活动,叙述了他前半生的四十年。作家以中国近代、现代史为背景,叙述他的家乡、家庭的变化和个人的经历;又以个人的经历为经,穿插叙述了许多重大事件,两者互相交错,融为一体。

比如作者进入小学时,正是清朝停止科举考试,开办新式学堂后不久。这种新式学堂,既有新的一面,又有旧的残留。作者对自己小学时期的学习生活的记述,就生动地反映了中国教育制度大变革时期的那种特有的色彩。这种色彩在一般的

---

① 《新文学史料》编辑组:《记茅公为本刊撰写回忆录的经过》,《新文学史料》1981年3期。

② 编者按:1998年,韦韬、陈小曼的《父亲茅盾的晚年》由上海书店出版社出版,关注茅盾1949年之后日常生活与精神面貌,着重书写了茅盾一生中最后的十五年。2004年,他们的《我的父亲茅盾》由辽宁人民出版社出版,从子女的角度回忆了茅盾的人生历程。

关于中国教育史的著作中是很难看到的。茅盾在嘉兴府中学堂读书的那一学期，正好迎来辛亥革命。书中对当时一些革命党人的活动以及青年学生对这一革命的态度，从一个侧面揭示了这一革命的历史意义及其局限性，既深刻而又具体。茅盾进入商务印书馆的时候，正是五四新文化运动逐步发展的时候。作者对自己进入商务最初几年间工作变化过程的叙述，既写出了新文化运动对他个人的影响，又写出了他自己是怎样通过艰苦的自学从而对新文化运动作出贡献的；既写出了新文化运动是怎样影响商务印书馆这个旧中国最大的出版机构的，又写出了商务印书馆的领导层是怎样主动进行改革以适应这一形势的。这是还没有人写过的中国现代文化史上非常重要的一章。作者叙述他参加共产主义小组的活动，参与建党活动，参与党成立初期的工作以及广州之行，大革命时期在武汉的活动，从而提供了中国共产党早期活动的一些重要情况。鲁迅逝世以后到"八一三"这一段时期上海文艺界的情况，如"月曜会"的活动，还没有一部中国现代文学史作过记载。七七事变以后，国民党政府对茅盾的"通缉令"尚未撤销，却又邀请他去参加"庐山谈话会"的这一情况，过去也很少人知道。事例很多，不一一列举了。总之《我走过的道路》提供了、披露了中国现代革命史、现代文化史、现代文学史上的许多第一手资料，内容极为丰富。这种内容的丰富性，正反映了茅盾当年社会活动、文学活动的多方面性。

其二是叙述的真实性。

"真实"是文学作品的生命，更是文学传记的生命。《我走过的道路》中所记述的事件，无论大小，都是非常真实的，这就不必举例了。茅盾在他辞世前六个月写的《序》中说：在他着手写回忆录时，"幼年禀承慈训而养成的谨言慎行，至今未敢怠忽"。又说：

> 所记事物，务求真实。言语对答，或偶添藻饰，但切不因华失真。凡有书刊可查核者，必求得而心安。凡有友朋可咨询者，亦必虚心求教。他人之回忆可供参考者，亦多方搜求，务求无有遗珠。已发表之稿，或有误记者，承读者来信指出，将据以改正。其有两说不同者，存疑而已。

《我走过的道路》确实就是这样写下来的。它的真实性，首先来自作家十分谨严、一丝不苟的写作态度。为了帮助记忆、把事实搞准确，他在儿子韦韬、儿媳陈小曼的帮助下，查阅了大量的报刊资料。往往查阅几万字资料，也不过写几千字。友人劝他到外地去疗养，他指指桌上说：“这么一大堆资料怎么带得走呢？”同时，他还作了大量的调查。比如，写武汉那一段生活时，对当时武汉的某些街道记不清了，他就画了地图，标上街道名称，请在武汉的、当年一道工作过的朋友去核对那些街名对不对。写到给《申报·自由谈》写稿的那一段生活时，他委托罗荪、唐弢查清楚黎烈文什么时候接手主编《自由谈》、什么时候离开、什么时候去主持《中流》的；回忆在新疆工作的情况，多次写信给当时在新疆工作过的赵丹、赵明等人；还请到京开会的新疆同志来家做客，核对自己掌握的材料。有时为了核对一句引文或一个日期，他要儿媳骑自行车跑好几家图书馆。这种谨严的写作态度，保证了所记事实的准确性。但话还得说回来，茅盾当时虽然年老体衰，但记忆力仍十分惊人。众所周知，有许多事情的前因后果，往往没有文字记载，报刊上是查不到的，个人处理一些事情的前后经过，别人也都不大可能知道。但在《我走过的道路》中，许多事情，前因后果，来龙去脉，都写得清清楚楚。

谨严的写作态度和惊人的记忆力，从而做到“每一个细节都是真实的史料”。①

其三是描写的生动性。

茅盾毕竟是一位有着丰富经验的老作家，观察敏锐，善于使用他那支如椽大笔，在叙事写人方面可谓斫轮老手。这里以作家写他自己青年时期拿着介绍信到上海商务印书馆求见总经理张元济时的那一段为例：

> 我到河南路商务印书馆发行所，找一个售货员问总经理办公室在哪里。发行所顾客拥挤，那个售货员忙于卖书，只把嘴一努道：“三楼。”上三楼要从营业部后面一个楼梯上去，我刚到楼梯边，就有人拦住，问：“干什么？”我答：“请见张总经理。”那人用轻蔑的眼光把我上上下下打量一番，冷冷地说：“你在这里等罢。”我真有点生气了，也冷冷地说：“不能等候。我有孙伯恒的介绍信。”一听“孙伯恒”三字，那人立刻面带笑容问道：“是北京分馆孙经理么？”我不回答，只从口袋里取出印有“商务印书馆北京分馆”红字的大信封对那人

① 罗荪：《在最后的日子里》，《人民文学》1981 年 5 月。

一晃。那人的笑容更浓重了,很客气地说:“请,三楼另有人招呼。”

看,写得多么生动而又形象,多么引人入胜。《我走过的道路》中这样的描写比比皆是,不多举例了。当然,这一类描写,正如作家在《序》中说的那样:“言语对答,或偶添藻饰,但切不因华失实。”这就是说,在“言语对答”方面,作家运用了艺术描写手法,这不仅不损伤真实性,恰恰相反,而是更增强了真实感。

内容的丰富性、叙事的真实性和描写的生动性相结合,《我走过的道路》就成为一部杰出的文学传记,同时,又为我国现代文学史和政治、社会、文化史留下了十分珍贵的史料。

“撰写回忆录,文史绘春秋。”①这是年越耄耋的茅盾的又一重大贡献。

七十八 “一生的最大荣耀”

历史推进到一九八一年,茅盾已经八十五岁高龄。

一月八日,峻青为了筹办《文学报》去向茅盾请教。因感冒发烧的茅盾听了他讲述这份报纸的设想和打算以后,连连点着头,高兴地说:“很好!很好!中国还没有这么一张文学性的报纸呢。这对活跃文艺理论批评,推动和发展社会主义文学创作,很需要,非常需要。”说到这儿,他略微沉思了一下,又说:“要办得活泼,国内外的文学动态,作家情况,读者是欢迎的,还有,知识性、文学知识方面的文章,读者也欢迎,尤其是青年读者。不要忘了青年,他们是数量最大也最关心和爱好文学的读者,他们中有不少人,可以成为我们文学新军的后备力量。”这时候,他显得很兴奋的样子。同时他还谈了其他许多宝贵的意见。② 他还答应峻青的请求给《文学报》书写了报头,写了一篇题为《欢迎〈文学报〉的创刊》的文章,文章表示欢迎《文学报》的创刊,希望报纸办成“百花齐放,百家争鸣”的园地,希望编辑工作“要靠群众”,“群众的智慧往往可以弥补编辑者埋头苦干时的疏忽,也可以给呕尽心

---

① 王亚平:《巨星陨落悼茅公》,《工人日报》1981年4月4日。

② 峻青:《笔有千钧任歙张》,《文学报》第1期,1981年4月2日。

血的作者提供参考”。他还希望“大家来支持、爱护这新开辟的文艺园地”。[1] 茅盾对《文学报》的支持和期望,其实也就是对我国整个社会主义文学事业的支持和期望。

一月十五日,茅盾写了《重印〈小说月报〉序》。《小说月报》创刊于一九〇九年,原系鸳鸯蝴蝶派所把持。一九二〇年茅盾负责“小说新潮”栏的编务,作了部分革新,一九二一年一月起茅盾担任主编,加以全部革新,从“鸳鸯蝴蝶派”手里夺过来一个重要阵地,是“五四”文学革命的战略性胜利。一九二三年起,由郑振铎接编,基本上仍继续原来的编辑方针,一直到一九三二年“一·二八”事变商务印书馆被战火所毁时停刊,长达十一年,对我国文学的发展有着巨大影响。到一九八一年正好是一个“甲子”——六十年,文献书目出版社准备加以影印,茅盾答应出版社的要求写了一篇《序》。[2] 这是茅盾留给后人的最后一篇文章。现在把主要内容摘录如下:

> 这十一年中,全国的作家和翻译家,以及中国文学和外国文学的研究者,都把他们的辛勤劳动的果实投给《小说月报》。可以说“五四”以来老一代著名作家,都与《小说月报》有过密切的关系,鲁迅、叶圣陶、冰心、王统照、郑振铎、胡愈之、俞平伯、徐志摩、朱自清、许地山等,以及二十年代后期的巴金、老舍、丁玲、沈从文等。值得提到的是,巴金、老舍、丁玲的处女作都是在《小说月报》上首先发表的。我的第一篇小说《幻灭》也登在《小说月报》上。十一年中,《小说月报》记录了我国老一代文学家艰辛跋涉的足迹,也成为老一代文学家在那黑暗年代里吮吸滋养的园地。
>
> 《小说月报》的编辑方针是兼收并蓄,不论观点、风格之各异,只是不收玩世不恭的鸳鸯蝴蝶派的作品。也可以说是百花齐放,百家争鸣。

这一段话,可说是对当年《小说月报》成就、影响和经验的概括,又是十分科学的总结。谈到他自己写这“序”时,十分谦逊地说,他“只是‘适逢其会’,革新了《小说月

---

① 《文学报》第1期,1981年4月2日。

② 《人民日报》1981年4月16日。

报》,只是一个清道夫,谈不上什么贡献”。并对一九五八年因飞机失事去世的郑振铎表示深切的悼念。这是一篇非常有文献价值的文章。

这时候,茅盾的身体已经非常虚弱。

早在一九七七年四月,他在给友人的信中就说:

> 我年来各种老年慢性病应有尽有,但最严重的是气喘,服药无效,人老了,一切都在衰退,是治不好慢性病的根本原因。左目已失明,这也是现在尚无办法医治的所谓黄斑盘状变形,……我的右目虽无此病,只有 0.3 的视力,小字根本无法阅读。例如写这封信,只有在光线强的情况之下为之,但亦不能持久。①

一九七八年七月七日,他半夜里起床小解,腿一软就跌倒在地上了。他心里十分清楚,却无力站起来。虽然床头安装着电铃,但跌倒在地上手按不到电铃,只好靠着自己的一点力气,挣扎着扶着床栏慢慢地从地上站起来。第二天早上,儿媳陈小曼知道了,急得哭了,儿子韦韬要把铺盖搬进父亲的房间,夜里陪着老人,可是茅盾说什么也不同意:“我没有这个习惯,你在我旁边,我反要睡不着。”他这是怕影响儿子的工作和休息啊!②

病魔缠身,胃口不好,身体日益消瘦,一九八〇年上半年,体重才四十五公斤。四月至六月,住院治疗了两个月,健康情况略有好转,精神也好了一些。但肺气肿、老年性支气管炎、冠状动脉硬化、肠胃病等,难以彻底治愈,行动不便,再加上视力不好。在这样的情况下,他还是不停地挥舞他那一支如椽大笔。他的回忆录就是在和病魔搏斗过程中一章又一章地写出来的。就在这一年的夏天,儿子、儿媳和他谈起青年人的思想状况:在十年浩劫中长大的年轻人,有一部分受极“左”路线的流毒比较深,思想方法片面,更多地看到社会上的黑暗面,有些人对党不那么信任了,甚至有人不愿意入党了。茅盾听了这些,极为痛心。他对儿子、儿媳谈了自己青年时代和整个一生为共产主义而奋斗的思想。他觉得,在今天的这种形势下,他

---

① 罗荪:《在最后的日子里》,《人民文学》1981 年 5 月。

② 罗荪:《在最后的日子里》;顾志成:《一代文学巨匠的琐事》,《文学报》1984 年 3 月 29 日。

应该站在党的行列里，要再次考虑自己的党籍问题。

一九八一年二月二日，茅盾和家人讨论回忆录中关于写作《虹》的那一部分的修改问题，突然昏迷。急送医院抢救，病情有了好转。在病房里他还接待来访者，和家人商谈回忆录的事。但仍气喘得很厉害，低烧不退，三月十四日上午，精神略好，他对儿子韦韬说：“我的身体恐怕不行了，我有两件事一直放在心里，现在要说一说，你们拿笔来，我要亲自写出。”

他心中的两件事：一是给党中央写信，表达心迹。他说：“我要请求党在我死后追认我为光荣的中国共产党党员。党批准不批准我的请求，我死后就不知道了。但我一定要向党表明自己的心情。”二是给作协写信谈捐献稿费的事。儿子见他那么虚弱，提出请他口述，自己笔录。他看自己实在撑持不住，同意了。韦韬笔录以后，他用颤抖的手在给中央的信上签上“沈雁冰”，给作协的信上签上“茅盾”。给党中央的信是：

耀邦同志暨中共中央：

亲爱的同志们，我自知病将不起，在这最后的时刻，我的心向着你们。为了共产主义的理想我追求和奋斗了一生，我请求中央在我死后，以党员的标准严格审查我一生的所作所为，功过是非。如蒙追认为光荣的中国共产党党员，这将是我一生的最大荣耀。

沈雁冰 一九八一年三月十四日①

给中国作家协会的信是：

中国作家协会书记处：

亲爱的同志们，为了繁荣长篇小说的创作，我将我的稿费二十五万元捐献给作协，作为设立一个长篇小说文艺奖金的基金，以奖励每年最优秀的长篇小说。我自知病将不起，我衷心地祝愿我国社会主义文学事业繁荣昌盛。

致

① 《文汇报》1981年3月29日。

最崇高的敬礼！

茅盾　一九八一年三月十四日①

这是两篇多么不寻常的遗嘱啊！一篇是“政治遗嘱”，一篇是“文学遗嘱”，都是价值无可估量的历史文献：这里面包藏着一颗对党、对社会主义事业的赤诚的心！

写完遗嘱的当天夜里，又昏迷了。经抢救以后有所好转。二十一日又再次昏迷，第二天醒过来。当天，胡耀邦同志去看望他，带去了党的关切和慰问，祝愿他早日恢复健康。彭真、周扬和文艺界许多知名人士都先后前去看望。二十三日罗荪去看望他时，精神还比较好，他要罗荪多坐一些时候，多聊聊。他谈了一九三八年在广州、香港编《文艺阵地》的情况，谈了一九四〇年从新疆军阀盛世才的魔掌下逃出来的情况，谈得那么生动、亲切和细致，不像一个垂危的病人。②

三月二十六日晚上十点过后，茅盾重又昏迷，心衰、肾衰，血压急骤下降。第二天清晨——三月二十七日五时五十五分，一颗伟大的心脏停止了跳动。亚洲东方的上空在鲁迅、郭沫若两颗巨星先后陨落了以后，又陨落了一颗巨星，给中国文艺界带来了巨大的损失和无限的哀思。新华社当天即向全国、全世界发布这一不幸的消息。

二十七日凌晨，周扬得知茅盾的噩耗迅即赶到医院，韦韬将父亲的遗书交给他，请他转呈党中央和中国作家协会。

茅盾逝世后的第四天——三月三十一日，中共中央决定接受他的请求，恢复他的党籍。决定全文如下：

我国伟大的革命作家沈雁冰（茅盾）同志，青年时代就接受马克思主义，一九二一年就在上海先后参加共产主义小组和中国共产党，是党的最早的一批党员之一。一九二八年以后，他同党虽失去了组织上的关系，仍然一直在党的领导下从事革命的文化工作，为中国人民的解放和社会主义建设事业奋斗一生，在中国现代文学运动中作出了卓越贡献。他临终以前恳切地向党提出，

---

① 《文汇报》1981年3月29日。

② 罗荪：《在最后的日子里》。

要求在他逝世后追认他为光荣的中国共产党党员。中央根据沈雁冰同志的请求和他一生的表现，决定恢复他的中国共产党党籍，党龄从一九二一年算起。①

茅盾生前的愿望实现了。他获得了他“一生的最大荣耀”。

四月十日，党和国家领导人和首都各界约两千人向茅盾遗体告别。茅盾安卧在松柏与鲜花丛中，身上覆盖着鲜红的中国共产党党旗。

四月十一日下午三时，首都隆重举行茅盾追悼会。在人民大会堂西大厅庄严肃穆的会场里，悬挂着茅盾的遗像，安放着他的骨灰盒，骨灰盒上覆盖着中国共产党党旗。遗像下面，安放着茅盾家属送的花圈，遗像两侧，陈列着党中央、全国人大常委会、国务院、政协全国委员会以及党和国家领导人送的花圈。文化部、全国文联、作家协会和文艺界知名人士送的花圈陈列在大厅两侧。邓小平、李先念、彭真、邓颖超、胡耀邦、赵紫阳等党和国家领导人参加了追悼会。

追悼会由邓小平主持。胡耀邦致悼词。

《悼词》说：“沈雁冰同志是在国内外享有崇高声望的革命作家，文化活动家和社会活动家。他同鲁迅、郭沫若一起，为我国革命文艺和文化运动奠定了基础。”

《悼词》高度评价了茅盾一生的文学活动和创作成就。指出他“为我国文学宝库创造了珍贵财富，在文学史上留下了不可磨灭的功绩”。

《悼词》回顾了茅盾追求共产主义理想和献身中国革命的历程，并说：“中共中央根据沈雁冰同志的请求和他一生的表现，决定恢复他的中国共产党党籍，党龄从一九二一年算起。”

《悼词》还说：“沈雁冰同志的逝世，使我国失去了一位伟大的革命文学家和无产阶级文化战士，这是全国人民的一个不可弥补的损失。”②

追悼会后，党和国家领导人向茅盾的家属，茅盾的儿子韦韬、儿媳陈小曼等致以慰问，勉励他们向先辈学习，为人民作出更大贡献。

文艺界同志在慰问茅盾家属时，还向韦韬、陈小曼表示深切感谢。感谢他们在

① 《人民日报》1981年4月1日。

② 《人民日报》1981年4月12日。

茅盾生命最后的几年里，不但在生活方面亲切照顾，精心料理，并且在整理文学资料、进行文化活动等方面协助做了大量的工作。

追悼会结束后，茅盾的骨灰盒安放在八宝山革命公墓。

在追悼会举行的同时，有数以千计的人民群众自发地集结在天安门广场两侧，面对人民大会堂肃立，以表示对茅盾的追念，直到追悼会结束。①

一九八三年一月，中共中央书记处根据中国作家协会的报告作出决定：一、编辑出版《茅盾全集》，成立编辑委员会；二、北京交道口南三条茅盾原来住所建立"茅盾故居"；三、成立中国茅盾研究学会。现在，中国茅盾研究学会已于一九八三年三月在北京成立，《茅盾全集》计划编四十卷，已开始陆续出版，北京"茅盾故居"和桐乡乌镇"茅盾故居"都已对外开放。

茅盾——伟大的革命作家、卓越的无产阶级文化战士永垂不朽。

① 《文苑同声寄哀思》，《文学报》1981 年 4 月 16 日。

结语　卓越的无产阶级文化战士永垂不朽

一　知识分子的伟大典型

二十世纪初期，在亚洲东方黑沉沉的天际，出现了一个巨大的星系：李大钊、陈独秀、毛泽东、周恩来、瞿秋白、刘少奇、鲁迅、郭沫若、茅盾……形成群星灿烂，交相辉映的景象。在这个大星系中，鲁迅、郭沫若、茅盾，又像天空中的“三星”那样，自成一个系列。

二十世纪初期的中国，是“巨人”辈出的时代。

五四时期，中国的社会结构发生了巨大的变化：无产阶级的力量开始壮大，民族资产阶级的力量也在发展，同时还出现了一大批新型的具有民主主义思想的平民知识分子。在十月社会主义革命的影响下，正是这一批平民知识分子中的先进分子，或先或后接受了马克思主义的影响，认真探索解决中国社会问题的道路，陈独秀首先举起了“民主与科学”和“文学革命”的旗帜，李大钊高歌“布尔什维主义的胜利”，毛泽东倡导“民众的大联合”，周恩来唤起人们的“觉悟”，鲁迅为前驱者“呐喊”，茅盾举起“革新·创造·奋斗”的旗帜和陈独秀的“民主与科学”的旗帜相呼应，用“为人生”的现实主义文学理论发展了陈独秀的“文学革命”理论，郭沫若则唱着“凤歌”和“凰歌”，赞美“凤凰涅槃”……这批“巨人”就在激荡的时代风云、汹涌的历史波涛中诞生了。他们带着各自不同的个性，在不同的社会领域中发挥他们的才华。他们有着各自不同的经历，但都走着历史的必由之路，朝着一个共同的方向——共产主义而奋进。

茅盾的一生，是革命的一生，是勤勤恳恳为人民服务的一生，是一个正直的共产党员的一生。

茅盾，是中国知识分子的伟大典型。

二　光辉的业绩，不朽的丰碑

伟大的革命文学家、卓越的无产阶级文化战士茅盾，从二十一岁（一九一六年）进入商务印书馆编译所到八十五岁（一九八一年）逝世，在我国革命文化和文学战线上奋斗了六十五年，进行了多方面的活动，创造了光辉的业绩，树立了不朽的丰碑。

新文学运动的组织者和领导者

一九二〇年年底，茅盾和郑振铎、叶绍钧等组织文学研究会，接手主编并全面革新《小说月报》，从而把五四文学革命运动中涌现出来的一批青年作者组织了起来，并且为新文学夺取了一个重要的阵地，从而取得了文学革命的战略性胜利。茅盾就是这一胜利的组织者和领导者。他主编《小说月报》两年（一九二一——一九二二），以后由郑振铎接编，他仍给予大力支持。《小说月报》坚持了现实主义的方向，使文学研究会的那一批作家逐步成长起来，茅盾除编辑工作外，主要从事理论批评，对新文学的现实主义，在理论上作了有意义的探索。文学研究会和《小说月报》从而形成为我国现代文学史上的重要流派——现实主义流派。而茅盾，就是这个流派的开创者和代表人物。

二十世纪三十年代初，茅盾参加“左联”以后，和鲁迅并肩战斗，并两次担任“左联”行政书记。和鲁迅、冯雪峰共同创办了《前哨 · 文学导报》，对于冲破反动派的文化“围剿”起了重要作用。到“左联”后期，又和鲁迅一道，冲破“左联”自设的藩篱，支持非“左联”作家编副刊、办杂志。特别是创办了《文学》杂志，更团结了一大批作家，推进了革命的文学运动。在“左联”时期，茅盾发现并培养了一批青年作家。抗日战争时期，他先后在香港编《文艺阵地》《立报 · 言林》和《笔谈》又把一大批作家团结在自己的周围，为抗日战争贡献自己的力量，同时又发现并培植了一批新作家。

中华人民共和国成立以后，茅盾担任了文化部长和文联副主席、作协主席。他奖掖后进，又发现和培植了一批青年作家（这已是第四代了），这是起了组织者和领导者作用的有力证明。

学者和文学评论家

由于在中学和大学预科时对中国古代文学和外国文学的基础打得坚实，又由于商务编译所的图书馆涵芬楼的丰富藏书可供利用这一良好的客观条件，再加上他主观上刻苦勤奋、做学问追本溯源的精神，短短几年的编辑生涯，青年茅盾就把自己造就成一个学识渊博的学者。在二十世纪二十年代，就对欧洲各国文学史——从希腊文学到欧洲大战时的文学作了系统研究，写出了许多专著，对北欧神话、希腊神话更有深湛的研究。他“曾经读经读史，读诸子百家”，对中国古代的文、史、哲各方面，也有深刻的研究，特别是对中国古代神话的研究，更是一项开创性的工作。

作为一个文学评论家的茅盾，终他的一生（除“文革”中的一段时间外）都没有停止过写作这方面的文章。他的评论文章的一个重要特点就是紧密结合实际，没有教条主义。他的评论文章有三个主要内容。一是对一个时期内的创作情况作综合评论。总结成就和缺点，指出带倾向性的问题，指导创作。二是对已知名作家作全面评论，帮助读者更好地理解并欣赏他们的作品。三是分析、评论一些作品，特别是青年作者的作品，从而发现新秀，帮助他们更健康、更迅速地成长。

当然，作为文学评论家的茅盾，尽管有高度的马克思列宁主义的理论修养，但他毕竟是人而不是神，因此在特定的历史条件下，也难免要受到某种思潮的影响而发表一些偏颇的见解。

作家，文学巨匠

茅盾，作为一位作家，一位文学巨匠，他在创作方面有着辉煌的成就。

在文学创作方面，茅盾写过各种体裁的作品。成就最为突出的是短篇小说，中、长篇小说和散文、杂文。

鲁迅的《呐喊》《彷徨》给五四新文学奠定了现实主义的基础，又是我国新文学发展史上的第一座高峰。茅盾的短篇小说集《春蚕》及其他一些短篇，继承并发展了鲁迅所开创的现实主义传统，是我国新文学发展史上短篇小说的又一座高峰。茅盾的中、长篇小说《蚀》《虹》《子夜》《腐蚀》《霜叶红似二月花》《锻炼》等，都是很杰出的作品。剧本《清明前后》,也有独特的意义。

茅盾的散文、杂文,不仅数量多,而且品种、形式和风格也是多种多样的。那些以抒情为基调的小品,向读者打开了心灵的窗棂,把自己的苦闷、忧虑、追求光明的愿望以及看到光明到来时的欢乐心情,毫不掩饰地披露在读者面前,使读者真切地看到一个伟大作家的心灵的历程,是有着浓郁的诗意、诗情和诗的韵味的艺术佳品。那些叙事散文,描绘了中国不同历史时期社会生活的一些侧面,形象地反映了中国现代社会的变化过程,和他的小说相配合,成为中国革命的一面镜子。那些杂文,有明白流畅的说理,有尖锐泼辣的抨击,有含蓄委婉的讽刺,可以明显地看出他继承并发展了鲁迅杂文的传统。

茅盾的创作,大都取材于现实生活,即使写的是历史题材,也有借古喻今的用意,所以他的各种体裁的作品,都有鲜明的时代色彩。就其内容来说,"他的整个作品为我们提供了一部从'五四'前夕直到解放战争前夕的中国社会革命的通史,简直是一部'编年史'"。[①] 在艺术形式上,有着鲜明的个人特色和个人风格。

翻译家和比较文学家

翻译、介绍外国文学,在茅盾一生的文学活动中,占有极重要的位置。

茅盾早期对外国文学的翻译和介绍,视野极为开阔,注意各种思潮、流派和风格的作家作品,但他注意的中心是弱小民族、弱小国家的文学以及欧洲各国现实主义文学。他之所以重视这一工作,一方面是为了给新文学提供借鉴,促进创作,一方面是打算通过外国进步文学来宣传民主主义和人道主义思想,希望中国读者从这些作品所描写的生活联想到自己的处境,从而起来作变革现实社会的斗争。二十世纪三十年代,他协助鲁迅创办《译文》,介绍苏联文学和世界各国的进步文学,在白色恐怖统治下给读者输送精神食粮。在抗日战争时期,他又集中精力,翻译苏联爱国战争的作品,用苏联人民和红军反对德国法西斯的革命英雄主义精神,鼓舞和教育正在抗日战争中作艰苦斗争的中国人民。

对于外国文学,茅盾不仅作一般的翻译和介绍,他还进行深入的研究。

---

① 王瑶:《茅盾对中国现代文学的历史贡献》,《茅盾研究论文选集》,湖南人民出版社 1983 年版。

中国人民的和平使者和文化使者

一九四六年到一九四七年间，茅盾就应苏联对外文化协会的邀请作为中国人民的文化使者访问苏联，为发展中、苏两国人民的友谊做了许多工作。

中华人民共和国成立以后到一九六三年的十四年间，茅盾十多次率领中国代表团出国参加关于保卫世界和平的各种国际会议；多次率中国代表团参加亚非作家会议。在这些会议上他都作专题发言。他又多次参加在国内召开的纪念世界文化名人的会议，有时主持这些会议，并在会上作学术报告。在这些会议上茅盾代表中国文艺家和中国人民，谴责帝国主义和殖民主义，为保卫世界和平而斗争；向世界各国人民介绍、宣传中国人民在历史上所创造的辉煌的文化遗产以及在社会主义革命和建设时期文化事业方面的巨大成就；同时也向中国人民介绍世界各国进步的科学家、文艺家的成就，促进了新中国与世界各国的文化交流，增强了各国人民之间的互相了解，推动了人类的进步事业。

茅盾，作为中国人民的和平使者和文化使者，建立了不可磨灭的功勋。

三　人类共有的精神财富

茅盾的名字，是属于具有世界意义的作家、思想家之列的。

茅盾遗留下来的丰富遗产，不仅是属于中国人民的，而且和莎士比亚、巴尔扎克、托尔斯泰、屈原、李白、杜甫、曹雪芹、鲁迅等伟大作家的著作一样，是世界文库中的瑰宝，是人类所共有的精神财富。

早在二十世纪三四十年代，茅盾的著作就有英、俄、日、德等几种文字的译本。

《虹》出版不久，就为美国一书局列入“东亚文学”丛书。茅盾的作品最早被译成外文的是短篇小说《喜剧》。它发表不久就由爱·肯尼迪译成英文刊登在上海出版的《中国论坛》上（一九三二年六月），两年以后，又在《今日中国》上重新登载。一九三四年，美国人《大美晚报》的记者伊罗生编辑并翻译中国现代短篇小说集《草鞋脚》一书，其中有《喜剧》《春蚕》和《秋收》（但因故到一九七四年才在美国出版，所收作品与原来选目有出入）；一九三五年美国进步作家、记者埃德加·斯诺编成中国现代短篇小说选《活的中国》，选入茅盾的短篇小说《自杀》《泥泞》，一九三六年在伦敦出版。他在《序言》中说,茅盾“是中国最知名的长篇小说家”,他的《春蚕》是一篇“杰作”。斯诺还把鲁迅和茅盾的作品看作是“中国文学中抗争和同情的现代精神日益增长的重要表征,在中国文学发展史上,它第一次确认‘普通人’的重要性”。[①]《秋收》《船上》《小巫》《赵先生想不通》《林家铺子》等也先后被译成英文。一九三六年史沫特莱找人把《子夜》译成英文,原来打算在美国出版的,不久,全民族抗日战争爆发,没有实现。

茅盾作品,译成俄文也比较早,一九三四年《国际文学》第三、四期译载了《春蚕》,《青年近卫军》译载了《子夜》的一部分,题为《罢工之前》,一九三六年在《中国》上又译载了一部分,题为《暴动》。一九三五年国家文学出版社出版了《动摇》的俄文译本。高尔基读了这些作品以后,甚为赞许。一九三七年,国家出版社出版了《子夜》的全译本。一九四四年俄文《中国小说》也译载了《林家铺子》。一九四六年年底,茅盾应邀访苏。在茅盾到苏联以前,莫斯科广播电台就广播了《苏联人民对茅盾的印象》一文,介绍了茅盾的生平和创作成就,指出苏联人民早就通过作品认识了茅盾,并着重介绍《子夜》:“这部小说获得了苏联批评家极好的评语。苏联杂志上关于这部小说的评语说:‘这部小说表现了作者是深思熟虑的观察家,《子夜》用新的艺术手腕表现出一九三〇年时期中国政治、经济、社会各方面生活中一切值得注意的问题。它揭开了国际帝国主义屠刀下,封建资本主义的全部现象。这部小说写出这一时代的一切特征,并指出那一阶段的政治方向’。”[②]

在日本,一九三六年出版了《动摇》《追求》的小田岳夫的日文译本。一九三七年发表了山上正义译的《水藻行》,一九三八年出版了小田岳夫译的《秋收》《大泽乡》,一九四〇年出版了武田泰淳译的长篇《虹》,曹钦源译的《春蚕》《小巫》,一九四一年又出版了《微波》,一九四六年出版了柳泽三郎译的短篇小说《烟云》。

茅盾作品最早译成德文的是《子夜》。弗·库恩译,一九三八年德累斯顿市出版。

到了二十世纪五十年代,即中华人民共和国成立以后,外国翻译家和评论家对茅盾的著作就更为重视了。

---

① 斯诺:《我在旧中国十三年》。

② 《解放日报》1947年1月3日。

苏联出版了三卷本的《茅盾作品集》,内收《动摇》《虹》《子夜》以及一些短篇小说和论文。据一九五九年统计,苏联以十种文字翻译、出版茅盾的作品,共印二十次,总计印数十多万册。①

捷克斯洛伐克、匈牙利、波兰、保加利亚、阿尔巴尼亚、朝鲜、蒙古、越南、印度尼西亚等国家都以自己的文字翻译、出版了《子夜》。

捷克斯洛伐克还译出了《腐蚀》和《林家铺子》及其他短篇小说集,内收《林家铺子》《春蚕》等十六篇。

德国和法国还翻译、出版了长篇小说《虹》。

罗马尼亚、匈牙利、保加利亚、阿尔巴尼亚、丹麦、芬兰、荷兰、瑞典、挪威、冰岛、朝鲜、越南、泰国、印度尼西亚、巴基斯坦、新西兰等国家,分别译出了《林家铺子》《春蚕》《秋收》《残冬》《小巫》《牯岭之秋》等作品。

我国外文出版社也用英文、法文和印地文翻译出版了《子夜》,用英文、法文、西班牙文翻译出版了《春蚕集》。

茅盾作品的各种译本出版时,译者和评论家都给予了很高的评价。捷克斯洛伐克著名汉学家普实克在《茅盾短篇小说选》的《后记》中说:“他坚定地面对现实,正视一切苦难,对他们进行理性的剖析,将现实的历程和自己心灵的历程一并客观地如实呈现在作品里。”又说:“茅盾已向社会主义现实主义方向迈进,他既抓住了具体的革命形势,同时又表现出为社会主义未来而斗争的力量,作者把自己的理想注入到具体作品的内容中去了。”②捷克斯洛伐克另一著名汉学家马·加利克写了不少有关茅盾研究的论文和专著,如《评茅盾的两个作品集》、《从庄子到列宁:茅盾的思想发展》、《中国现代文学批评研究》(《茅盾在1919—1920》《茅盾论作家、形象和文学的作用》)、《茅盾对现实主义和马克思主义理论的探索》等论文。他的专著《茅盾与中国现代文学批评》,力图沿着历史的足迹,说明他如何从自然主义者到现实主义者,最后成为革命的无产阶级文学家的。在结论部分,他极力推崇茅盾的现实主义传统及他渊博的知识和精湛的艺术技巧。③ 马·加利克认为老

① 《苏联大量出版中国书籍》,《光明日报》1959年11月10日。

② 转引自李岫:《近五十年来国外茅盾研究概况》,《文学研究动态》1983年11月。

③ 转引自李岫:《跨越时代和民族的界限》,《文化交流》1982年2月。

通宝这个形象完全可以和鲁迅笔下的阿 Q 媲美,“是中国新文学里所塑造的一些最优秀的人物形象之一”。

外国评论家从各个不同的角度对《子夜》作了评论。有的着重指出《子夜》所反映的博大恢宏的社会内容表现了现实主义的深刻性;有的着重评论《子夜》在茅盾创作历程中的意义及其在中国文学史上的地位;有的探讨《子夜》对中国古典文学传统的继承和西欧文学的影响。法国作家苏姗娜·贝尔纳说:“在《子夜》中,茅盾文笔之纯熟达到令人目眩神怡的程度,作家之高妙也正在于此;他既有登高纵目,驾驭全局之气势,表现出一个阶层的没落,又善于观察事物于毫末之端,将转瞬即逝的分秒捕捉到手。”[①]他又说:茅盾是一位“伟大的作家”,他“创建了自己宏篇巨著的大厦,例如《子夜》”。[②] 苏联科学院语言文学博士索罗金说:茅盾的作品,从《蚀》到《锻炼》,是“现实主义文学的典范,中国文学中大概没有人描绘出中国历史上这么大变动的几十年间国家生活的如此辽阔多彩的画面,没有人描绘出几乎代表着社会生活各个方面的如此五光十色的人物画廊”。所以他认为“茅盾的优秀作品是世界进步文化宝库的有机组成部分”。[③]

在日本,茅盾作品的翻译和研究更受到重视。《子夜》《腐蚀》《霜叶红似二月花》和许多短篇小说都已在战后陆续翻译出版。至于研究,据石川梅次郎监修的《中国文学研究文献要览》所载,从一九四五年到一九七七年,有关茅盾研究的图书和文章有七十多种。有研究茅盾生平的,如竹内好的《茅盾》,高桥碧的《茅盾回忆录》,王室政美的《茅盾旅居日本时代》等;有的研究茅盾的创作在中国现代文学史上的地位的,如佐籐一郎的《中国近代小说的出发点——探析茅盾的〈蚀〉》、内田道夫的《中国最近时候小说的动向——谈茅盾的近作》、那须清的《巴金和茅盾的文章》,等等;有的是研究茅盾的文艺思想和创作理论的,如高田昭二的《茅盾与以左拉为中心的自然主义》、谷友幸的《东方的现实主义》,速水宪也写过同样题目的论文。此外还有饭田吉郎的《茅盾自觉创作的形成过程》、吉田富夫的《茅盾的文学序说》。至于对具体作品的评论就更多了。松井博光的《黎明时期的文

---

① 苏姗娜·贝尔纳:《走访茅盾》,《新文学史料》1979 年第 3 辑。

② 苏姗娜·贝尔纳:《回忆茅盾》,《人民日报》1981 年 4 月 25 日。

③ 索罗金:《纪念茅盾》,苏联《文学报》1981 年 4 月 8 日。转引自庄钟庆《茅盾作品在国外》,《新文学史料》1982 年 3 期。

学——中国现实主义作家：茅盾》，是日本系统研究茅盾的第一本专著。

近年来，茅盾的创作和文艺思想，在美国也已引起评论家的广泛注意。一九八六年，印第安纳大学出版社就出版了陈幼石教授的《茅盾早期小说中的现实主义和寓言》。这部专著对茅盾早期小说提出了一些独特的见解。

茅盾和鲁迅一样，以自己具有高度的真实性、深刻的思想意义和卓越的艺术个性与独创性的作品使中国现代文学置身于世界上那些伟大的不朽的文学作品之林。所以一些世界性的百科全书都有“茅盾”的条目，对他的作品给予高度的评价。第十五版《英国大百科全书》称茅盾是“人民中国最伟大的现实主义小说家”。英国《东方文学大辞典》说“茅盾的作品标志着中国文学中现实主义倾向的顶峰”。苏联《大百科全书》有茅盾的专门条目，《苏联简明文学百科辞典》称“茅盾是描写社会心理的大师，是中国革命作家的杰出代表”。日本的《世界文学辞典》把茅盾及其作品《蚀》《霜叶红似二月花》列为专门条目。①

最后，再一次引用王若飞四十多年前的一句话作为本书的结束。茅盾的光辉成就“是中国文化界的光荣，中国知识分子的光荣，中国人民的光荣”。

---

① 据李岫：《近五十年来国外茅盾研究概况》；庄钟庆：《茅盾作品在国外》，《新文学史料》1982年3期。

后　记

一九五九年五月和八月，拙作《茅盾的文学道路》和叶子铭的《论茅盾四十年的文学道路》相继出版，当时都曾受到好评。但说实话，拙作是很粗糙而肤浅的。因此继续积累资料，准备有机会加以修订。但岁月蹉跎，二十年一晃就过去了。

粉碎“四人帮”以后，叶子铭的那一本于一九七八年再版。拙作，出版社也准备重印，作了一些修改和补充，于一九七九年再版出书。因为时间比较紧，仍然是不能使人满意的。二十年以前的东西，出版社还认为有再版的必要，这并不使人高兴，因为这说明：二十年过去了，像茅盾这样一位文学巨匠的研究工作，并没有取得新的进展。学术研究进展之所以这样缓慢的原因，是众所周知的，这里就不用多说了。

近几年来，茅盾研究工作出现了新的气象。孙中田的《论茅盾的生活和创作》、庄钟庆的《茅盾的创作历程》先后问世，叶子铭、丁尔纲也都有关于茅盾研究的新著出版，这都是值得欢迎的。中国茅盾研究学会已于一九八三年成立，一九八三年和一九八四年分别在北京和杭州召开了两次全国性的学术讨论会，茅盾研究工作正在出现新的势头。但到笔者写这篇《后记》时，还没有一本比较详尽的《茅盾传》或《茅盾评传》出版，是使人感到遗憾的。

写一本《茅盾评传》，笔者有志于此久矣，但直到一九八二年才作具体考虑。

文学创作没有、也不应该有“样板”，而应该百花齐放。人物传记的写作没有、也不应该有“模式”，应该百家争鸣，体例和形式也应该百花齐放。所以这本评传，既没有按某种“模式”来写，也没有找一本“范本”来学习，只是考虑到应该写出一个真实的茅盾，一个历史上曾经存在过的茅盾。至于评价，就总的方面来说，早就有过了。一次是一九四五年茅盾五十岁诞辰时，重庆《新华日报》发表社论《中国文艺工作者的路程》和王若飞的文章《中国文化界的光荣,中国知识分子的光荣》,这是党对茅盾的第一次评价。第二次评价就是茅盾逝世以后胡耀邦的《在沈雁冰同志追悼大会上的悼词》。作为评传,自然还应对茅盾各个历史阶段、各个方面的活动和成就作出具体的、符合实际情况的评价。把具体记述和具体评价结合起来,目的是更好地写出一个真实的茅盾,一个历史上曾经存在过的茅盾。——这是写作这本评传的指导思想。

从上述指导思想出发,具体考虑到以下几个问题:

一个伟大人物的出现,是一个民族文化发展的结晶,又有特定的历史背景。五四时期,人才辈出,群星璀璨,从根本上说是由于生产力的发展,使社会阶级结构发生了变化,出现了新的社会力量。直接原因有二:一是从戊戌维新开始的教育制度的改革,培养了一批新型的知识分子,二是改变了闭关锁国的政策,向西方学习,西方现代自然科学知识、社会科学知识、各种主义、思潮、流派大量介绍了进来,开始了西方文化与中国传统文化融合的过程。我国民主革命的领袖人物和骨干力量、五四新文化运动的领袖人物和骨干力量就是在这一背景下涌现出来的。本书的写作,力求从这一历史高度来考察茅盾的活动。

一个伟大人物的活动从来就不是个人孤立的活动,而是有形的或无形的集体活动的一个组成部分。茅盾之所以能够对我国现代革命事业、文艺事业作出重大的贡献,除了他个人的才华之外,另一个重要原因就是他始终是在集体之中活动的。本书评述茅盾的活动成就时,力求联系党、文艺社团和他周围人物的活动。当然,他个人的才华、主观能动性,毫无疑问是起了重大作用的。

写传记或评传,首先应该让事实说话。对所"传"的人物的生平、经历、事迹、成就,越具体越好。还应该有一些必要的细节描述,所"传"的人物才能成为"活人"。但同样重要的是:不应是人物生平事迹的罗列,而应该去揭示他的灵魂,揭示他的精神面貌。用一句现成的套话,那就是要揭示出贯串人物一生的那根"红线"。那么,贯串茅盾一生的"红线"是什么呢?我们认为那就是毫无保留地为中国人民的革命事业、为共产主义的伟大理想而献身的精神。茅盾无论是在民主革命时期还是在社会主义革命和建设时期,是在领导岗位上还是作为一个普通的文艺家,身处顺利的环境还是身处逆境,毫无保留地为中国人民的革命事业、为共产主义伟大理想而献身的精神始终是一贯的。本书在写作过程中,力求把对茅盾的生平、经历、事迹的评述和揭示他的献身精神结合起来。

茅盾的一生,经历了我国旧民主主义革命、新民主主义革命、社会主义革命和建设三个历史时期。本书分上、中、下三编,上编写他的家庭、童年和学生时期,大体上就是在旧民主主义革命时期。中编写他一九一六年进入商务编译所到一九四八年底去解放区,大体上就是在新民主主义革命时期。下编写他一九四九年初到北平参加政治协商会议到与世长辞,相当于社会主义革命和建设时期。每编分若干章,大体上按生平经历来划分。章下再分节。考虑到茅盾生平经历的某些阶段变化很大,如一九二五年到一九二七年间、一九三七年到一九四〇年间,某些阶段变化较少,如"文革"前十七年;再考虑到茅盾在某一阶段的活动、成就和影响又都是多方面的,所以章、节的划分不用一刀切的办法,而是既按时间的线索又从横的方面来分项评述,并把两方面结合起来。这样从体例上看似乎不够统一,但这样做,一方面便于叙述他的经历,脉络清楚;一方面评述他的主要成就,重点突出。

上述指导思想和几个方面的考虑,实际上做得怎么样,有待专家、同行和读者的评论了。

本书在写作过程中,茅公的《回忆录》正在陆续发表,单行本《我走过的道路》上、中两册也已先后出版。这个《回忆录》披露了许多过去人们不知道的、或虽然知道但不十分清楚的情况。这给本书的写作提供了很大方便。

本书写作过程中,遇到茅盾生平经历中的一些问题,多次向韦韬同志请教,均蒙韦韬同志热情解答,并惠赠茅公与家属在一起的照片;叶子铭、查国华、庄钟庆、孙中田、丁尔纲等同志协助提供了不少资料,一并在此致谢。

本书中错误和评述不当之处,在所难免,欢迎批评、指教。

邵伯周

一九八五年十月十一日改定

上海师范大学文学研究所

图书在版编目(CIP)数据

茅盾评传／邵伯周著；夏天编．—上海：中西书局，2024
(上海师大中文学术文库／刘畅主编)
ISBN 978-7-5475-2264-6

Ⅰ.①茅… Ⅱ.①邵…②夏… Ⅲ.①茅盾(1896-1981)-评传 Ⅳ.①K825.6

中国国家版本馆 CIP 数据核字(2024)第 091320 号

茅盾评传

邵伯周　著
夏　天　编

责任编辑　汪惠民
封面设计　黄　骏
责任印制　朱人杰

出版发行　上海世纪出版集团
中西書局(www.zxpress.com.cn)
地　　址　上海市闵行区号景路 159 弄 B 座(邮政编码：201101)
印　　刷　常熟市人民印刷有限公司
开　　本　710 毫米×1000 毫米　1/16
印　　张　23
字　　数　365 400
版　　次　2024 年 12 月第 1 版　2024 年 12 月第 1 次印刷
书　　号　ISBN 978-7-5475-2264-6/K·460
定　　价　98.00 元